GOLDMANN
SACHBUCH

Buch

Eine aufsehenerregende Abrechnung mit der modernen Wirtschaftswissenschaft und Perspektiven für den Aufbruch in ein neues Verständnis von Wirtschaft und Gesellschaft.

»So schlecht wie von Hazel Henderson sind die Volkswirte wohl noch nie behandelt worden.« Ökonomie ›sei eine Pseudowissenschaft‹, verkündet die Amerikanerin, die lauter ›untaugliche Rezepte‹ liefere ... Seit das Buch in den USA erschienen ist, hat sich manches ereignet, was die Thesen der Autorin bestätigt.« Der Spiegel

»Wer dieses Buch mit einer schlechten Zensur glaubt zur Seite legen zu können, macht es sich ein bißchen zu leicht. Denn immerhin läßt es eine weit verbreitete Grundstimmung durchscheinen: Ökonomen sind unfähig, die Probleme der Welt zu lösen.« Wirtschaftswoche

Die Autorin

Hazel Henderson, Autodidaktin und international renommierte Zukunftsforscherin wurde vor allem durch ihre wirtschaftstheoretischen Arbeiten bekannt, wofür sie auch ein Ehrendoktorat vom Worcester Polytechnic Institute erhielt. Von 1974 bis 1980 war sie Mitglied des Beraterstabes des Office of Technology Assessment des amerikanischen Kongresses. Daneben leitet sie seit über 10 Jahren das unabhängige Center for Alternative Futures, ein privater »think tank« und ist im Direktorium verschiedener Forschungsinstitute, u.a. dem Worldwatch Institute, Washington, der World Future Society, der World Social Prospects Study Association, Genf und publiziert in renommierten Fachjournalen und Magazinen, z.B. der Harvard Business Review. Das vorliegende Buch ist eine Zusammenfassung ihrer beiden wichtigsten Publikationen »Creating Alternative Futures« (1978) und »The Politics of the Solar Age« (1981). Sie lebt heute in Florida, wo sie auch an den dortigen Universitäten lehrt. Als engagierte Umweltschützerin und Wirtschaftskritikerin ist Hazel Henderson eine vielgefragte Sprecherin auf internationalen Konferenzen.

Der Herausgeber

Rüdiger Lutz, geboren 1953, studierte Architektur, Psychologie und Systemwissenschaften in Stuttgart, Dortmund, Berlin und Berkeley (USA). Aufbau von Alternativtechnikgruppen und Zukunftswerkstätten. Projektleiter beim Institut für Zukunftsforschung, Berlin. Autor von »Die sanfte Wende« und »Ökopolis«, Herausgeber der Öko-Log-Buchreihe und der »PLÄNE – für eine menschliche Zukunft«. Lehrtätigkeit an Hochschulen im In- und Ausland.

HAZEL HENDERSON

DAS ENDE DER ÖKONOMIE

Die ersten Tage des nach-industriellen Zeitalters

Herausgegeben
und mit einem Vorwort versehen
von Rüdiger Lutz

GOLDMANN VERLAG

Aus dem Amerikanischen übertragen
von Hans-Ulrich Möhring und Egon Pöllinger
Titel der Originalausgabe:
Creating Alternative Futures, The Politics of the Solar Age
Die Grafiken stammen von Helmut Lurtz

Made in Germany · 12/87 · 1. Auflage

Umschlagillustration: Design Team München
Umschlaggestaltung: Design Team München
Druck: Elsnerdruck, Berlin
Verlagsnummer: 11430
Lektorat: Michael Görden
Herstellung: Sebastian Strohmaier
ISBN: 3-442-11430-6

Inhalt

Vorwort des Herausgebers Rüdiger Lutz 7
Vorwort von Christine und Ernst Ulrich von Weizsäcker 13

Einleitung 15

I. Der Ausverkauf der Wirtschaftswissenschaften
1. Das »Recycling« unserer Kultur 21
2. Die ökonomische Logik hat abgewirtschaftet 41
3. Der endliche Kuchen 49
4. Den Ressourcen-Kuchen gemeinsam teilen 79
5. Der Entropiestaat 103

II. Wirtschaft im Übergang
1. Politik der Umgestaltung 115
2. Nach Keynes wird es auch nicht besser 152
3. Ein Blick zurück: Über 300 Jahre Wirtschaftspriestertum 182
4a. Die Indikatorenkrise: Nachökonomische Steuerungsinstrumente 251
4b. Indizien für das Ende der Ökonomie und das Auftauchen nachökonomischer Steuerungsinstrumente 263
5. Soziale Auswirkungen des nachökonomischen Paradigmas 268

III. Die nachökonomischen Alternativen des Solarzeitalters
1. Der Übergang zu Gesellschaften mit »sanften« Energiequellen 289
2. Wissenschaft und Technik: Von der Hardware zur Software 316

3. Die entstehende »Gegenökonomie« 331
4. Global denken – lokal handeln: Die Ethik des Solarzeitalters 356
5. Und im Nu kann sich alles ändern 413

Epilog 421
Nachwort zur deutschen Ausgabe 427
Bibliographie 439

Vorwort des Herausgebers Rüdiger Lutz

ES IST JA INZWISCHEN KEIN GEHEIMNIS MEHR, daß die Volkswirtschaft und die globale Ökonomie vor immensen Problemen stehen: Handelsbilanzdefizite, Überschuldung und eine insgesamt zahlungsunfähige südliche Hälfte der Welt machen deutlich, daß es keinesfalls so weitergehen kann wie bisher. Dennoch will uns eine spezielle akademische Disziplin glauben machen, daß alles noch „unter Kontrolle ist", daß das globale Finanzpoker soliden Gesetzen folgt, welche man durchschaut hat.

Mir waren die Wirtschaftswissenschaften schon immer suspekt, wenn sie aufgrund gigantischer Datenmengen und statistischer Fliegenbeinzählerei zu Theorien und Prognosen kamen, welche sich schon kurze Zeit später als irrelevant erwiesen. Doch dieser vage Verdacht, daß es sich bei den Wirtschaftswis-senschaften eher um Ideologien und „Realpolitik" als um eine Wissenschaft handelt, wurde mir erst richtig klar als ich mit Hazel Henderson und ihren Vorstellungen in Kontakt kam. Sie, die nie an akademischen Ehren interessiert war, entwickelte sich von der engagierten Umweltschützerin in New Yorks Manhattan zu einer der schärfsten Kritikerinnen heutiger Wirtschaftsweise und der zugrundeliegenden Theorien.

Als Autodidaktin eignete sie sich dasjenige Wissen an, welches sie benötigte um die bestehenden Wirtschaftsideologien zu entlarven und um diejenigen Fragen zu stellen, die auch die großen sozialen Bewegungen inzwischen in allen Industriestaaten auf ihre Banner geschrieben haben:

- Wie soll die auf Expansion angelegte Wirtschaft mit den Grenzen des Wachstums fertigwerden?
- Wie kann die umweltgefährdende und verschwendungssüchtige Produktions- und Wirtschaftsweise zu einer ökologisch verträglichen Industrie konvertiert werden?
- Wie kann die Existenzbasis von Millionen von Menschen in einer zunehmend automatisierten Produktion gesichert

werden?

- Wie soll der wachsende Abstand zwischen den reichen Ländern der nördlichen Hemisphäre und den armen und ärmsten Ländern der südlichen Halbkugel überbrückt und schließlich aufgelöst werden?

Sozial verantwortungsbewußte Institutionen befassen sich seit Jahren mit diesen und weiteren Problemen. Doch nur wenige Institute und Personen wagen es, mit den derzeit herrschenden Wirtschaftsdogmen zu brechen. Hauptsächlich aus dem ökologisch und umweltplanerisch tätigen Forschungssektor kommen deshalb die innovativsten Ansätze. So veröffentlichte zum Beispiel das Öko-Institut Freiburg Ende 1984 seine Studie „Arbeiten in einer ökologisch orientierten Wirtschaft", wo viele Argumente für eine Neuorientierung der Ökonomie präzisiert wurden. Ebenso plädiert der Berliner Politologe Joseph Huber für eine Dualwirtschaft, die den informellen Sektor der Wirtschaft ebenso berücksichtigt wie den offiziellen durch das Bruttosozialprodukt quantifizierten ökonomischen Bereich.

In diesem Zusammenhang ist Hazel Henderson die undogmatisch und unabhängig forschende Theoretikerin einer zukünftigen Ökonomie und ökologischen Produktionsweise. Sie befaßt sich nicht nur mit einem kleinen Ausschnitt, räumlicher oder inhaltlicher Art, wie es die meisten Wissenschaftler tun, sondern versucht das „große Ganze", die Gestalt des globalen Wirtschaftssystems zu erfassen. Während nämlich andere Kritiker bestimmter Wirtschaftstheorien meistens selbst Wirtschaftswissenschaftler waren und deshalb nur ihre eigene Theorie dagegen stellten, konnte Hazel Henderson mit ihrer autodidaktischen intellektuellen Unabhängigkeit viel unbefangener mit all diesen Theorien und Modellen umspringen. Sie war und ist keiner der jeweiligen Schulen und Theorien verpflichtet.

Als echte Zukunftsforscherin fragte sie sich schlichtweg: „Was bringen uns diese Theorien?" Und ihr Urteil ist vernichtend. Sie macht verständlich warum unser aller Angst vor einer möglichen neuen Wirtschaftskrise, einem Finanzzusammenbruch oder einer Inflationseskalation völlig berechtigt sind. Denn diejenigen, die glauben in ihren ökonometrischen Modellen und Wirtschaftstheorien das System erklären und prognostizieren zu können, sagen schlichtweg nur die halbe Wahrheit. Sie betrachten einen derart kleinen Ausschnitt des Gesamtsystems, daß sie gar nicht wissen können was wirklich vorgeht.

Die Wirtschaftswissenschaften betreiben nicht nur eine extrem reduktionistische Betrachtungsweise der Wirklichkeit, sie sind dazu noch ein Ideologielieferant und Illusionsgenerator. Kurz gesagt, in Hazel Hendersons Worten, die Wirtschaftswissenschaften betreiben eine Form von Gehirnwäsche und das Ergebnis ist eine Geisteskrankheit, die „Ökonomie" genannt wird. Der Widerspruch, zum Beispiel, von Ökologie und Ökonomie oder die Frage, warum gerade die Wissenschaft, die sich mit den materiellen menschlichen Bedürfnissen befaßt, selbst zu dem Problem wird, welches verhindert, daß die Menschen ihre Bedürfnisse befriedigen können. All das sind die Ausgangspunkte von Hazel Hendersons Betrachtungen.

Und während die traditionellen wissenschaftlichen Ökonomen sich innerhalb ganz enger Theorien aufhalten, bringt Hazel Henderson Modelle und Vorstellungen aus der Physik, aus der Chemie, aus den Kultur- und Sozialwissenschaften, sowie aus den tatsächlich vorhandenen sozialen Strömungen unserer Zeit. So kommt es dann, daß sie es ist, die auf grundlegende Zusammenhänge zwischen Ökonomie und Thermodynamik hinweist, daß sie Modelle aus Kybernetik und Systemtheorie anwendet und ökologische Fragestellungen auf die Probleme der globalen wirtschaftlichen Zukunftsentwicklung bezieht.

Während viele Intellektuelle und Wissenschaftler den Paradigmenwechsel fordern und beschwören, zeigt die Freidenkerin Henderson, wie dieses neue Paradigma aussehen könnte. In ihrer komplexen Gesamtsicht und Analyse zeichnet sich das neue Paradigma einer nachökonomischen und nachindustriellen Weltanschauung ab.

Selbstverständlich hat sie nicht den Anspruch und versucht auch gar nicht eine geschlossene Theorie der Ökonomie des Solarzeitalters darzustellen, dies ist zum gegenwärtigen Zeitpunkt völlig unmöglich. Aber sie wagt es aus den eingefahrenen Pfaden scheinwissenschaftlicher ökonomischer Logik auszusteigen und ganz andere Zusammenhänge aufzuzeigen. Sie macht für die Wirtschaftstheorie und Ökonomie, was Amory Lovins für die Energiewirtschaft und sanfte Technologie getan hat, was Ivan Illich für die Pädagogik, das Gesundheitswesen und die Disorganisation sozialer Systeme leistete. Was Lewis Mumford für die neue Definition und Betrachtung der Maschinenwelt unserer globalen Megamaschine getan hat und was Fritjof Capra für die Physik und ihren Stellenwert in unserem Denken tut.

Hazel Henderson ist eine unabhängige und selbständige Zukunftsforscherin. Schon damit bin ich mit ihr ganz auf einer Linie, denn in einer Zeit wo wir Prognosen und Aussagen nur noch von interessengebundenen und beauftragten „Beweis-mir-das-mal-Analytikern“ bekommen, sind unabhängig arbeitende und global denkende Zukunftsforscher geradezu überlebensnotwendig.

Genau deshalb ist dieses Buch keine Fachlektüre für Volkswirtschaftsstudenten sondern eine Anregung für Jedermann sein Bild über die Wirtschaftszusammenhänge unserer Welt zu überprüfen und eventuell zu revidieren.

Ernst-Friedrich Schumacher, der Autor von „Small is Beautifuly“, war ein langjähriger Freund von Hazel Henderson und bewunderte ihre frische, von konventionellem wissenschaftlichem Denken unbeeinflußte Art an reale Phänomene heranzugehen. Schumacher schätzte ihre Artikel und Ausführungen mehr als viele seiner Kollegen. Denn sie konnte aufgrund ihrer Unabhängigkeit und Unvoreingenommenheit, genau wie das Kind in dem Märchen „Des Kaisers neue Kleider“, darauf hinweisen, daß der Kaiser eben nackt ist, daß an den Wirtschaftswissenschaften tatsächlich nichts dran ist, auch wenn die Ökonomen sich ständig bemühen, dies zu verschleiern.

Es brauchte eine Hazel Henderson, um die Irrationalität bestehender ökonomischer Theoreme zu entlarven, um die dahinterstehenden Ideologien und Paradigmen zu benennen, und zwar jenseits beider mechanistisch-materialistischen Perspektiven – sowohl der kapitalistischen, wie auch der marxistisch-sozialistischen Ausprägung. Das simple „rechts-mitte-links“ Schema genügt nicht mehr zur Einschätzung gegenwärtiger Wirtschaftsentwicklungen und ihren Konsequenzen.

Doch damit sind wir bei der ganz zentralen Frage des

Paradigmenwechsels, welcher sämtliche gesellschaftlichen Bereiche durchzieht und somit auch die Ökonomie berührt: Diesen Wandel meint Hazel Henderson, wenn sie vom Ende der Ökonomie spricht. Die »nachökonomische« Alternative ist ein neues Paradigma, ein ganzheitliches, ökologisches und feminines Weltbild, das unser Verständnis von Wirklichkeit grundsätzlich umkrempelt. Das Paradigma ist dabei ein Vermittler zwischen den schon fühlbaren, aber schwer zu definierenden und explizierbaren Aspekten einer erweiterten Wirklichkeitssicht und den konkreten empirischen Daten und Fakten, bzw. den daraus abgeleiteten Theorien. Um es philosophisch auszudrücken: Das Paradigma ist der Mittler zwischen Mythos und Logos, den beiden Polen unserer Erkenntnismöglichkeit.

Wir können uns den Stellenwert von Paradigmen in einem Pyramiden-Schichtenmodell folgendermaßen vorstellen:

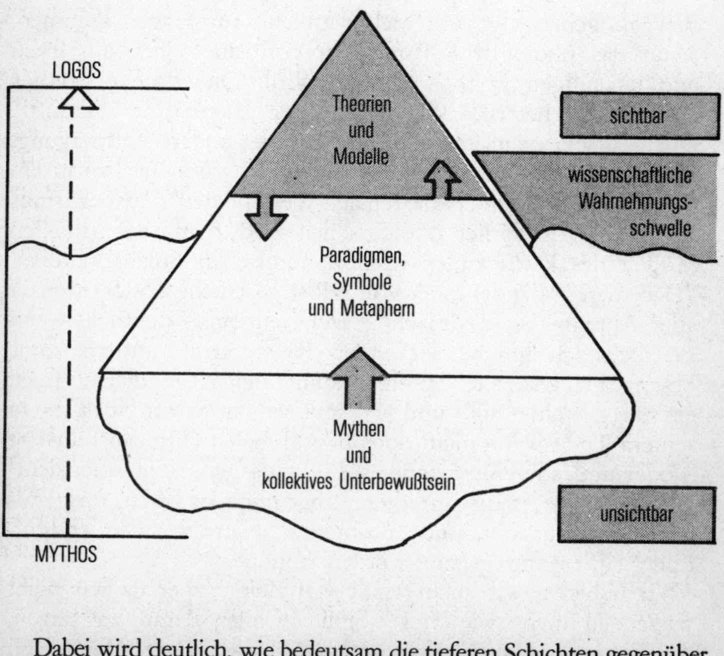

Dabei wird deutlich, wie bedeutsam die tieferen Schichten gegenüber der Spitze des Eisbergs sind, welche meistens nur beachtet wird.

Hazel Henderson kommt das Verdienst zu, die tieferen Schichten freigelegt zu haben, sich um die Fundamente und Grundlagen der Wirtschaftstheorien zu bemühen, statt nur an Oberflächensymptomen herumzukurieren. Sie analysiert und benennt die immer noch wirksamen, grundlegenden Mythen. Mythen vom technischen Fortschritt, vom „freien Spiel der Kräfte im Markt", vom quantitativ meßbaren Wohlstand mittels Bruttosozialprodukt, von Input/Output Effizienzkriterien und vielen anderen Märchen aus der Wirtschaftswunderwelt.

Demgegenüber stellt Hazel Henderson das sich entfaltende neue Paradigma einer ökologischen Wirtschaft des Solarzeitalters, die heute in kleinen Ansätzen schon sichtbar wird: In den Netzwerken der Selbstversorger, Öko-Bauern, Alternativtechnikgruppen, wie wir sie in der Bundesrepublik Deutschland ebenfalls kennen. Doch Hazel Henderson weiß, daß diese Bewegungen erst gesamtgesellschaftlich zum Tragen kommen, wenn das ökologische Paradigma von einem neuen starken und lebendigen Mythos fundiert wird. Dieser neue Mythos mag „Gaia" heißen, „Ökotopia" oder „alternative Zukunft". Doch entscheidend ist nicht die eine oder andere Ausprägung, sondern das Grundmuster eines Wandels vom mechanistisch-materialistischen und patriarchalen Weltbild des Industrialismus hin zum ganzheitlich-ökologischen und feminin-spirituellen Modell des kommenden nachökonomischen Solarzeitalters.

Daß dieser Wandel nicht von selbst geschieht, sondern unser aller Aufgabe ist, das macht Hazel Henderson deutlich, wenn sie die noch immer wirkenden Kräfte des Industrialismus beschreibt: Das alte System bäumt sich gegenwärtig noch einmal gewaltig auf, und wir müssen aufpassen, daß es in seinem Todeswahn nicht doch den globalen Holocaust auslöst – oder um es in einem anderen Bild zu sagen, es ist offensichtlich, daß die Titanic untergeht, aber noch ist offen, ob genügend Rettungsboote und „alternative" Netze vor dem endgültigen Untergang gebaut werden können.

Wir haben gewiß nicht mehr viel Zeit – aber da wir nicht wissen können, wie viel – gilt es alles daran zu setzen, Alternativen zu entwickeln und aufzubauen. Hazel Henderson gibt für dieses Ansinnen einige geradezu bewußtseinserweiternde Anregungen.

Vorwort von Christine und Ernst Ulrich von Weizsäcker

Ende April 1985, dirket vor dem Bonner Weltwirtschaftsgipfel", tagte in London „Der Andere Wirtschaftsgipfel", („The Other Economic Summit" – TOES). Hazel Henderson hielt das zentrale Referat über „Die Indikatorenkrise". Was die offzielle Ökonomie mißt und wonach sich die meisten Politiker auch heute noch richten, zeigt Nutzen und Schaden nicht mehr richtig an.

Indikatoren dienen, das hat Hazel Henderson in ihrem Buch herausgearbeitet, nicht nur und nicht immer der Klärung und griffigen Darstellung komplexer Sachverhalte, sondern oft auch der Ablenkung und der Täuschung. Indikatoren sind das, worauf wir unsere Aufmerksamkeit richten. Sie „reflektieren unsere innersten Werte und Ziele, sie messen die Entwicklung unseres eigenen Verständnisses" (Hazel Henderson). Wer so denkt und schreibt, der ist sich im Klaren darüber, wofür er sich einsetzt. Dies hat Hazel Henderson in Konflikt mit einer Ökonomie gebracht, in der die Methodologie im Zentrum steht und die Zielsetzung im Verborgenen bleibt. Sie beherrscht die Methoden und Gedankenführungen der schulmäßigen Ökonomie, sei sie nun monetaristisch oder Keynesianisch, aber sie hat den Ehrgeiz, sie zu überwinden.

Als Pionier ist sie vor zwanzig Jahren aufgebrochen und hat über Zukunftsbewältigung, Technikfolgenbewertung und über alternative Ökonomie nachgedacht, als die Masse noch schlief und als die Vordenker der amerikanischen Nation noch technokratische Rezepte anboten, die inzwischen sogar von der konservativen Seite ausgelacht werden.

Eine stetig wachsende Gemeinde von Denkern ist indessen Hazel Henderson gefolgt und hat über alternative Zukunftsentwürfe nachgedacht. Hazel Hendersons wichtigstes Buch ist ein Standardwerk, das sich mit Legitimationsformeln für Armut, Rüstung und Kapitalkonzentration nicht einfach abspeisen läßt.

Das Buch auch in Deutschland herauszubringen, war überfällig. Die Autorin wird am glücklichsten sein, wenn ihr Buch heftig diskutiert wird und wenn sie zu neuen Lösungen anregt, die ihr eigenes Gedankengut überholen. Wir wünschen ihr das.

Einleitung

DIESES BUCH IST EINE SAMMLUNG im Werden begriffener Ideen: Eine Bilanz der fünfzehn Jahre meiner politischen Tätigkeit und parteiischen Forschung. Ich gebrauche das Wort „Politik" im weitesten Sinne und halte mich nicht an die engere Definition einer Partei- und Wahlpolitik, die jetzt, da in allen Industriedemokratien die alten Konsense zersplittern, in die Brüche geht. Ich spreche von der ganzen neueren „Politik mit anderen Mitteln", jener fundamentaleren Politik, die die Themen neu bestimmt und die Fragen neu faßt; die alten „Probleme" neu formuliert; neue Visionen alternativer Zukunftsmöglichkeiten und Lebensweisen entwirft; die Kluft zwischen Arbeit und Freizeit, dem „öffentlichen" und dem „privaten" Sektor, zwischen Geld, Wohlstand und „Erfolg" einerseits und Wohlbefinden, seelischem Reichtum und tieferer menschlicher Zufriedenheit andererseits neu überbrückt. Ich spreche von der neuen „problembezogenen Politik", die an die Stelle der länderbezogenen Politik tritt und sich dabei nicht an deren enge, Rachsucht nährende Form, sondern an die umfassenderen Themen hält; von der Politik des planetarischen Bewußtseins und des ökologischen Verständnisses sowie von den neuen Forderungen, die daraus erwachsen: Forderungen nach globalen Gesetzen zur gerechten Ressourcennutzung, neuen Konfliktlösungsmechanismen, allgemeinen Menschenrechten, nach Freiheit der Information und des Zugangs zu den Medien, einer Neuen Internationalen Wirtschaftsordung und globalen Richtlinien für die Verantwortung multinationaler Konzerne und die Auswirkungen von Wissenschaft und Technologien. Ich erhebe keinen Anspruch auf „Objektivität", denn dies ist ein Begriff, der in einer Zeit industrialisierter und politisierter Wissenschaft, in der käufliche Intellektuelle nur allzu oft der Macht und der Habgier, den ehrgeizigen Plänen konkurrieren der Nationalisten oder den Verkaufsinteressen dienen, ein

Schwindel ist.

In den sechs Jahren meiner Tätigkeit als Mitglied des Beratungsausschusses für Technologie-Folgenabschätzung des US-Kongresses habe ich versucht, für die Bedürfnisse, Ansichten und Benachteiligungen jener Gesellschaftsgruppen einzutreten, die weder in finanzieller noch in politischer oder intellektueller Hinsicht an wissenschaftlichen und technologischen Entscheidungen beteiligt sind, sondern bloß deren Folgen zu tragen haben, ob es sich nun um Arbeitslosigkeit, Umsiedlung, Zerstörung ihrer Umwelt, Krankheit oder die vielen anderen schädlichen und unliebsamen Auswirkungen der Mißwirtschaft handelt. Wie der sogenannte „freie Markt", so reagiert auch unser politischer Markt allzu oft nur auf die Effektivnachfrage (also die Nachfrage, die Dollars vorzuweisen hat), und wie viel wirtschaftlicher Bedarf auf dem Markt nicht zur Kenntnis genommen wird, genauso bleiben auch viele politische Bedürfnisse in Washington, den Hauptstädten der Bundesstaaten und den Rathäusern im ganzen Land unbeachtet. Daher ist die parteiische Forschung, wie sie von immer mehr um sich greifenden Tausenden freiwilliger, von Bürgern getragener Selbsthilfegruppen betrieben wird, wie auch das hartnäckige Schürfen nach Tatsachen bei der Durchforschung von Wissenschaft, Gesetzen und Bilanzen im öffentlichen Interesse heute von entscheidender Bedeutung dafür, daß stagnierende Bürokratien und riesige, unansprechbare Konzerne dieses „soziale Feedback" deutlich zu spüren bekommen. Selbst die alte wissenschaftliche Weltanschauung, die es bislang zugelassen hat, daß Wissenschaftler und „Experten" in selbstbetrügerischer Art und Weise ihre „Objektivität" behaupten konnten, ist jetzt überholt. Stattdessen sieht es so aus, daß in dem Maße, wie die neuen, von der Quantenphysik verursachten Weltanschauungen auf die Sozialwissenschaften übergreifen, auch diese ihre trügerische Quantifizierung aufgeben müssen. Ihre Suche nach „Sicherheit" erscheint nunmehr als unreif und muß einer subtileren Erkenntnis der Mehrdeutigkeit und Unsicherheit weichen – jener Unbestimmtheit, die das Eingeständnis verlangt, daß der Wissenschaftler ein *Teilnehmer* ist und daß der Beobachtungsvorgang selbst das Ergebnis von Experimenten und Untersuchungen beeinflußt. Wir erwachen jetzt aus der technologischen Trance und erkennen, daß man tatsächlich behaupten darf: *Wirklichkeit ist das, worauf man seine Aufmerksamkeit richtet!* So gesehen ist jede Wissenschaft normativ und mit Wertungen befrachtet. Die erste Entscheidung, die ein Wissenschaftler trifft, ist normativ: die Auswahl dessen, was er untersuchen will. Daher müssen heute Wissenschaftler und Technologen, Ökonomen und Planer wie auch „Experten", die „Technologie-Folgenabschätzung", „Managementtechniken", „ökonomische Prognosen", „Zukunftsforschung" und andere „Verfahrenswissenschaften" betreiben und verkaufen, die volle öffentliche Verantwortung als Teilnehmer tragen und dürfen nicht als Beobachter auftreten, die den Ergebnissen „neutral" gegenüberstehen. Die Bürger lernen, daß sie jetzt auf der Stufe eingreifen müssen, auf der das „Problem" definiert und die Untersuchungsrichtung festgelegt wird. Da die Berge von Berichten und Computerdaten das öffentliche politische Handeln mit einer Sturmflut von unverständlichen, oft vorsätzlich verklausulierten Daten überschwemmen, haben die Bürger gelernt, daß es nicht nur um „Abfall rein, Abfall raus" geht, sondern auch um das (den Meinungsforschern von jeher geläufige) Prinzip: „Stell eine dumme Frage und du kriegst eine dumme Antwort."

Die konzeptionelle Neuorientierung, die in den Naturwissenschaften vor sich geht, führt also zu dem bekannten Schauspiel, daß bei jeder wichtigen Frage auf beiden Seiten gleich viele einwandfrei ausgewiesene „Experten" Stellung beziehen. Dies erzeugt eine sehr gesunde Skepsis und eine zunehmende Klarheit in der Öffentlichkeit darüber, daß im Fachjargon geführte, verschleiernde Debatten und die Vergabe von Aufträgen zu „Expertenstudien" samt und sonders Teil der in den komplexen Industriegesellschaften stattfindenden Transformation der Politik in „Informationsschlachten" sind, die mit Computergeschützen und intellektuellen Fußsoldaten ausgekämpft und der Öffentlichkeit durch die Massenmedien beigebracht werden. Die Politik der konzeptionellen Neuorientierung erfordert von der Öffentlichkeit ein wachsendes Verständnis all dessen und von Bürgern und freien Gruppen ein zunehmend höheres Niveau bei der Abwehr dieser Big-Brother-Tendenzen, wie die vielen Beispiele für „Gegenpropaganda“ in diesem Buch deutlich machen.

Wir sehen die Politik der konzeptionellen Neuorientierung auch in den verschiedenen Krisen am Werk, die in den alten akademischen Disziplinen, in Wirtschaft, Staat und Bildungssystem, in den Kirchen und am einschneidensten in der Ökonomie herrschen. Obwohl diese letzte Disziplin nie wirklich eine Wissenschaft war, ist sie doch in den öffentlichen politischen Entscheidungsprozeß eingedrungen und maßt sich an, Politiker und Regierungen mit den „Werkzeugen“ zu versehen, die diese angeblich brauchen, um ihre Länder zu „managen“. Ich habe diese Krisen der konzeptionellen Neuorientierung sowohl beobachtet als auch selbst an ihnen teilgenommen und habe aus nächster Nähe den Schmerz, die Wut, die Identitätskrisen und die hitzigen Gefechte miterlebt, die solche Veränderungen in unseren Weltanschauungen auslösen können. Eben diese Gefechte, die sich an unseren sich wandelnden Paradigmen entzünden – diesen bunten Brillen der veschiedenen Disziplinen, die wir aufsetzen und abnehmen, um unsere „Probleme“ zu betrachten –, habe ich die Politik der konzeptionellen Neuorientierung genannt. Diese zur Zeit wütenden Gefechte habe ich mir (wenn auch nur in ein oder zwei Fällen) vorgenommen, denn der Kampf um Definitionen ist der Kern der Politik, und die wesentliche Auseinandersetzung betrifft, wie feministische Wissenschaftlerinnen und Theologinnen belegt haben, die Linguistik: die Tyrannei des *Nennens* von Dingen und die letztgültige Macht von Glaubenssystemen, religiösen Lehren, Mythen und Kosmologien. Wie ich zu zeigen versucht habe, sind Wertsysteme – weit davon entfernt, „subjektiv“ oder „peripher“ zu sein, bloß weil sie unbequemerweise nicht quantifizierbar sind – die beherrschenden, treibenden Variablen in allen ökonomischen und technologischen Systemen.

Es ist vor allem mein Anliegen gewesen, an diesem Gefecht teilzunehmen, und zwar zunächst mit dem Ziel, die Ökonomie neu zu fassen, und dann, als es mir klarer wurde, daß ihr Grundparadigma und ihre linguistische Struktur dies unwahrscheinlich machen, um deutlich ihren ziemlich engen Sachbereich einzugrenzen, in dem ihre Methode angebracht und legitim sind: Zahlungsbilanzen zwischen Kleinunternehmen, ordentliche Buchhaltung usw.

Dieses Buch dokumentiert auch meine Bestrebungen als eine unabhängige, selbständig tätige Futurologin, den Gedanken einer Politik der konzeptionellen Neuorientierung zu verbreiten. Dies geschah sowohl in Ansprachen vor vielen hundert Gruppen von Bürgern, Studenten, Campuspfarrern (die im Stillen viel Gutes tun, um dazu beizutragen, die fragmentierten Disziplinen und Abteilungen unserer Universitäten wieder miteinander in Berührung zu bringen), leitenden Angestellten (bei denen ich oft feststelle, daß sie den Bankrott der Ökonomie erkennen und *erleben*), Regierungsbeamten und Politikern als auch durch das Schreiben von Artikeln für verschiedene Zeitschriften, die mir die Genehmigung erteilt haben, diese hier abzudrucken. Ich bekenne mich bescheiden zu den vielfältigen Beiträgen, die all jene Zeitgenossen, deren Werke auf diesen Seiten genannt sind, zu meinem Denken, meiner Kenntnis und meiner persönlichen Bereicherung geleistet haben. Unter ihnen sind viele, mit denen ich zusammengearbeitet und Gedanken ausgetauscht habe und die ich als meine Freunde schätze. Sie alle aufzulisten, wäre ebenso unmöglich wie nur einige anzuführen. Mit ihnen allen feiere ich das Evolutionspotential der planetarischen Bürger des Sonnenzeitalters.

I. Der Ausverkauf der Wirtschaftswissenschaften

1. Das „Recycling" unserer Kultur

ICH HABE BEKANNT, DASS ICH NIE AUF DIE UNIVERSITÄT GEGANGEN BIN und daß ich nicht nur schulisch, sondern auch kirchlich ziemlich unbeleckt bin. Stattdessen brachte mir meine Mutter ihren selbstgestrickten Pantheismus bei, der sich rückblickend als eine recht brauchbare Grundlage erwiesen hat, um mein eigenes ökologisches Modell der Wirklichkeit darauf zu errichten. Ich muß auch anmerken, daß ich nicht institutionell vereinnahmt bin, sondern als ein Individuum in einer institutionalisierten Gesellschaft zugange bin – zumindest in meinem Arbeitsleben. Da Institutionen, wie Bertram Gross gezeigt hat, Einrichtungen zur Wirklichkeitsausblendung sind, verschafft mir dies eine Ansicht der Gesellschaft, die unverstellt ist von vielen der organisierten Filter, von denen die Auffassungen der meisten meiner amerikanischen Mitbürger gefärbt sind. Schließlich bin ich dazu noch eine Fremde und erst neu eingebürgert. Wenn also meinen Gedanken irgendeine Bedeutung zukommt, so mag dies an den etwas freischwebenden Umständen liegen, unter denen ich lebe.

Versuchen wir einmal, unser kulturgebundenes und ortsspezifisches Bewußtsein für einen kurzen Augenblick abzuschalten und uns als das zu begreifen, was wir sind: eine Gruppe der Gattung Mensch, der die Erbschaft einer besonders gut gedeihenden Scholle dieses blauen Planeten, die wir willkürlich die Vereinigten Staaten von Amerika getauft haben, zuteil geworden ist. Da wir unseren zweihundertjährigen Geburtstag gefeiert haben, ist es an der Zeit, daß wir die Ideologien, Paradigmen und Mythen unter die Lupe nehmen, die uns während der vergangenen zwei Jahrhunderte unseres Wachstums und unserer Entwicklung eine Stütze waren. Wir müssen ein Urteil darüber fällen, welche davon das widerspiegeln, was an unserer *conditio humana* in ihrem sich unablässig entspinnenden Wechselspiel mit unserem Ökosystem Ewigkeitswert besitzt, und welche davon einem vergänglichen Zweck gedient haben und jetzt, da die Reise in unser drittes Jahrhundert weitergeht, als überflüssiger Ballast über Bord geworfen werden sollten.

Meiner Meinung nach müssen wir als erste diejenige Ideologie neu einschätzen, von der meine japanischen Freunde als dem „Fluch des Individualismus" sprechen: das Erbe von John Locke, das für die kleine Schar unserer Vorfahren so lebenswichtig war, um eine Wildnis zu bezwingen und eine Nation zu schmieden. Im überbevölkerten, verstädterten, allseits verflochtenen Amerika von heute erzeugt der Individualismus als eine Ideologie unnötigen Zwist und verschärft die Einsamkeit und die Entfremdung. John Dickinson, ein Delegierter zum Kontinentalkongreß, bemerkte bereits im Jahre 1768: „Ein Volk strebt schnell seinem Untergang entgegen, wenn Einzelne ihre Interessen als von denen der Öffentlichkeit verschieden ansehen. Solche Vorstellungen sind verhängnisvoll für ihr Land und für sie selbst." Und der politische Theoretiker Joseph Mazzini wies im Jahre 1835 im Hinblick auf die Ideen der Französischen Revolution darauf hin, daß die Erklärung der Menschenrechte allein noch keine Gesellschaft auf die Beine stellen konnte, da sie unsere allseitige gesellschaftliche Abhängigkeit unberücksichtigt ließ.

In ähnlicher Weise verkündet unsere Unabhängigkeitserklärung als ein Dokument, das im Aufstand geschrieben wurde, die Menschenrechte des Einzelnen und ist damit eine historische Leistung auf dem Gebiet der Sozialphilosophie und als Zielsetzung für eine kleine, junge Nation von Farmern und Gewerbetreibenden, die einen fast leeren Kontinent vor sich haben, vollauf geeignet. Jedoch in unserer komplexen modernen Gesellschaft müssen die Rechte des Einzelnen nunmehr gegen den Gedanken individueller Verantwortlichkeiten ausgewogen werden, und möglicherweise brauchen wir auch eine „Abhängigkeitserklärung".

Jonas Salk gibt uns in seinem Buch *The Survival of Wisest* (deutsch: *Wir können überleben*. Herder, Freiburg 1975) ein paar nützliche Anschauungsbeispiele, die dazu beitragen können, das Bild unserer gegenwärtigen kulturellen Verwirrung in einem sinnvollen Zusammenhang zu sehen. Salk führt aus, daß im Lebenszyklus jeder biologischen Art in einer begrenzten Umgebung das Wachstum die typische S-Kurve beschreibt. Im ersten Abschnitt der Kurve ist das Verhaltensmuster bezeichnenderweise auf Wachstumsmaximierung durch entschiedenes Konkurrenzverhalten sowie durch Kolonisierung und Ausbeutung des Ökosystems abgestellt. Wenn die Kurve ihren Wendepunkt erreicht, setzt ein neuer Abschnitt ein, in dem die früheren Verhaltensmuster sich nicht mehr bezahlt machen. Es ist, als wäre die Spezies wie Alice hinter den Spiegel getreten und sähe jetzt, daß auf der anderen Seite das Wachstum der Differenzierung und Erhaltung, die Konkurrenz der Zusammenarbeit Platz macht und die Ausbeutung des Ökosystems sich in dessen Wiederherstellung und Wiederaufbereitung verwandelt. Die Folgerungen, die sich daraus für die ökonomische Theorie ergeben, sind, wie wir sehen werden, gewaltig.

Dieses „Alice hinter den Spiegeln" vergleichbare Phänomen mag erklären, warum so viele der Entscheidungen unserer Politiker, Geschäftsleute und sonstigen Führer von vielen wachen Bürgern als ein spiegelverkehrtes Bild dessen, was eigentlich nottut, angesehen werden – man denke beispielsweise an die fortgesetzen Bestrebungen das industrielle Wachstum zu steigern; die Sozialausgaben im Bundeshaushalt zu kürzen, ohne die Aufwendungen für Militär, Raumfahrt, Autobahnbau und sonstiges in Frage zu stellen; oder die privaten Verbraucher zwangsweise mit Materialien und energieintensiven Gütern zu überfüttern, während gleichzeitig Erklärungen darüber abgegeben werden, daß wir vor einer neuen Ära der Kapital-, Energie- und Rohstoffverknappung stehen.

Solche Widersprüche werden (nach L. Festinger) auf immer mehr Ebenen mit einer „kognitiven Dissonanz" aufgenommen, da in unserer mediengesättigten Gesellschaft Individuen schneller lernen als Institutionen und offener für rückwirkende Einflüsse sind, während die meisten unserer großen öffentlichen und privaten Einrichtungen mit einer durchschnittlichen Verzögerungszeit von zehn Jahren arbeiten und noch immer Ziele verfolgen, die vielleicht längst nicht mehr angemessen sind. Ihre Führer sind selbstverständlich auf dieselbe Verzögerung programmiert, und je größer die Institution, desto unbeweglicher und unaufgeschlossener für neue Forderungen ist sie und desto weniger sind die Führer in ihrer Isolation fähig, neue Bedingungen wahrzunehmen.

Schlimmer noch: Je höher die institutionelle Ebene, desto größer der Wirklichkeitsverlust. Während zum Beispiel die Führer der westlichen Nationen auf den Wirtschaftskonferenzen in London und davor im französischen Rambouillet Banalitäten zum besten gaben, hatten Experten aus derselben Gruppe von Ländern bei einem anderen Treffen auf niedrigerer Ebene durchaus realistisch über das Scheitern keynesianischer wirtschaftspolitischer Maßnahmen und die neuen unbewältigten Probleme der strukturellen Inflation und der zunehmenden Verknappungen diskutiert. Etliche kürzlich in den Vereinigten Staaten angestellte Meinungsumfragen belegen diesen wachsenden Abstand zwischen den Zielen und Paradigmen unserer Führer und der Art und Weise, wie der Durchschnittsbürger die gegenwärtigen Bedingungen betrachtet. Harris Polls, Roper Reports und Opinion Research bezeugen allesamt die drastische Abnahme an Vertrauen in unsere Wirtschaftsinstitutionen zwischen 1959 und 1973 (von 75 Prozent auf 53 Prozent). Das Gallu-Institut stellte im Jahre 1975 fest, die Amerikaner fänden sich zum erstenmal realistisch mit der Aussicht ab, daß ihre Zukunft weniger rosig ausfallen wird, als sie es sich einmal vorgestellt hatten. Einer Umfrage von Hart Research aus dem Jahre 1975 zufolge glauben 33 Prozent der Amerikaner, daß unser kapitalistisches Wirtschaftssystem jetzt im Niedergang ist; 41 Prozent würden größere Veränderungen in unserer Wirtschaft und die Anwendung bislang unversucht gelassener Methoden befürworten, und 56 Prozent erklärten, sie würden einen Präsidentschaftskandidaten unterstützen, der für die Arbeitnehmerkontrolle der US-Konzerne einträte. Und nach einer Umfrage von Opinion Research von 1975 glauben 60 Prozent trotz Rezession, Arbeitslosigkeit und steigenden Brenn- und Kraftstoffpreisen nicht, daß wir mit Umweltkontrollprogrammen zurückstecken sollten, selbst wenn deswegen höhere Preise zu bezahlen wären.

Ein weiterer Gradmesser für unseren kulturellen Umschwung und die daraus resultierende Verwirrung in den Wirtschaftsspitzen ist eine Umfrage zur Einstellung leitender Angestellter, die von George Cabot Lodge und William F. Martin durchgeführt wurde (*Harvard Business Review*, Dezember 1975). Von diesen leitenden Angestellten gaben 70 Prozent den alten Ideologien des Lockeschen Individualismus, des Privateigentums und des freien Unternehmens den Vorzug, aber 73 Prozent bekannten sich trotz ihrer Vorliebe für diese Werte zu der Ansicht, daß diese bis zum Jahre 1985 von kollektiven Problemlösungsmodellen ersetzt sein würden, und außerdem meinten 60 Prozent, daß die Orientierung an eher kollektiven Werten bei der Findung von Lösungen effektiver wäre. Wenn sich in einer hochkomplexen, allseits verflochteten, technologischen Gesellschaft die individuelle Freiheit mit umweltverseuchenden, zerstörerischen Technologien bewaffnet, so untergräbt sie in Wahrheit die Freiheit und die Annehmlichkeiten anderer. Außerdem ist der Markt, wie der Systemtheoretiker Todd LaPorte bemerkt, keine gültige Instanz mehr für Entscheidungen, die „unteilbare soziale Konsequenzen" haben.

Tatsächlich teilt eine Mehrheit von Personen heute die Ansicht, daß uneingeschränkte unternehmerische Freiheiten es dem Großkapital erlauben, die Regierung zu gängeln, Kapital und Arbeitsplätze zu exportieren und die Umwelt und die Bodenschätze zu plündern. Außerdem bestätigt die Yankelovich-Studie von 1974, daß die Inflation nach Meinung von 66 Prozent durch die Gier der Wirtschaft nach höheren Profiten veschuldet ist. Dennoch haben diese Ansichten den Glauben der Amerikaner an privates Eigentum und Unternehmertum noch nicht zerstört. Sie könnten sich vielleicht die Worte von Thomas Jefferson aus dem Jahre 1814 zu Herzen nehmen: „Ich hoffe, wir werden die Aristokratie unserer geldschweren Handelsgesellschaften, die es bereits wagen, unsere Regierung zu einer Kraftprobe herauszufordern und den Gesetzen unseres Landes die Stirn zu bieten, im Keim ersticken." Glücklicherweise können viele Amerikaner immer noch unterscheiden zwischen dem Recht auf Besitz zum Zweck der unabhängigen Lebensführung und dem unbegrenzten Recht zur Anhäufung von Eigentum, das für andere drückend werden kann, wie es der Fall bei den Riesenkonzernen ist, die eindeutig nicht privat sind, mit wenig Unternehmergeist verbunden sind, Abhängigkeit und Anpassung, Vermeidung von Risiko und Verantwortung einschärfen und den bürokratischen Willen zum Überleben und Wachsen um jeden Preis an den Tag legen, ob dieser Preis nun öffentlich oder privat beglichen wird. Wir könnten uns an Samuel Websters Worte aus dem Jahre 1777 erinnern: „Laßt uns vor Monopolen und Unterdrückung jeder Art und jeden Grades gründlich auf der Hut sein." Und an Thomas Jeffersons 1816 ausgesprochene Warnung: „Ich bin mit Ihnen aufrichtig einer Meinung, daß Bankniederlassungen gefährlicher sind als stehende Heere."

Und dennoch wird aus den Kapiteln ersichtlich, daß die Debatte über die Aufhebung einschränkender Bestimmungen von seiten des „starken Staates" und „die Notwendigkeit, die Belastungen vom Rücken der Wirtschaft zu nehmen", so irreführend ist wie eh und je. Sie macht keinen Unterschied zwischen Klein- und Großunternehmen und blendet die Entscheidungen und Abstimmungsmaßnahmen aus, um die es wirklich geht und denen weder die wirtschaftliche noch die staatliche Großmacht ins Auge sehen will. Der unbedingte Grundsatz komplexer Industriegesellschaften lautet, daß technologische Macht und verwaltungsmäßige Kontrolle jeder Größenordnung *zwangsläufig* eine Koordination und Kontrolle seitens des Staates von gleicher Größenordnung hervorrufen. Wenn beispielsweise die pharmazeutische Industrie eines Landes Tausende von Markenmedikamenten sowie Beruhigungs- und Aufputschmittel im großen Stil auf dem Markt wirft, so ist die Ernährungs- und Arzneimittelbehörde dazu gezwungen, sie (mit Steuergeldern) zu testen, und von der Regierung müssen ungeheure Anstrengungen unternommen werden, um die daraus resultierende Drogenabhängigkeit und Kriminalität zu bekämpfen. Dies alles zeigt die Untauglichkeit der kartesischen Weltanschauung, die unser Denken seit dreihundert Jahren unter ihrer Fuchtel gehabt hat und die es uns ermöglicht, die Welt unter dem Blickwinkel derart unwirklicher Dichotomien zu betrachten, wie es die von „öffentlichen" und „privaten" Sektoren, Gütern und Dienstleistungen ist. Diese Anschauung verleitet uns dazu, den Zusammenhang zwischen privaten Profiten und den steigenden öffentlichen Kosten, die sie hervorrufen, außer acht zu lassen. Sie verleitet uns zu der Annahme, daß wir uns überdimensionale Privatwagen, Tausende von gesetzlich geschützten Medikamentenmarken und Milliardendollarindustrien zur Ernährung und Pflege unserer Haustiere „leisten" können, während wir uns Krankenschwestern, Lehrer, Polizei, Feuerwehr und sanitäre Dienste in unseren Städten nicht „leisten" können.

Wir werden sehen, wie diese engstirnige Logik uns dazu veranlaßt hat, den Wettbewerb überzubewerten, während wir die Zusammenarbeit und all die verbindenden Tätigkeiten, die die Gesellschaft zusammenhalten, unbeachtet gelassen und zu uneinträglichen Beschäftigungen degradiert haben, die man den Frauen überlassen kann. Sie hat uns dazu veranlaßt, die Besitzrechte über- und die Nutzungsrechte unterzubewerten sowie den Wert der individuellen Freiheit höher zu veranschlagen als die Bedürfnisse der Gemeinschaft. Der Psychologe Robert Ornstein weist darauf hin, daß dieser Typ der linearen, sequentiellen, quantitativen, reduktionistischen Kognition eine Funktion der linken Hemisphäre des menschlichen Gehirns ist. Die rechte Gehirnhemisphäre verarbeitet Information in gleichräumigen und gleichzeitigen Weisen und ist die Quelle der intuitiven, imaginativen Kognitionsweisen wie etwa der großen Hypothesen der Wissenschaft. Beide Kognitionsweisen sind gleichermaßen wichtig: der brillante intuitive Sprung einer guten Hypothese und die sorgfältigen Verfahren zu ihrer Bestätigung oder ihrer Ablehnung.

Die linksseitige, kartesische Kognition, die in unserer Kultur überdosiert wird, verkommt nirgendwo schneller als in jenem Turm zu Babel, den sie sich selbst in Form des Wissenschaftsbetriebs gebaut hat, wo die Wirklichkeit schon seit so langer Zeit in die hübsch ordentlichen Schächtelchen der Disziplinen verpackt wird. Das spontane Wiederaufflammen der rechtsseitigen Kognition – möglicherweise als eine fast biologisch begründete Überlebensreaktion – erzeugt neue Sehnsüchte nach einer Wiedervereinigung von Kopf und Herz, Geist und Körper wie auch eine triebkräftige neue Hefe intellektueller Einsichten. Ich bin in der glücklichen Lage, viele faszinierende Aufsätze mit solchen Einsichten zu erhalten. Sie werden mir von Akademikern zugesandt, die bemüht sind, über ihre eigentlichen Wissensgebiete hinauszugehen, aber deren Versuche zu neuen Synthesen von reduktionistischen Zeitschriften abgelehnt und durch die territorialen Imperative der einzelnen

Disziplinen unterdrückt werden. Sie haben entdeckt, daß nicht nur im Wissenschaftsbetrieb, sondern in unserer gesamten Gesellschaft ein Hang zur Analyse herrscht, während gleichermaßen notwendige Versuche zur Synthese geahndet werden.

Beispielsweise wurde mir unlängst ein faszinierendes Buchmanuskript von Dr. C. A. Hilgartner zugesandt, einem Arzt, der aus seiner gründlichen Kenntnis der menschlichen Physiologie heraus zu der Erkenntnis gelangt ist, daß die semantischen Strukturen unserer abendländischen Sprachen, ja auch die traditionelle Mathematik mit dem Makel derselben nichtintegrierten, binären, kartesischen Weltanschauung behaftet sind. Für unsere semantischen Strukturen wird dies durch unsere herkömmlichen, nach Verb/Substantiv, Beobachter/Beobachtetem, subjektiv/objektiv unterscheidenden Sprachregelungen bewiesen, die durch Werner Heisenbergs Unschärfeprinzip in der Physik bereits überholt sind. In der Mathematik stellt Hilgartner denselben verhängnisvollen Makel der dichotomischen Trennung subjektiv/objektiv fest, die sich in den (subjektiven) Rechenzeichen + (plus), – (minus), x (mal) und : (durch) einerseits und den (objektiven) Zahlzeichen andererseits, die passiv zur Benutzung bereitstehen, zeigt. Solche grobschlächtigen intellektuellen Regelungen können uns die nahtlose, interagierende Totalität, von der wir Menschen und unsere Wahrnehmungen ein Teil sind, nicht länger vorstellen. Taxonomie und Methodik können zu Feinden des Denkens werden, und unsere bedeutendsten Intellektuellen warten mit Paradoxen auf: ob es ein Heisenberg in der Physik ist, ein Kurt Gödel in der Mathematik oder ein Nicholas Georgescu-Roegen und ein Oskar Morgenstern in der Ökonomie. Solche echten Intellektuellen greifen die Methoden und logischen Konstrukte einer Disziplin auf und leiten die Unglücklichen, die darin tätig sind, zunächst den bequemen Pfad untadeligen Festhaltens an diesen bestehenden Paradigmen hinauf – um sie dann mit dem Aufzeigen der Grenzen ihrer Anwendbarkeit und des darunter klaffenden Abgrunds aus der Bahn zu werfen.

Die Gärung, die Heisenberg in der Physik auslöste, hat bei Wheeler, Everett, Capra, Wigner und einer ganzen Reihe kühner junger Physiker zu neuen Bestrebungen geführt, den Beobachter wieder in die Gleichung einzuschreiben. Damit setzt sich in der grundlegendsten der „harten“ Wissenschaften die überfällige Erkenntnis durch, daß Wirklichkeit tatsächlich das ist, worauf wir unsere Aufmerksamkeit richten. Ein Exemplar der Gattung Mensch ist in der Tat ein wahrnehmend-unterscheidender Organismus mit beschränktem Gesichtsfeld, dessen Blickrichtung zwangsläufig die Schau der Totalität verzerrt. Vielleicht besteht ja die Erbsünde nur im Unterscheiden, woraus dann die Individuation erwüchse sowie der überhebliche Begriff des freien Willens, der sich so schädlich auf unser Gemeinschaftsleben ausgewirkt hat. Aus holistischeren Einsichten heraus könnten wir zu der anderen Sichtweise gelangen, die in dem Verständnis dafür wurzelt, daß „Zufall“ oder „Unordnung“ nur Gradmesser der menschlichen Unwissenheit sind. Wie die Anerkennung der peripheren Sicht durch die Einführung von „Wahrscheinlichkeiten“ ein Sprung der Vorstellungskraft war, so können wir vielleicht auch die Möglichkeit in Erwägung ziehen, daß diese „Wahrscheinlichkeiten“ tatsächlich existieren, wenn wir auch nicht unsere *Aufmerksamkeit* auf sie richten. Dieser Schluß wird ja von der Quantenphysik mit ihrer Annahme vieler Realitäten nahegelegt.

Nicht genug damit, daß das kartesische Paradigma bankrott ist, sondern darüber hinaus ist es keine Übertreibung, zu behaupten, daß unsere Kultur selbst zusammenbricht, wie es ja bereits viele andere behauptet haben. Trotz des großen psychischen Schmerzes, den ein solcher Zusammenbruch einer bedeutenden Weltanschauung mit sich bringt, kündigt sich die Blüte einer Yin-Yang-Wiedergeburt an. Wie Thomas S. Kuhn in seinem Buch *The Structure of Scientific Revolutions* (deutsch: *Die Struktur wissenschaftlicher Revolutionen.* Suhrkamp, Frankfurt/M. 1967/1973) darlegt, führt ein wesentlicher Paradigmawechsel zu einem wesentlichen kulturellen Wechsel. Wir sind Zeugen heroischer Anstrengungen, die Wahrnehmungen wieder in das Ringen um die Schaffung holistischerer Forschungsmethoden und -modelle, die mehr Variablen umfassen, einzubeziehen. Selbst die phantasievollsten Forscher klagen über „Grenzprobleme“ bei ihrem neuen Verständnis von ökologischen Erkenntnissen und der daraus folgenden Einsicht in die Beliebigkeit menschlicher Kategorisierungsschemata. Wir sehen, wie diese neuen Probleme bei Bestrebungen auftreten,

Methoden zur Feststellung der Umweltbeeinflussung und zur technologischen Folgenabschätzung zu entwickeln.

Ironischerweise verfahren Entscheidungsträger bei solchen Forschungen für gewöhnlich nach dem Grundsatz, die Unsicherheit zu reduzieren. Jedoch solche neuen, alles miteinbeziehenden Forschungsformen *steigern* lediglich die Unsicherheit für den armen Verwaltungsbeamten oder Geschäftsführer, da sie genauer spezifizieren, was noch unbekannt ist. Daher verläuft der Entscheidungsprozeß in zentralisierten, bürokratischen Institutionen zunehmend schwerfälliger und unsachlicher, wobei das Verschleppen von denjenigen gegeißelt wird, die im Stillen ein Interesse daran haben, daß die Sache schleunigst „durchgezogen" wird. Wer ein holistisches Bewußtsein besitzt, ist froh darüber, daß die Megamaschine ein wenig gebremst wird, denn – so meint er – wenn die Entscheidungsträger zur Zeit augenscheinlich nicht wissen, was sie tun, so ist es nur gut, wenn sie es wenigstens langsamer tun. Das existenzielle Problem des Bürokraten oder Verwaltungsbeamten bei solchen Konflikten ist offensichtlich: „Was fange ich an, wenn ich morgens ins Büro komme?" Es ist für ihn ausgeschlossen, sich einzugestehen, daß es besser sein könnte, nicht ins Büro zu gehen bzw. auszusteigen, das eigene Dasein neu zu bewerten und sich zu fragen, ob der eigene Lebensstil nicht zu einem vergoldeten Käfig geworden ist.

Die Aufgeschlossensten und Feinfühligsten unter uns werden bereits von solchen persönlichen Zweifeln bzw. von Identitätsverlust, Gefühlen der Sinnlosigkeit ihrer Karriere und sogar einer Art moralischer Schizophrenie geplagt, wenn sie sich der sozialen Kosten bewußt werden, die ihre institutionelle Tätigkeit verursacht. Angehörige des Managements und wissenschaftlich ausgebildete Fachleute geraten häufig in solche Rollenkonflikte und stellen ihre Hingabe an die Ziele ihrer Arbeitgeber in Frage. Überall, wo ich in diesem Land hinkomme, tauchen massenhaft Fragen auf wie: „Bin ich am Verrücktwerden oder ist die Kultur verrückt?" Meine Antwort lautet, daß die Kultur verrückt ist und daß die scheinbar private Erkenntnis ihrer Dissonanz von Millionen bewußter Amerikaner geteilt wird.

Aber führende Persönlichkeiten aus Politik und Wirtschaft,

die manchmal privat zugeben, daß sie solche Zweifel an unseren Zielen und Werten teilen, halten sich an das verabredete Stillschweigen, weil sie sich fragen: „Wie bringe ich das bloß meinen Aktionären oder meinen Stammwählern bei?" Eine politische Veränderung ist nur dann möglich, wenn solche Privatanschauungen von weiten Kreisen geteilt und schließlich zur neuen gesellschaftlichen Wirklichkeit erhoben werden. Wenn eine ernstzunehmende Anzahl dafür gewonnen ist, kommt der politische Prozeß in Gang und besiegelt zuletzt die kulturelle Veränderung, die stattgefunden hat. Ich habe das Glück gehabt, hautnah an solchen Prozessen beteiligt gewesen zu sein: an der Entwicklung des ökologischen Bewußtseins seit den frühen sechziger Jahren, an der zunehmenden Manifestation weiblichen gesellschaftlichen Erfahrungswissens und am Wachstum der Bewegung, die Konzerne zur Rechenschaft ziehen. Von daher scheint mir die wichtigste Funktion gesellschaftlicher Bewegungen darin zu bestehen, daß sie als psychologische Unterstützungsfaktoren sich entwickelnder Umwertungen wirken, die eine Gesellschaft dazu befähigen, sich friedlich an neue Bedingungen anzupassen.

Das Aufkommen von Bürgerinitiativen für Frieden, Klassen-, Rassen- und Geschlechtergleichheit, Verbraucher- und Umweltschutz beruht auf dem Wissen, daß Information das Hauptzirkulationsmittel politischer Entscheidungen ist. Mit ihren Forschungsprojekten im öffentlichen Interesse versuchen sie, den Informationsprozeß neu zu strukturieren, seine Abstimmung und seine Verstärkerkanäle zu politisieren und eine neue gesellschaftliche Bewußtheit und Einsicht zu schaffen, die zu politischer und kultureller Veränderung führen kann. Sie haben die Wissenschaften und akademischen Berufe mit Erfolg politisiert und das Ausmaß aufgezeigt, in dem die meiste Forschung als Munition zur politischen Manipulation in Auftrag gegeben wird. Die Ökonomie, unsere herrschende Sophisterei, ist als durch und durch normativ entlarvt worden und wagt es glücklicherweise nicht mehr, als eine wissenschafliche Disziplin aufzutreten. Solche früher unangefochteten Wörter wie „Fortschritt", „Effizienz", „Produktivität" und sogar „Profite" sind nun miteinbezogen in das Tauziehen um die Symbole und die Zerstörung und Neugestaltung der Sprache.

Wenn die Paradigmawechsel erfolgen, erkennen wir, daß sie nicht unbedingt neue Information erzeugen, sondern vorhandene Information so umstrukturieren, daß sie eingängiger, erhellender und brauchbarer wird.

Neue begriffliche „Stecktafeln“ sind jetzt eine Vorbedingung. Das vom Fernsehen aus dem Weltraum übertragene Bild des blauen Planeten, das unsere wahre Situation zeigt, ist, da es das Problem des Analphabetentums ausschaltet, das nützlichste und allgemein zugänglichste. Ein anderes Bild, das für mich noch wichtiger wird, ist das Bild des Hologramms, und dies in dem Maße, wie ich mit der Vision einer dezentralisierten, kommunitären Gesellschaft ringe, die auf einer humanen, organischen Technologie beruht und *nicht* wieder Parteigeist und kirchturmpolitische Standpunkte hervorbringt. Ungeheuer gesteigerte Kommunikationsmittel könnten ein Schlüssel zur Verwirklichung dieser Vision sein. Das Bild des Hologramms zeigt ein Informationssystem, in dem jedes Teilstück das Programm des Ganzen enthält. Es ist eine Schlüsselmetapher für unsere Zeit. (Siehe hierzu zum Beispiel Itzhak Bentov: *Stalking the Wild Pendulum;* deutsch: *Töne – Wellen – Vibrationen.* Dianus-Trikont, München 1984). Ein auf diesem Modell beruhendes politisches System könnte immerhin den Anarchistentraum dulden, daß der Staat letztlich absterben wird. Da die Menschen (analog den Teilstücken in einem Hologramm) ihrem individuellen Bewußtsein ein Verständnis des ganzen Systems, das heißt das geistige Abbild des blauen Planeten und all dessen, wofür er steht, eingeprägt hätten, wäre ein sozial angemessenes Verhalten internalisiert, ohne daß die Notwendigkeit äußerer Kontrollen bestünde. Wenn alle Menschen derart „programmiert“ wären, so hätten sie augenblicklich die verlängerten Kausalitätsketten, die aus ihrem Handeln hervorgehen, vor Augen, wie verspätet oder fehl am Platz dieses auch immer wäre. Immerhin könnten wir in einem planetarischen Maßstab das System gesellschaftlicher Sanktionen des mittelalterlichen Dorfes oder des primitiven Stammes wiederaufleben lassen, bei dem aggressive Handlungen schleunige Rückwirkungen und Vergeltungsmaßnahmen zeitigten. Unser zersplittertes, durcheinander gebrachtes Bewußtsein muß mit Sicherheit irgendwie harmonisiert werden, wenn wir überleben wollen, denn dieser Zustand ist die Wurzel von Konflikten und Spannungen, die wir objektivieren, indem wir mit Zwang einander manipulieren und unsere Umwelt umkrempeln, anstatt uns selbst umzukrempeln.

Dieses Umkrempeln von uns selbst ist jedoch bereits in vollem Gange. Manche seiner Ausdrucksformen sind sehr merkwürdig, etwa wenn es zur Flucht in neue Kulte, Religionen und Bekehrungserlebnisse ausartet. Vieles ist pragmatisch wie etwa die Auffanggruppen, die von „Netzwerk"-Strukturen ins Leben gerufen werden, damit sich die Leute gegenseitig über ihre Identitätskrise hinweghelfen, oder die Bürgerinitiativen, die alternativen Einrichtungen und Gruppen, die ihre Fähigkeiten neuerdings auf die Probe stellen, indem sie Versuche zu größerer Unabhängigkeit und stärkerem Gruppenzusammenhalt unternehmen. Natürlich findet dieses neue Lernen größtenteils außerhalb bestehender Strukturen statt, obwohl sich mittlerweile auch viel innerhalb von alten Institutionen tut, da Einzelne versuchen, ihren engen Spielraum auszudehnen.

Es überrascht nicht, daß in einer Zeit kulturellen Experimentierens akademische Institutionen, die Gralshüter der alten Kultur besonders fragwürdig sind. In einer reichen, mediengesättigten Gesellschaft muß sich die Bildung notwendigerweise von den alten Formen entfernen und wird zu einer Angelegenheit von Individuen und kleinen Gruppen, bei der die Gesamtgesellschaft mit all ihren Erfahrungsdimensionen als eine einzige riesige, metaphysische Universität benutzt wird. Mittlerweile beginnt die Gärung im Wissenschaftsbetrieb zarte Blüten in Form von interdisziplinären Programmen und anderen Experimenten zu treiben, die von innen durch beherzte Individuen mit neuen Ansichten gefördert werden. Dank der sich verändernden Auffassungen unserer Bürger wird außerdem viel Druck von außen ausgeübt, der ein Teil der notwendigen Infragestellung aller Autoritätsfiguren ist, die alte Phrasen dreschen, sowie der wichtigen Lächerlichmachung der untauglichen Entwürfe, die unsere fragmentierten Disziplinen liefern. Wie sehr es auch weh tun mag: Akademische Heucheleien, territoriale Eifersüchteleien, verkappte intellektuelle und finanzielle Interessen wie auch das Festhalten an der „wertfreien Objektivität" der Wissenschaften und sonstigen Mythen müssen weiterhin bloßgestellt werden.

Nur auf diese Weise können unsere Bürger damit fortfahren, die großen Lektionen zu lernen: daß das Einverständnis der Beherrschten nur zu oft durch die Zurückhaltung und Verdrehung von Informationen bewerkstelligt wird; daß Intellektuelle zu oft zu Dienern der Mächtigen wurden und die Verteilung der Reichtümer durch Verschleierung kontrollieren halfen; daß Berufsspekulanten aufgrund besonderer Kenntnisse den Markt aufkaufen, um ihr Einkommen und ihren Einfluß zu maximieren; daß Wirtschaftsbosse Vorlieben und kulturelle Normen durch Reklame und Stiftungen manipulieren; und daß politische Führer beim Regieren allzu oft aus Unwissenheit Kapital schlagen.

Bürgerinitiativen sind ein guter Gradmesser für den Umfang, in dem solche Einsichten heute die Einstellung und das Verhalten der Amerikaner erhellen. Sie stellen ein wirkliches gesellschaftliches Lernen dar und sind meiner Einschätzung nach sehr viel wirksamer als alle formalen Programme zur passiven Erwachsenenbildung. Auf einer anderen Ebene bilden sie das lebensnotwendige „Feedback" zu den Mängeln aller unserer linearen, kartesichen Verfahrensweisen auf den Staatskörper, da sie sich spontan um alle schädlichen und unliebsamen Auswirkungen der Mißwirtschaft organisieren, die solche Verfahren als unvorhergesehene, zweitrangige Konsequenzen hervorbringen.

Es ist jetzt nötig, daß diese ganzen schlechten Nachrichten von fast schon populären Sprechern wie Ralph Nader, Betty Friedan, Cesar Chavez, Gloria Steinem, Jesse Jackson, Margaret Mead, David Brower, Paul Ehrlich, Lester Brown, Jay Forrester und anderen Aktivisten wie mir an die große Glocke gehängt werden, damit die Aufmerksamkeit auf die steigenden Sozialkosten unserer derzeitigen linearen Voreingenommenheit für die Maximierung industriellen Wachstums gelenkt wird; dieses wird am Bruttosozialprodukt (BSP) gemessen, dem diese Sozialkosten unverständlicherweise als positive Beiträge zu Produktion und Wohlstand *hinzugezählt* werden. Wie Ralph Nader bemerkt hat: „Jeder Autounfall steigert das BSP." Ähnlich verhält es sich mit den Sozial- und Umweltkosten des Wachstums: Die Beseitigung der Produktions- und Konsumtionsabfälle, die Aufrechterhaltung einer angemessenen Versorgung mit frischer Luft und sauberem Wasser, die Sorge für die wachsende Anzahl von Opfern geballter, undurchschaubarer Technologie und unmenschlich aufgeblähter Organisationen, die Schlichtung von Konflikten, die Kontrolle von Kriminalität, Sucht und anderen Krankheitserscheinungen sowie im allgemeinen die Erhaltung einer empfindlichen „sozialen Homöostase" – dies alles wird dem BSP als positive Produktion zugeschlagen.

Wir wollen den Umstand untersuchen, daß diese Sozialkostenfaktoren inzwischen den einzigen Teil des BSP bilden, der zunimmt, und daß unsere Gesellschaft jetzt möglicherweise in eine Entwicklungssackgasse geraten ist, die ich als „Das Entropiestadium" beschrieben habe. Wegen ihrer nicht darstellbaren und nicht zu bewältigenden Komplexität und Interdependenz kommt es in einer solchen Gesellschaft zu einem Exponentialanstieg der Sozialkosten, die damit die tatsächliche Produktion übertreffen. Solch eine Gesellschaft hat bereits zu einer weichen Landung in einem stationären Zustand angesetzt, aber ihr noch immer ansteigendes BSP und die zunehmenden Inflationsraten kaschieren ihren Niedergang.

Wenn als bescheidener Anfang nur ein einziger Paradigmawandel kraft gesetzlicher Verordnung eingeführt werden könnte, so sollte er meiner Meinung nach in einem Sofortprogramm zur Erforschung und Dokumentation dieser eklatant sichtbaren und bezifferbaren Sozialkosten bestehen. Wie ich dem Stab des Joint Economic Committe vorgeschlagen habe, sollten wir dann damit anfangen, ein Sozialkostenmodell der US-Wirtschaft in ziemlich der gleichen Weise zu erstellen, in der Jay-Forrester seine ungemein brauchbaren Modelle für den Club of Rome angefertigt hat. Solch ein Sozialkostenmodell der US-Wirtschaft würde uns ein spiegelverkehrtes Bild des BSP zeigen und wäre nicht schwieriger zu erarbeiten als die Modelle für den Club of Rome. Man könnte sich unsere Volkswirtschaft Industriesektor für Industriesektor anschauen und beginnen, Beziehungen zwischen diesen „privaten" Sektoren und den steigenden Sozialkosten, die sie im „öffentlichen" Sektor verursachen, festzustellen.

Es ist zum Beispiel ziemlich einfach, einen beträchtlichen

Anteil der Behandlungskosten von Lungen- und Atemleiden wie auch der Kosten, die das Fernbleiben vom Arbeitsplatz verursacht, auf das Konto der Tabakgesellschaften zu verbuchen. In ähnlicher Weise ließen sich sinnvolle Berechnungen zum Anteil des Alkoholismus an den Sozialkosten anstellen und dieser könnte den Destillateuren auferlegt werden; desgleichen die Kosten, die von den Herstellern und Benutzern von Polyvinychlorid- oder Aerosolbehältern nicht getragen werden, von denen man aber annimmt, daß sie stark ansteigen. Ein Großteil dieser Bemühungen zur Dokumentation von Sozialkosten ist von Bürgergruppen geleistet worden, etwa von dem Council on Economic Priorities, dessen Ausschuß ich angehöre und der bei der sorgfältigen vergleichenden Analyse der Rolle, die die Konzerne bei sozialen Belangen wie Umweltschutz, Verbraucher- und Minderheitenrechten sowie Militärverträgen und entsprechenden Auslandsoperationen spielen, Pionierarbeit geleistet hat. Wir müssen damit anfangen, Ökonomen für das Erstellen solcher Studien zu bezahlen, da es keinen Marktanreiz für das Sammeln dieser Daten gibt.

Wenn sich die Daten über die Sozialkosten erst einmal zu häufen beginnen, so werden sie schließlich auch in die BSP-Berechnungen Eingang finden. In der Zwischenzeit können wir uns eine Scheibe von den Japanern abschneiden, die bereits damit begonnen haben, ihr BSP nach einem neuen Indikator festzusetzen, dem Nettosozialwohlstand, von dem diese Sozialkosten abgezogen werden. Eine weitere notwendige Veränderung wird die Aufwertung der Hausarbeit, der Freiwilligenarbeit und der Freizeit sein, die das BSP alle unberücksichtigt läßt, sowie das Aufgeben jener Einstellung, nach der Bildungsausgaben als weggeworfenes Geld und nicht als eine Investition in die wesentlichen menschlichen Ressourcen gelten. In dem Maße, wie die natürlichen Ressourcen immer knapper werden, kann sich das Investieren in menschliche Ressourcen als unsere beste Strategie herausstellen. Die Fertigkeiten und Kenntnisse und, was zu hoffen wäre, sogar die Klugheit unserer Bürger zu steigern, ist eine Form von Wachstum, die nicht von den trostlosen Gesetzen der Physik beschränkt wird, und ihr Exponentialwachstum könnte unsere beste Überlebenschance sein.

Auf einer noch tieferen Ebene begreifen heute viele, daß wir schnell an die Grenzen der leerlaufenden Technik stoßen wie auch an die von instrumenteller Rationalität und Materialismus, die beide unsere Einstellung prägen. Es besteht jetzt eine neue Hoffnung, daß das fruchtlose Hin und Her zwischen Kapitalismus und Kommunismus als nebensächlich enthüllt wird, da beide Systeme auf Materialismus, Technik und engem Rationalismus beruhen. Die zwei tonangebenden Gesellschaften, die diese angeblich gegensätzlichen Wertsysteme repräsentieren, die USA und die UdSSR, erscheinen allmählich in ihren wesentlichen Zügen recht ähnlich: Beide haben sich dem industriellen Wachstum und der Technologie mit zunehmendem Zentralismus und bürokratischer Kontrolle verschrieben, ob ihre Hauptinstitutionen nun dem Namen nach als privat (wie im Falle multinationaler Konzerne) oder als gesellschaftseigen gelten. Es gibt in Wirklichkeit wenig zu wählen zwischen zentral geplanten, bürokratisch-sozialistischen Volkswirtschaften und dem aufkommenden bürokratischen Staatskapitalismus der USA und anderer westlicher Volkswirtschaften. Sowohl die neoklassische Volkswirtschaftslehre des „freien Marktes" als auch die marxistische Ökonomie weisen sozialen Werten, Moral, Kunst und Bewußtsein einen untergeordneten Rang zu. Während Marxisten solche Schaumgebilde lediglich als den Überbau auf einer materialistischen Basis begreifen, verbannt die neoklassische Volkswirtschaftslehre diese Seite des menschlichen Daseins in das Niemandsland des Privaten und quantitativ Unbestimmbaren und ignoriert sie von daher einfach.

Aber die geistigen und emotionalen Dimensionen der Menschen lassen sich nicht verleugnen, und wir sind heute Zeugen eines Vorgangs, der sich, freudianisch ausgedrückt, als die Wiederkehr des Verdrängten in einem gesamtgesellschaftlichen Maßstab bezeichnen ließe. Die Menschenseele ist entschlossen, einen Sinn zu finden, und kann nicht vom Brot allein leben. Die vornehmlich kartesische, männlich orientierte, objektive Einstellung beschränkt uns auf ein Feld, das mittlerweile zu eng geworden ist, als daß wir auf ihm unser neues multidimensionales Bewußtsein ausdrücken könnten. Ein intuitives „Körperwissen" kommt uns bei der spontanen Bildung neuer

Organisationsformen, Netzwerke, Projektgruppen, Kooperativen und aller sonstigen Ausdrucksformen der Bewegung für menschliche Entfaltung (human potential movement) zur Hilfe.

Weiterhin möchte ich zeigen, daß eben dieses Körperwissen in der wachsenden Opposition gegen die geballte, großkotzige, kapitalintensive Technologie sichtbar wird, die nur dazu dient, Macht, Reichtum und Wissen in immer weniger Händen zu konzentrieren, und dies um den Preis, daß die meisten von uns immer dümmer, abhängiger und ärmer gemacht werden. Es zeigt sich deutlich in der Abkehr vom Mummenschanz nationaler Politik mit ihren ungeheuren, auf statistischen Schwachsinnigkeiten beruhenden Abstraktionen, von denen sich Bürokraten und Politiker zu der hypnotischen Selbsttäuschung verleiten lassen, daß Menschen weiße Ratten wären, deren Massenmanipulation sich mit dem Federstrich eines Bürokraten bestimmen ließe. Körperwissen wirkt dahin, die Verschleierung der Probleme durch käufliche Intellektuelle zu verhindern. Die Sozialkosten unseres Wirtschaftssystems haben jetzt den Stand erreicht, wo sie sinnlich wahrnehmbar werden: Wir riechen die Verschmutzung von Luft und Wasser, sehen den Müll und die Verseuchung, hören den steigenden Lärmpegel und spüren die zunehmende gesellschaftliche Verwirrung und Auflösung.

Dies alles führt zu spontanen Bestrebungen, alternative Zukunftsmöglichkeiten zu schaffen und unsere Gesellschaft samt ihren technologischen Hilfsmitteln zu dezentralisieren. Eine organische Veränderung geht heute von kleinen Gruppen auf örtlicher Ebene und von der Neubewertung staatlicher und regionaler Initiative aus. Ähnliche Bewegungen sind in Europa im Gange, wo die Schotten und Waliser eine Entlastung vom Druck der Vorherrschaft Londons fordern, während die Basken, Katalanen, Ukrainer und andere ethnische Gruppen für mehr Selbstbestimmung kämpfen. Dieser Drang, die Überzentralisierung abzuschütteln, bekundet sich in Forderungen nach größerer Bürgerbeteiligung an wissenschaftspolitischen Maßnahmen und an den Entscheidungsprozessen der Konzerne. Das göttliche Recht auf Eigentum wird in zunehmendem Maße für ebenso unterdrückend gehalten wie einst das göttliche Recht der Könige. Forderungen nach Arbeiterkontrolle und Selbstverwaltung greifen in diesem Land genauso um sich wie in Europa.

Zu guter Letzt noch gewinnen wir in den Vereinigten Staaten allmählich eine bescheidenere und tragischere Auffassung von uns selbst und der Rolle unserer Nation in der Welt. Der überhebliche Macho-Nationalismus zerbröckelt, je mehr wir die psychische Entlastung zulassen, die wir genießen können, wenn wir die Versuche, Weltpolizist zu spielen und so zu sein wie Meiers, aufgeben. Schon im Jahre 1937 benannte die Psychologin Karen Horney die Zwänge, die den Amerikanern aus ihrer industriellen, konkurrenzhaften, materialistischen Gesellschaft erwachsen. Sie bemerkte, daß drei grundlegende Wertkonflikte aufgetaucht waren: eine derart *ausgeprägte Aggressivität,* daß sie sich nicht länger mit christlicher Brüderlichkeit in Einklang bringen läßt; ein derart massiv angeheiztes *Verlangen nach materiellen Gütern,* daß es nicht mehr zu befriedigen ist; und derart hochfliegende *Erwartungen von ungehemmter Freiheit,* daß sie sich nicht mit den Unmengen von Einschränkungen und Verantwortlichkeiten, die uns alle binden, vereinbaren lassen. Und je mehr wir uns mit den von außen herantretenden und legitimen Forderungen nach einer neuen Weltwirtschftsordnung befassen, desto deutlicher erkennen wir, daß wir nun, da eine global verflochtene Wirtschaft geschaffen ist, die „Software“ entwickeln müssen, um sie kooperativ zu betreiben.

Das neu aufgekommene Interesse an der Suche nach außerirdischem Leben ist ein psychologischer Notbehelf, den wir uns als Rückhalt in unserem Trachten nach Überleben und als einen legitimen Gegenstand wissenschaftlicher Untersuchung geschaffen haben. In gleicher Weise sind die neuen Erforschungen der Macht des menschlichen Geistes ein Mittel zum Überleben, das uns dabei helfen soll, uns aus Denk- und Daseinsweisen hinauszuversetzen, die jetzt evolutionär blokkiert sind. Die Dialektik hat sich auf die höheren Systemebenen des Planetarischen und Interplanetarischen verlagert. Vielleicht ist es ein anderes nützliches Bild, sich diesen Planeten als einen riesigen „Skinner-Kasten“ vorzustellen, in den alle positiven und negativen Verstärker für uns einprogrammiert sind. Wenn wir lernen, wie wir in ihm zu verfahren haben, werden wir mit Überleben belohnt; wenn nicht, wird der Planet ganz einfach in einen Gleichgewichtszustand zurückkehren, indem er uns vernichtet. Die linearen Verlängerungen der alten instrumentellen Rationalität kommen in den Vorschlägen zur Schaffung von Weltraumkolonien von Gerard O'Neill, Kraft Ehricke und anderen zum Ausdruck. Die metaphysische Einstellung wird jetzt vertreten durch die neuen Erforschungen intellektueller und spiritueller Dimensionen in den Schriften von Theodore Roszak und William Irwin Thompson und durch das Streben nach kosmischem Bewußtsein anstelle des leibhaftigen Herumreisens in klapprigen Raumschiffen.

Nach dreihundert Jahren „Aufklärung" setzen wir uns wieder realistisch mit dem grundlegenden menschlichen Dilemma auseinander: ein Bewußtsein zu haben, das in der Lage ist, in Zeit und Raum zwischen Planeten, Sonnensystemen und Galaxien umherzuschweifen, aber dabei in einem aus Chemikalien, die nur ein paar Dollar wert sind, zusammengesetzten Körper gefangen zu sein der nach wenigen kurzen Jahren zerfällt. Der Tod: Bei unseren verzweifelten Anstrengungen, ihn zu verleugnen, rasen wir herum und schmieren „Kilroy was here" auf uns, die anderen und die Welt ringsum. Wir leiten ein endloses Forschen in die Wege, um unsere Ängste, Hoffnungen und Wünsche zu rationalisieren und uns gegen die Erkenntnis dessen abzuschotten, was wir zu tun haben. Wie Ernest Becker in seinem Buch *Denial of Death* (deutsch: *Dynamik des Todes.* Goldmann, München 1981) so deutlich macht, brauchen wir keine weiteren Forschungen mehr: Wir wissen, was wir zu tun haben. Wir haben immer gewußt, was wir zu tun haben: uns selbst gegenüberzutreten, den Tod und unser existenzielles, quälendes Ringen anzunehmen und Tag für Tag wach und mit *Freude* an dem Geheimnis und Wunder unseres Bewußtseins und des Kosmos' zu *leben* lernen.

2. Die ökonomische Logik hat abgewirtschaftet

IM ERSTEN TEIL DIESES BUCHES GEHT ES UM DIE ÖKONOMIE, EINE PSEUDOWISSENSCHAFT, deren untaugliche Konzepte, Sprache und Methoden inzwischen die nötige öffentliche Auseinandersetzung darüber hemmen, was unter sich verändernden Bedingungen von Wert ist.

Wir stoßen bereits auf gesellschaftliche und konzeptionelle „Grenzen des Wachstums" – und zwar weit vor der tatsächlichen Erschöpfung bestimmter materieller Ressourcen. Unsere konzeptionelle Krise betrifft die Grenzen, an die das Vermögen der Ökonomie stößt, die ungeheuren strukturellen Veränderungen darzustellen, die für die technologischen Entwicklungen der Industrialisierung seit ihren Anfängen im England des 18. Jahrhunderts kennzeichnend sind. Diese wurden damals von Adam Smith in seinem meisterhaften Werk *An Enquiry into the Nature and Causes of the Wealth of Nations* (deutsch: *Eine Untersuchung über das Wesen und die Ursachen des Reichtums der Nationen.* Akademie, Berlin 1963) aus dem Jahre 1776 beschrieben, und sein Gleichgewichtsmodell von Angebot und Nachfrage liegt den Maßnahmen unserer Wirtschaftspolitik noch immer zugrunde. Indessen sind – wie wir noch untersuchen werden – die Ideen, die John Maynard Keynes in seinem 1936 veröffentlichten Buch *The General Theory of Employment, Interest, and Money* (deutsch: *Allgemeine Theorie der Beschäftigung, des Zinses und des Geldes.* Duncker & Humblot, Berlin 1983) vertreten hat, mißverstanden werden. Dies hat zu der heutigen Verwirrung unter den Ökonomen geführt, die endlos an unserer Ungleichgewichtswirtschaft herumflicken, aber sie dabei noch immer als ein fließendes Gleichgewichtssystem vorstellen, das sich mit der simplen Hydraulik des Gesamtanfalls von Angebot und Nachfrage handhaben läßt. Ihre überholten theoretischen Modelle zeigen das Bild eines verschwundenen Systems und messen die falschen Variablen, was viele statistische Illusionen erzeugt. Alle vollentwickelten industriellen Volkswirtschaften befinden sich in einem Prozeß des Übergangs von der Maximierung ihrer auf nicht erneuerbaren Ressourcen gestützten materiellen Produktion, Konsumtion und ihres „Durchsatzes" zu Wirtschaftsweisen, die auf der Minimierung der Rohstoffverarbeitung, mehr Recycling und Haltbarkeit der Produkte sowie auf der Ausnutzung erneuerbarer Ressourcen, die auf dauerhaften Ertrag hin verwertet werden, beruhen. Es ist daher unsere dringendste Aufgabe, unsere Volkswirtschaft neu zu entwerfen, Rechenschaft zu geben über ihre strukturelle Entwicklung und unsere Modelle und Indikatoren mehr in Übereinstimmung mit der Wirklichkeit von heute umzugestalten. Eine wesentliche Behauptung lautet, daß diese Aufgabe interdisziplinär ist und daß angesichts des Rückstands in der Ökonomie Einsichten aus anderen Disziplinen wie der allgmeinen Systemtheorie, der Thermodynamik, der Spieltheorie, der Biologie, der Anthropologie und der Psychologie von allen wirtschaftspolitischen Gremien im Staat herangezogen werden müssen. Die Ökonomie ist keine Wissenschaft, und wirtschaftspolitische Maßnahmen sind heute zu wichtig, als daß man sie den Ökonomen überlassen dürfte.

Die angestrengten Bemühungen, die Volkswirtschaften der USA, Westeuropas, Kanadas und Japans wieder anzukurbeln, sind zum Scheitern verurteilt. Mit den freien Wechselkursen, die 1973 als Notbehelf eingeführt wurden, um das Weltwährungssystem zu stützen, steht es schlecht. Die Ökonomen der betreffenden Länder empfehlen in ihrer Kopflosigkeit sporadische Maßnahmen, die Kreislaufanpassungen der Wechselkurse und einen Rückgang des Welthandels zur Folge haben, nämlich von einer 11 1/2%-Rate im Jahre 1976 zu 6 % im Jahre 1977. Die Zeitschrift *Business Week* schrieb kürzlich, daß die einzige Alternative zu den freien Kursen anscheinend eine totale Auflösung der Weltwirtschaft wäre, bei der sich die Nationen hinter protektionistischen Maßnahmen versteckten, wie man sie seit den dreißiger Jahren nicht mehr erlebt hat. Der Wesenszug der industriellen Revolution war ihre zunehmende Ausbreitung und organisatiorische, technologische Größenordnung, was seinen Höhepunkt in den heutigen weltumspannenden multinationalen Unternehmen und den miteinander verflochtenen Handelsnationen erreicht hat. Dieses industrielle System ist nunmehr mit seiner Logik am Ende.

Ein sicheres Anzeichen für eine konzeptionelle Krise ist in jeder Disziplin das Wuchern von scheinbaren Paradoxen. In der Ökonomie wimmelt es heute von Paradoxen; zu nennen wären:

Das Paradox, daß die fortschreitende technologische Innovation in einer freien Gesellschaft systematisch die Bedingungen zerstört, die zum Funktionieren freier Märkte erforderlich sind, und die Bedingungen zerstört, die für Wähler in einer demokratischen Gesellschaft erforderlich sind, um über eine ausreichende Sachkenntnis zur kompetenten Stimmabgabe zu verfügen. Die einzigen hochentwickelten Technologien (wie zum Beispiel der Kernkraft) innewohnenden Komplexitäten können von Senatoren, Kongreßabgeordneten oder selbst dem Präsidenten, ganz zu schweigen vom durchschnittlichen Wähler, nicht völlig durchschaut werden. Daher sind solche Technologien *ihrem Wesen nach* totalitär. Schlimmer noch: Ihre schiere Größenordnung veschlingt Sozialinvestitionen und Steuergelder, während sie gleichzeitig die volle Beteiligung und Repräsentanz bei der Lenkung der technologischen Innovation ausschließt. Das Paradox, daß in vollentwickelten Industriegesellschaften mit hochkomplexen Technologien die *laissez-faire*-Politik des freien Marktes undurchführbar wird, während wir (zur selben Zeit), in der sich dieses System der Privatentscheidungen totläuft) noch keine Systeme öffentlicher Entscheidungen gefunden haben, die geeignet wären, die von uns geschaffene Komplexität in den Griff zu bekommen, und wir zweifellos noch nicht gelernt haben, wie man plant. Dieses Problem müssen wir unbedingt klar ins Auge fassen, bevor wir an der Aufgabe weiterarbeiten können, einen „dritten Weg“ zu entwerfen.

Paradoxe in der Ökonomie, die den Zusammenbruch ihrer traditionellen Modelle signalisieren. Die krasseste Mißbildung dieser Art ist die Philipps-Kurve, anhand derer ein Abstimmungszusammenhang (trade-off) zwischen Arbeitslosigkeit und Inflation behauptet wird. Beim jüngsten Londoner Gipfeltreffen sahen Führer der Industriedemokratien endlich die Notwendigkeit neuer Wege ein. Es ist jetzt möglich, zu beweisen, daß mit der Phillips-Kurve nichts anzufangen ist und daß es viele andere Inflationsursachen außer den Lohnkosten gibt. Tatsächlich lassen sich zwei neue Inflationsursachen am besten von einem Standpunkt aus begreifen, der über den disziplinären der Ökonomie hinausgeht.

Der erste ergibt sich aus den nicht darstellbaren und nicht zu bewältigenden Komplexitätsebenen unserer Gesellschaft und den in die Höhe schnellenden, unerwarteten Sozialkosten, die diese Komplexität jetzt erzeugt und die in einem „trade-off" auf Metaebene zwischen Spezialisierung und Arbeitsteilung einerseits sowie zwischen steigenden Sozialkosten und allgemeinen Transaktionskosten der Koordinationsbeibehaltung andererseits kulminieren. Im Unterschied zum vielgepriesenen Stadium der „nachindustriellen Gesellschaft" Daniel Bells (vgl. sein Buch *The Coming of Post-industrial Society;* deutsch, gekürzt: *Die nachindustrielle Gesellschaft*. Campus, Frankfurt/M. 1975) beschreibe ich dieses Syndrom, in dem der verkündete tertiäre, auf Sachwissen beruhende Dienstleistungssektor, den Bell sich vorstellt, nichts weiter ist als der anwachsende „Sozialkostensektor".

Die zweite neue Inflationsursache, die im Kapitel beschrieben wird, wurzelt in unserer schmäler werdenden Ressourcenbasis und in dem sich verschlechternden Verhältnis von Bevölkerungszahl und Ressourcen auf dem Planeten. Wir müssen jetzt immer mehr Kapital aus zusehends abgewirtschafteten und unzugänglichen Ressourcenlagern wieder in den Prozeß der Energie- und Rohstoffgewinnung zurückfließen lassen, und das bei ständig sinkenden Nettoerträgen. Die Theorie der kontinuierlichen Substitution ist allzu optimistisch und geht nicht auf die gleichzeitig zu verzeichnenden Schrumpfungsraten bei einer ganzen Reihe von Ressourcen ein, aufgrund deren sich die Ersetzungsmöglichkeiten verringern. Diese Art von sinkender Produkivität fängt an, sich als eine „Kapitalknappheit" zu manifestieren, und übt über die Volkswirtschaft einen Multiplikatoreffekt aus. Da sie auch eine sinkende Energieproduktivität mit sich bringt, läßt sie sich besser mit Modellen der Thermodynamik und der Nettoenergieanalyse darstellen als mit der traditionellen Ökonomie. Diese Probleme unterstreichen die Untauglichkeit unserer „Produktivitäts“-maßstäbe, die für gewöhnlich den Output pro Arbeitsstunde messen, das heißt die Arbeitsproduktivität. Wir brauchen jetzt Maßstäbe der Kapitalproduktivität und der Energieproduktivität, um diese Überbetonung der Arbeitsproduktivität zu berichtigen wie auch den allgegenwärtigen Hang zu überhöhter Kapitalintensität, den diese Überbetonung zusammen mit Steuerkrediten für Kapitalinvestitionen geschaffen hat. Wir müssen nunmehr anhand neuer Indikatoren die Überausnutzung von Kapital und Energie beweisen, die unsere alten Statistiken und Strategien noch fördern und subventionieren; desgleichen die steigende Arbeitseffizienz in Hunderten von Prozessen, die noch immer durch das lineare Anlegen früherer Arbeitskostensätze im Verhältnis zu den früheren billigen Energie- und Ressourceninputs bemäntelt wird.

Das Paradox größerer Mikro-Effizienz in der Produktion bei geringerer Effizienz der Gesamtgesellschaft und des einzelnen Verbrauchers, das nun zu weitverbreiteter gesellschaftlicher Entfremdung führt. Dies weist auf eine unangemessene Fassung der „Effizienz“-kriterien hin, da Effizienz ein sinnloser, subjektiver Begriff ist, wenn keine genauen Zeitgrenzen und Systemebenen angegeben werden. In ähnlicher Weise ist der Begriff „Ephemerisierung“, also „mit weniger mehr tun“, vage, wenn nicht ähnliche Kriterien an ihn angelegt werden. Der springende Punkt ist bei beiden Begriffen die Frage: „Effizienz für wen?“ Man nimmt beispielsweise an, „Effizienz“ sei das Ziel von Steigerungen der „Produktivität“, aber man kann nicht so ohne weiteres, wie das heute geschieht, davon ausgehen, daß solche Produktivitätssteigerungen auf ein mittleres Pro-Kopf-Einkommen umgelegt werden, und genauso wenig, daß die zwangsläufigen Kosten und erlittenen Umsiedlungen uns alle gleich hart treffen.

Wir brauchen außerdem noch einen zusätzlichen „Produktivitätsmaßstab“, um der üblichen Mikro-Vorgehensweise etwas nachzuhelfen, die bestimmte Produktionsprozesse anhand des Maßstabs der *Arbeits*produktivität untersucht und von daher bei solchen *kapital-* und *energieintensiven* Prozessen spektakuläre Produktivitätssteigerungen pro Arbeitskraft nachweist, während sie geflissentlich übersieht, daß viele Arbeiter den Boden unter den Füßen verlieren und sich in das Heer der strukturell Arbeitslosen einreihen, wobei ihre Produktivität unter Null abfällt und sie auf der Sozialkostenseite der Wirtschaftsbilanz als Sozialhilfeempfänger auftauchen. Ein weiteres wichtiges Beispiel für unsere merkwürdig ungenaue Betrachtungsweise ist der Umstand, daß es uns nicht in den Sinn kommt, der von Freiwilligen oder in Haushalten verrichteten Arbeit ökonomischen Wert beizumessen, obwohl nach dem Buch Home, Inc.: *The Hidden Wealth and Power of the American Household* (Doubleday, Garden City 1975) des Ökonomen Scott Burns der Gesamtbetrag der von Männern und Frauen im Haushalt geleisteten Arbeit in Geld ausgedrückt der Gesamtsumme gleichkäme, die von allen Konzernen in den USA an Löhnen und Gehältern ausbezahlt wird.

Das Paradox, daß steigende Produktion und wirtschaftliches Wachstum neben struktureller Arbeitslosigkeit und der Existenz eines ansehnlichen und gleichbleibenden Prozentsatzes unserer Bevölkerung, der unterhalb der Armutsgrenze lebt, bestehen. Dieses Paradox hängt mit der veralteten Vorstellung vom Produktionsprozeß zusammen, als ob einzelnen Inputfaktoren (Kapital, Grund und Boden, Arbeitskraft) sich eigens auf ihren prozentualen Anteil am Output beziehen ließen und als ob sich von daher eine objektive Formel zur Verteilung der Früchte der Produktion aufstellen ließe. Jedoch in einer technologisch komplexen Gesellschaft wird die hohe Produktion zu einem ähnlich komplexen sozialen Prozeß, bei dem sich solche gefälligen und einfachen Input-Output-Relationen nicht mehr freisetzen lassen und von daher keine eindeutige Formel zur gleichen Verteilung ergeben. Folglich sind nicht nur unsere Modelle untauglich für die Analyse der relativen Produktivität der verschiedenen Produktionsfaktoren, sondern sie sind zudem weder weiterhin zur Bestimmung einer gerechten privaten Verteilung zu gebrauchen, noch zum Entwurf von Transferprogrammen in den öffentlichen Sektor, noch zur Einschätzung der technologischen Entwicklung und der öffentlichen Arbeitsvorhaben anhand der traditionellen Kosten-Nutzen-Techniken, bei denen eine durchschnittliche Pro-Kopf-Berechnung von Kosten und Nutzen angestellt wird.

In dem Jahrzehnt, das verstrichen ist, seitdem 1966 die

strukturelle Arbeitslosigkeit und der harte Kern der Armut zum erstenmal von der vom Präsidenten einberufenen Kommission für Automation, Beschäftigung und wirtschaftlichen Fortschritt angegangen wurden, ist konzeptionell wenig zur Neuvermessung unserer Gesellschaft geleistet worden. Im nachhinein können wir zwei irrige Annahmen feststellen, die von der Kommission gemacht wurden: Sie bestätigte, daß, obwohl die Automation und der Hang zur Kapitalintensität strukturelle Arbeitslosigkeit erzeugten, ein im wesentlichen „reibungsloser" Arbeitsmarkt die Arbeiter vermutlich mit geringfügigem Arbeitsausfall umgruppieren würde und daß alle Arbeiter, die arbeitslos blieben, von einer ständig wachsenden Wirtschaft aufgesogen werden würden. Heute sind wir weniger zuversichtlich, wenn wir versuchen, die neue weltweite Krankheit der „Stagflation" in Angriff zu nehmen.

Die Entscheidungen von heute sind nicht mehr die einfachen Entscheidungen vom vorigen Jahr. Sie verlangen höhere technologische Einsätze und größere menschliche Risiken als je zuvor. Diese neuen Abstimmungsmaßnahmen (trade-offs) erfordern nicht nur einfache Entscheidungen zwischen Kohle-, Sonnen- oder Kernenergie, zwischen den Verkehrsalternativen Privatwagen und Massenbeförderung oder eine Wahl von der üblichen Speisekarte öffentlicher und privater Güter und Dienstleistungen. Diese „trade-offs" auf Metaebene stellen uns vor Entscheidungen zwischen der gesellschaftlichen Spezialisierung und Arbeitsteilung einerseits und ihren Sozial- und Transaktionskosten andererseits; zwischen Zentralisierung und Dezentralisierung von Produktion und Bevölkerung; zwischen einerseits Kapital- und Energieintensität und andererseits Arbeitsintensität bei einer viel komplexeren Berechnung der externen Faktoren und der gesellschaftlichen Auswirkungen. Da uns die Vernunft jetzt vorschreibt, unsere knappen und kostbaren Kapital- und Naturressourcen zu schonen, müssen wir von unseren menschlichen Ressourcen vollen Gebrauch machen. Wir müssen unsere Volkswirtschaft mit einem dünnen Kapitalgemisch und einem reichhaltigen Arbeitskraftgemisch betreiben.

Eine solche Volkswirtschaft der Ressourcenschonung, der Vollbeschäftigung und der verminderten Inflation wäre natürlich auch eine umweltfreundliche Wirtschaft. Die neuen Entscheidungen, die wir aufgerufen sind, bewußt in unserer Generation zu fällen, werden von anderen biologischen Arten für gewöhnlich in Äonen der Evolution und genetischen Veränderungen getroffen.

Hier, wie in der Evolutionsgeschichte, entscheidet der richtige Zeitpunkt alles: Erfolgt die Anpassung an den Wandel zu rasch, so könnte dies für uns im Hinblick auf die folgenden Veränderungen, die uns bevorstehen, eine Fehlanpassung bedeuten. Das drohende Paradox ist, daß nichts so sehr nachläßt wie der Erfolg. Möglicherweise haben wir das Evolutionspotential auf unserem Industrialisierungspfad nach BSP-Maß erschöpft, und die nächste Anpassung wird in einer neuen Dimension stattfinden, für die neue Meßlatten gebraucht werden. Vielleicht ist es jetzt an der Zeit zu erkennen, daß die wirklichen Produktionsfaktoren Energie, Materie und Wissen heißen und daß der Output aus Menschen besteht.

3. Der endliche Kuchen

Die Grenzen der traditionellen Wirtschaftswissenschaften bei der Entscheidung hinsichtlich der Ressourcen

HEUTE WIRD DER WISSENSCHAFTSZWEIG DER WIRTSCHAFTSWISSENSCHAFTEN und ihre Anwendung als grundsätzliches Instrument zur Verteilung der Ressourcen von Wissenschaftlern anderer Gebiete und von einer zunehmend skeptischeren Öffentlichkeit in vielen Punkten in Frage gestellt. Die gegenwärtige Mißwirtschaft unserer Ökonomie zieht die Grundzüge der neoklassischen Wirtschaftstheorie und späterer keynesianischer Varianten in Zweifel. Ich werde auf die Probleme eingehen, denen man in den Wirtschaftswissenschaften begegnet, die heute eindeutig eine Disziplin innerhalb eines übergeordneten Systems sind und die in einem vergeblichen Versuch ausgeweitet wurden, um Phänomene zu erfassen, die mit ihren Begriffen nicht erklärt werden können.

Im großen und ganzen haben die meisten Wirtschaftswissenschaftler die Sozial- und Umweltvariablen, die nicht in ihre theoretischen Modelle passen, immer mehr außer Acht gelassen, wie beispielsweise Fragen hinsichtlich der Vermögens- und Einkommensverteilung, die zu oft als vorgegeben akzeptiert werden, oder die Art und Weise, in der die Begriffe des „freien Marktes" und des „allwissenden, stets vernünftigen Verbrauchers" verzerrt werden durch die Ausübung institutioneller Macht, durch die Manipulation von Informationen, durch das Vorantreiben des technologischen Wandels und durch solche menschlichen Bedürfnisse, die über den Markt hinausgehen. Die Wirtschaftswissenschaften und ihre modernen Instrumente, wie zum Beispiel die Kosten-Nutzen-Analyse, haben jetzt begonnen, soziale und moralische Alternativen in den Hintergrund zu schieben und eine lebenswichtige neue Diskussion auf nationaler Ebene darüber, was wertvoll ist, zu verhindern. Heutzutage werden die Konjunkturzyklen selbst eher von Wirtschaftswissenschaftlern als vom Markt geschaffen, da sie die Wirtschaft abwechselnd anheizen und abkühlen.

Eine derartige Steuerung der Gesamtnachfrage kann nicht gegen die strukturellen Probleme unserer komplexen, reifen Volkswirtschaft angehen, in der solche freien Märkte nur noch andeutungsweise vorhanden sind.

Es gibt natürlich einige Wirtschaftswissenschaftler, vor allem Kenneth Boulding, Kenneth Galbraith, Gunnar Myrdal, Barbara Ward, Robert Heilbroner, Adolph Lowe, Gardner Means und Nicholas Georgescu-Roegen und andere, die solche Fragen lebendig gehalten haben. Jedoch sind jetzt die Anomalien, mit denen sich die Wirtschaftswissenschaftler nicht befassen können, nicht mehr zu übersehen, ob in der weltweiten Inflation, der Umweltverschmutzung oder den unerwünschten Nebenwirkungen wirtschaftlicher Entwcklung wie sozialen Diskrepanzen, krebsartig wuchernder Verstädterung, in die Höhe schnellenden Infrastrukturkosten, Arbeitslosigkeit und Mißständen bei der Einkommens- und Vermögensverteilung. Tatsächlich zweifeln heute viele Länder der Dritten Welt daran, ob es ratsam ist, zu versuchen, die kapitalintenisve Entwicklung des Westens, wie sie Walt W. Rostow in *Die Phasen des Wirtschaftswachstums* exemplifiziert, nachzuahmen. Viele sehen jetzt in China ein brauchbares Modell, weil das dortige arbeitsintensive System die menschlichen Ressourcen, die in allen Ländern reichlich vorhanden sind, nutzt und nicht die Aufgabe nationaler Autonomie erfordert, die häufig der Preis für ausländisches Kapital ist. Die Chinesen betonen, daß sie – um es mit westlichen Begriffen auszudrücken – die „Wirtschaftlichkeit" nicht maximieren, sondern sie vielmehr als ein Ziel sehen, das in Relation zu anderen Zielen optimiert werden muß, wie beispielsweise einer dezentralisierten Bevölkerung, Binnenproduktion, Unterbindung von Elitedenken und Ausgleich der Einkommensverteilung.

Offensichtlich ist diese Form der Volkswirtschaft, die Anreize durch Ermahnungen ersetzt und die Energie des eigenen Volkes im gemeinsamen, nicht mechanisisierten Dienst für einander nutzt, eine pragmatische Reaktion auf den Kapitalmangel, um das Wirtschaftswachstum auf irgendeine andere Weise zu kultivieren. Sie muß aber auch zu einer Wirtschaft führen, die Ressourcen erhält und dadurch umweltfreundlicher ist als eine kapitalintensive Wirtschaft.

Viele der neuen Zweifel an den Zielen wirtschaftlicher Entwicklung haben die Kommunismus-gegen-Kapitalismus-Dialektik des letzten Jahrhunderts wieder aufleben lassen. Die Chinesen prangern den Kapitalismus als die Wurzel von Umweltproblemen an. Die UdSSR hat jetzt, nachdem sie anfangs dieselbe Position vertreten hatte, ihre eigenen Umweltprobleme eingestanden und arbeitet mit den USA im bilateralen Ausschuß zusammen, der gebildet wurde, um Lösungen für diese gemeinsamen Probleme zu finden. Viele weisen doktrinäre Umweltargumente gegen den Kapitalismus zurück und verweisen auf staatlich gelenkte Investitionen in vielen Planwirtschaften wie die Stromerzeugung, die Stahl- und Automobilproduktion und die zahlreichen Montanindustriebetriebe, die in derselben Art und Weise Probleme schaffen wie in kapitalistischen Systemen. Außerdem signalisieren viele Entwicklungsländer, die man nicht gerade als kapitalistisch bezeichnen kann, ihre Bereitschaft, in ihrem verständlichen Drang nach wirtschaftlichem Wachstum ihre verhältnismäßig saubere Umwelt in bare Münze umzusetzen. Jedoch warf der berühmte Founex-Bericht, der von Experten aus Entwicklungsländern für die 1972 abgehaltene Umweltkonferenz der Vereinten Nationen vorbereitet worden war, die neueren Fragen auf. „In der Vergangenheit gab es eine Tendenz, das Entwicklungsziel mit der enger gefaßten Zielsetzung des in Zuwachsraten des Bruttosozialprodukts gemessenen Wirtschaftswachstums gleichzusetzen. Gewöhnlich wird heute erkannt, daß hohe Wachstumsraten nicht die Abschwächung dringender sozialer und menschlicher Probleme garantieren. Tatsächlich waren in vielen Länder hohe Wachstumsraten mit steigender Arbeitslosigkeit, zunehmenden sozialen wie regionalen Einkommensunterschieden und der Verschlechterung sozialer und kultureller Verhältnisse verbunden." In ihrem 1974 erschienenen Buch *Wirtschaftswachstum und soziale Gerechtigkeit in Entwicklungsländern* kamen die Wirtschaftswissenschaftlerinnen Irma Adelman und Cynthia Taft Morris im wesentlichen zu demselben Ergebnis.

Diese neuen Probleme stellen alle die derzeit herrschende Wirtschaftspolitik in den meisten Industrieländern in Frage. Der zukünftige Wert von Wirtschaftswissenschaftlern wird dadurch bestimmt werden, wie sie mit diesen Problemen umgehen und ob der gegenwärtige Trend zum bedeutungslosen Reduktionismus auf der vergeblichen Suche nach „wissenschaftlicher Objektivität" umgekehrt werden kann, um eine Integration der neuen Variablen, sei es das Verhalten von Ölscheichs, multinationalen Unternehmen oder Ökosystemen, in ihre Modelle zu ermöglichen.

Konzentrieren wir uns auf die Prioritäten, an Hand derer ein Land die Zuteilung seiner Ressourcen bestimmt. Sie sind ein Produkt vieler Faktoren: seiner Mythen und Traditionen, seiner kulturbedingten Auffassung des Begriffs „Wert", seines Wissensschatzes, seiner Beurteilung von Risiken, Kosten und Nutzen innerhalb verschiedener räumlicher und zeitlicher Zusammenhänge, der Verfügbarkeit von Boden, Material und menschlichen Ressourcen sowie des Mischverhältnisses von staatlichen und privaten Entscheidungsmechanismen, mittels derer die Bedürfnisse und Prioritäten seiner Bürger mit ausreichender Befriedigung der Allgemeinheit gestaltet, zum Ausdruck gebracht und erfüllt werden, damit der Dissens ein kontrollierbares Ausmaß nicht überschreitet.

Unter einer derart allgemeinen Beschreibung der in den meisten Ländern angewandten Systeme für die Zuteilung von Ressourcen werden die relativen Wertgewichtungen zwischen individueller Autonomie und gesellschaftlichen Zielen und die verschiedenen von ihnen geschaffenen zentralisierten und dezentralisierten Machtkonfigurationen zusammengefaßt. Viele westliche Industrieländer haben sich für einen höheren Abhängigkeitsgrad von marktwirtschaftlichen Zuteilungsmechanismen entschieden in der Annahme, daß man mit der Optimierung individueller Autonomie auch gleichzeitig gemeinsam gesellschaftlichen Zielen annähernd gerecht wird. Andere Industrieländer sind dem Beispiel der UdSSR gefolgt und bevorzugen zentralisierte politische Mechanismen für die Zuteilung der Ressourcen in der Annahme, daß man mit der Optimierung sozialer Gesamtziele zugleich individuellen Bedürfnissen gerecht wird. Jedoch scheinen allmählich die zwei größten fortgeschrittensten Modelle dieser beiden unterschiedlichen Wertsysteme, die USA und die UdSSR, in mehreren ihrer wesentlichen Grundzüge sehr ähnlich zu sein, zum Beispiel darin, daß sie sich einem den ökologischen Standpunkt außer Acht lassendem Wachstum, technologischem Determinismus und ihren übermächtigen Bürokratien, ob sie nun offiziell als „staatlich“ oder „privat“ bezeichnet werden, verschrieben haben.

Ein kurzer Vergleich der Umweltverdienste dieser beiden Hauptsysteme für die Ressourcenzuteilung ist notwendig, da sich unter Wirtschaftswissenschaftlern, die sich mit Ressourcen befassen, und Thermodynamikern die Überzeugung breitmacht, daß die Umweltzerstörung ein Index für die Unwirtschaftlichkeit einer Volkswirtschaft bei der Nutzung der Ressourcen ist: Während zahlreiche Sozialkritiker in Marktwirtschaften behaupten, daß die Gesamtwirtschaftlichkeit und die allgemeine Wohlfahrt dadurch verbessert werden können, daß man die Ressourcen von den privaten auf die öffentlichen Sektoren verlagert. In seinem Buch *Gesellschaft im Überfluß* lenkte John Kenneth Galbraith die Aufmerksamkeit weiter Kreise auf die Probleme, die sich in den USA im Bereich der öffentlichen Einrichtungen aufgrund zu großer Abhängigkeit von marktwirtschaftlichen Mechanismen bei der Ressourcenzuteilung einstellten. Wir sehen jetzt in vielen anderen „überentwickelten“ Ländern, wie ein überhitzter Konsum einer Wohlstandsschicht den exzessiven Verbrauch, die Erschöpfung, die Verschwendung, den Verschleiß und die Verschmutzung der Ressourcen so, wie von Galbraith beschrieben, erzeugt. Die Funktion, die die Werbung bei der Überhitzung eines solchen Konsums erfüllte, um die Güterproduktion auf dem Privatsektor, auf der mittlerweile das größte Vertrauen hinsichtlich der Beschäftigung ruhte, ständig weiter zu expandieren, hebt Galbraith gezielt hervor. Andere Kritiker in den sechziger Jahren boten Lösungen für dieses Kaufkraftdilemma an, wie zum Beispiel Robert Theobald, Milton Friedman und James Tobin, die neue Verteilungsmodelle vorschlugen, die Mindesteinkommen zur Befriedigung grundlegender, bisher unerfüllter Bedürfnisse sicherstellen und diese Verzerrungen der Produktionsstrukturen verhindern sollten. Theobald sagte exakt voraus, daß fortgeschrittene, technologische Volkswirtschaften sozial instabil und inflationär wären, weil der Konsum ständig gesteigert werden müßte, während die kapitalintensive Produktion einen immer geringeren Arbeitsinput benötigte.

Zahlreiche Dienstleistungsbranchen haben zwar nach und nach einen Teil der durch Rationalisierung verlorengegangenen Arbeitsplätze ersetzt, trotzdem sind heute aber Arbeitslosigkeit und gleichzeitige Inflation unsere zwei schwerwiegendsten Probleme. Somit wird der unter Wirtschaftswissenschaftlern traditionelle Begriff der Phillips-Kurve entkräftet, die eine nicht länger wirksame Wechselwirkung zwischen diesen beiden Flüchen der reifen industriellen Volkswirtschaften postuliert. Die Frage, ob eine technologisch fortgeschrittene Volkswirtschaft sowohl strukturelle Arbeitslosigkeit als auch strukturelle Inflation erzeugt, ist nun endlich aufgetaucht nach ihrer erfolgreichen Unterdrückung durch Keynesianer und deren politischen Praktiken der allgemeinen Stimulierung durch Steuersenkungen, Krediterleichterung, Anreize für Kapitalinvestitionen und Fortbildungsprogramme für „Dauerarbeitslose" in der Hoffnung, daß Arbeitsplätze schon irgendwie entständen, wenn nur die beruflichen Fähigkeiten verbessert würden.

Solche Anomalien müssen jetzt heftig diskutiert werden, besonders weil jetzt das Kapital selbst knapp ist und viele unserer dringlichsten Bedürfnisse im öffentlichen Sektor liegen. Marktwirtschaftlich ausgerichtete Volkswirtschaften können sich erst dann wirksam um diese Bedürfnisse kümmern, wenn sich potentielle Verbraucher dieser öffentlichen Güter und Dienstleistungen politisch zusammenschließen und genügend Macht entfalten, damit öffentliche Mittel bereitgestellt werden, die diese neuen „Marktinteressen" an Verkehrs-, Bildungs- und Gesundheitswesen, Park- und Kläranlagen sowie an langfristigen Investitionen in die Erforschung und Entwicklung umweltfreundlicher, regenerierbarer Energiequellen, wie beispielsweise der Sonnen- oder Windenergie, unterstützen sollen. Wenn enorme öffentliche Projekte als Mittel gegen unsere Rezessionen vorgeschlagen werden, sollte man dabei nicht übersehen, daß diese Güter, Dienstleistungen und Investitionen der Öffentlichen Hand nicht reine Arbeitsbeschaffungsmaßnahmen darstellen, sondern vielmehr lebenswichtige neue Arbeitsplätze schaffen. Zu große Abhängigkeit von privater Produktion und privatem Konsum materieller Güter verschwendet nicht nur unnötigerweise Ressourcen, sondern man kann sich in einer fortgeschrittenen Volkswirtschaft ohne andere Strategien zur Kaufkraftverteilung auf sie in ihrer Funktion der Bereitstellung von Arbeitsplätzen nicht verlassen. Außerdem hat Kenneth Boulding darauf hingewiesen, daß wirtschaftliche Wohlfahrt eher den *Gebrauch* als den *Verbrauch* der Ressourcen voraussetzt, eher den Genuß des Vermögensvorrats als den Durchsatz von Produktion, Konsum und Verschwendung.

Die Marktwirtschaften, die besonderen Nachdruck auf das Recht an privatem Eigentum legen, unterstützen einen solchen beschleunigten Durchsatz, weil sie davon ausgehen, daß Eigentum das Recht verleiht, die Ressourcen zu verbrauchen statt lediglich zu gebrauchen.

Jedoch weisen die stärker ausgeprägten Planwirtschaften anscheinend ein ähnliches Ausmaß an Umweltproblemen auf, die nicht von marktwirtschaftlichen Entscheidungen verursacht werden, sondern von bürokratischer Ignoranz oder überlegten planwirtschaftlichen Entscheidungen, die die Umwelt wirtschaftlichen Zielen opfern. Außerdem haben die sozialistischen Volkswirtschaften andere, nur bei ihnen auftretende Probleme, vor allem Anreize zu finden, die aufregender sind als die „Erfüllung des Plansolls", an die Stelle des individuellen Gewinnmotivs treten, und die Notwendigkeit kostspieliger, unpopulärer bürokratischer Vorschriften einschränken sollen. Tatsächlich sehen wir jetzt in Osteuropa und in der UdSSR, wie sich das uralte menschliche Gewinnmotiv wieder durch die Hintertüre einschleicht, sei es in Form von individuellen Produktivitätsbelohnungen, Arbeiterräten oder Lizenzgebühren bei Geschäften mit westlichen Unternehmen. Fortgeschrittene technologische Gesellschaften, von welchen wirtschaftlichen Voraussetzungen sie auch immer geprägt sein mögen, leiden alle unter bürokratischem Gigantismus, technologischem Determinismus, menschlicher Entfremdung und der Zerstörung der Umwelt. Marxistische, sozialistische und westliche Utopien vertrauen allesamt in starkem Maße auf technologischen, von der Erschöpfung der Ressourcen scheinbar uneingeschränkten Reichtum.

Die in den Wirtschaftswissenschaften neu aufgetauchte Konvergenz von Inflations-, Umweltverschmutzungs- und Ressourcenausbeutungsproblemen zusammen mit menschlicher

Entfremdung, Arbeitslosigkeit und Mißständen bei der Verteilung macht Neubewertungen unserer beinahe unterbewußten, an der Arbeit orientierten Werttheorien zwingend notwendig. Eine derart anthropozentrische Hervorhebung unseres eigenen menschlichen Beitrags zum Wert ist verständlich. Jegliche wirtschaftliche Tätigkeit ist menschlich, und es steht zu erwarten, daß die in demokratischen Gesellschaften geführten wirtschaftspolitischen Diskussionen bei der Wertbestimmung den Arbeitsinput zum Produktionsprozeß verglichen mit der objektiven Rolle des Bodens, der Ressourcen und des Kapitals hervorheben. Tatsächlich spielten diese objektiven Faktoren in den frühen Phasen der Industriellen Revolution verglichen mit dem zur Herstellung von Waren notwendigen enormen Aufwand an menschlicher Arbeit nur begrenzt eine Rolle. Marx ging sogar so weit, praktisch jeglichen Wert von Waren dem Faktor Arbeit zuzuschreiben. Die Wirtschaftswissenschaftler haben zwar im Zuge des technologischen Fortschritts den Produktionsfaktoren Boden und *Kapital* immer mehr Gewicht beigemessen, aber ihrer Einstellung zum Anteil der Arbeit am Wert wird durch den ständigen Gebrauch solcher Begriffe wie „Arbeitsstunde" und „Arbeitsproduktivität" gekennzeichnet, obwohl der zweite Ausdruck meistens zusätzliches, dem Arbeiter zur Verfügung gestelltes Kapital bezeichnet.

Diese Hervorhebung des Anteils der Arbeit am Wert wurde selbst in fortgeschrittenen kapitalintensiven Volkswirtschaften eine politische Notwendigkeit, um zu kaschieren, daß die Arbeitsplätze zu einem Verteilungsmechanismus von bedeutendem Ausmaß wurden. Zum Beispiel führen viele Industriezweige in ihrer derzeitigen Misere nicht ihre primäre Funktion der Bedarfsdeckung, sondern ihre Beschäftigungsfunktion als Rechtfertigung für staatliche Hilfen an. Sollten wir zugeben, daß das Kapital in vielen hochautomatisierten Industrien Vermögen schafft, wobei der Beitrag des Menschen lediglich in der Programmierung von Computern besteht, dann müßten wir uns auch ehrlich mit der Notwendigkeit auseinandersetzen, Institutionen für die Vermögensaufteilung zu schaffen, damit die wachsenden Güterlawinen von denen verbraucht werden können, die noch ein unbefriedigtes Verlangen danach haben. Dies wiederum untergrübe viele derzeit in Marktwirtschaften

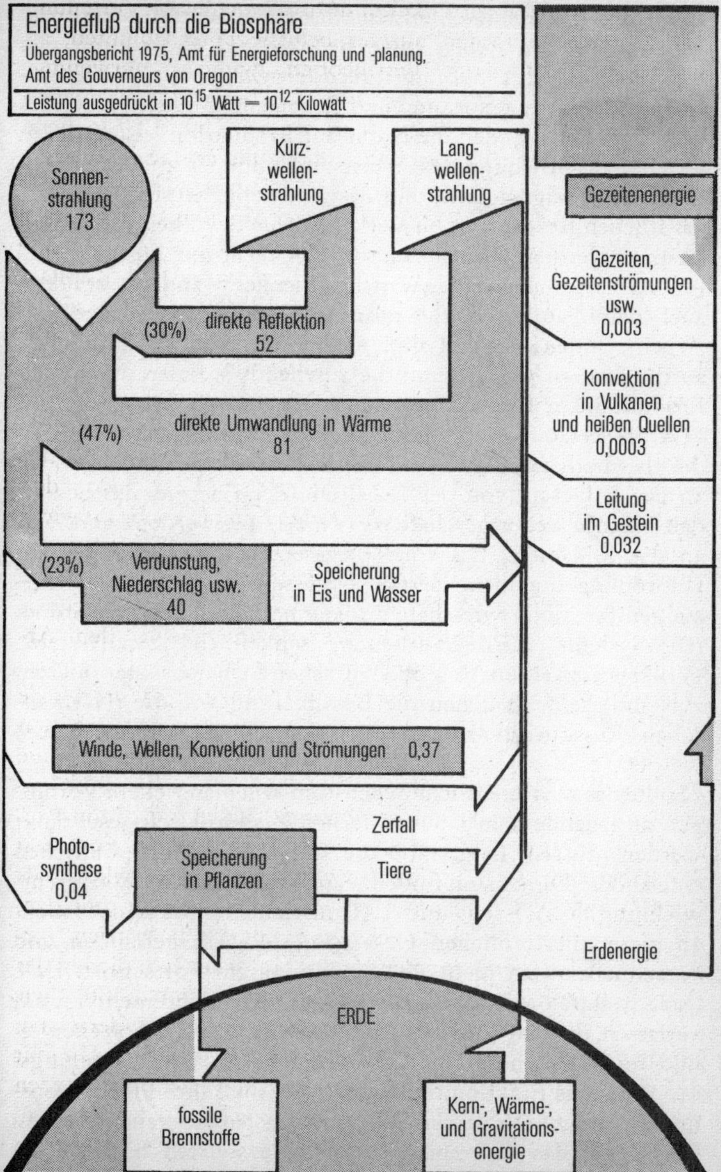

Energiefluß durch die Biosphäre

Übergangsbericht 1975, Amt für Energieforschung und -planung, Amt des Gouverneurs von Oregon

Leistung ausgedrückt in 10^{15} Watt = 10^{12} Kilowatt

vertretene Auffassungen im Hinblick auf Eigentumsrechte und darauf, daß nur Arbeit oder Beiträge zur Produktion den Anspruch auf ein Einkommen rechtfertigen (außer bei Kapitaleigentum, Altersversorgung und Arbeitsunfähigkeit). Überdies wird dem Beitrag, den die Natur zur Produktion leistet, durch unsere Hervorhebung des Arbeitsinputs immer noch zu wenig Bedeutung beigemessen, und das zu einem Zeitpunkt, wo die natürlichen Ressourcen im Verhältnis zur Bevölkerung ständig knapper werden. Deshalb müssen wir nicht nur unsere früheren Auffassungen von „Wirtschaftlichkeit" ändern, sondern auch damit aufhören, die relativen Produktionsbeiträge von Arbeit, Boden, Kapital und technischem Wissen in Zahlen ausdrücken zu wollen, und die zusehends sozialere Natur der Produktion in fortgeschrittenen Volkswirtschaften erkennen.

Da die Ressourcen der Erde begrenzt und ihre Vorgänge an die thermodynamischen Gesetze der Physik gebunden sind – an das 1. Gesetz von der Erhaltung der Energie, das besagt, daß Materie weder geschaffen noch zerstört werden kann, und an das 2. Gesetz, das Entropiegesetz von der allmählichen Unordnung und dem Zerfall – müssen die Grundvoraussetzungen für Volkswirtschaften, die innerhalb des übergeordneten Systems „Erde" arbeiten, schließlich „steady-state" -Volkswirtschaften (= Volkswirtschaften in quasi-stationärem Zustand) sein, in denen die Bevölkerung wie die physikalischen Ressourcen kontant auf demselben Stand gehalten werden.

Sollte das wirtschaftliche Wachstum von materiellem Vermögen zu irgendeinem noch so fernen Zeitpunkt eingeschränkt werden müssen, dann muß die Entwicklung des Menschen eine andere Dimension finden. Zum Glück sind die Weiterentwicklung des Wissens und hoffentlich auch die Einsicht nicht an diese unerfreulichen Gesetze der Physik gebunden und verschließen sich nicht vor evolutionärem Fortschritt. Eine „steady-state"-Volkswirtschaft kann sich nicht mehr darauf verlassen, daß die Beschäftigung in der Produktion von energie- und ressourcenintensiven Gütern noch als Hauptverteilungsmechanismus funktioniert, sondern sie muß ihre Produktions- und Verteilungsstrategien auf ein ertragsgarantierendes System ausrichten, das auf regenerierbaren Ressourcen basiert. Ihre

Werttheorien müssen die subjektiven, sich verändernden Ziele der Menschen, die Funktion von Informationen und menschlichem Wissen, die Grenzen der physikalischen Ressourcen der Erde und deren täglichen Energiegewinn von der Sonne erfassen. Die im Club of Rome aufgeworfenen Fragen hinsichtlich der ökologischen und psychologischen Grenzen des Wachstums werden eine grundlegende Veränderung der Wirtschaftswissenschaften von beispielhaftem Charakter erfordern, während wir solche Begriffe wie „Profit“, „Produktivität“, „Wirtschaftlichkeit“, „Nutzen“, „Maximierung“ und „Fortschritt“ überprüfen. Keiner dieser Begriffe hat irgendeine Bedeutung, wenn der Bezugsrahmen nicht verdeutlicht wird und räumliche wie zeitliche Begrenzungen nicht eindeutig angegeben werden. Wir müssen die Antworten auf solche Fragen wie „Profit für wen?“, „Maximierung in welchem zeitlichen Rahmen?“ kennen, damit solche Begriffe präzise sind und die zahlreichen Suboptimierungskrisen vermieden werden, die ihr laxer Gebrauch seitens Wirtschaftswissenschaftlern, Politikern und Geschäftsleuten unversehens geschaffen hat. Wir sehen jetzt, daß die keynesianische Initiative, die sich einem nur spärlich definierten „Fortschritt“ verschrieben hat und darin besteht, ganze Volkswirtschaften mit staatlichen Mitteln anzukurbeln, um Gebiete mit strukturell hoher Arbeitslosigkeit zu entlasten und Verteilungsdiskrepanzen zu kaschieren, mittlerweile zu kostspielig geworden ist, weil sie sowohl die Inflationsrate als auch die Ausbeutungsquote der Ressourcen hochtreibt.

Die unbekümmerte Auffassung, ein ständig größer werdender Kuchen versorgte auch die Armen mit größeren Stücken, liefert nicht mehr die beruhigenden Argumente, mit denen die Reichen dieser Welt die Ungleichheiten als grundlegende Voraussetzung für die Bildung neuen Investitionskapitals rechtfertigen können.

Wirtschaftswissenschaftler und Geschäftsleute, die geistig und finanziell in das Wachstumssyndrom investiert haben, können es nicht länger mit der Begründung verteidigen, es sei der einzige Weg, um das Los der Armen zu verbessern und die „Ressourcen“ für die Sanierung der Umwelt bereitzustellen. Es gibt jetzt zu viele Anhaltspunkte dafür, daß die Armen nur selten in der vorgeschriebenen keynesianischen Weise am Wachstum teilhaben, und die Verwendung unserer derzeitigen mangelhaften und hochgradig umweltverschmutzenden Produktionsform zur Schaffung der „Ressourcen“, die dann ihre Auswirkungen beheben sollen, zahlt sich für uns nicht aus. Dennoch zeigen sich plötzlich Geschäftsleute, die zuvor kein Engagement für die Armen erkennen ließen, neuerdings blutenden Herzens um sie besorgt. Ihre Krokodilstränen angesichts der den Unterprivilegierten versagten Hoffnungen auf steigenden privaten Konsum, den sie doch anstreben müssen, wenn die privatwirtschaftlichen Privilegien erhalten bleiben sollen, sind neue Ablenkungsmanöver, um die Notwendigkeit einer Neubewertung der Natur und der Richtung des Wachstums zu verdecken. Die neue Wachstumsdiskussion stellt all die Wertvorstellungen, auf der sie beruhte, in Frage und zwingt uns zu untersuchen, ob Konsumwachstum auf dem Privatsektor, wie schädlich seine Nebenwirkungen auch sein mögen, die einzige Wachstumsform ist. Natürlich müssen wir zugeben, daß sie nicht die einzige ist und daß Wachstum auf die vielen zuvor erwähnten staatlichen Dienstleistungsbereiche unserer Volkswirtschaft verlagert werden könnte: Verkehrs-, Gesundheits- und Bildungswesen, Erforschung neuer Energiesysteme und der Abwärmenutzung unter minimaler Belastung der Umwelt. Aber eine derart bewußt kontrollierte Neuanpassung erforderte die Einbeziehung der bei Privatproduktion und -konsum anfallenden Sozialausgaben, die Umverteilung privater Ressourcen durch Steuern, das Setzen von Prioritäten in Hinblick auf Investitionen und die Kreditzuteilung: Maßnahmen, denen sich Geschäftsleute und kapitalbesitzende Bürger noch heftig widersetzen.

Wir müssen wirklich fragen, ob in einer Zeit der wachsenden Komplexität, in der es nicht wesentlich mehr Informationen zwischen Käufern und Verkäufern gibt, die einfache Anhäufung von Mikro-Entscheidungen im Marktbereich irgend etwas anderes als ein Makro-Chaos ergibt, wie es der Biologe Garret Hardin in seiner heute berühmten Abhandlung *Die Tragödie der Allmenden* (*Tragedy of the Commons*) beschreibt. Probleme allgemeiner „freier Güter“ wie Luft, Wasser und Meere, wo sich keiner mehr um das kümmert, was eigentlich jeden

Integriertes Energieversorgungsmodell

Übergangsbericht 1975, Amt für Energieforschung und -planung,
Amt des Gouverneurs von Oregon

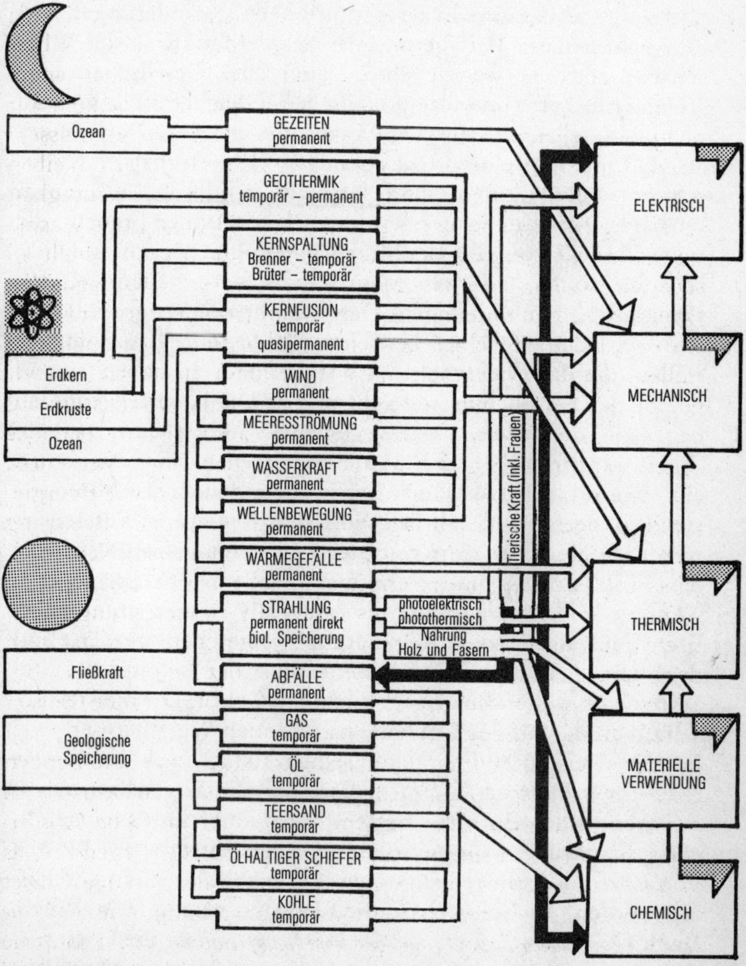

angeht, gehören zu den kniffligsten theoretischen Fragen danach, wie wir auf Gebieten, auf denen marktwirtschaftliche Entscheidungen fehlschlugen, soziale Entscheidungen treffen sollen. Herman Daly befaßte sich in seinem 1974 erschienenen Buch *Toward a Steady State Economy* mit diesem Dilemma und stellte fest, daß radikale institutionelle Veränderungen und eine beispielhafte Verlagerung der Schwerpunkte in der Wirtschaftstheorie notwendig sind, damit eine Gesellschaft eine Volkswirtschaft von biophysikalischem Gleichgewicht und ein nichtmaterielles, moralisches Wachstum erreicht. Daly deutet an, daß man für eine „steady-state"-Volkswirtschaft mit konstantem Bevölkerungs- und Kapitalbestand, der auf einem niedrigen Niveau gehalten wird, drei Institutionen braucht, die unter Berücksichtigung der Mikro-Variabilität Makro-Stabilität schaffen sollen, um das Makro-Statische mit dem Mikro-Dynamischen zu vereinigen. Daly stimmt Bouldings früherem Plan zu, jedem einzelnen bei seiner Geburt eine Lizenz auszustellen, die dazu berechtigt, so viele Kinder zu haben, wie es gerade der Sterblichkeitsrate entspricht. Die Lizenzen könnten dann auf dem freien Markt gekauft und verkauft werden. Zweitens spricht er sich für Ressourcenausbeutungsquoten aus, die auf Schätzung der Reserven und dem Technologiestand basieren und jährlich von der Regierung versteigert werden sollten, und drittens für eine Verteilungsinstitution, die das Einkommens- und Vermögensgefälle begrenzen soll.

Trostlose Vorschläge wie die von Daly mögen als unpraktisch oder als „soziale Regulierung" angesehen werden, und dennoch finden die Begriffe der „steady-state-Wirtschaftswissenschaftler" allmählich Gehör. Die meisten bevorzugen die auf der Entropie basierenden Werttheorien, wie beispielsweise Boulding, der in seinem Essay *Die Wirtschaft des zukünftigen Raumschiffs Erde* erklärt, daß der Wirtschaftsablauf aus trennender Entropie besteht, wo immer unwahrscheinlichere Strukturen von niedriger relativer Entropie auf Kosten von Entropieverlusten auf höheren Ebenen anderswo geschaffen werden. Nicholas Georgescu-Roegen verfolgte in seinem Buch *Das Entropiegesetz und der Wirtschaftsablauf* die Entropietheorien der Wirtschaftswissenschaften auf den deutschen Physiker G. Helm zurück, der 1887 behauptete, Geld stellte die wirtschaftliche Entsprechung niedriger Entropie dar. Georgescu-Roegen erkannte den Fehlschluß, daß Wirtschaftsabläufe analog zu Newtonschen mechanischen Bewegungsvorgängen seien. Da wirtschaftliche Vorgänge auch qualitative Veränderungen bewirken, die gewöhnlich mit höheren Entropieebenen in Verbindung gebracht werden, glaubt er, daß sie sich auch „arithmomorphischer Schematisierung“ entziehen und daß die Wirtschaftswissenschaften mit ihrer „Arithmomanie“ sie deshalb ignorieren. Im wesentlichen besteht das Problem darin, daß die Ressourcen zwar wiederaufbereitet werden können, aber nur unter Zuführung von Energie, und Energieverbrauch schafft nicht nur unvermeidlichen Verlust (gewöhnlich Wärme), sondern kann auch nicht wiederaufbereitet werden. Zum Beispiel werden jetzt in den fortgeschrittensten Ländern die Dienstleistungen zu Hauptbestandteilen ihrer Volkswirtschaften, einschließlich der Kommunikationsmittel (die häufig den Bedarf an energieintensiverem Verkehr ersetzen), Kino, Fernsehen, Versicherungs-, Gesundheits-, Bildungswesen und Forschung, einerlei, ob unter öffentlicher oder privater Trägerschaft. Selbst wenn diese Dienstleistungen weniger entropisch sind als Schwerindustrien, müssen wir trotzdem daran denken, daß sie auf einer Grundlage von Rohstoffgewinnung und Produktion beruhen, welche die Umwelt verschmutzen und die Ressourcen erschöpfen, obwohl sie alle – einem Chamäleon gleich – bei ihren Zielgruppen den Anschein erwecken, umweltfreundlich zu sein. Sogar die Bekämpfung der Umweltverschmutzung und die Wiederaufbereitung, wie beispielsweise elektrostatische Präzipitatoren und die Abwässerreinigung, verbrauchen bei Betrieb und Herstellung ziemlich viel Energie und Ressourcen. Georgescu-Roegen erklärt sogar ohne Umschweife, daß sämtliche wirtschaftlichen Vorgänge eine größere Menge an Energie verbrauchen, die sich dann schließlich als niedrige Energie im Fertigprodukt wiederspiegelt, und daß nach der Lehre der Entropie die meisten Wiederaufbereitungsprozesse ebenso fruchtlos sind. Aus diesem Grund betonen er und die anderen „steady-state“-Wirtschaftswissenschaftler, daß sich nur die *Haltbarkeit* wirklich bezahlt macht, die diesen unnötigen Fluß von Produktion – Konsum – Abfall – Wiederaufbereitung auf das niedrigst mögliche Niveau reduziert. Deshalb brauchen wir sehr sorgfältige Simulationen ganzer wirtschaftlicher Abläufe von der Gewinnung bis zur Raffinierung, zur Herstellung, zum Konsum, zum Abfall, zur Wiederaufbereitung, um ihre relative Wirtschaftlichkeit bei der Ressourcennutzung und die damit verbundenen Umweltverschmutzungs- und Ausbeutungsraten beurteilen zu können. Georgescu-Roegens Entropietheorie vom Wert führt als eigene, zusätzliche Produktionsfaktoren natürliche chemische Vorgänge, Niederschläge und die Sonnenstrahlung an, die gewöhnlich unter dem Faktor Boden als freies Geschenk der Natur zusammengefaßt werden. Da einige dies als doppelte Zählung ansähen, fügt er hinzu, daß der Boden im Gegensatz zu Ricardos Definition alles andere als inaktiv und insofern ein Produktionsmittel ist, als er die chemischen Vorgänge umfaßt, Niederschläge und Sonnenstrahlung absorbiert, wobei die Sonnenstrahlung die einzige, für den Ablauf aller planetarischen Prozesse zur Verfügung stehende Energiezufuhr bzw. -vorratsquelle darstellt, angefangen von der Photosynthese (dem Grundlegendsten und Lebenswichtigstem) bis hin zu unseren wirtschaftlichen Tätigkeiten. Das in der Erdkruste als fossile Brennstoffe gelagerte Energie-„kapital“ ist ein sich rasch erschöpfender Vorrat an fossilierter Sonnenenergie, die in der Vergangenheit durch Photosynthese angesammelt wurde und nicht regenerierbar ist. Der Hauptunterschied des Landwirtschaftsprozesses im Gegensatz zum Industrieprozeß liegt darin, daß die traditionelle Landwirtschaft darauf vertrauen muß, den gleichbleibenden Fluß von Sonnenenergie nutzen zu können, während die Industrie die in der Erdkruste abgelagerten Energievorkommen in einer von ihr selbst bestimmten Größenordnung abbauen kann, zumindest solange sie vorhalten.

Georgescu-Roegens Buch analysiert viele derzeitige Input-Output-Modelle von wirtschaftlichen Abläufen im Licht seiner Entropietheorien und führt neben anderen Kritikpunkten an, daß bei all diesen Modellen nicht nur die Darstellung der Warenproduktion, sondern sogar die von Produktions*prozessen* unterlassen wurde. Ferner stellt seine Theorie die Auffassung in Frage, daß die aus Kapitalzufuhr resultierende „Arbeitsproduktivitäts“steigerung vielmehr nur durch wirtschaftliche Kosten von zusätzlicher Mechanisierung und Wertminderung begrenzt sei, als von irgendwelchen endgültigen Grenzen im Hinblick darauf, wieviel Materie/Energie die Natur uns zur Verfügung stellen kann. Solche Unzulänglichkeiten der Wirtschaftswissenschaften lassen selbst wiederlegende Strategien glaubwürdig erscheinen, wie beispielsweise die von Henry Kissinger, Mindestpreise für Öl einzuführen, um die Entwicklung von Schiefer-, Teersand- und Kohleverflüssigung trotz ihrer in realer Nettoenergie ausgedrückten geringen Rentabilität „profitabel" zu machen.

Eine Verlagerung auf die Werttheorien der Entropie erforderte eine neue Definition von „Profit", der dann nur noch die Schaffung realen Vermögens bezeichnete anstatt privaten oder staatlichen Gewinn, der die Zukunft in allzu hohem Maße unberücksichtigt läßt, bzw. auf Kosten der Ausbeutung von sozialer und natürlicher Umwelt erzielt wird. Ebenso würden wir erkennen, daß der Begriff der Profit- oder Nutzenmaximierung erst dann präzise ist, wenn er von einer Zeitdimension näher bestimmt wird. Solche realistischen Profite beinhalteten Steigerungen der Energieumsetzungsquoten, ein besseres Ressourcenmanagement und eine Wiederaufbereitung, die auf die Nutzung der in Naturprozessen freiwerdenden Sonnenenergiezufuhr ausgerichtet ist, statt das Energie-„kapital" in der Erdkruste noch weiter auszubeuten. Da im Preis von Produkten mehr äußere Faktoren enthalten sind, könnten wir vielleicht feststellen, daß sich die Rentabilität vieler Konsumartikel in Nichts auflöst und diese Güter vom Markt verschwinden. Das geschieht bereits jetzt, wo Hersteller wie Alcoa die Produktion von Aluminiumfolie einstellen und andere Güter, die eine große Zufuhr von Energie/Materie erfordern, wie zum Beispiel starkmotorige Kraftfahrzeuge, durch kleinere Modelle und den neuen Fahrradboom ersetzt werden. Oder man betrachte die Frage der ungebrochenen Attraktivität von Kapitalinvestitionen selbst, die zur Rechtfertigung eines großen Verteilungsgefälles gebraucht werden.

Unter welchen Umständen sind Investitionen sozial- und umweltpolitisch destruktiv? Und da wir unsere wirtschaftlichen Tätigkeiten fortsetzen müssen und werden, wie können wir ihren Anteil an der Ressourcenausbeutung reduzieren und die häufig willkürlichen und unsinnigen Investitionen von immer knapperem Kapital einschränken? Die von ihrem eleganten Gleichgewichtsmodell von Angebot und Nachfrage auf dem freien Markt hypnotisierten Wirtschaftswissenschaftler können sich nicht so leicht mit Möglichkeiten absoluter Knappheit auf der Angebotsseite befassen.

Wir müssen auch den Begriff der „Produktivität" in Frage stellen, einen weiteren wertschwangeren Fachausdruck, den die Wirtschaftswissenschaftler dadurch zu „maximieren" versuchen, daß sie den Kapitalanteil erhöhen, der in jeden Arbeiter oder in die von ihnen bedienten Maschinen investiert wird. Zum Beispiel kann die Steigerung landwirtschaftlicher „Produktivität" durch Mechanisierung und Verwendung von Düngemitteln und Pestiziden häufig soziale Kosten verursachen, wie das durch die „grüne Revolution" erzeugte Einkommensgefälle, und umweltbedingte Kosten durch die Aufzucht insektizid resistenter Schädlinge, das Ablassen von düngerverschmutztem Wasser, die Vernichtung stabilerer und widerstandsfähiger Landwirtschaftsformen und die rasche Bodenerosion. Investitionen in Maschinen und Automatisierung sind auch einige Grenzen gesetzt, bei deren Überschreitung die Arbeiter gegen die zunehmende Roboterisierung ihrer Arbeitsplätze rebellieren und anfangen, den Produktionsprozeß zu sabotieren, wie es bereits in Fabriken in den USA und Europa vorgekommen ist. Viele nützliche und rentable Funktionen bedürfen keiner großen Kapitalinvestition, wie die Erteilung von Privatunterricht oder die Herstellung von Kunstwerken oder handwerklich spezialangefertigten Waren; und sie bereiten den Arbeitern ein großes Vergnügen, um das sie die Arbeiter in kapitalintensiven Industriezweigen oft beneiden. In seinem Buch *Small is beautiful* verwies der Wirtschaftswissenschaftler E. F. Schumacher auf die kulturbedingte Natur der Wirtschaftswissenschaften in dem Kapitel über die buddhistische Ökonomie, die basierend auf dem Begriff vom „richtigen Lebensunterhalt" Arbeit nicht als einen Produktionsbeitrag, sondern als einen Produktionsertrag und als um ihrer selbst willen wertvoll definierte. Schumacher betont auch die Notwendigkeit von intermediären, arbeitsintensiven Technologien, die den Wünschen der Entwicklungsländer nach Beschäftigung in ländlicher Region, Dezentralisierung und politischer Stabilität gerecht werden, indem der Begriff des Gebrauchswerts an die Stelle des von westlichen Wirtschaftswissenschaftlern vertretenen Marktwerts tritt.

Das alles zeigt, wie weit die Wirtschaftstheorien hinter der Unmenge durch technologische Innovation herbeigeführter Veränderungen zurückgeblieben sind. All diese neuen Fragen führen zu einer Überprüfung der kulturellen „Wert“-vorstellungen des Menschen. Zum Beispiel überbewerten und überbelohnen wir in den USA gerne wettbewerbsbetonte Unternehmungen, die es nur innerhalb eines gleichwertigen Feldes der Kooperative und sozialer Geschlossenheit geben kann. Gleichzeitig unterbewerten wir all die genossenschaftlichen Betätigungen, welche die Gesellschaft zusammenhalten, wie Kindertagesstätten und das überwältigende Aufgebot von Leistungen, die auf dem freiwilligen Sektor liebevoll vollbracht werden und für deren Bereitstellung die Frauen eine unfaire Last der Opportunitätskosten tragen.

In der letzten Analyse müssen wir deshalb die normative Natur der Wirtschaftswissenschaften und die Art und Weise, wie die oft unterbewußten Wertauffassungen der Wirtschaftswissenschaftler ihre Analysen gewichten, herausgreifen. Die Wirtschaftswissenschaften versuchen auch, sich mit den subjektiven Wertauffassungen der Menschen wie mit den objektiven Realitäten hinsichtlich der tatsächlichen Werte der komplexen Materie/Energie-Austauschvorgänge zu befassen, welche die Existenzfähigkeit unseres Lebensraumes aufrechterhalten. Kenneth Boulding und Barbara Ward gehören zu den ersten, die erkannten, daß das Raumschiff Erde und seine von der Sonne angetriebenen natürlichen Zyklen Informationen über die Werte dieser Materie- und Energieaustauschvorgänge in der Biosphäre enthalten und daß sich die Wirtschaftswissenschaften an die Wissenschaften der Physik und Biologie wenden müssen, um diese unerläßlichen Basisdaten für die Genauigkeit ihrer eigenen Modelle zu erhalten. Leider sind die Wertvorstellungen der Menschen, zum Beispiel Preise, mit denen sich die Wirtschaftswissenschaftler befassen, für ihre Ungenauigkeit bekannt, weil sie sich (1) auf unsere subjektiven, fehlerhaften Beobachtungen der objektiven Welt und der sich daraus ergebenden unrealistischen Erwartungen hinsichtlich der Verfügbarkeit ihrer Ressourcen stützen und (2) auf unsere subjektive Beurteilung dessen, was für uns wichtig, bzw. „wertvoll“ ist. Wenn unsere Wertbeurteilungen entweder willkürlich oder falsch sind, wie das gewöhnlich der Fall ist, dann muß unser Hauptinstrument für die Untersuchung ihrer relativen Austauschwerte – die Wirtschaftswissenschaften – genauso fehlerhaft sein. In der Tat, wenn die Preise die wahren Überlebenswerte der Menschen genau widerspiegeln, warum sollte dann Tabak teuer sein, während Luft nicht nur billig, sondern tatsächlich umsonst ist. Die willkürliche Natur der menschlichen Erwartungen ist allen bekannt, die das Verhalten von Börsenkursen untersucht haben. Außerdem liegen häufig bedenkliche Zeitabstände zwischen den Berichten von Wissenschaftlern über beispielsweise zunehmende, durch Umweltverschmutzung bedingte Eutrophierung von Seen oder sauren Regen und der Aufnahme solcher Daten in die Berichte der Wirtschaftswissenschaftler an Bankiers, Kapitalanleger oder Politiker darüber, wie sie sich auf die Preise auswirken könnten.

Jedoch verfügen die Preise immer noch über ein großes nützliches Potential für die Zuteilung von Ressourcen in all den Situationen, in denen Käufer und Verkäufer im gleichen Kräfteverhältnis aufeinandertreffen und schneller über die wahren Kosten informiert werden, so daß die zeitlichen Differenzen zur Reaktion und Preiskorrektur verkürzt werden. Wie Gunnar Myrdal erklärte: „Wir können anfangen, dieses leere Feld mit der Bezeichnung 'Extreme Faktoren' auf unseren Diagrammen auszufüllen, um die sozialen Kosten der Produktion soweit wie möglich zu kalkulieren, damit auch sie exakt in den Preisen widergespiegelt werden können. Auf diese Weise kann die exaktere Preisfestsetzung noch als eine Alternative zur Bürokratie dienen.“ In derselben Art behauptet Myrdal, daß organisierte Bürger und Verbraucher die Funktion einer ausgleichenden Kontrolle gegenüber der Macht öffentlicher und privater Institutionen erfüllen können, wie es in den USA bewiesen wird, durch das Aufkommen der Verbraucherschutz- und Umweltschutzbewegung, durch die direkte Konfrontation von Unternehmen mit Boykotten, durch den Gebrauch des Stimmrechts bei Aktionärsversammlungen und durch die Politisierung der Jahreshauptversammlungen von Aktiengesellschaften und der institutionellen Investitionspolitik. Viele „Externe Faktoren“ können kalkuliert oder annähernd bestimmt werden, um uns dem Ziel näher zu bringen, den wahren Mehrwert zu bestimmen als nur die unmittelbaren, aber kurzlebigen Gewinne, die nur aufgrund der Ausbeutung im Sozial- und Umweltbereich erzielt wurden. Solche verbesserten Kalkulationen dessen, was die Marktwirtschaften „Profit“ und die staatlich gelenkten Wirtschaften „Wirtschaftswachstum“ nennen, würden sämtliche Entscheidungen, die die Ressourcen betreffen, bedeutend verbessern. Aber vor allem in Marktwirtschaften ist die Quantifizierung dieser 'Externen Faktoren' viel zuwenig oder gar nicht berücksichtigt worden, weil die Mehrheit der Wirtschaftswissenschaftler von privaten Interessenverbänden oder von Imperien errichtenden öffentlichen Behörden beschäftigt werden, die diesen Verbänden in die Hand spielen, zum Zweck der Erstellung von einseitig gefärbten und manchmal geradezu betrügerischen Kosten-Nutzen-Analysen, die ihre gewinnabwerfenden oder den Bürokratieapparat vergrößernden Projekte gutheißen. Selbst Wirtschaftswissenschaftler in kapitalistischen wie auch in sozialistischen Volkswirtschaften lassen sich leicht von den herrschenden politischen Strömungen und kulturellen Auffassungen ihrer Gesellschaften beeinflussen. Sie ignorieren auch die nicht zu bestreitende Tatsache, daß das Zeitalter der fossilen Brennstoffe, das alle industriellen Volkswirtschaften mit Energie versorgt, zu Ende geht. Deshalb leiden viele wirtschaftliche Analysen unter nicht zur Kenntnis genommenen einseitigen Ausrichtungen und überschätzen den unmittelbaren Nutzen, während sie die unwägbaren, im Sozial- und Umweltbereich anfallenden Kosten unterschätzen, deren Auswirkungen vielleicht von der Gesellschaft im allgemeinen oder einer ihrer Gruppen, einem anderen Land oder von nachfolgenden Generationen getragen werden. Wir müssen die öffentiche Diskussion dadurch bereichern, daß wir die häufig unverhohlen Werbezwecken dienenden Kosten-Nutzen-Analysen kritisieren, die zur Förderung sowohl öffentlicher als auch privater Projekte verwendet werden. Kosten und Nutzen werden gewöhnlich im Durchschnitt pro Kopf ermittelt, was nicht zeigt, wer die Kosten, vielleicht in Form von verschlechterter Wohnsituation oder Verlusten des Arbeitsplatzes, zu tragen hat und wer vom Nutzen, in Form von Aufträgen, Wertpapieremissionsgeschäften, Gewinnen und neuen Arbeitsplätzen, profitiert.

Der Public Interest Economics Foundation stehen ungefähr 500 Wirtschaftswissenschaftler zur Verfügung, die bereit sind, solche Wirtschaftsanalysen für Gruppen anzufertigen,die sich sonst keine Wirtschaftsgutachten zur Untermauerung ihres Falles – entweder vor Gericht oder vor parlamentarischen Gremien – leisten könnten, wie zum Beispiel Bürgerinitiativen, die sich für Umweltschutz, soziale Gerechtigkeit und andere freiwillige Angelegenheiten einsetzen. Dieser neue Zweig der „dem öffentlichen Interesse dienenden Wirtschaftswissenschaften" ist mit ähnlichen Bewegungen vergleichbar, die im Bereich der Rechts- und Naturwissenschaften gegründet wurden, wie auch im Berufszweig der Wirtschaftsprüfer, die vor kurzem ihren 'Nationalen Verband der Wirtschaftsprüfer im öffentlichen Interesse' geschaffen haben.

In einigen Fällen kann schon allein die Sammlung von Daten und deren Verbreitung an die effektivsten Stellen einen Druck nach Veränderung bewirken. New Yorks Council on Economic Priorities hat zum Beispiel seine traditionellen Konzepte der Sicherheitsanalyse erweitert und berücksichtigt jetzt auch das Verhalten von Unternehmen im Sozial- und Umweltbereich. Die Berichte und eingehenden Untersuchungen des Councils werden von einer wachsenden Anzahl von Brokerfirmen, Banken, Kapitalanlagegesellschaften und anderen institutionellen Anlegern wie auch von sozialpolitisch interessierten Aktionären und Bürgern gelesen. Er veröffentlicht vergleichende Informationen über die sozialen Auswirkungen von Unternehmen verschiedener Industriezweige auf dem Gebiet der Umwelt, der Rechte von Minderheiten, der Rüstungsaufträge, des Verbraucherschutzes, des politischen Einflusses und der Investitionen im Ausland. Die zunehmende politische Macht dieser multinationalen Unternehmen, die heute die nationale Souveränität und die Weltwährungsstabilität bedroht, unterstreicht die Notwendigkeit einer solchen Analyse. Außerdem gibt es mittlerweile genügend amerikanische Anleger, die an diesen Berichten interessiert sind, da die Aktionäre es als wünschenswert betrachten, daß ihr Wertpapierbestand nicht

Das Zeitalter fossiler Brennstoffe im Kontext der Menschheitsgeschichte

Übergangsbericht 1975, Amt für Energieforschung und -planung,
Amt des Gouverneurs von Oregon (nach M. King Hubbert)

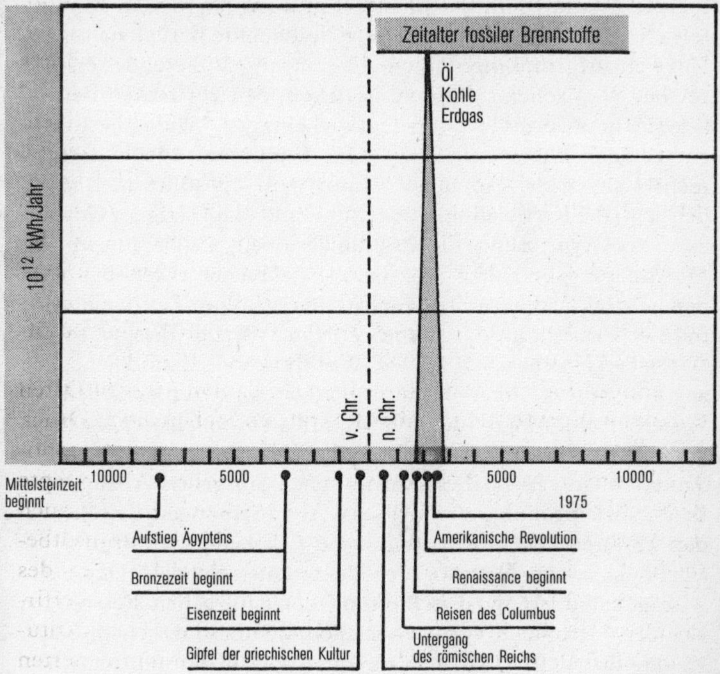

im Widerspruch zu ihren persönlichen Werten steht. Auf den Druck hin, den die Aktionäre neuerdings auf die Kunden ihrer Mitglieder ausüben, bemüht sich das American Institute of Certified Public Accountants (amerikanische Wirtschaftsprüfervereinigung) nun darum, Buchprüfungsmethoden für Unternehmen zu entwickeln, die soziale Aspekte berücksichtigen. Ein sich aufgrund ihrer eigenen Erfahrung anbietender erfolgreicher Weg scheint darin zu bestehen, den vertrauten Begriff des „Firmenwertes" weiterzuentwickeln, der – wie unbestimmbar er auch immer sein mag – auf Hunderten von Unternehmensbilanzen als Kapital aufgeführt wird. Es sollte auch möglich sein, die Kalkulationen von kurz- und langfristigem Gewinn zu verbessern, damit die Zeitdimensionen, die ja immer das Maximierungsverhalten relativieren, deutlicher erkennbar werden. Zweckmäßigerweise beschäftigen sich zur Zeit viele stark mit der Erfassung der externen Effekte, so zum Beispiel solche Wirtschaftswissenschaftler wie Wassily Leontief und jene, die an 'Ressources for the Future' arbeiten, darunter Allen V. Kneese, Talbot Page und John Krutilla sowie Charles Cicchetti von der Universität von Wisconsin. Hirofumi Uzawa von der Tokioter Universität befürwortet einen jährlichen Abzug vom Bruttosozialprodukt, der der aus Abschreibungen resultierenden Differenz entspricht, durch die sich heute das Bruttosozialprodukt vom Nettosozialprodukt unterscheidet. Der neue Abzug kalkuliert die Erschöpfung der natürlichen Ressourcen ein: den Verbrauch von unersetzlichem, ursprünglichem Kapital des Planeten. Geht man davon aus, daß die industrialisierten Länder die Ressourcen rascher erschöpfen, als die Natur sie erneuern kann, so werden sich Uzawas Abzüge mit jedem Jahr erhöhen. Thomas Juster legt in den Vereinigten Staaten einen realistischeren Kriterienkomplex für die Umstrukturierung unseres eigenen Bruttosozialprodukts vor, wobei zu den Aktiva auch folgendes zählt: Wissen, Fähigkeiten und Neigungen, natürliche Umwelt und sozialpolitische Aktiva; das National Bureau of Economic Research berichtet darüber in seinem 50. Jahresbericht. Die Wirtschaftswissenschaftler, die sich vorwiegend mit Ressourcen beschäftigen, darunter Allen V. Kneese, behaupten, die Besteuerung von Abwässer- und Schadstoffbelastungen sei die effizienteste Methode eines durch den Marktmechanismus regulierten Umweltschutzes. Trotzdem entstehen auch Transaktionskosten, und die Umweltbelastungssteuern werden wahrscheinlich eher durch die in Form von unternehmerischer Einflußnahme ausgeübte politische Macht bestimmt, als durch den objektiven Markt. Auch können solche Steuern nicht das Problem giftiger Substanzen, die verboten werden müssen, oder irreversibler Veränderungen lösen. Auf ähnliche Weise werden die wahren sozialen Kosten der Umweltverschmutzung durch die Subventionspraktik bagatellisiert, vor allem durch die neuen Umweltschutzobligationen, die steuerfrei sind, wodurch die Unternehmen zu Ausgaben für die Verbesserung der Umwelt bewegt werden sollen. Wie sich aber herausstellt, sind sie lediglich eine weitere Lücke im Steuergesetz. Versuche, die geschlossenen Energiekreisläufe der Natur zu simulieren, wurden von Howard T. Odum in *Environment, Power and Society* beschrieben. Das von Kilokalorien in Dollar umgerechnete „Wertsystem" von Odum ermöglicht es, daß eine Kosten-Nutzen-Analyse für die chemische Austauscharbeit, die von einem eine bestimmte wirtschaftliche Tätigkeit bewirtenden Ökosystem geleistet wird, denselben Gehaltssatz errechnet, nach dem ein Mensch für eine vergleichbare Arbeit bezahlt worden wäre. Diese weder sichtbare noch belegte Tätigkeit, die von Natursystemen verrichtet wird, beinhaltet zum Beispiel die Absorption von bei der Verbrennung anfallenden Kohlendioxids und die Erneuerung von Sauerstoff, der für alle solche Prozesse benötigt wird, oder die Rückverwandlung von Industrieabfällen und -abwässern zu Brennstoff oder Dünger. Solange solche Tätigkeiten von Ökosystemen nicht als Produktionskosten berücksichtigt werden, haben die Umweltaktivisten einen schweren Stand. Vorschläge für politische Maßnahmen, die auf solchen Arbeiten wie der Odums gründen, umfassen so neue Instrumente wie die Amortisationssteuer, die die von 33 britischen Wissenschaftlern in dem inzwischen berühmten und im Januar 1971 im *Ecologist* veröffentlichten Artikel *„Blueprint for Survival"* angeregt wurde. Die Amortisationssteuer würde Waren zum einmaligen Gebrauch und Verschleißprodukt belasten, während die haltbarsten Artikel mit der geringsten Steuer belebt würden. Eine Studie in Illinois befaßt sich mit den relativen

Kosten für den Gesamtenergieverbrauch bei der Wideraufffüllung von Mehrwegflaschen gegenüber der Sammlung, Vernichtung und Wiederherstellung von Einwegflaschen. Die Ergebnisse bestätigen die Befürchtungen, daß die Recycling-Zentren aus ökologischer Sicht lediglich Public-Relations-Zwecken dienen. die von Bruce Hannon durchgeführte Studie (*Environment*, März 1972) ergab, daß Einwegflaschen 3,11 mal soviel Energie verbrauchten wie Mehrwegflaschen und daß eine völlige Umstellung auf Mehrwegflaschen den Verbrauchern im Staat Illinois eine jährliche Einsparung von ungefähr 71 Millionen Dollar einbrächte. Ebenso erstellt eine Beraterfirma in Florida für ihre Kunden Kosten-Nutzen-Analysen über den Gesamtenergieverbrauch von verschiedenen Heizungs-und Klimatisierungsmethoden für Gebäude.

Für jedes einzelne System, ob es nun mit Gas, Strom oder Öl betrieben wird, schätzt die Firma die relativen Mengen von Schwefeloxiden, Stickoxiden und Staubpartikeln, die an die Umwelt abgegeben werden. Nach Überprüfung solcher dreidimensionaler Kosten-Nutzen-Analysen zeigte das Schulsystem des Bundesstaates größeres Interesse an normaler Durchlüftung und vermehrter Anpflanzung von Bäumen als Klimaanlage. Eine deutsche Beraterfirma hat ein ähnliche Umweltkriterien beinhaltendes Entscheidungsmodell entwickelt, das unter Berücksichtigung der Topographie, der Meteorologie und der Energiequellen das beste Mischverhältnis von Brennstoffen zur Versorgung von Stadtgebieten bestimmen soll. Eine weitere, sehr nützliche Analyse von R. Stephen Berry, die im *'Bulletin of the Atomic Scientists'* veröffentlicht wurde, wertet die Vorgänge beim Produktions-/Verschrottungskreislauf von Automobilen aus, um versteckte Energiesubventionen klar hervortreten zu lassen.

Berry schätzt, daß die größten Einsparungen von Energie und thermodynamischem Potential durch grundlegende Methoden der Metallgewinnung und -herstellung erzielt werden können, die im Prinzip die thermodynamischen Kosten von Autos um Faktoren von fünf, zehn oder mehr reduzieren könnten. Vergleichsweise könnte die Verlängerung der Lebensdauer des Fahrzeugs thermodynamische Einsparungen von

50 bis 100 % erbringen, wohingegen die Wiederaufbereitung eine Einsparung von lediglich zehn Prozent erzielen kann.

Es wird jetzt wirklich immer deutlicher, daß der enge Zusammenhang zwischen dem vom Bruttosozialprodukt gemessenen Niveau des Lebensstandards und dem Pro-Kopf-Verbrauch an Energie neu überdacht werden muß. A. B. Makhijani und A. J. Lichtenberg behaupten (*Environment*, Juni 1972), daß die 1964 von der amerikanischen Regierung veröffentlichte Studie *Energy Research and Development and National Progress* zwar solche Zusammenhänge zwischen dem Bruttosozialprodukt und dem industriellen Energieverbrauch aufzeigt, aber auch vor Augen führt, daß acht Industrieländer mit ähnlichem Lebensstandard (sichtbar gemacht an Hand ihrer bis zu zehn Prozent voneinander abweichenden Bruttosozialprodukte) – Großbritannien, Australien, Deutschland, Dänemark, Norwegen, Frankreich, Belgien und Neuseeland – große Unterschiede in ihrem Energieverbrauch aufwiesen. Der Verbrauch für Industrie, Handel und Verkehr reichte von Neuseeland, das nur 45 Millionen BTUs (British Thermal Unit = 0,25209 kcal) pro Kopf verbrauchte, bis hin zu Großbritannien, das einen Pro-Kopf-Verbrauch von 110 Millionen BTUs verzeichnete. Offenbar kann ein großer Teil des Gefälles durch Exporte erklärt werden, aber die Differenz war auffallend genug, um Fragen nach der relativen Wirtschaftlichkeit der Energieumsetzung aufzuwerfen. Die beiden Elektroingenieure berechneten dann die Gesamtzufuhr für Dutzende Primärgewinnungs- und Herstellungsprozesse und den Energiegehalt der fertigen Konsumgüter und entdeckten einige Bereiche, wo der Energieverbrauch auf ein Minimum reduziert und die Wirtschaftlichkeit der Energieumsetzung insgesamt erhöht werden könnte. Sie behaupten zum Beispiel, daß die Nutzung überflüssiger, bei der Stromerzeugung anfallender Wärme eine thermale Wirtschaftlichkeit von ungefähr 75 bis 85 % einbringen könnte, im Gegensatz zu einer Wirtschaftlichkeit von 40 % der gegenwärtigen, mit fossilen Brennstoffen befeuerten oder durch Kernspaltung betriebenen Kraftwerke. Sie schätzen auch, daß der gesamte Energieverbrauch des Landes für Transport und Verkehr beinahe halbiert werden könnte, wenn das durchschnittliche Gewicht von Kraftfahrzeugen in den USA und ihr Benzinverbrauch um ein Drittel reduziert und ca. 30 % der von Autos zurückgelegten Kilometerzahl auf öffentliche Verkehrsmittel verlagert werden könnten. Es ist offensichtlich, daß eine fortgeschrittene Volkswirtschaft durch den Einsatz der besten Kombination von Energieerhaltungsmethoden den Gesamtenergieverbrauch reduzieren könnte, ohne ihren Lebensstandard einzuschränken.

Da die Ressourcen, welche die energieverschwendenden industriellen Volkswirtschaften mit Brennstoff versorgen, im allgemeinen aus Entwicklungsländern kommen, hängt für sie nochmal soviel von den Methoden der Energieerhaltung ab. Wir wissen ganz genau, daß die derzeitige Energieverknappung in den USA eine Goldgrube in den erdölproduzierenden Ländern des Nahen Ostens geschaffen hat. Diese ölreichen Staaten reinvestieren jetzt immer mehr in den USA und machen auf diese Weise die USA zu einem „Verschmutzungsparadies“ für ausländische Investitionen.

Aber wenn die Wirtschaftswissenschaften noch genauere Instrumente für die Einschätzung der Einbußen bei der Ressourcenzuteilung entwickeln sollen, werden sie sich einen Großteil der neuen Daten einverleiben müssen, die zur Zeit von den physikalischen Wissenschaften ausgearbeitet werden und jene tatsächlichen Werte im Makrobiosystem der chemischen Austauschfunktion der Natur betreffen, welche die Gleichgewichtsverhältnisse für die Menschen aufrechterhält. Herman Daly stellt einen interessanten Vergleich zwischen Volkswirtschaften und Ökosystemen her: Junge Ökosysteme maximieren genau wie junge Volkswirtschaften immer mehr die Produktion. Reife Ökosysteme werden wie reife Volkswirtschaften von einer hohen Leistungsfähigkeit im Hinblick auf die Selbsterhaltung gekennzeichnet. Von solchen Erkenntnissen kam Dalys Vorschlag zu jährlichen, von der Regierung zu versteigernden Ausbeutungsquoten, von denen er behauptet, sie seien als grundlegende Strategie für die Wirtschaftlichkeit der Ressourcennutzung besser als Abwassersteuern, die er als eine Feinabstimmungstaktik sieht, die sich vielmehr nur mit dem Umweltschutz befaßt, als mit dem primären Problem der Ausbeutung. Odum hat die Pionierarbeit für die Energiemodellierung geleistet, eine quantitative Methode, welche die

Energie- und Materieflüsse der Natur verfolgt und in der Genauigkeit ihrer Prognosen die Wirtschaftswissenschaften rasch überflügelt. Odums System rechnet Kilokalorien in Dollar um, damit die Wirtschaftswissenschaftler solche von Natursystemen geleistete Arbeit sehen und in ihren traditionellen Kosten-Nutzen-Analysen berücksichtigen können, so zum Beispiel die Zurückverwandlung bei der Verbrennung freigewordenen Kohlendioxids in Sauerstoff oder industrieller Abfallprodukte und Abwässer in Brennstoffe und Düngemittel. Da die Inflation das Geld zu einem noch ungenaueren Wertmaßstab tatsächlicher Wirtschaftlichkeit macht, findet Odums Methode der in „Nettoenergie" ausgedrückten Wirtschaftlichkeitsmessung von Produktions- und Gewinnungsprozessen jetzt breite Anerkennung. Odum betrachtet die Inflation als das Symptom einer Gesellschaft mit einer abnehmenden Energie- und Ressourcengrundlage, die gezwungen ist, Energie und Rohstoffe aus unzugänglicheren und erodierteren Lagerstätten zu gewinnen. Da man immer mehr Energie braucht, um diese Energie und Rohstoffe zu gewinnen, muß mehr reales Vermögen vom Waren- und Dienstleistungskauf abgezweigt werden. Aber die Geldmenge wird so erhöht, als ob diese ganze Tätigkeit produktiv wäre, so daß sich die abnehmenden Erträge aus all diesen der Energiebeschaffung dienenden Investitionen im Wertverlust der Währung, das heißt steigenden Preisen, ausdrükken. Die Energiemodellierung wird jetzt in unzähligen Ländern und von einfallsreichen Ingenieuren, Thermodynamikern und Physikern durchgeführt. Trotz vieler ungelöster Probleme der Taxonomie und unterschiedlicher Methoden scheint sie bei der Feststellung der Ressourcennutzung und der betriebswirtschaftlichen Prozesse eine ganze Größenordnung besser zu sein als die Wirtschaftswissenschaften. 1974 versammelte die International Federation of Institutes for Advanced Study in Stockholm Energiemodellierer aus der ganzen Welt, um ihr Forschungsprogramm genau festzulegen und um sich über die Bedingungen zu einigen. Sämtliche analytische Instrumente und reduktionistische Methoden leiden alle unter dem Problem des engen Horizonts, der dazu führt, daß man das „Gesamtbild" aus den Augen verliert. Sie können Wahrheit, die in anderen Dimensionen existiert, nicht enthüllen. Wohlfahrtsformeln für Menschen können nicht von Daten hergeleitet werden, sondern nur von unserer eigenen erweiterten Erkenntnis unserer wahren interdependenten Situation als einer auf diesem kleinen Planeten zusammengepferchten Spezies und von unserem eigenen Streben nach Weisheit und ethischen Prinzipien. Wir wenden uns jetzt diesen Fragen menschlicher Wohlfahrt und Interdependenz zu und betrachten die Diskussion, die durch diese neuen Erkenntnisse der begrenzten Ressourcen ausgelöst wurde.

4. Den Ressourcen-Kuchen gemeinsam teilen

DIE DISKUSSION UM „ENERGIEKRISE", DEM NULLWACHSTUM DER BEVÖLKERUNG, der Notwendigkeit einer neuen „steady-state-Volkswirtschaft", den ökologischen Grenzen des Wachstums und der Unzulänglichkeit des Bruttosozialprodukts (BSP) als einem Maßstab für den Fortschritt ist ein Anzeichen für den wachsenden Dialog zwischen Ökologen und Wirtschaftswissenschaftlern. Die Wirtschaftskreise werden sich mehr als nur oberflächlich mit dieser Diskussion beschäftigen müssen, weil sie nicht nur Probleme aufwirft, die einige sehr fundamentale wirtschaftliche Auffassungen in Frage stellen, sondern auch schwerwiegende Kritik an Wirtschaftsunternehmen in ihrer Funktion als Ressourcenverteiler aufkommen lassen.

In den USA haben selbst normale Bürger erkannt, daß die Wirtschaftswissenschaftler im allgemeinen gerne die sozialen Realitäten ignorieren und häufig solchen Fragen wie der Vermögensverteilung, die sie als vorgegeben akzeptieren, ausweichen. Sie bleiben bei den klassischen Begriffen des „freien Marktes" und der Art und Weise, in der diese Begriffe verzerrt werden durch die Ausübung von Macht und durch die menschlichen Bedürfnisse und Motivationen, die über den Markt hinausgehen.

Zusätzlich zu dieser Reihe von Anschuldigungen bringt das Anhalten der Arbeitslosigkeit wie auch der Inflation, die in der Notwendigkeit von Lohn- und Preiskontrollen gipfeln, die Wirtschaftswissenschaftler in Verlegenheit. Arthur F. Burns, der Vorsitzende des Federal Reserve Boards (= amerikanischer Zentralbankrat), sah sich im Juli 1971 veranlaßt zu bemerken: „Die Gesetze der Wirtschaftswissenschaften funktionieren nicht mehr ganz so wie früher." Und Milton Friedman war in seiner Rede auf dem Jahrestreffen des Amerikanischen Wirtschaftsverbandes im Januar 1972 sogar noch direkter: „Ich glaube, daß wir Wirtschaftswissenschaftler in den vergangenen Jahren

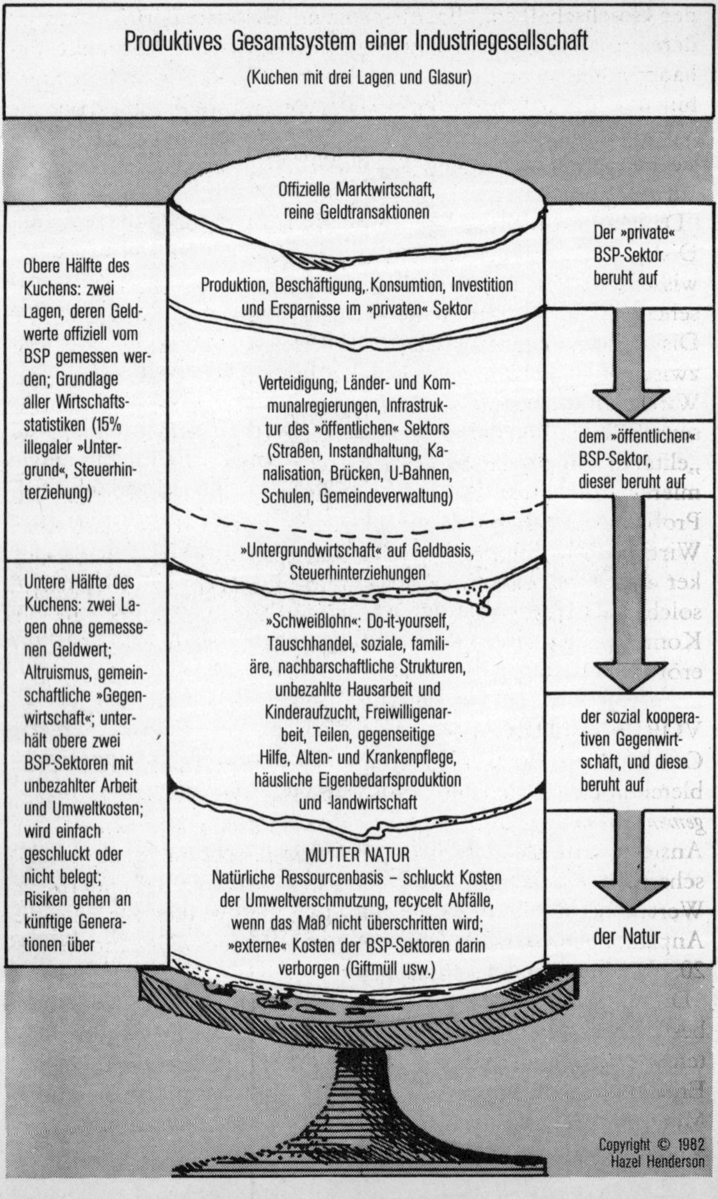

Produktives Gesamtsystem einer Industriegesellschaft
(Kuchen mit drei Lagen und Glasur)
Offizielle Marktwirtschaft, reine Geldtransaktionen
Produktion, Beschäftigung, Konsumtion, Investition und Ersparnisse im »privaten« Sektor
Verteidigung, Länder- und Kommunalregierungen, Infrastruktur des »öffentlichen« Sektors (Straßen, Instandhaltung, Kanalisation, Brücken, U-Bahnen, Schulen, Gemeindeverwaltung)
»Untergrundwirtschaft« auf Geldbasis, Steuerhinterziehungen
»Schweißlohn«: Do-it-yourself, Tauschhandel, soziale, familiäre, nachbarschaftliche Strukturen, unbezahlte Hausarbeit und Kinderaufzucht, Freiwilligenarbeit, Teilen, gegenseitige Hilfe, Alten- und Krankenpflege, häusliche Eigenbedarfsproduktion und -landwirtschaft
MUTTER NATUR
Natürliche Ressourcenbasis – schluckt Kosten der Umweltverschmutzung, recycelt Abfälle, wenn das Maß nicht überschritten wird; »externe« Kosten der BSP-Sektoren darin verborgen (Giftmüll usw.)
Obere Hälfte des Kuchens: zwei Lagen, deren Geldwerte offiziell vom BSP gemessen werden; Grundlage aller Wirtschaftsstatistiken (15% illegaler »Untergrund«, Steuerhinterziehung)
Untere Hälfte des Kuchens: zwei Lagen ohne gemessenen Geldwert; Altruismus, gemeinschaftliche »Gegenwirtschaft«; unterhält obere zwei BSP-Sektoren mit unbezahlter Arbeit und Umweltkosten; wird einfach geschluckt oder nicht belegt; Risiken gehen an künftige Generationen über
Der »private« BSP-Sektor beruht auf
dem »öffentlichen« BSP-Sektor, dieser beruht auf
der sozial kooperativen Gegenwirtschaft, und diese beruht auf
der Natur
Copyright © 1982 Hazel Henderson

der Gesellschaft im allgemeinen und unserem Beruf insbesondere großen Schaden zugefügt haben, indem wir mehr Behauptungen aufstellen, als wir dann erfüllen können.“ Er fügte hinzu: „Wir haben die Politiker dazu ermuntert, übertriebene Versprechungen zu machen, die Unzufriedenheit wecken, weil sie hinter dem Gelobten Land der Wirtschaftswissenschaftler zurückleiben.“

Da diese Probleme in der Entwicklung begriffen sind und die Diskussion anspruchsvoller wird, werden sich die Wirtschaftswissenschaftler und die Ökologen immer mehr dazu genötigt sehen, ihre Standpunkte zu verdeutlichen. Die früher für die Diskussion charakteristische übertriebene und simple Polemik zwischen jenen Umweltschützern, die lauthals fordern, „das Wirtschaftswachstum zu stoppen“, und jenen Wirtschaftswissenschaftlern und Geschäftsleuten, die die Umweltschützer als „elitäre Gruppe, der die Armen völlig gleichgültig sind“, diffamieren, wird nun nicht mehr genügen. Ich werde auf die Probleme eingehen und auf die Arbeit einiger ikonoklastischer Wirtschaftswissenschaftler und anderer innovatorischer Denker aufmerksam machen, um einen Blick unter die Oberfläche solcher Phrasen zu gewähren und um die Auswirkungen der Kontroverse zwischen Ökologie und Wirtschaft insgesamt zu erörtern.

VORBEREITUNGEN

Carl Madden, ein Wirtschaftswissenschaftler, macht diese Probleme in einem aufschlußreichen Buch *Clash of Culture: Management in an Age of Changing Values* deutlich. Madden ist der Ansicht, daß die derzeitige Auseinandersetzung über gesellschaftliche Ziele und Prioritäten in sich rasch verändernden Werten begründet liegt, da die Menschen mühevolle geistige Anpassungsprozesse an die wissenschaftliche Revolution des 20. Jahrhunderts durchmachen.

Die Wirtschaftsplaner, meint er, sollten die Auswirkungen berücksichtigen, die solche wissenschaftlichen Errungenschaften wie die Kenntnisse von den chemischen Vorgängen bei der Entstehung von Leben, die Weltraumforschung, die Siege der Medizin, die Entwicklungen in der Kybernetik und andere scheinbar esoterische Fortschritte auf die Marktwerte haben.

Die neue Sorge um die Lebensqualität basiert auf der weiten Verbreitung von Informationen über diese gottähnlichen neuen Fähigkeiten und auf den sich daraus ergebenden Veränderungen der Betrachtungsweisen. Diese Sorge erweckt ein starkes neues Bewußtsein, daß die Nation Fortschritte in der menschlichen Wohlfahrt erzielen und ihre eigenen erkennbaren Mängel beheben kann. Madden glaubt, daß die neuen Wertverschiebungen jetzt die traditionellen Vorstellungen davon, was vernünftig ist, in Frage stellen. Da die Verwaltung wirtschaftlicher Ressourcen durch Wirtschaftsunternehmen ihre politische und soziale Rechtmäßigkeit aus der angeblich vernünftigen Ressourcenzuteilung herleitet, müssen sich die Auseinandersetzungen über die Natur der Rationalität ganz einfach auf die Strategien, die Leitung, die Märkte und die Produkte von Wirtschaftsunternehmen auswirken.

Dieses Buch, das Madden für den Business Advisory Council des National Planning Association vorbereitete, umreißt die vielen möglichen Verzweigungen der neuen Verbraucherwerte und setzt sie in einen historischen, politischen und wirtschaftlichen Zusammenhang, der sowohl einleuchtend als auch schlüssig ist. Er glaubt, daß die Wirtschaftsunternehmen sich allmählich von einer „kartesianischen Betrachtungsweise" lösen, in der die Produkte als einzelne, die Gesamtstrategie bestimmende Teile angesehen werden, und zu einer „holistischen Betrachtungsweise" übergehen, in der Situationen und Strukturen als produktbestimmend angesehen werden. Diese zuletzt genannte Perspektive könnte beispielsweise den Unternehmen der Kraftfahrzeugindustrie in Detroit dabei helfen zu begreifen, daß sie nicht nur als Hersteller von Kraftfahrzeugen, sondern vielmehr im Transport- und Verkehrsgeschäft tätig sind. Eine solche Methode sollte den Unternehmen dabei helfen, neue Marktchancen zu finden, indem sie Funktionen erfüllen, anstatt eine immer größer werdende Lawine von unkoordinierten, ungeeigenten, einzelnen Produkten herzustellen, die sich vielleicht nicht mit dem Markt oder der Umwelt vereinen lassen.

Madden erörtert auch das Wiederaufgreifen des Unternehmensmandats, während Bürger und Aktionäre den Unternehmensleitungen auf parlamentarischem Wege und auf den Jahresversammlungen entgegentreten. Und er sieht die Fragen, die sich im Hinblick auf die Definition und die Ziele wirtschaftlichen Wachstums stellen, als Ausdruck einer sehr deutlichen Provokation der wirtschaftlichen Denkweise. Solche neuen Provokationen an die Adresse der Wirtschaftswissenschaften werden natürlich auch die Wirtschaft betreffen. Im Hinblick auf die Ressourcenzuteilung bestimmen wirtschaftliche Daten sowohl die Entscheidungen einzelner Unternehmen als auch die nationale Politik, in deren Rahmen die Kapitalgesellschaften arbeiten müssen. Außerdem gehen diese Angriffe gegen die konventionelle Wirtschaftspraktik als dem Hauptinstrument für die Verwaltung der nationalen Ressourcen nicht nur von einer zunehmend skeptischeren Öffentlichkeit aus, sondern auch von anderen Wissenschaftszweigen wie der Physik, den Wissenschaften vom Leben, der Anthropologie und der Psychologie.

DIE ÖKOLOGISCHE FRONT.

Seltsamerweise waren es die normalerweise für ihr mangelndes Realitätsbewußtsein gescholtenen Umweltschützer, die als erste die Voraussetzung, eine Volkswirtschaft könnte ihr ungestümes Wachstum fortsetzen, ohne schließlich schwere Verluste im Umweltbereich zu erleiden, in Frage stellten. Die Veröffentlichung von John Kenneth Galbraiths Buch *Gesellschaft im Überfluß* im Jahr 1958 kündigte die neue Diskussion weitgehend an. Dieses Buch fragte danach, warum die amerikanische Wirtschaft auf dem privaten Sektor scheinbar so gut mit Haaröl, Autos mit Heckflossen und Neuheiten aus Plastik versorgt war, während auf dem öffentlichen Sektor die Städte verfielen, die Luft und das Wasser verschmutzt und der Boden ausgebeutet wurden. In einer eingehenden Ausführung dieses Themas führte der Wirtschaftswissenschaftler Kenneth E. Boulding einen Großteil der Ausbeutung der Natur durch den Menschen auf sein unzulängliches Wahrnehmungssystem zurück. In seinem 1968 verfaßten Buch *Beyond Economics* behauptet er, der Mensch sähe seine natürliche Ressourcengrundlage immer noch als ein unbegrenzt ausbeutbares Terrain an. Diese „Raubbau-Ökonomie“, wie Boulding sie bezeichnet, berücksichtige nicht die im Umweltbereich anfallenden Kosten, das heißt die „externen Faktoren“, die einen Teil der wahren Produktionskosten ausmachen. Boulding sagte voraus, daß wir mit dem zunehmenden Luft- und Weltraumverkehr schließlich zu der Erkenntnis gelangten, daß wir auf einem riesigen Raumschiff leben, das eher ein geschlossenes als ein offenes System ist.

Ich sollte anmerken, daß der englische Wirtschaftswissenschaftler Alfred Marshall den Begriff der 'externen Faktoren' bereits 1890 einführte. Er zeigte den Wirtschaftswissenschaftlern, daß sie sich mit den Kräften außerhalb der konventionellen Wirtschaftswissenschaften beschäftigen sollten. Aber die externen Faktoren, über die Marschall schrieb, waren meist positiv und beinhalteten den wachsenden Bildungsstand der Arbeiter und die öffentlichen Dienstleistungen, von denen der Unternehmer der damaligen Zeit profitierte, aber zu denen er keinen Beitrag geleistet hatte. Sein jüngerer Kommilitone an der Universität von Cambridge, A. C. Pigou, fand Interesse an der Vorstellung, es könnte auch negative externe Faktoren geben, als er Rauch und Funken aus einem englischen Fabrikschornstein hervorquellen sah. Aber dieser Begriff blieb ein theoretisches Abstraktum – ein leeres Feld auf den Diagrammen der Wirtschaftswissenschaftler – bis K. William Kapp 1950 sein Buch *Social Costs of Private Enterprise* veröffentlichte. Kapp belegt die Auswirkungen von Unternehmenstätigkeiten im Sozial- und Umweltbereich. Seine grundlegende These besagt, daß die Maximierung des Nettoeinkommens seitens mikrowirtschaftlicher Einheiten (Unternehmer, Kapitalgesellschaften, etc.) wahrscheinlich das Einkommen bzw. den Nutzen anderer wirtschaftlicher Einheiten und der Gesellschaft im allgemeinen verringert. Kurz gesagt behauptete er, die konventionellen Maßstäbe für die Leistung einer Volkswirtschaft wären irreführend, da sie die Kosten im Sozial- umd Umweltbereich nicht berücksichtigten.

DER PREIS FÜR DEN UMWELTSCHUTZ

Es dauerte weitere zwanzig Jahre, bis die Frage des ökologischen Preises von industriellen Tätigkeiten auftauchte. Aber bis zum ersten „Tag der Erde“ im Jahr 1970 hatten diese Umweltkosten für Millionen von Amerikanern die Wahrnehmungsschwelle überschritten. 1971 erschien das Buch *World Dynamics* des Systemanalytikers Jay W. Forrester. In diesem Buch versucht er, ein die Welt simulierendes Computermodell zu entwickeln, das die Wechselwirkungen von Bevölkerungswachstum, Nahrungsmittelvorrat, Kapitalinvestitionen, geographischem Raum, Umweltverschmutzung und Ressourcenausbeutung über längere Zeiträume untersuchen soll. Auf anderem Weg kommt Forrester zu demselben Schluß wie Kapp im Jahr 1950: In komplexen, nichtlinearen Systemen wird die Optimierung eines jeden Subsystems im allgemeinen dem Wohl des größeren Systems, von dem es ein Teil ist, entgegengesetzt sein.

Die meisten Wirtschaftswissenschaftler äußerten sich abfällig über *World Dynamics* (und auch über die spätere Studie, *Die Grenzen des Wachstums,* die von Forresters Kollegen am Massachusetts Institute of Technology erstellt wurde). Sie widersprachen den sehr umfangreichen Datensammlungen und anderen, von Forrester und seinen Kollegen angewandten methodologischen Ansätzen. Aber es wurde bald notwendig, daß sich die Wirtschaftswissenschaftler mit Bevölkerungs-, Ressourcen- und Verteilungsfragen befaßten, weil Forresters Arbeit eine solche Wirkung erzeugt hatte, daß diese Fragen in den Bereich der politischen Diskussion und des politischen Handelns vorgedrungen waren.

WIRTSCHAFTSWISSENSCHAFTLER REAGIEREN

Allmählich begannen Wirtschaftswissenschaftler mit geistigen Investitionen in den wirtschaftlichen „Wachstumsmythos", wie beispielsweise Henry C. Wallich und Walter Heller, sich mit den von Forrester und anderen aufgeworfenen Problemen zu befassen. Anfangs beurteilten sie diese Probleme als neue malthusianistische Schreckgespenster. Da Thomas Malthus' düstere Prophezeiungen von Überbevölkerung und Nahrungsmittelknappheit vor 150 Jahren gemacht worden und noch immer nicht eingetreten wären, außer in einigen wenigen Gebieten, behaupteten die Wirtschaftswissenschaftler, daß sie aller Wahrscheinlichkeit nach auch in Zukunft nicht einträten (eine ziemlich fragwürdige lineare Extrapolation). Ressourcenknappheiten blieben unberücksichtigt, weil die Preise – wie in der Vergangenheit – steigen und zu Innovationen führen würden.

Die Umweltschützer vertraten jedoch die Ansicht, daß technologische Innovationen zwar lebenswichtig wären, es aber trotzdem tollkühn wäre, Vertrauen in die Technologie als den ewigen Retter zu setzen. Es könnte ebenso gut sein, daß in der technologischen Entwicklung ein Stillstand einträte, wie es in so vielen anderen Zivilisationen in der Vergangenheit geschehen ist, und daß die Investitionen in die Forschung sinkende Erträge abwürfen. Die USA könnten sich zum Beispiel gezwungen sehen, Mineralien aus immer minderwertigeren Erzen zu höheren Kosten gewinnen zu müssen.

Außerdem werden die Preise zwar zweifellos steigen und dann spezifische Knappheiten widerspiegeln und Substitutionen in der vorgeschriebenen Weise fördern, die Umweltschützer wiesen aber darauf hin, daß die Preise lediglich subjektive Erwartungen im Hinblick auf die Verfügbarkeit ausdrücken und nicht auf objektiver wissenschaftlicher Forschung basieren. Wie erwähnt gibt es häufig bedenkliche Zeitabstände zwischen den Warnungen von Wissenschaftlern vor verstärkter Ressourcenausbeutung oder größeren Störungen von Ökosystemen (zum Beispiel beschleunigte Eutrophierung) und dem Zeitpunkt, zu dem Sicherheitsanalytiker, Bankiers, Angestellte in den Finanzabteilungen von Wirtschaftsunternehmen und Wirtschaftswissenschaftler diese neuen Kenntnisse verarbeiten und in ihre Prognosen einbauen. Selbst Henry C. Wallich, der sich anfangs über *World Dynamics* und *Die Grenzen des Wachstums* mokiert hatte, schrieb später in *Fortune,* daß solche Zeitabstände vielleicht nicht mehr genügend Vorsprung verschafften, um die Kalkukationen für die Preisfestsetzung dementsprechend zu ändern.

Außerdem muß eine korrekte Preisfestsetzung Informationen über im Umweltbereich liegende externe Faktoren widerspiegeln. Obwohl man solche Informationen erhalten oder annähernd berechnen kann, setzen sich wenige soziale Institutionen dafür ein, daß sie gesammelt werden, oder unterstützen Kampagnen für deren Verbreitung. Ein deutliches Beispiel für solche verzögerte Preisfestsetzungen ist die amerikanische Strompreispolitik, die immer noch frühere Auffassungen vom immerwährenden Überfluß widerspiegelt. So erhalten Hauptabnehmer von Strom trotz der Energiekrise Subventionen.

DIE DISKUSSION VERLAGERT SICH

Die Auseinandersetzung über die Umwelt weitet sich nicht nur nach wie vor aus, sondern hat auch zu dem Punkt geführt, der jetzt zum wirklichen Kern der Ökologie- kontra Wirtschaftswissenschaften-Diskussion wird: die Vermögensverteilung. Während Umweltschützer behaupten, das Wirtschaftswachstum müsse im Namen der ökologischen Vernunft reduziert werden, vertreten die meisten Wirtschaftswissenschaftler den Standpunkt, das Wirtschaftswachstum (vermutlich so, wie es augenblicklich vom Bruttosozialprodukt definiert wird) sei der einzige Weg, um sicherzustellen, daß für die Armen immer größere Anteile am Vermögen abfallen. Hier treten ihre keynesianischen Voraussetzungen offen zutage. Ein solches Plädoyer für das inflationsanfällige keynesianische „Brosamen-"modell des Wirtschaftswachstums bildet die eigentliche Aussage des von Peter Passell und Leonard Ross verfaßten Buches *Retreat From Riches: Affluence and Its Enemies.* Sie befassen sich nur flüchtig mit den ökologischen Grenzen des Wachstums, die sie in einem Kapitel mit geläufigen keynesianischen Argumenten abtun, daß nämlich das Wachstums das einzige Mittel sei, um die Verhältnisse für die Armen zu verbessern. Wie die meisten Wirtschaftswissenschaftler verstehen sie unter Umweltschutz größtenteils die korrekte Besteuerung der Abfallbeseitigung. Die Umweltschützer sind zwar auch der Meinung, daß Steuern für die Abfallbeseitigung ein nützliches „Feinabstimmungs"instrument für die Verringerung der Umweltverschmutzung sind, behaupten aber, solche Steuern dienten nicht der Reduzierung der Ressourcenausbeutungsquoten oder der Steigerung der Wirtschaftlichkeit bei der Energieumwandlung, was sich wirtschaftlich und ökologisch wirklich bezahlt machte.

Die Autoren verwenden größte Mühe auf einen wohlmeinenden Versuch, sich mit hartnäckigen Verteilungsfragen zu befassen. Leider bleiben sie nur an der Oberfläche des Problems der Mißstände bei der Einkommensverteilung, da sie die derzeitige Vermögensverteilung als gegeben akzeptieren. Im wesentlichen sagen sie, daß das Wirtschaftswachstum erfahrungsgemäß zwar herzlich wenig für die Armen tue, aber immer noch realisierbarer sei als irgendeine andere bisher erdachte Form der Umverteilung. Die Argumentation der Autoren beschäftigt sich größtenteils mit anderen Einflüssen, welche „die Feinde des Wohlstands" sind – nämlich Inflations- und Zahlungsbilanzprobleme. Ihr Rezept: so weitermachen wie bisher, für die Wirtschaftswachstumspolitik und die Vollbeschäftigung eintreten, bei gleichzeitiger Dämpfung der Inflationsauswirkungen für jene, die am meisten belastet werden (zum Beispiel Leute mit Festlöhnen).

NEUE MUNITION

Bedrängt von keynesianischen Argumenten für das Wachstum und von Vorwürfen der Wirtschaftswissenschaftler und Unternehmensleiter, daß sie in ihrem ökologischen Eifer jetzt, wo sie den Komfort des Mittelstandes erreicht hätten, das Wirtschaftswachstum stoppen wollten, wußten die Umweltschützer zu Anfang nicht recht, wie sie reagieren sollten. Aber als Barry Commoner in seinem 1971 erschienenen Buch *The Closing Circle* die Verteilungsfrage ins Visier faßte, gab er damit den Umweltschützern sowohl eine neue Richtung als auch neue Munition. Commoners Argumentation setzt sich aus drei Punkten zusammen:

1. Er bemerkt, daß es keine weitere moralische Rechtfertigung mehr für die keynesianische „Brosamen"theorie von Wachstum und Verteilung geben könne, wenn erst einmal das Wirtschaftswachstum zu irgendeinem zukünftigen Zeitpunkt stabilisert werden müsse. Die Ressourcen der Erde werden versiegen, lange bevor ein derartig ungleichmäßiges Wirtschaftswachstum die noch in Armut verharrenden Millionen versorgen könne. Jene, die das Pech haben, auf dem „Raumschiff Erde" nur auf dem Zwischendeck zu reisen, werden es nicht einmal zur 2. Klasse schaffen.

2. Er erklärt, daß der übermäßige Konsum der reichen Länder nicht nur die Entwicklungsländer der Dritten Welt zur Armut verdamme, sondern auch größtenteils die Umweltzerstörung verursache. Diese „überentwickelten" Staaten beeinträchtigen die Umwelt wegen ihrer zunehmend kapital- (das

heißt ressourcen-)intensiven Produktionsmethoden. Sie verwenden äußerst rentable, aber umweltverschmutzende Technologien, um Kunstgummi, -fasern und -stoffe anstelle natürlich produzierter Waren mit niedrigen Gewinnspannen herzustellen. Da solche Waren (zum Beispiel Wolle, Baumwolle, Sisal, Hanffasern, Leder und Latexgummi) einen Großteil der Exporte aus der Dritten Welt ausmachen, verringern die reichen Staaten die Exportmärkte und somit die Volkswirtschaften der Entwicklungsländer.

3. Er behauptet, die überentwickelten Staaten, deren Bevölkerungszahlen sich proportional zu ihrem steigenden Lebensstandard stabilisert haben, hätten diese Stabilität durch koloniale Ausbeutung der Ressourcen in den Entwicklungsländern erreicht. Ein fortgesetzter hoher Ressourcenverbrauch seitens der überentwickelten Länder, so behauptet er, hindere die Entwicklungsländer daran, ihre eigenen „demographischen Übergänge" zu stabilen Bevölkerungszahlen zu erreichen. Daher seine Schlußfolgerung: Die ökologische Vernunft *erfordere* jetzt soziale Gerechtigkeit.

Zusätzlich zu Commoners Analyse, die bei Umweltschützern breite Anerkennung fand, stellen zwei vor kurzem ausgearbeitete Studien die keynesianischen Vorstellungen von Wachstum und Umverteilung noch weiter in Frage.

Viele Wirtschaftswissenschaftler, die sich für das Wachstum aussprechen, führen Studien von Robert J. Lampman an, die das Wirtschaftswachstum mit verbesserter Wohlfahrt in Zusammenhang bringen, indem sie für den realen Pro-Kopf-Verbrauch eine Steigerung von 37 % für den Zeitraum 1947-1962 aufweisen. Aber nach einer Studie von Lester Thurow und Robert Lucas von M.I.T. blieben während der Jahre des Wirtschaftswachstums zwischen 1947 und 1970 die relativen Einkommensanteile verschiedener Gruppen in der Volkswirtschaft im wesentlichen unverändert.

Noch beunruhigender ist eine andere Studie von Peter Henle, einem Mitarbeiter im amerikansichen Arbeitsministerium, die einen anhaltenden Trend in der amerikanischen Volkswirtschaft zu konkreten Einkommensunterschieden feststellt. Henle zeigt beispielsweise, daß von 1958 bis 1970 der von den unteren 20 % der männlichen Beschäftigten verdiente Anteil am gesamten Lohn- und Gehaltseinkommen von 5,1 % auf 4,6 % zurückging, während der von den obersten 20 % der männlichen Arbeiter verdiente Anteil von 38,15 % auf 40,55 % stieg. Henle glaubt zwar nicht an ein teuflisches Komplott gegen die Armen, aber er behauptet doch, daß die Struktur der amerikanischen Wirtschaft so angelegt ist, daß sie mehr hochbezahlte Arbeitsplätze, die ein hohes Maß an Ausbildung verlangen, schafft, während die Zahl der Stellen, die nur wenig Ausbildung erfordern, konstant bleibt.

EIN SICH AUSWEITENDER DIALOG

Commoners Analyse und weitere Anhaltspunkte dafür, daß die konventionellen Argumente für die „Brosamen"verteilung stark anzuzweifeln sind, veranlaßten die Umweltschutzbewegung dazu, zu einer wesentlich radikaleren Kritik an der wirtschaftlichen und sozialen Ordnung überzugehen. Außerdem war die Bewegung Hetzkampagnen von seiten der Industrie ausgesetzt gewesen und mit Unternehmenstaktiken konfrontiert worden, die einen Keil zwischen die Umweltschützer auf der einen Seite und die Gewerkschaften (zum Beispiel aufgrund einiger von der Presse hochgespielter Betriebsstillegungen), die Armen und die Verbraucher auf der anderen Seite (zum Beispiel durch Warnungen vor astronomischen Preisanstiegen als Folge der Umweltschutzkontrolle) treiben sollten.

Diese Konfliktsituationen bestärkten die Umweltschützer noch weiter darin, die Frage der Vermögens- und Einkommensverteilung zu untersuchen. Dabei stießen sie auf Dutzende gewichtigere Faktoren in der amerikanischen Volkswirtschaft, die einen Einfluß auf die Verteilung haben. Zum Beispiel:

- Steuern und Subventionen
- Diskriminierung
- Technologischer Wandel
- Staatliche Projekte
- Die weitreichenden Vorrechte von Großbetrieben, in anderen Ländern zu investieren und ihre Anlagen und Ressourcen nach Belieben einzusetzen.

Es war offensichtlich, daß diese Faktoren unendlich größere Auswirkungen auf die Arbeitsplätze und die Einkommensverteilung hatten, als die von Wirtschaftskreisen bekämpften Maßnahmen zum Umweltschutz. Zudem entwickelte sich der Umweltschutzsektor zu einem immer wichtigeren Teil der Volkswirtschaft und hatte sogar 850 000 neue Arbeitsplätze geschaffen, selbst wenn die Arbeitsmärkte diese neuen Arbeitsplätze nicht immer mit den durch die Schließung einer veralteten Anlage arbeitslos gewordenen Menschen besetzen konnten.

DER VERMÖGENSVORRAT

Eine wesentliche Komponente der wachsenden Sorge der Umweltschützer über die Vermögens- und Einkommensverteilung hängt mit Behauptungen mehrerer Autoren zusammen, daß sich nämlich viele Umweltprobleme auf die Produktions-, Konsum- und Abfallsteigerung zurückführen lasse, die ihrerseits durch geplanten Verschleiß und die Schaffung neuer Bedürfnisse durch die Werbung verursacht werde. Zum Beispiel fragt Herman E. Daly in seinem Buch *Toward a Steady-State Economy:* „Warum stellt man Ramsch her und bringt dann andere dazu, ihn zu kaufen? Nicht aus angeborener Liebe zum Ramsch oder Haß auf die Umwelt, sondern einfach um *ein Einkommen zu haben.*" Daly glaubt, wir bräuchten irgendein Prinzip der Einkommensverteilung, das nicht von dem Einkommen-durch-Arbeit-System abhängt, sondern es ergänzt.

Die Ethik von der Verteilung des „Vermögensflusses" durch Arbeit bildet den Kern des keynesianischen Wachstumsmythos und wurde im *Employment Act* von 1946 institutionalisiert. Dieser „Flußfetischismus" der landläufigen Wirtschaftstheorie beruht auf der Meinung, jeder bekäme einen Teil des Flusses – sei es in Form von Löhnen, Zinsen, Mieten und Bodenrenten oder Gewinnen – und alles erscheint ziemlich gerecht. Aber, so fragt Daly, was ist mit dem Vermögens(Kapital)vorrat? Nicht jeder besitzt einen Teil des Vorrats; dennoch wird seine Verteilung als gegeben akzeptiert, und das scheint gar nicht so gerecht zu sein.

Wenn, wie Robert J. Lampman berichtete, der Vermögensvorrat sich in so fester Hand befindet, wobei 1 % der Aktionäre 76 % aller Wertpapiere besitzen, dann müssen sich die meisten Menschen, wenn sie überleben sollen, auf die vom

Vermögensvorrat erzeugten Flüsse verlassen können (das heißt Arbeit oder Sozialfürsorge). Und die Fließzyklen müssen aufgrund einer wachsenden Bevölkerung mit allen zur Verfügung stehenden Mitteln ständig vermehrt werden. Die Folgen davon sind geplanter Verschleiß, Abfallprodukte, Schaffung neuer Bedürfnisse durch Werbung, Vetternwirtschaft und überhandnehmende Bürokratie.

Die Umweltschützer fragen: „Warum sind wir zur Aufrechterhaltung des Beschäftigungsstandes so abhängig von der privatwirtschaftlichen Produktion von Gütern, die nicht solchen neuen menschlichen Bedürfnissen wie dem öffentlichen Verkehr und sauberen Energiequellen angepaßt sind? Warum können wir eigentlich nicht unsere wirtschaftlichen und staatlichen Institutionen umstrukturieren, damit sie neuen und zukünftigen Bedürfnissen gerecht werden, anstatt sich weiterhin an vergangenen Verhältnissen zu orientieren? Und sie verweisen auf den anachronistischen Bundeshaushalt, der Dutzende veralteter Programme enthält, wie beispielsweise die Flußbegradigungsprojekte des Soil Conservation Services und zahlreiche Projekte des U.S. Army Corps of Engineers, die den Steuerzahler eine Menge Geld kosten und der Umwelt einen ungeheuren Schaden zufügen.

ARBEIT UND KAPITAL

In seinem Buch *Two Factory Theory: The Economics of Reality* kommt Louis O. Kelso zu dem Ergebnis, daß dieses Konglomerat von staatlichen Programmen und Projekten in dem zuvor von Daly beschriebenen Problem begründet liegt. Er behauptet, man werde ständig mehr Projekte in der „Works Progress Administration"-Art brauchen, falls die Gesellschaft nicht begreifen könne, daß die große Masse, soll sie überleben, dazu verdammt sei, sich auf die Flüsse aus Einkommens- und Sozialhilfezahlungen verlassen zu müssen, solange das Kapital (der Vermögensvorrat) in den Händen weniger konzentriert sei.

Kelso stellt die Behauptung auf, daß Kapital Vermögen schaffe, genau wie Arbeit auch. Und in fortgeschrittenen, hochindustrialisierten Volkswirtschaften erzeuge es einen ständig größer werdenden Anteil am Vermögen ohne großes menschliches

Zutun (zum Beispiel in solchen kapitalintensiven, automatisierten Industrien wie der Ölraffinierung und der Petrochemie). Um diese beunruhigende und politisch gesehen explosive Tatsache zu kaschieren, so behauptet er, schrieben die Wirtschaftswissenschaftler die Produktivitätsfortschritte nicht den steigenden, zur Erhöhung der Wirtschaftlichkeit eines jeden Arbeiters verwendeten Kapitalausstattungen zu, sondern vielmehr den eigenen erhöhten Anstrengungen des Arbeiters, das heißt der „Arbeitsproduktivität".

Kelso behauptet, die Arbeitsproduktivitätsfortschritte seien in Wirklichkeit das Ergebnis zusätzlichen, dem Arbeiter zu Verfügung gestellten Kapitals. Und er bemerkt, daß der Unmut über die Arbeit in hochautomatisierten Industriezweigen, wo das Kapital die Hauptrolle spielt, größtenteils darauf zurückzuführen sei, daß die Arbeiter begriffen, daß sie am *Produktionsschauplatz* nur noch als Mitglieder eines gut organisierten Interessenverbandes anwesend zu sein bräuchten, um ein Einkommen aus der Automation zu erhalten.

In ähnlicher Weise deutet Kelso das ganze Brimborium keynesiansicher Umverteilung. Die Arbeitsplätze sind zum Hauptinstrument der Nation geworden, um Einkommen in einer spärlich kaschierten Mischung aus Mechanismen, die er „Kampf um Dauerarbeitsplätze", „Arbeitsbeschaffung" und „Sozialhilfe" nennt, zu verteilen. Wie lautet das Rezept des Erzkapitalisten Kelso? Verteilung des Eigentums an den Unternehmen auf ihre Arbeiter mittels eines von der Steuer absetzbaren Arbeiternehmeraktienfonds, wie es jetzt auch schon eine wachsende Anzahl von Unternehmen praktiziert.

Die Umweltschützer halten solche Analysen wie die Dalys und Kelsos für hilfreich, weil sie auf die Tendenz der Wirtschaft auf dem Privatsektor aufmerksam machen, permanent Arbeit durch Kapital zu ersetzen. Das belastet natürlich die Umwelt und erhöht durch die dadurch ermöglichten zentralisierten Unternehmungen im ganz großen Stil die Ressourcenausbeutungsraten. Wie es Arthur Pearl von der Universität von Oregon in einem in *Social Policy* veröffentlichten Artikel formulierte: „Im wesentlichen haben wir jetzt einen Überschuß an Menschen und einen Mangel an nicht regenerierbaren Ressourcen: Folglich müssen wir unsere historische Betrachtungsweise der Wirtschaftlichkeit ändern." Er fügte hinzu: „Nur in einer Gesellschaft der menschlichen Dienstleistungen, die vielmehr arbeits- als kapitalintensiv ist, werden die Ressourcen der Erde erhalten bleiben und die menschlichen Ressourcen zum Wohle der Menschen verwendet werden."

DIE INTEGRIERTE WIRTSCHAFT

Kelsos Behandlung der Kapital-Arbeit-Frage war zwar wichtig, aber für die Umweltschützer lag seine nützlichste Erkenntnis in seiner Unterstreichung der politischen Natur jeglicher wirtschaftlicher Verteilung.

Diese Frage wurde zuerst von John Stuart Mill in seinem 1848 erschienenen Werk *Grundsätze der Politischen Ökononomie* angeschnitten. Mill behauptet, seien Güter oder irgendeine Form von Vermögen erst einmal hergestellt worden, so könne die Gesellschaft nach ihren Gesetzen, Sitten und Gebräuchen wem immer sie wolle dieses Vermögen zur Verfügung stellen. Weiter sagt er, selbst der einzelne könne sein Vermögen nicht behalten, es sei denn, die Gesellschaft erlaube es und sei bereit, Polizei zu beschäftigen, die einzelne vor Dieben schützt. Diesbezüglich werden in der Verbrechensbekämpfung in den USA ungefähr ein Prozent der Arbeiter beschäftigt, und im Finanzjahr 1969-1970 wurden dafür 8,57 Milliarden Dollar ausgegeben.

In seinem Buch *Beyond Economics* führt Kenneth E. Boulding die Politik der wirtschaftlichen Verteilung näher aus. Er behauptet, es gebe drei grundsätzliche menschliche Umgangsformen:

1. Das primitive Drohsystem (zum Beispiel „Her damit oder ich bring dich um") und seine elegantere Variante der Erpressung (zum Beispiel „Wieviel ist es Ihnen wert, wenn ich Ihnen nichts mehr tue oder Sie nicht mehr belästige?").
2. Das Austauschsystem von Marktwirtschaften.
3. Das reifende integrative System, in dem eine zunehmende Interdependenz für die Existenzfähigkeit der gesamten Wirtschaft notwendig ist.

In seinem Buch *The Economy of Love and Fear: A Preface to Grants Economics* behauptet Boulding, die amerikanische Wirtschaft bewege sich jetzt (trotz verspäteter politischer Entscheidungen und Verteilungsfehlern) auf ein solches integratives

System, das er die „Subventionswirtschaft“ nennt, zu.

Als Beweis dafür verweist Boulding auf omnipräsente Subventionen und Einkommenstransfers und zunehmende Übernahme der Verantwortung für Behinderte, Arbeitslose, alte Menschen und Arme. Er weist auch auf die öffentlichen Dienstleistungen und Einrichtungen hin, die einen brauchbaren Rahmen für wirtschaftliche Tätigkeiten bieten, und auf „positive externe Faktoren“. Mit diesen Faktoren meint er Waren, die der Gesellschaft als Ganzem zugute kommen, aber trotzdem Investitionen darstellen, die sich nicht in vollem Maße amortisieren. Das Wissen und der Informationsfluß spielen beispielsweise eine immer größere Rolle bei fortgeschrittener Produktion, Innovation, technologischem Wandel und wirtschaftlicher Entwicklung, aber von Wirtschaftswissenschaftlern erhalten sie bei weitem nicht die Aufmerksamkeit, die ihnen zukäme.

Das von Donald M. Lamberton herausgegebene Buch *The Economics of Information and Knowledge* gibt einen Überblick über einige der entscheidenden, von Boulding aufgeworfenen Wissens- und Informationsprobleme. Beiträge von den Theoretikern für soziale Alternativen Kenneth Arrow und Gordon Tullock, Arbeitswissenschaftler Albert Rees und Informationstheoretiker Jacob Marschak konzentrieren sich auf solche Themen wie die ungleiche Verfügbarkeit von Informationen und die sich daraus ergebenden Verzerrungen des Arbeitsmarktes, der Preise und der politischen wie unternehmerischen Entscheidungsfindung. Andere Arbeiten untersuchen optimale öffentliche Investitionen in die Forschung, die das Wissen, das Patentsystem und den internationalen Handels- und Technologietransfer fördert. Lambertons Buch ist für Umweltschützer sehr wichtig, weil es unterstreicht, daß die unkontrollierte Anhäufung kleiner Entscheidungen (auf denen die Marktwirtschaft beruht) ohne einen bedeutend größeren Informationsaustausch zwischen Käufern und Verkäufern in diesem komplexen Zeitalter zu einem ökologischen Riesenchaos führen könnte.

Wie sich ein solches Chaos entwickelt, wird von dem Ökologen Garrett Hardin in seiner mittlerweile berühmten Abhandlung *Die Tragödie der Allmenden* beschrieben. Im feudalen

England ließen alle Bauern ihre Herden auf einer großen Gemeindeweise (die Allmende) weiden. Einige Bauern erkannten jedoch, daß sie ihren Vorteil maximieren könnten, indem sie mehr Tiere weiden ließen als ihre Nachbarn. Es war nur eine Frage der Zeit, bis die Idee Schule machte und die Allmenden durch Überweidung zerstört wurden. Genauso verhält es sich, wenn wir willkürlich eine gemeinsam genutzte Ressource – wie beispielsweise Wasser, Luft oder sogar Wale – als „freies Gut" bezeichnen, dann ist keine bestimmte Person für ihren Gesamtschutz verantwortlich. Als Folge davon wird sie wahrscheinlich völlig zerstört.

Die anthropozentrischen Märkte der konventionellen Wirtschaftswissenschaften können nicht viele Informationen darüber liefern, wie man mit solchen Problemen der freien Güter fertigwerden soll. Auf diesen Märkten können die öffentlichen Ressourcen ausgebeutet und die öffentlichen Dienstleistungen gefährdet werden, weil jeder einzelne versucht ist, sich davor zu drücken, seinen Beitrag zu leisten oder in seinen Ansprüchen zurückzustecken. Außerdem, so behaupten die Umweltschützer, seien die Wirtschaftswissenschaften ungeeignet, sich mit Wertpräferenzen zu befassen, denen man keine in Geld ausgedrückten Gewichtungen zuteilen könne. Solche qualitativen Wertkonflikte müssen der politischen Arena überlassen bleiben, wo sie auf eines der wichtigsten Axiome von Kenneth J. Arrows *„Theorem der allgemeinen Unmöglichkeit"* treffen. Arrow erklärt schlicht, in Demokratien könnten individuelle Präferenzen nicht logisch in soziale Alternativen eingeordnet werden. Bestürzt müssen die Umweltschützer fragen: „Wenn die Wirtschaftswissenschaften noch kein hinreichend vernünftiges System für öffentliche Entscheidungen anbieten können und wenn Arrow recht hat, daß Demokratien individuelle Präferenzen nicht in logische soziale Entscheidungen einordnen können, was dann?" Zu Hilfe kommen viele wissenschaftliche Antworten auf Arros düstere Prognose für die Demokratie, unter anderem Gordon Tullocks Widerlegung, *„Die Allgemeine Irrelevanz des Theorems von der Allgemeinen Unabhängigkeit";* Duncan Blacks Argumentation, die die Irrelevanz des Theorems für ein Verstehen, wie soziale Entscheidungen in Wirklichkeit in Ausschußsitzungen getroffen werden, wiederholt, und Edwin T. Haefeles Behauptung in seiner Arbeit *Environmental Quality as a Problem of Social Choice,* Arrows Bedingungen für die Einordnung individueller Präferenzen in soziale Alternativen könnten von repräsentativen Regierungen in einem Zweiparteiensystem erfüllt werden.

DEN KUCHEN TEILEN

Noch einmal kommen wir zu diesem ständig wiederkehrenden Thema im Gedankengang der Umweltschützer – die Vermögens- und Einkommensverteilung. Auf welcher Basis könnte eine neue Formel für eine solche Verteilung gerechtfertigt sein? Könnte eine solche neue Rechtfertigung in den wachsenden Interdependenzen von fortgeschrittenen Produktionsprozessen liegen?

Wie viele der Arbeiten in *The Economics of Information and Knowledge* andeuten, ist die Produktion mittlerweile so komplex geworden und basiert immer mehr auf solchen abstrakten Gütern wie dem Wissen, daß es nicht länger möglich ist, genau zu bestimmen, welche Erträge auf Arbeit und welche Erträge auf Kapital zurückzuführen sind. Weder die keynesiansiche Arbeitsinterpretation von Wert noch die kelsoistische Kapitalansicht von Wert sind überzeugende Lösungen dieser Frage. Die Produktion von Vermögen in fortgeschrittenen Volkswirtschaften entwickelt sich rasch zu einem sozialen Unternehmen, das auf einem Netz von Beziehungen untereinander basiert. Die alte Formel – mit Arbeit, Boden und Kapital als Faktoren eines Produktionsprozesses, der zu einer logischen Vermögensteilung führt – reicht nicht länger aus.

Die Unzulänglichkeit dieser traditionellen Verteilungsformel betrifft die Umweltschützer aus einem anderen entscheidenden Grund. Genau diese Beiträge des Wissens zur Produktion erhöhen die Wirtschaftlichkeit bei der Energieumwandlung und reduzieren die Ressourcenausbeutungsraten – die einzigen anderen Wege zu einer Besinnung auf die Umwelt neben dem der gerechteren Verteilung.

Die *Brennstoffzelle* ist ein Beispiel für ein solches wissensintensives, ressourcenerhaltendes Produkt, dessen Wert sich schwerlich mittles der traditionellen Formel verteilen läßt. Das Energieumwandlungspotential der Brennstoffzelle beträgt ungefähr

60 % (verglichen mit 12 % beim Verbrennungsmotor), und genau dieser Fortschritt stellt hauptsächlich ihren größeren Wert dar. Wem gehört die Brennstoffzelle, und wer soll an ihren Gewinnen beteiligt werden? Jene, die mit ihr arbeiten? Der Mann, der die Brennstoffzelle erfunden hat? Oder die Steuerzahler, deren Regierung die Universität bezuschußte, welche die Forschungsarbeit unterstützte? Die Linien durch ein solches System der unendlichen Interdependenzen lassen sich mit derzeitigen wirtschftlichen Methoden nicht verfolgen, außer man baut viele willkürliche Gewichtungen und Annahmen in jene Wirtschaftsmodelle ein, die sich an dieser Aufgabe versuchen.

Dieses und andere Probleme machen es zusehends schwieriger, exakte Wirtschaftsmodelle zu entwerfen und nicht Gefahr zu laufen, öffentliche Entscheidungen in die Zwangsjacke der Kosten-Nutzen-Analyse zu zwängen. Paul Streeten erläutert diesen Punkt mit seiner Bemerkung, daß die Kosten-Nutzen-Analyse dazu neigt, aus politischen, sozialen und moralischen Alternativen pseudo-technische zu machen; daher ihre psychologische Anziehungskraft auf Administration, daher aber auch ihr logischer Defekt. „Wenn zwei Ziele zueinander im Widerspruch stehen", behauptet Streeten, „beispielsweise die Erfordernisse industriellen Wachstums und des Umweltschutzes, dann wird jemand eine Entscheidung treffen müssen. Die Entscheidung mag demokratisch, diktatorisch oder oligarchisch gefällt werden, aber es muß entschieden werden." Streeten vertritt die Ansicht, daß die Kosten-Nutzen-Analyse, der oft die in hohem Maße willkürlichen Gewichtungen von Wirtschaftswissenschaften zugrunde liegen, solche Wertkonflikte, die nur auf politischem Wege gelöst werden können, verbirgt.

Obendrein bemühen sich die Sozialwirtschaftswissenschaftler eifrig, Kosten und Nutzen von Umweltschutzmaßnahmen zu untersuchen. Unter Verwendung des bewährtesten Instruments der Wirtschaftswissenschaften, der Grenzwertanalyse, versuchen sie jetzt, Umweltziele festzusetzen im Hinblick auf die Bereitschaft, für ein gewisses Maß an Umweltqualität zu zahlen, oder die Bereitschaft, eine Entschädigung zu akzeptieren. Wie K. William Kapp bemerkt, läßt dieses wirtschaftliche „Entschädigungsprinzip" als ein Kriterium für Umweltqualität bei niemanden auch nur den geringsten Zweifel daran aufkommen, daß der gemeinsame Nenner Geld sein wird. Kapp sagt weiter: „Der grundsätzlich fragwürdige Ausgangspunkt besteht darin, daß ursprüngliche körperliche Bedürfnisse nach Ruhe, sauberer Luft, unverschmutztem Wasser und Gesundheit sowie die Unantastbarkeit des einzelnen in einer unhaltbaren Weise als Wünsche nach, oder Präferenzen für, monetärem Einkommen neu interpretiert werden.“ Er behauptet ebenso, das Kompensationsprinzip berücksichtige nicht die Einkommensverteilung und den Informationsbedarf und führe nicht zu einer systematischen Erforschung alternativer politischer Möglichkeiten.

Die länger werdende Liste von Unzulänglichkeiten in derzeitigen Wirtschaftskonzepten und -methoden wurde in einer geistreichen Attacke von dem Wirtschaftswissenschaftler Alan Coddington zusammengefaßt, der, zusammen mit Kapp, glaubt, daß die Hauptströmung wirtschaftlichen Denkens nicht dazu geeignet ist, sich mit der Ökologie zu einigen. „Es könnte sogar der Fall sein“, schrieb Coddington, „daß die Wirtschaftswissenschaftler der Nachwelt den größten Dienst erweisen, wenn sie weiterhin schweigen.“

Wenn Geld kein ausreichendes Mittel ist, wirtschaftliche Tätigkeiten mit sozialen Bedürfnissen oder dem Ökosystem in Einklang zu bringen, welches neue Kriterium könnte man dann entwickeln, um die politischen Entscheidungen zu beurteilen, mit denen die Bürger in irgendeiner zukünftigen „steady-state“-Volkswirtschaft konfrontiert sein werden? Da einige entschlossene Wirtschaftswissenschaftler anfangen, auf diese Frage mit neuen Konzepten zu antworten, die den neuen Realitäten exakter entsprechen, werden wir erleben, wie ihr Wissenschaftszweig fundiertere Daten über Ressourcenfaktoren und über menschliche Bedürfnisse und Leistungsfähigkeiten einkalkulieren wird.

WERTFRAGEN

Diese neuen Fragen veranlassen die Umweltschützer dazu, eine Überprüfung unserer kulturbedingten „Wert“-vorstellungen zu fordern. Die wirtschaftliche Auswirkung dieser qualitativen, mit der Sorge um die „Lebensqualität“ zusammenhängenden Konzepte wird von Walter A. Weisskopf in seinem Buch *Alienation and Economics* erörtert. Er bemerkt, daß die einst auf der Ethik der Sparsamkeit und der Selbstzucht basierenden Wirtschaftswissenschaften heute eine Ethik des „utilitaristischen Hedonismus“ erfordern, wenn sie Massenkonsum, Massenproduktion und fortgeschrittene Marktwirtschaften rechtfertigen sollen. Doch genau dieser durch die Werbung von Wirtschaftsunternehmen geförderte Hedonismus führt jetzt zur Zersetzung der Arbeitsdisziplin und zu Parolen über entmenschlichende, monotone Arbeitsplätze.

Weisskopf betont, daß Wertvorstellungen willkürlich und kulturbedingt sind. Er vertritt zum Beispiel den Standpunkt, daß die amerikanische Wirtschaft materielles Vermögen überbewertet, während sie geistiges Vermögen bagatellisiert. Ebenso überbewerten wir wettbewerbsbetonte Unternehmungen und unterbewerten Kooperation und sozialen Zusammenhalt.

Die wirklichen Dimensionen von Knappheit seien nicht wirtschaftlicher, sondern existentieller Natur, behauptet Weisskopf. Zeit, Leben und Energie sind für den Menschen die Ressourcen, die letzten Endes „knapp“ sind, wegen unserer Sterblichkeit. Solche geistigen Bedürfnisse gleichen den von dem Psychologen Abraham Maslow beschriebenen: Liebe, Seelenfrieden, Selbstverwirklichung, Freundschaft und Zeit zu Muße und Besinnung. Diese Bedürfnisse können niemals mit rein wirtschaftlichen Mitteln befriedigt werden, auch wenn sie erst durch wirtschaftliches Tun, das die zum Überleben notwendigen profaneren Bedürfnisse befriedigt, ermöglicht werden. Kurz gesagt setzten die Menschen gern willkürlich fest und bezahlen dann Statistiker, damit sie nur die Daten sammeln, die mit den herrschenden „Wert“-vorstellungen übereinstimmen. Der hypnotische Kreis ist geschlossen.

Die Umweltschützer kamen intuitiv zu denselben Schlußfolgerungen wie Weisskopf. Sie führen ein weiteres Beispiel an: In den USA überbewertet man die Eigentumsrechte und unterbewertet die Rechte auf öffentliche Einrichtungen, zu denen die Eigentumsrechte häufig im Widerspruch stehen. An den Gerichten kann man heute Hunderte von Beispielen für Fälle finden, bei denen es um die gegensätzlichen Interpretationen dieser beiden Wert- und Rechtssysteme geht. In solchen

Fällen wird allmählich immer mehr zugunsten der Rechte auf öffentliche Einrichtungen entschieden (zum Beispiel jüngste Gerichtsentscheidungen über Lärmbelästigung).

Bei dieser Frage der kollidierenden Werte teilt Benjamin Ward die Ansicht Weisskopfs. In seinem Buch *Sind die Wirtschaftswissenschaften am Ende?* äußert Ward Bedenken dagegen, daß sich die Wirtschaftswissenschaften nicht darum bemühen, das Perpetuum mobile konstant sich verändernder menschlicher Werte und Präferenzen zu untersuchen. Er erkennt die Schwierigkeiten zwar an, widerspricht aber gleichzeitig der Argumentation, daß solche Untersuchungen nicht mehr im Bereich exakter, wissenschaftlicher Untersuchungsmethoden liegen. Ward meint, daß die Reserviertheit gegenüber solchen Problemen die Wirtschaftswissenschaftler dazu veranlaßt habe, sich leichteren, aber weniger relevanten Problemen zuzuwenden. Er erwähnt, daß eine verwandte Disziplin, die Rechtswissenschaften, ja schließlich auch ein oft in hohem Maße zufriedenstellendes System in sich begreift, das die sich verändernden Werte der Verbraucher auf empirischem Wege bestätigt. Durch die ständige Häufung und Neuinterpretierung juristischer Präzedenzfälle werden die sich verändernden Verbraucherwerte und -präferenzen in den Gesetzen, Sitten und Gebräuchen kodifiziert. Die Wirtschaftswissenschaftler müssen versuchen, sich in ihren Analysen diese Art des dynamischen Prozesses anzueignen.

SCHLUSSFOLGERUNG

Viele der Anschuldigungen der Umweltschützer gegen die Wirtschaftswissenschaftler mögen esoterisch oder gar „unamerikanisch“ erscheinen. Dennoch spornen einige davon aufgeschlossene Wirtschaftswissenschaftler zu neuen Anstrengungen an, frische Konzepte und Musterlösungen zu entwickeln, wie beispielsweise die hier erörterten. Schließlich sind die Wirtschaftswissenschaften immer noch der Wissenschaftszweig, der sich mit Knappheit, Auswahl und dem Verhalten von Gleichgewichtssystemen – die alle immer noch von zentraler Bedeutung für die Zukunft sind – befaßt. Viele der jungen, radikalen Wirtschaftswissenschaftler in den Vereinigten Staaten haben zwar Kritik daran geübt, daß sich ihre Kollegen überwiegend mit marktwirtschaftlich geprägten Wirtschaftswissenschaften und den eleganten Konturen der von ihnen vorausgesetzten geschlossenen Gleichgewichtssysteme befassen, sie sind aber auch nicht glücklicher mit der Bürokratie, die für so viele zentralverwaltete sozialistische und kommunistische Volkswirtschaften bezeichnend ist. Und Fünfjahrespläne können genauso umweltzerstörend sein wie die Pläne von Unternehmern und Regierungsbehörden in Marktwirtschaften. Und dennoch, jeglicher Angriff gegen die Wirtschaftswissenschaften ist früher oder später ein Angriff gegen das Mandat von Wirtschaftsunternehmen, und es wäre angebracht, wenn man in den Verwaltungsetagen die rationale Basis, auf die sich die Kritikpunkte der Ökologen stützen, verstünde.

5. Der Entropiestaat

ES GIBT ZAHLREICHE MODELLE FÜR DIE SICH ABZEICHNENDE ENTWICKLUNG fortgeschrittener Industriegesellschaften. Hier wird noch ein weiteres Modell vorgelegt: das der „Entropiegesellschaft".

Daniel Bell vermittelte uns die Vorstellung einer „nachindustriellen Gesellschaft", die sich mittels der Technologie über links- und rechtsgerichtete Ideologien hinwegsetzt und in der die meisten Arbeitskräfte in Dienstleistungsbetrieben und auf theoretischem Wissen basierenden Industriezweigen beschäftigt werden. John Kenneth Galbraith sieht einen von einer Détente zwischen Wirtschaft und Regierung gekennzeichneten „neuen Industriestaat": eine „Technostruktur", in der Bürokraten-, Techniker- und Verwalterkadern Macht zufällt und die nur noch Spuren einer Marktwirtschaft aufweist.

Gunnar Myrdal beschreibt in *Beyond the Welfare State*, wie sich die Zukunft aus der sozialen Marktwirtschaft und der Planwirtschaft entwickelt, wofür Schweden ein typisches Beispiel ist. Und Roger Garaudy sieht in *Die große Wende des Sozialismus* die Struktur eines fortschreitenden bürokratisierten Kommunismus in der UdSSR vorher, sowie die dezentralisierten, von Arbeitern verwalteten Modelle des Kommunismus wie beispielsweise jenes, das sich heute in Jugoslawien entwikkelt. Und während Karl Marx in seiner Prophezeiung vom Niedergang des Kapitalismus nicht damit gerechnet hatte, daß die Arbeiterklasse bürgerlich werden würde, wie das in hochindustrialisierten Gesellschaften von heute der Fall ist, so haben sich die Wahrsagungen der marktwirtschaftlich orientierten Wirtschaftslehre des Kapitalismus als ebenso nebulös erwiesen.

Ein weiteres Modell für die sich abzeichnende Struktur von Industriegesellschaften könnte sehr wohl das des „Entropie-Staates" sein. In einfachen Worten ist der Entropiestaat eine Gesellschaft in dem Stadium, in dem Komplexität und Interdependenz den Punkt erreicht haben, an dem die erzeugten Transaktionskosten dem produktiven Potential der Gesellschaft entsprechen oder es übersteigen. In einer Weise, die mit dem in physikalischen Systemen auftretenden Phänomen vergleichbar ist, verlangsamt sich die Gesellschaft aufgrund ihres eigenen Gewichtes und ihrer Komplexität, wobei ihre gesamten Kräfte und Gegenkräfte in einem Gleichgewichtszustand gehalten werden.

Wir scheinen uns nicht damit abfinden zu wollen, daß jede Erhöhung der Intensität von technologischer Virtuosität und von der durch Unternehmensleitungen ausgeübten Kontrolle eine damit einhergehende Intensität von staatlicher Koordination und Kontrolle erfordert und unweigerlich herbeiführt. Somit erkennen wir die Ironie jener in Wirtschaftsunternehmen beschäftigten technologischen Innovatoren, welche die staatlichen Bürokratien, die alle technologischen Innovationen mit sich bringen, schlechtmachen. Und zu allem Übel wird es immer schwieriger, das Gewirr von Variablen in einem solchen Netz sozialer und physikalischer Systeme nachzuvollziehen, da das industrielle System komplexer, spezialisierter und differenzierter wird. Jedes System, das sich nicht nachvollziehen läßt, kann auch nicht gelenkt werden. Tatsächlich bemerkte der Systemanalytiker Jay Forrester, daß sich solche Systeme gerne kontra-intuitiv verhalten und sich hartnäckig menschlicher Manipulation widersetzen.

Da fortgeschrittene Industriegesellschaften eine solche unlenkbare Komplexität entwickeln, erzeugen sie von Natur aus einen erstaunlichen Anstieg von unvorhergesehenen Sozialausgaben: für Verhaltensstörungen, das Auseinanderbrechen von Gemeinschaften und den Raubbau an der Umwelt. Die Wirtschaftswissenschaftler nennen diese ganzen Auswirkungen unkoordinierter, ungeplanter Tätigkeiten und Suboptimierung „externe Effekte“, was praktisch einem Freudschen Versprecher gleichkommt. Die Kosten für die Beseitigung dieses Schlamassels und die fürsorgliche Betreuung der Menschen, die der geplanten Technologie zum Opfer gefallen sind – die Aussteiger, die Ungelernten, die Süchtigen oder jene, die sich ganz einfach im Dschungel der Großstadt nicht zurechtfinden oder mit Orwellschen Bürokratien nicht fertigwerden können

– steigen ständig weiter. Allmählich nimmt der Anteil des Bruttosozialprodukts exponentiell zu, der für die Schlichtung von Konflikten, die Verbrechensbekämpfung und den Verbraucher- und Umweltschutz aufgewendet werden muß, indem man für eine umfassendere bürokratische Koordinierung sorgt und im allgemeinen versucht, die „soziale Homöostasis“ aufrechtzuerhalten. Neue Ausgaben für die Aufrechterhaltung dieser sozialen Homöostasis kündigen sich täglich an, wie bei den jüngsten Forderungen nach einer neuen Gesetzgebung, die für Opfer von Verbrechen eine staatliche Entschädigung bereitstellen soll, und nach neuen Behörden, die chronische Schuldner beraten und ihnen helfen sollen. Ein weiterer, sich in komplexen Gesellschaften herausbildender Umstand liegt in der neuerdings erkannten Verwundbarkeit ihrer enormen, zentralisierten Technologien und Institutionen, ob sie sich nun im Verlust unternehmerischer Flexibilität, im Verfall der Städte, in Stromausfällen und Flugzeugentführungen bemerkbar macht oder in den vielen Sabotage- und Gewaltakten, die heute schon zum Tagesgeschehen gehören.

Inzwischen werden von unternehmerischer und staatlicher Seite ständig übertriebene Erwartungen geweckt, und es wird schwieriger, die Nachfrage des privaten Massenkonsums zu befriedigen, während man versucht, der Nachfrage nach größerem und besserem öffentlichen Konsum gerecht zu werden, ob Wohnungsbau, öffentliche Verkehrsmittel, Gesundheitswesen, Erziehungs- und Bildungswesen, Sozialleistungen, Grünanlagen und Strände oder lediglich die Reinhaltung von Luft und Wasser. Die enormen Belastungen durch die Rüstungsausgaben tragen in den meisten Industriestaaten zu diesem Zuteilungsproblem bei. Aber selbst ohne solche gewaltigen Verbindlichkeiten im Rüstungsbereich geben die Erwartungen, die wie eine Seifenblase ständig größer werden, Grund zur Sorge. Dänemark ist ein typisches Beispiel dafür. Paradoxerweise stürzte ein Aufstand der Steuerzahler eine liberale Regierung aus Ärger über die Kosten eines sich großer Beliebtheit erfreuenden Sozialfürsorgeprogramms – eine offensichtliche Unfähigkeit von Wählern, die unvermeidlichen Wechselwirkungen zwischen einem hohen Bestand an öffentlichen Gütern und Dienstleistungen und privatem Konsum zu begreifen.

Die Symptome des Entropiestaates sind auch in Japan sichtbar. Obwohl die Rüstungsausgaben auf unter 2 % des Bruttosozialprodukts gehalten werden, sieht sich die regierende Liberal-Demokratische Partei konfrontiert mit der Unzufriedenheit der Arbeiter, den in die Höhe schnellenden Tariflöhnen, der wachsenden sozialen Unzufriedenheit bei Inflationsraten von 16 % auf Jahresbasis und mit den steigenden öffentlichen Investitionsausgaben für Umweltschutzmaßnahmen, Abwässerreinigung, Wohnungsbau und Sozialleistungen. Auch Großbritannien zeigt Anzeichen der nächsten Stufe des Industrialismus, des Entropiestaates. Die sozialen Konflikte nehmen in dem Maße zu, wie die Ressourcengrundlage zusammenschrumpft, und gerechteres Teilen ist zur unausweichlichen Forderung geworden. Ungezügelte Inflation, in die Höhe schießende öffentliche Investitionsausgaben, Sozialleistungen und die unumgängliche Bürokratisierung folgen einem Schema, das einem mit jedem Tag vertrauter wird. Anscheinend gelangen jetzt die stoischen Briten allmählich zu der Erkenntnis, daß es sich auch leben läßt, wenn man den Gürtel enger schnallt, und daß es auf jeden Fall einer neuen Geisteshaltung und zurückgeschraubter Erwartungen bedarf, will man auch nur ein Minimum an Zufriedenheit erlangen.

Die Inflation ist heute in fortgeschrittenen industriellen Volkswirtschaften so omnipräsent, daß sie nicht mehr nur eine vorübergehende Erscheinung, sondern mittlerweile zu einem ihrer strukturellen Merkmale geworden ist. Die Wirtschaftswissenschaftler können sie nicht länger als ein Korrelat der Arbeitslosigkeit bezeichnen, da wir in vielen Ländern, den USA eingeschlossen, beides haben. Traditionelle keynesianische Heilmittel für die Ankurbelung der gesamten Wirtschaft, um Gebiete mit struktureller Arbeitslosigkeit zu entlasten und den wahren Konflikt über die Vermögensverteilung zu kaschieren, werden jetzt allmählich als zu kostspielig empfunden, da sie die Inflationsraten in die Höhe treiben und mit den Ressourcen Raubbau treiben. Der Wirtschaftswissenschaftler Irving Friedman deutet in seinem Buch Inflation: *A World Wide Disaster* darauf hin, daß weit überzogene Erwartungen im Hinblick auf sowohl öffentlichen wie auch privaten Konsum heute eine Schlüsselstellung einnehmen. Eine andere Erklärung für die Inflation stammt von Thermodynamikern, die nachdrücklich betonen, die Wirtschaftswissenschaftler verstünden noch nicht die multiplikativen Wirkungen der Entwicklung von Energie- und Ressourcenknappheiten. In einfachen Worten sagen solche Energieforscher wie die Brüder Eugene und Howard Odum, die Wirtschaftswissenschaftler und die Verantwortlichen im Energieministerium hätten den entscheidenden Unterschied zwischen *Brutto*energie und *Netto*energie immer noch nicht begriffen. Bruttoenergie sind beispielsweise all jene theoretischen Barrel Öl, die in solchen unzugänglicheren Formationen wie Schiefer und Teersand enthalten sind. Aber man wird Millionen Barrel Öl dazu benötigen, um das Gestein zu zertrümmern, den Schiefer und Teer zu schwelen und Öl daraus zu gewinnen, ganz zu schweigen von der Raffinierung und dem Transport sowie von den Millionen Litern knappen Wassers, die dabei für die landwirtschaftliche Nutzung verlorengingen. Was dann am Ende dieser ganzen Energie- und Ressourceninvestition übrigbleibt, ist Nettoenergie, nur ein Bruchteil der theoretisch zur Verfügung stehenden Menge (Bruttoenergie). In der Tat behaupten die Odums, daß das gesamte Kernkraftprojekt auf Landesebene bisher nur ein paar Prozentpunkte Nettoenergie gewonnen hat, weil der Prozeß so massiv mit Kohle und Öl subventioniert wird – für die Uraniumgewinnung und -anreicherung und andere Energiequellen und kapitalintensive Maßnahmen, die der endgültigen Elektrizitätsleistung eines Kernkraftwerks vorangehen. Dieser Erklärung zufolge wird die Inflation von der zunehmenden Menge Geldes und Energie hochgetrieben, die eine Gesellschaft permanent in die Gewinnung und Raffinierung immer minderwertigerer Energie und Rohstoffe stecken muß. Daher werden weniger reale Güter und Dienstleistungen produziert und die Preise schnellen in die Höhe, da sich die multiplikative Wirkung zusätzlicher energieintensiver Verarbeitung dieser Ressourcen zu Fertigwaren bemerkbar macht.

Aber die Energiesituation hat lediglich den Prozeß, der vielleicht das ablaufende „Endspiel" von Industriegesellschaften ist, zum Vorschein gebracht und beschleunigt. Zunächst wird es verzweifelte Bemühungen geben, immer mehr Kapital in die Energieausbeutung und Ressourcengewinnung zu investieren, trotz der bereits sichtlich abnehmenden Grenzerträge auf einen Großteil unserer kapitalintensiven Produktion. Man nehme zum Beispiel nur den Fall der Landwirtschaft, wo den Agrarforschern David Pimental, Michael Perlman und anderen zufolge unsere amerikanische hochmechanisierte, mit fossilen Brennstoffen subventionierte Landwirtschaftsform nach einem Hauptmaßstab – wieviel Energie wird für eine bestimmte Produktion von Kalorien benötigt – heute die unwirtschaftlichste auf der ganzen Welt ist. In anderen überautomatisierten Produktionsprozessen von so unterschiedlicher Art wie die Fischerei und der Betrieb von öffentlichen Verkehrsmitteln sinken jetzt die Grenzerträge der Kapitalinvestitionen: Der Fischfang wird heute auf destruktive Weise überwirtschaftlich betrieben, während bei solchen öffentlichen Verkehrssystemen wie San Franciscos BART (Bay Area Rapid Transit) die Arbeiter durch kostspielige und fehlerhafte automatisierte Zugsteuerungssysteme ersetzt werden.

Die derzeitige Phase, enorme Mengen Kapitals in das immer zwecklosere Unternehmen, größere Energie- und Ressourcenvorräte produzieren zu wollen, zu stecken, wird mit der Zeit ein Ende nehmen. Der Lernprozeß wird entsetzlich kostspielig werden, weil viele andere realistischere Möglichkeiten dann nicht mehr in Frage kommen werden. Das aus unseren früher überreichen Energie- und Rohstoffquellen angehäufte Kapital stellt heute den letzten schwindenden Vorrat unserer Gesellschaft an niedriger Entropie dar (das heißt konzentriertes Potential für nutzbringende Arbeit). Wie der Evolutionstheoretiker Gregory Bateson erläutert, ist das Kapital unser kostbarer Vorrat an gespeicherter Flexibilität für den Vollzug eines geordneten sozialen Übergangs, um sich neuen Bedingungen anzupassen, ebenso wie eine Puppe ihre gespeicherte Energie dazu verwendet, um sich in einen Schmetterling zu verwandeln. Statt dessen sehen wir, wie sich eine verhängnisvolle Situation entspinnt, da Ölgesellschaften, Stromversorgungsbetriebe und verarbeitende Grundstoffindustrien allesamt versuchen, immer größere Kredite aufzunehmen, um neue Vorräte aus minderwertigeren und ausgebeuteten Ablagerungen von fossilen Brennstoffen, Rohstoffen und Mineralien herauszupressen.

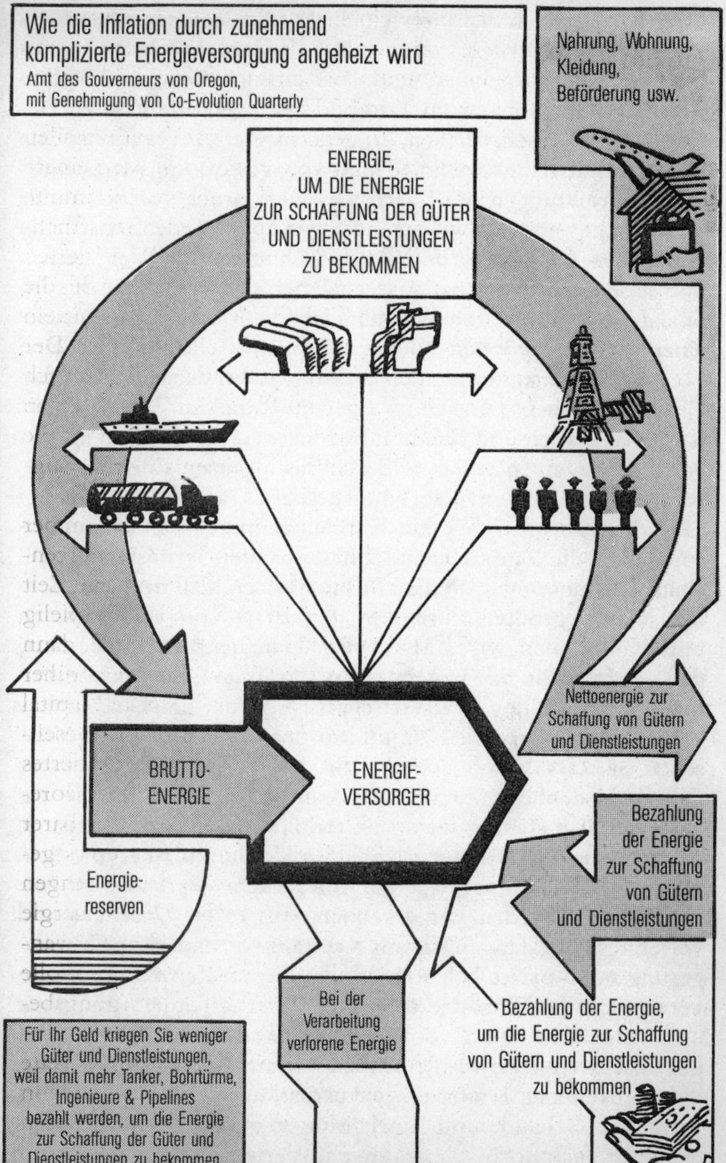
Wie die Inflation durch zunehmend komplizierte Energieversorgung angeheizt wird
Amt des Gouverneurs von Oregon, mit Genehmigung von Co-Evolution Quarterly
Nahrung, Wohnung, Kleidung, Beförderung usw.
ENERGIE, UM DIE ENERGIE ZUR SCHAFFUNG DER GÜTER UND DIENSTLEISTUNGEN ZU BEKOMMEN
Nettoenergie zur Schaffung von Gütern und Dienstleistungen
BRUTTO-ENERGIE
ENERGIE-VERSORGER
Bezahlung der Energie zur Schaffung von Gütern und Dienstleistungen
Energie-reserven
Bei der Verarbeitung verlorene Energie
Bezahlung der Energie, um die Energie zur Schaffung von Gütern und Dienstleistungen zu bekommen
Für Ihr Geld kriegen Sie weniger Güter und Dienstleistungen, weil damit mehr Tanker, Bohrtürme, Ingenieure & Pipelines bezahlt werden, um die Energie zur Schaffung der Güter und Dienstleistungen zu bekommen.

Die Banken kommen ihrerseits ihren unternehmerischen Kreditnehmern entgegen, wenn nötig, indem sie selbst teures Fremdkapital aufnehmen und ihre eigenen Gläubigerpapiere emittieren und somit zum Trugbild beitragen. Manchmal können die unwirtschaftlichen, folgenschweren Investitionspläne von Wirtschaftsunternehmen und von versorgungswirtschftlichen Einrichtungen nur durch massiven Druck von seiten der Verbraucher und Umweltschützer gestoppt werden. Indem sie sich gegen Gebühren- und Preiserhöhungen zur Wehr setzen und indem sie Wirtschaftsunternehmen dazu zwingen, die im Sozial- und Umweltbereich anfallenden Kosten umfassender einzubeziehen, können solche Gruppen vielleicht die Pläne von Wirtschaftsunternehmen dadurch abwenden, daß sie „den Einsatz erhöhen" und ihre eigenen Pläne im Hinblick auf Kapitalausgaben und Kreditaufnahme weniger rentabel zu machen. Wir können sehen, wie sich das in vielen Energiegesellschaften und Stromversorgungsbetrieben auswirkt.

Da die sich abzeichnende Kapitalknappheit sich weiter zuspitzt und die Zinssätze und Inflationsraten weiterhin schnell steigen, könnten wir die Erfahrung machen, daß der Schuldendienst zum größten Posten in den Etats von Unternehmen und Kommunen wird. Man wird dann deutlicher erkennen, daß die Inflation das Ergebnis einer kräftigen, dennoch unsinnigen Ankurbelung der Wirtschaft ist, in der das Geld immer schneller zirkuliert, die Konjunktur fieberhafter wird, die Menschen härter arbeiten und das Bruttosozialprodukt scheinbar zur Zufriedenheit wächst. Das einzige Problem wird darin bestehen, daß ständig weniger Produkte, Güter und Dienstleistungen aus dieser äußerst lebhaften Konjunktur hervorgehen und das Geld immer weniger mit realem Wert zu tun hat. Irgendwann werden wir erkennen, daß es ein unseliges und verfehltes Unterfangen ist, mit Kapitalinvestitionen zur Verringerung der Vorräte beizutragen. Zu diesem Zeitpunkt werden vermutlich die Zinssätze trotz sich verschärfender Knappheit und steigendem Wert von Kapital sinken, da der größte Teil des kostbaren noch verbleibenden Vorrats dazu benötigt wird, die vorhandenen Kraftwerke, Ausrüstungen, Wohnungen, öffentlichen Gebäude und Einrichtungen zu erhalten, und nicht mehr für auch noch so ertragreiche Verwendungen zur Verfügung stehen wird. An diesem Punkt werden wir eine „weiche Landung“ in die „steady-state“-Volkswirtschaft vollzogen haben, während die symptomatische Inflation unseren sich verschlechternden Zustand kaschiert haben wird.

Der Entropiestaat könnte die Zukunft fortgeschrittener Industriegesellschaften sein, es sei denn, bisher ungeahnte Fortschritte in der Computer-Wissenschaft ermöglichen es uns, die Komplexität dieser Gesellschaften in den Griff und unter Kontrolle zu bekommen, und daß wir zudem unsere Fähigkeit verbessern, exakte soziale Indikatoren zu entwickeln. Aber selbst dann wird der Versuch, solche undurchdringlichen Systeme zu kontrollieren, unweigerlich größere staatliche Kontrolle, weitere Einschränkungen von Freiheit und Individualität bedeuten und uns dem Computer-Staat, vor dem Orwell in seinem Buch *1984* warnte, einen Schritt näher bringen. Ein anderer Weg könnte darin liegen, entschlossen zu versuchen, die Interdependenzen dadurch abzubauen, daß man einige der übermäßig entwickelten Systeme, die mittlerweile ein ziemlich deutliches Ausmaß der Auflösung der Wirtschaft erreicht haben, simplifiziert. Nicht der Axt der Maschinenstürmer, sondern des Skalpells des Chirurgen müssen wir uns bedienen und mit einem der Verzweiflung entsprungenen Feingefühl anfangen, einige der Interdependenzen in unseren sozialen und technischen Systemen herauszuisolieren und durchzutrennen, so daß die Variablen wieder auf eine überschaubare Zahl reduziert werden könnten.

Einige Systeme funktionieren anscheinend am besten, wenn sie sehr groß angelegt sind. Zum Beispiel muß das Fernsprechnetz überall genormt sein und setzt sich laut Definition aus ineinandergreifenden Elementen zusammen. Aber andere Systeme und Institutionen können in einem kleineren Rahmen wirtschaftlicher betrieben werden. Vielleicht passen Städte und viele Unternehmen in diese Kategorie. Wenn wir Eigenheime und Wohnhäuser auf Stromerzeugung aus Sonne, Wind oder Methan umstellten, wie es einige sogar schon angedeutet haben, dann bestünde der einzige Grund, warum die Bewohner mit zentralen Kraftwerken verbunden sein müßten, darin, Energie an die Versorgungsbetriebe zurückzuverkaufen, damit diese sie an ihre eigenen Kunden aus der Industrie weiterverkaufen könnten! Gewiß sehen wir heute die Wechselwirkungen beim Bau von größeren und kostspieligeren zentralen Kraftwerken mit längeren, teureren und energieverschwendenden Zulieferungsleitungen. Aber zu erwarten, daß die derzeitigen Versorgungsbetriebe und Energiegesellschaften solche radikal verschiedenen Systeme entwickeln, wäre so naiv, wie wenn man den Herstellern von Peitschen für Einspänner die Verantwortung für die Entwicklung des Automobils übertragen hätte.

Ebenso könnten wir das in unserer derzeitigen Produktionsmethoden verwendete Mischverhältnis von menschlicher und maschineller Energie verändern. Aufgrund der mittlerweile energieverschwendenden Automation und der umfangreichen Investitionen, wurden viele unserer Bauernfamilien von ihrem Land getrieben. Eine Rückkehr zu kleineren Landwirtschaftsbetrieben könnte der menschlichen Zufriedenheit zuträglich sein und führte zu enormen Energie- und Transporteinsparungen. Diese Gleichsetzung von Kapital mit Arbeit hat sich für Hunderte anderer Produktionsprozesse in unserer Gesellschaft geändert, da die Zeit der billigen Energie zu Ende geht. Wir können uns der Kommunikationsmittel bedienen anstatt uns gegenseitig zu besuchen, die ungenutzten Flächen in den Vorstadtlandschaften bebauen, unsere vorhandenen Gebäude wirtschaftlicher nutzen und die alten renovieren. Zudem können wir mehr mit dem Fahrrad fahren, vielleicht eines Tages die kürzeren Entfernungen ungefährdet zu Fuß zurücklegen; unsere eigenen Gemüsegärten anbauen; und mehr Zeit in der Familie und in Gemeinschaftsaktivitäten verbringen. Wie die Energiestudie der Ford Foundation zeigt, könnten solche Veränderungen unserer Lebensweise unerhörte Energie- und Kapitaleinsparungen erzielen und dafür sorgen, daß alle unsere Ressourcen länger vorhalten.

Durch solche neuen Werte und Erfolgssymbole könnte der Entropiestaat auf Generationen hinaus verhindert werden.

Bells „nachindustrielle Gesellschaft", die Technostruktur von Galbraiths „neuem Industriestaat" und die früher erwähnten verschiedenen Modelle des Sozialismus, Kommunismus und Wohlfahrtskapitalismus hängen letzten Endes allesamt zu stark von der Steigerung des Wirtschaftswachstums und der technologischen Virtuosität ab. Selbst Dienstleistungswirtschaften sind ganz und gar abhängig von ihren primären Landwirtschafts-, Verarbeitungs- und Ressourcengrundlagen. Buckminster Fullers Vision aus den 60er Jahren von einem auf der Technologie basierenden Überfluß ist Schall und Rauch. Vielleicht wird der ins Wanken geratene Glaube an die Wunderkraft der Technologie wiederhergestellt und gerechtfertigt, und böse Vorahnungen wie diese vom Entropiestaat könne zum Glück aus unseren Gedanken verdrängt werden. Aber dadurch, daß wir es mit der Angst zu tun bekommen, könnten wir einige Zeit gewinnen und einen Teil unseres kostbaren Vorrats an Flexibilität bewahren, so daß wir immer noch den Übergang zu einer neuen, mit der Erde in Einklang stehenden Kultur vollziehen können.

II. Wirtschaft im Übergang

1. Politik der Umgestaltung

Die sich heute in der Medizin herausbildende Ansicht, daß ein Mensch für seine/ihre Krankheit verantwortlich ist, läßt sich zweckmäßigerweise ebenso auf eine Kultur und deren Verantwortlichkeit für ihre sozialen Krankheiten anwenden. Diese Verantwortlichkeit liegt natürlich in dem von ihr gewählten Wertsystem. Das Wertsystem einer Gesellschaft wird bestimmte soziale, wirtschaftliche, politische und technologische Ordnungsformen erzeugen und zugleich die Natur von sowohl individueller als auch institutioneller sozialer Belastungen und Krankheiten sowie die Anpassungsmuster und -möglichkeiten bestimmen. Somit sind die Werte, nach denen eine Gesellschaft lebt, ein ausschlaggebender Faktor, der nicht nur ihrer soziotechnischen Struktur, sondern auch ihrer Weltanschauung, ihrem Wissen, wissenschaftlichen Unternehmungsgeist und Wirtschaftssystem zugrunde liegt. Zwischen Werten und der Epistemologie besteht ein wesentlicher Zusammenhang, und da sowohl Individuen als auch Gesellschaften vor allem dem kognitiven Dilemma gegenüberstehen, daß es immer eine unendliche Anzahl von Phänomenen und Datenkomplexen gibt, die es zu untersuchen gilt, gründet die Entscheidung darüber, auf welche Realitäten man sich konzentrieren soll, stets auf Werten.

Haben Kulturen erst einmal diese kollektiven, subjektiven Wert- und Zielkomplexe ausdrücklich kodifiziert, dann stellen diese zu jeder Zeit den Rahmen ihrer Optionen, Entscheidungen, Auffassungen, Erkenntnisse und innovativen Leistungsfähigkeiten für soziale Anpassung, Erneuerung und kulturelle Evolution dar. Während sich ein kulturelles Wertsystem verändert, entstehen neue Optionskomplexe und potentielle neue Muster für die kulturelle Evolution. Die kulturellen Wertsysteme des Menschen haben sich schon von jeher verändert, und zwar häufig dann, wenn sie mit Herausforderungen der natürlichen Umwelt oder mit durch Menschenhand verursachten Umweltveränderungen konfrontiert wurden. Manchmal dienen diese Wertverschiebungen des Menschen der Sicherung der Existenzfähigkeit und gelegentlich vollziehen sie sich mit rasender Geschwindigkeit; zum Beispiel die Wertverschiebung in der Kultur der Maori in Neuseeland, nachdem die Briten dort Schußwaffen eingeführt hatten (siehe Andrew Vayda, *„Maori Conquest in Relation to New Zealand Environment“*, Journal of the Polynesian Society, Band 65, Nr. 3, S. 204-22). Manchmal kommt es zu Fehlanpassungen, wie beispielsweise bei dem unter dem Namen Ik bekannten Stamm in Tansania, der aus seiner Heimat vertrieben wurde und als eigener Stamm zu existieren aufhörte (siehe *„Plight of the Ik and Kaiadilt Is Seen as Chilling Possible End for Man“*, Smithsonian Magazine, November 1972). Eine der monumentalsten Arbeiten unserer Zeit, die versuchte, die Schlüsselrolle von Werten beim strukturellen Aufbau von menschlichen Gesellschaften in all ihren Erscheinungsformen zu verfolgen, ist das vierbändige Lebenswerk Pitirim A. Sorokins, *Social and Cultural Dynamics* (1937-1944). Sorokin, ein Russe, der vorübergehend Mitglied der zum Scheitern verurteilten Regierung unter Alexander Kerensky im Jahr 1917 war, wurde 1922 von den Sowjets seines Amtes als Professor der Soziologie an der Universität von St. Petersburg enthoben, woraufhin er emigrierte und 1931 in Harvard die Fakultät für Soziologie gründete, deren Dekan er bis zu seinem Ruhestand im Jahre 1955 war. Sorokins vereinheitlichendes Prinzip für die Synthese der westlichen Geschichte verwendet die Grundvorstellung vom zyklischen Aufstieg und Niedergang dreier elementarer Wertsysteme, die ihren Kulturen, Imperien, Glaubens- und Wissenssystemen, Rechtswesen, Künsten und Technologien zugrunde lagen. Diese drei verschiedenen Wertsysteme sind das Ideationale, das Sensorielle und das Idealistische. Kurz zusammengefaßt besagen die ideationellen Wertprinzipien, daß die wahre Realität jenseits der materiellen Welt liegt, in der allwissenden, ewigen, allgegenwärtigen universalen Schöpfung, in einem allmächtigen Schöpfer und in der Existenz absoluter, übermenschlicher Normen der Gerechtigkeit, Wahrheit, Güte, Schönheit und Vernunft.

Sorokin weist darauf hin, daß das Ideationelle im Westen unter anderem im christlichen und jüdischen Monotheismus zum Ausdruck kam, sich aber ähnliches Gedankengut in differenzierter Form auch im brahmanischen Indien, in buddhistischen und taoistischen Kulturen und in der griechischen Kultur vom 8. bis zum Ende des 6. vorchristlichen Jahrhunderts finden läßt. Das sensorielle Wertsystem ist grundverschieden, das heißt, daß wahre Realität und Werte sensoriell sind. „Nur was wir sehen, hören, riechen, berühren oder sonstwie durch unsere Sinnesorgane wahrnehmen, ist wahr und hat Wert. Über eine solche Wahrnehmungs-Realität hinaus gibt es entweder nichts, oder, wenn etwas da ist, so können wir es nicht wahrnehmen; es ist daher dem Nicht-Realen und Nicht-Existenten gleichzusetzen" (Sorokin, *Lowell Lectures,* Februar 1941, in *The Crisis of Our Age,* Dutton, 1941). Sorokin behauptete, daß Aufstieg, Reifeprozeß, Überentwicklung und Verfall dieser beiden grundsätzlichen Kulturformen und ihrer zyklischen Rhythmen schließlich auch eine synthetische Zwischenstufe schufen, das Idealistische, das eine Verschmelzung der ersten beiden Kulturformen darstellt, das heißt, daß die wahre Realität zum Teil supersensorisch, zum Teil sensorisch ist und daß es eine Einheit der unendlichen Mannigfaltigkeiten gibt, in der diese Aspekte nebeneinander bestehen. So kamen während idealistischer Kulturphasen häufig sowohl ideationelle als auch sensorielle Stilrichtungen zur vollen Blüte, wobei in Kunst, Musik, Wissenschaft, Technologie, Recht und Gesetz und Philosopie Ausgewogenheit, Integration und ästhetische Vollendung geschaffen wurden, wie beispielsweise die griechische Blütezeit des fünften und vierten Jahrhunderts in Europa. Diese drei grundlegenden kulturellen Audrucksformen des Menschen erzeugten Sorokin zufolge identifizierbare, ca. drei- bis vierhundert Jahre dauernde Zyklen mit unterschiedlichen Periodizitäten, die er auf Dutzenden von Diagrammen für Subsysteme festhielt, wozu Kriege und innenpolitische Konflikte, Wahrheits- und Rechtswissenschaftssysteme, sozioökonomische Institutionen und die technologische Entwicklung gehörten. Andere hochinteressante Diagramma beziehen sich auf Stilschwankungen in Architektur, Bildhauerei und Literatur sowie auf schwankende Zeit-

(zum Beispiel linear gegen zyklisch), Raum- und Freiheitsbegriffe und auf Universalismus gegen Singularismus.

Sorokins großartiger Entwurf wurde weithin bewundert, aber insofern als er mit der in den fünfziger Jahren in den USA praktizierten extremen, reduktionistischen, empirischen Soziologierichtung (zum Beispiel die Talcott Parsons Schule) kollidierte, wurde er als zu allgemein oder „nicht exakt" angesehen. Ich aber glaube, daß seine Methode glücklich gewählt war, denn in dem von ihm untersuchten Spektrum und Zeitrahmen trachtete er nicht nach minuziöser, unerreichbarer Exaktheit, veranschaulichte dafür aber auf treffliche Weise das heute notwendige Abrücken von den klassischen, Newtonschen Begriffen der empirischen Beweisführung. Ich meine, Sorokins Entwurf wird in den kommenden zehn Jahren eine neue Blüte erleben, und zwar gerade wegen seiner disziplinierten, holistischen Dynamik. Der deutsche Soziologe L. von Wiese kann hinsichtlich seiner Aussage, daß „die Arbeiten von Comte, Spencer, Pareto und Spengler verglichen mit Sorokins großem Werk willkürlich und abstrus zu sein scheinen", durchaus als Prophet betrachtet werden (Sorokin, *Social and Cultural Dynamics,* (Biographische Anmerkungen), einbändige Ausgabe, Porter Sargent, 1957, S. 719-80).

Vielleicht ist Sorokin der beste Augur für eine Abkehr vom reduktionistischen Empirismus der fünfziger Jahre und eine Hinwendung zu einer differenzierteren, holistischen Soziologie mit wesentlich weitreichenderen, vagen Wahrscheinlichkeitsmustern. Sorokins Werk liefert einen entscheidenden Aspekt für meine Erörterung der Wirtschaftswissenschaften, da sein Modell hinsichtlich des Niedergangs des Industriezeitalters ziemlich genau mit meinem eigenen übereinstimmt, nur daß er die derzeitigen Krisen der westlichen Kultur in einem längeren historischen Zusammenhang allgemeiner als einen weiteren Reifungs- und Verfallsprozeß sensorieller Kultur betrachtete. Der Aufstieg unserer gegenwärtigen sensoriellen Ära folgte auf die vorherrschende ideationelle Phase des aufkommenden Christentums und der mittelalterlichen Theokratie und deren anschließende Entfaltung zu einer idealistischen Phase im 13. und vierzehnten Jahrhundert (das heißt die europäische Renaissance). Gerade der langsame Niedergang dieser ideationellen und idealistischen Epochen im 15. und 16. Jahrhundert brachte den Aufstieg einer neuen sensoriellen Phase im 17., 18., 19., und 20. Jahrhundert hervor (ungefähr von der Zeit der Aufklärung bis heute). Somit prophezeite Sorokin 1937 mit weiser Voraussicht die Umwälzungen, die wir heute in westlichen technokratischen Gesellschaften und industriell reifenden Gesellschaften als „Die Dämmerung sensorieller Kultur" erleben (*Social and Cultural Dynamics,* S. 699-704). Sorokin sah, daß „die Kultur des Westens in die Übergangszeit eintritt, die vom sensoriellen Übersystem entweder in eine neue ideationelle oder eine idealistische Phase führt; und da solche Geschichte manchenden Übergänge bisher immer schicksalsschwere Zeiten gewesen sind, besteht die größte Aufgabe unserer Zeit offensichtlich darin, wenn schon nicht die Tragödie abzuwenden – was kaum möglich ist – so doch wenigstens den Übergang so schmerzlos wie möglich zu gestalten. Welche Mittel und Wege stehen uns zu diesem Zweck zur Verfügung? Das Wesentlichste ... besteht darin, den verhängnisvollen Fehler der sensoriellen Phase auszumerzen und die unvermeidliche geistige, sittliche, soziale und kulturelle Umwälzung der westlichen Gesellschaft vorzubereiten." Sorokin skizziert fünf wesentliche Schritte:

1) Die Erkenntnis, daß wir keiner gewöhnlichen Krise gegenüberstehen, sondern einer der größten Übergangsphasen, die er in vorangegangenen Zyklen der Menschheitsgeschichte ausgewertet hat. Diese Diagnose kann uns dabei helfen, angemessene Mittel und Wege zu finden, damit unsere „soziologischen Heilkünstler" eine gefährliche kulturelle Lungenentzündung nicht mit „Arzneien zum äußeren Gebrauch" so behandeln, als läge eine Erkältung vor.
2) Die Anerkennung, daß die sensorielle Kulturform nicht die einzige große Kulturform ist und daß sie auch viele Fehler und Unzulänglichkeiten aufweist und daß ideationelle und idealistische Kulturen zwar verschieden, aber ebenso groß sind.
3) Der notwendige Wechsel von einer Grundform zu einer anderen, wenn eine dieser großen Kulturformen Veschleißerscheinungen zu zeigen beginnt (wie es bei ihnen allen nach einer bestimmten Zeit der Vorherrschaft der Fall ist) –

im heutigen Fall bedeutet das einen Wechsel von der sich auflösenden sensoriellen zur ideationellen oder idealistischen Form. Man sollte sich einem solchen Wandel nicht widersetzen, sondern ihn als die einzige Rettung vor dem Todeskampf, dem Zusammenbruch oder der Verwesung begrüßen.

4) Die gemeinsame Vorbereitung auf die Umstellung impliziert die gründlichste Überprüfung der wesentlichen Grundsätze und Werte der sensoriellen Kultur, die Ablehnung ihrer mittlerweile ausgedienten „Scheinwerte" und die Wiedereinsetzung einiger der zuvor verworfenen echten Werte. Dazu gehören die ausgewogenen, integrierten Vorstellungen sensorischer und supersensorischer Realität. „Vom Ganzheitsstandpunkt aus ist der gegenwärtige Antagonismus zwischen Naturwissenschaft, Religion, Philosophie, Ethik und Kunst unnötig, ganz abgesehen davon, daß er sich verhängnisvoll auswirkt. (Ebd., S. 317).

5) Einer derartigen Umwandlung der Mentalität der westlichen Kultur wird natürlich zwangsläufig eine entsprechende Umgestaltung der sozialen Beziehungen und Organisationsformen folgen. „Weder Kapitalismus noch Sozialismus, Kommunismus oder Totalitarismus, weder mechanischer Individualismus noch mechanischer Kollektivismus sind absolute Werte. Selbst solche Werte wie der Nationalstaat und das Privateigentum haben die Zeit überdauert, in der sie für die Menschheit von größtem Nutzen waren. Oberflächliche Maßnahmen in Form von wirtschaftlichen oder politischen Korrekturen werden nicht ausreichen: Die Patentlösung erfordert eine Veränderung der heutigen Mentalität, einen grundlegenden Wandel unseres Wertesystems und die tiefgreifendste Änderung unseres Verhaltens" (Lowell Lectures, S. 315-21).

Somit bietet Sorokins Werk einen vorzüglichen Rahmen für die derzeitige kulturelle Neubewertung in allen wesentlichen Aspekten, ob nun die wechselnden Paradigmen in der Physik, Psychologie und Medizin oder jene in der Technologie, Wirtschaftswissenschaft und Sozialorganisation, mit denen wir uns heute befassen; sowie einen Rahmen für den heute immer häufiger diskutierten metaphysischen Wiederaufbau.

Da die Wirtschaftswissenschaft die Kontroverse über die

Ressourcenzuteilung und zu verschiedenen Zeiten die Definitionen darüber, was wertvoll ist, an sich gerissen hat, nimmt sie unter den heutigen Wissenschaftszweigen die wichtigste Stelle ein. Da die Wirtschaftswissenschaft als die Disziplin definiert wird, die sich mit Produktion, Verteilung und Konsum von Vermögen befaßt, ist sie auch der Inbegriff der sensoriellen Werte. Schließlich fallen ja auch die Entstehung und Abspaltung der Wirtschaftswissenschaft von der Philosophie und Politik zeitlich mit Sorokins Entwurf von der Entstehung der sensoriellen Kultur in Westeuropa und ihrer zunehmenden Dominanz über die mittelalterlichen, jenseitigen Werte zusammen, die sich im Verlauf des 14. und 15. Jahrhunderts zu immer größerer Unbeweglichkeit entwickelt hatten. Bis zum 16. Jahrhundert gab es keine Herauskristallisierung rein wirtschaftlicher Phänomene aus dem gesellschaftlichen Gefüge. Wie Karl Polanyi in seinem Buch *Primitive, Archaic and Modern Economics* (Doubleday Anchor, 1968) dokumentierte, wurden die elementaren Ressourcen, Nahrung, Kleidung, Obdach, Medizin etc. beinahe die ganze Geschichte hindurch für den Gebrauchswert produziert und/oder innerhalb der Stämme und Gruppen nach den zwei grundsätzlichen Wertsystemen der Reziprozität und Redistribution umverteilt. In *Dahomey and the Slave Trade* (1966) untersuchte Polanyi ein wirtschaftliches Wertsystem, in dem der König eine zeremonielle Umverteilung vornahm. In *Trade and Markets in Early Empires* (1957) veranschaulichte Polanyi die normative Grundlage der Wirtschaftswissenschaften, indem er die Rahmenbedingungen für die Untersuchung von Wirtschaften skizzierte, die nicht industrialisiert oder durch marktwirtschaftliche Institutionen organisiert waren. In *The Great Transformation* (Beacon Press, 1944) untersuchte Polanyi das Aufkommen des neuartigen Organisationsprinzips der Institutionalisierung eines nationalen Systems von Märkten im England des 17. Jahrhunderts und die allmähliche Verbreitung dieser ungewöhnlichen Wirtschaftsform, wie wir sie heute auf unserem verflochtenen, globalen „Markt" erleben. Polanyis systematische Betrachtungsweise ermöglichte es ihm, mit Exaktheit vorherzusagen, daß dieser Versuch, Produktion und Tauschwerte zu optimieren, sich unweigerlich in der Suboptimierung anderer sozialer und ökologischer Systeme niederschlagen würde: in der kastastrophalen Zersetzung der Agrarkultur und der daraus resultierenden bitteren Armut landloser ehemaliger Bauern und in der allmählichen Zerstörung und Ausblutung der Umwelt. Märkte waren schon seit der Steinzeit ziemlich weitverbreitet gewesen, aber immer isoliert, lokal und mit dem Wirtschaftsleben eher nur beiläufig verbunden. Die wirtschaftlichen Tätigkeiten des Menschen waren schon von jeher fest in die allgemeinen sozialen Beziehungen eingebunden gewesen. Selbst der frühe Handel war aus wirtschaftlicher Sicht kaum motiviert, sondern war eher etwas Heiliges, Zeremonielles, Territoriales oder hing mit verwandtschaftlichen und familiären Sitten und Gebräuchen zusammen. Zum Beispiel hatten die Bewohner der Trobriandinseln, die zu der im Pazifik gelegenen melanesischen Inselgrupppe gehören, Seehandelswege, die sich über Tausende von Meilen erstreckten. Dieser sogenannte Kula-Ring bestand in Seerundreisen, die nichts mit Gewinn oder irgendwelchen Formen des Tauschhandels zu tun hatten, sondern bei denen es vielmehr um die Etikette und den magischen Symbolismus ging, die mit dem Transport von Zierat aus weißen Muscheln in die andere Richtung verbunden waren, wodurch der gesamte Archipel alle zehn Jahre umrundet wurde (*The Great Transformation,* S. 50). Allein schon der Gedanke an Gewinn, von Zinsen (Wucher genannt) ganz zu schweigen, war entweder unvorstellbar oder verboten, während das Feilschen als unstatthaft galt, und das Schenken als eine Tugend angesehen wurde, als integrierendes, die Existenzfähigkeit förderndes Verhalten oder als Tätigkeit, die einem hohes Ansehen einbrachte, wie bei den berühmten „potlatches" (= zeremonielles Fest, bei dem der Gastgeber Geschenke verteilt, für die er eine Gegenleistung erwartet) unter den Indianerstämmen an der Westküste Nordamerikas. Viele archaische Gesellschaften verwendeten alle möglichen Geldarten, auch Metallwährungen, wie beispielsweise im Ägypten des Altertums, aber sie dienten der Bezahlung von Steuern und Löhnen und befanden sich nicht im allgemeinen Umlauf.

Wirtschaftliche Organisationen von enormer Komplexität und differenzierte Arbeitsteilungen funktionieren ausschließlich aufgrund des Umverteilungsmechanismus, wie ja eigentlich alle feudalistischen Systeme aufgrund verschiedener Formen der Sammlung, Lagerung und Umverteilung funktionierten, in deren Mittelpunkt der Häuptling, der Feudalherr, der Despot oder der Tempel stand. Somit sehen wir, daß Sozialorganisation, Rang und Kaste (die häufig durch göttliche Fügung bestimmt waren) als Ressourcenzuteilungssysteme dienten (ein Punkt, den Karl Marx im Hinblick auf den Kapitalismus des 19. Jahrhunderts herausstellen würde).

Ein weiteres wichtiges Prinzip war das der „Haushaltsführung", das heißt die Produktion für den eigenen Bedarf, die bei den Griechen oeconomia hieß, wovon sich natürlich das Wort „Ökonomie" herleitet. Das individuelle Gewinnmotiv hinsichtlich wirtschaftlicher Tätigkeiten war in frühen Gesellschaften unbekannt, der Schwerpunkt lag gewöhnlich auf der Produktion und Lagerung für die Selbstversorgung der Gruppe, des Haushalts, des Dorfes, des Stammes und später des feudalherrschaftlichen Landguts (S. 52-53).

Natürlich verhinderte dies nicht das uralte Streben nach Macht, Herrschaft, etc., das zu Territorialkriegen und -eroberungen führt. Auch Aristoteles bestand auf der Produktion für den Gebrauch im Gegensatz zur Produktion für den Gewinn. Schon der hochentwickelte Handel der griechisch-römischen Zeit zeichnete sich durch die von römischen Verwaltern vorgenommene Umverteilung von Getreide in einer ansonsten normalen Haushaltswirtschaft aus. Artistoteles glaubte, daß der Handel „natürlich" wäre, solange er der Selbstversorgung der Gruppe diente und die Preise „gerecht" wären, das heißt wenn sie den Werten der Gemeinschaft entsprächen und dadurch ihre freundliche Gesinnung und Geschlossenheit stärkten. Im Gegensatz zu der Wirtschaftswissenschaft, die sich mit dem Aufstieg der sensoriellen Kultur zur Zeit der Aufklärung herausbildete, lehnte Aristoteles die Vorstellung ab, daß die menschlichen Bedürfnisse unbegrenzt wären und daß von Natur aus eine existentielle Knappheit bestünde. Wenn es eine Vorstellung von Knappheit gab, dann muß sie einer falschen Auffassung zugeschrieben werden, die das „gute Leben" mit dem Verlangen nach größerem Reichtum an materiellen Gütern und Freuden gleichsetzte. Aristoteles war der Meinung, daß die Elixiere des guten Lebens – die Erbauung durch das

Theater, die Bekleidung des Schöffenamtes und anderer öffentlicher Ämter, Feste, selbst der Nervenkitzel beim Gefecht – nicht gehortet oder an sich besessen werden konnten. Wir sehen jedoch, daß diese Elemente auf Muße gründeten und daher zum Teil erst durch Sklavenarbeit ermöglicht wurden, von der Herrschaft über die Frauen einmal ganz abgesehen. Der Markthandel im Austausch gegen Geld kam in Griechenland zur Zeit Aristoteles' auf, blieb aber auf Personen niederer Herkunft oder Ausländer, die als Straßenhändler fungierten, beschränkt. Der erste dokumentierte Markt war die Agora im sechsten und fünften Jahrhundert v.Christus. Aristoteles offerierte eine Formel, nach der der Kurs für solche Tauschgeschäfte festgesetzt werden sollte. Er wird durch den Punkt bestimmt, in dem sich zwei Diagonalen scheiden, von denen eine jede den Status einer der beiden am Tausch beteiligten Parteien darstellt (Aristoteles, *Politik,* 1133a, 10, in Polanyi, *Primivite, Archaic and Modern Economies,* S. 107).

In „Aristoteles entdeckt die Wirtschaft" (S. 113-14) weist Polanyi darauf hin, daß nachfolgende Wirtschaftswissenschaftler ungenaue Übersetzungen von Aristoteles' Politik und Ethik verwendeten, in denen die Bedeutung und sein Gebrauch des Wortes „metadosis", das im griechischen Sprachgebrauch „einen Teil geben" bedeutet, falsch wiedergegeben wurde. Daß „metadosis" als „Austausch" übersetzt wurde, wirkte sich auf die modernen Theoretiker verhängnisvoll aus und führte zu der von Adam Smith und seinen Zeitgenossen vertretenen Überzeugung, daß der Austausch und eine „Neigung zum Tauschhandel" ein Charakteristikum der menschlichen Natur sein müsse. Aristoteles' Anschauung zu dem, was wir heute Wirtschaftswissenschaften nennen, bestätigte sich erneut in den Lehren Thomas von Aquins (1225-74). Solche Fragen wie „gerechte Preise" fielen unter sittliches und nicht unter weltliches Recht (siehe Erich Fromm, *To Have or to Be,* S. 7 und 59, Harper & Row, 1976); ebenso war Privateigentum nur insofern gerechtfertigt, als es dem Wohle aller zugute kam. Tatsächlich leitet sich „privat" vom lateinischen „privare" her, das „anderen etwas entziehen" bedeutet, worin sich die im Altertum weitverbreitete Ansicht zeigt, daß Eigentum in allererster Linie kommunal war. Als die Kulturen von diesem kommunalen, gemeinschaftlichen, sytemischen Standpunkt abwichen und zu dem individualistischeren, reduktionistischen Standpunkt übergingen, stellten sie sich unter Privateigentum nicht mehr jene Güter vor, deren Gebrauch der Gruppe durch einzelne vorenthalten wurde, sondern kehrten genaugenommen diese logische Einstellung um und vertraten den Standpunkt, Eigentum solle privat sein und die Gesellschaft solle dem einzelnen nichts ohne ein vorheriges ordentliches Gerichtsverfahren entziehen.

Solche gemeinschaftsorientierten Wirtschaftsbegriffe wurden in Europa von dem deutschen dominikanischen Theologen Meister Eckhart (1260-1327) wiederaufgegriffen, der ebenso Gedanken hervorhob, die den buddhistischen Begriffen der Nichtverhaftung und der Überwindung des Verlangens nach Materiellem sowie nach Selbstgenugtuung ähnlich waren. Wie Thomas von Aquin und Aristoteles lehrte Eckhart, daß das „gute Leben" auf tugendhafte Tätigkeiten, Selbstbeherrschung, Seelenfrieden, Besinnung und geistliches Wissen gerichtet sei. Derartiges westliches Gedankengut steht dem „rechten Lebensunterhalt" der Buddhisten sehr nahe und läßt sich in der europäischen Geschichte kontinuierlich durch das Mittelalter, die Renaissance und die Reformation bis hin zum 17. Jahrhundert verfolgen. Als die Rückkehr des Sensoriellen im Zeitalter der Aufklärung zur Entfaltung kam, setzte sich zum ersten Mal seit der Blütezeit des Römischen Kaiserreiches allmählich das Interesse für diese Welt wieder durch. Somit ging die Wertgrundlage für alles menschliche Tun langsam wieder zu dem von den Sinnen beherrschten Empirismus über, der am trefflichsten durch die Philosophien des René Descartes (1596-1650) gekennzeichnet wird, dessen *Discours de la Méthode* den Gedanken darlegte, vom Zweifel (statt vom Glauben) auszugehen und Fakten empirisch zu beweisen. Descartes hoffte, dadurch zu einer „universellen Wissenschaft der Quantität" beizutragen (Descartes: *The Project of Pure Enquiry,* hrsg. von Bernard Williams, Penguin Books, England, 1978, S. 16). Dieser philosphische Ansatz, der eine Ablehnung religiösen Dogmas war und sich aus den Untersuchungen von Descartes' älteren Zeitgenossen Francois Bacon, Galilei und Johannes Kepler entwickelte, führte zu der größten Blütezeit wissenschaftlicher und technologischer Errungenschaften seit den frühesten Zivilisationen Chinas sowie zu den materialistischen Produktionszielen in Form von weltlichen Gütern und Luxusartikeln, der zunehmenden Beherrschung der Natur und dem Aufkommen der manipulativen Rationalität des Industriezeitalters. Dies wiederum gab den Anstoß zu spezifischen Rechtfertigungen für solche Ziele und Wertverschiebungen und die dadurch geschaffenen neuen Institutionen auf den Gebieten des Rechts, der Sitten und Gebräuche und des politischen Lebens.

Durch die damit einhergehenden neuen akademischen Beschäftigungen kam es zu einem Umsichgreifen des Theoretisierens über einen neuen Komplex spezifischer Phänomene, die sich plötzlich ganz deutlich abzeichneten: wirtschaftliche Tätigkeiten, Produktion, Austausch, Verteilung, Geldverleih, Handel und Spekulationsgeschäfte – die allesamt nicht nur einer Definition und Erklärung bedurften, sondern auch einer Rationalisierung. Soziale Werte werden durch ein geschlossenes Weltbild und Glaubenssystem gestützt. Wie Weiskopf in *Alienation and Economics* (Dutton, 1971, S. 33) nachdrücklich betont, wird jeder Komplex von sozialen Werten durch die psychosoziale Repression jener Erfahrungs-, Ausdrucks- und Verhaltensweisen aufrechterhalten, die nicht mit dem vorherrschenden Wertsystem konform gehen (zum Beispiel werden Hedonismus und sexuelle Freiheit in puritanischen Gesellschaft unterdrückt; marktwirtschaftliches und profitorientiertes Verhalten wird in der UdSSR und anderen Ostblockländern unterdrückt). Folglich werden Sozialsysteme durch eine konform gehende Vernunft gestützt, das heißt Rationalisierung, Legitimierung und Rechtfertigung ihres bestimmten Profils der ausgedrückten/unterdrückten Werte (man beachte die Komplementarität!). Umgekehrt werden Sozialsysteme untergraben, sobald kritische Vernunft aufkommt, da sie sich gegen das ausgedrückte Wertsystem wendet und der Wiederkehr der unterdrückten Werte den Weg bereitet. Dieser Unterschied zwischen konform gehender Vernunft und kritischer Vernunft ist der Schlüssel zu den heutigen sozialen Übergangsprozessen und zu dem früheren Übergang in Europa, mit dem wir uns nun befassen werden: Der Übergang vom Merkantilismus,

Feudalismus und Gottesgnadentum der Monarchen zum Liberalismus und zur sozialen Revolution der Aufklärung, die die Phase des klassischen Wirtschaftsindividualismus des Laissez-faire, der repräsentativen Regierung und der Eigentumsrechte einleitete.

Diese Zeit der Aufklärung ging aus einem umsichgreifenden kritischen, vernunftvollen Denken, das gegen Feudalismus und Aristokratie gerichtet war, hervor. Das stets zu Zeiten sozialer Kritik als höhere Instanz angerufene „Naturgesetz“ wurde wiederum als umfassender Bezugsrahmen beschworen, von dem aus die alten Werte umfassend erörtert werden konnten und von dem aus sich auch deren begrenzte Relativität auf das neu verkündete Absolute demonstrieren ließ. Als sich die neuen Werte des Liberalismus, der freien Märkte, des Individualismus, der repräsentativen Regierung und der bürgerlichen Institutionen etablierten, entwickelte sich ein neuer Komplex konform gehender Vernunft, der diese Werte stützte. Erneut berief man sich auf das „Naturgesetz“, das diesmal der konform gehenden Vernunft dienen sollte, zum Beispiel Adam Smiths' Behauptung, daß in der menschlichen Natur eine Neigung zum Tauschhandel vorhanden wäre. Auf diese Weise wurde die Ideologie des freien Marktes während des 18. und 19. Jahrhunderts ein Beispiel für eine bestätigende Ideologie, mit der die Umkehrung des Begriffs des kommunalen Eigentums und die Behauptung des vorrangigen Rechts des einzelnen am Eigentum auf Kosten der Gruppe einhergingen. Heutzutage, wo den liberalen, marktwirtschaftlichen Werten und Institutionen des „Laissez-faire“ ihre Organisationsmacht verlorengeht, ist eine neue Welle kritischen, vernunftmäßigen Denkens aufgetaucht.

Auch dieses Denken beruft sich auf neue Begriffe des „Naturgesetzes“ als höhere Instanz, der die alten Werte unterworfen werden: Ökologie, planetares Bewußtsein und eine neue politische Weltordnung, die gründet auf: biologischen Regionen, ozeanischen Ökosystemen, klimatischen und meteorologischen Prozessen, Begriffen der Bevölkerungsaufnahmekapazität, der Erhaltung nichtregenerierbarer Ressourcen (als dem Kapital der Erde) und Auslastungsraten für erneuerbare Ressourcen bei gleichbleibendem Ertrag (das Einkommen der Erde) sowie auf neuen Ansichten über die Natur und das Leistungsvermögen eines entstehenden, vollkommen verwirklichten Menschens. Diese neuen Anrufungen des Naturgesetzes und die dadurch heraufbeschworene ausdrucksstarke Metaphorik formieren sich jetzt zur Anklage gegen die begrenzten Theorien der klassischen Wirtschaftswissenschaften (die dem Bevölkerungs/Ressourcen-Verhältnis ihrer Zeit ziemlich genau entsprachen, wie auch schon zuvor der empirische Reduktionismus René Descartes, der atomistische Individualismus John Lockes, die klassische Mechanik Isaac Newtons und Gottfried Leibniz' Differentialrechnung sowie die gleichgewichtsbildenden „Laissez-faire"-Theorien von Francois Quesnay und Adam Smith). Die Wirtschaftswissenschaft ist, wie wir jetzt sehen, schon seit jeher die am eindeutigsten auf Werten basierende und normative Disziplin unter den Sozialwissenschaften gewesen, zumal sie auf solchen drastischen Neueinschätzungen des menschlichen Vermögens, die natürliche Welt und das menschliche Verhalten manipulieren zu können, und auf der durch solches Vermögen hervorgerufenen Veränderung von Zielsetzungen begründet wurde.

Die früheren kritischen, sittlichen Bedenken wurden nach und nach ausgeräumt oder widerlegt, und langsam entwickelte sich ein neuer Theorienkomplex um die neuen Werte, Tätigkeiten, Verhaltensmuster und ihre gesellschaftlichen Institutionen und Konsequenzen.

Es lohnt sich, einen weiteren radikalen 'Katalysator' von Wertsystemen anzuführen, die den Anstoß zu ausdrücklich materialistischen Formen, Institutionen und Wirtschaftssystemen gaben: Max Weber (1864-1920). Weber, der viele der Ideen und Methoden von Karl Marx verwandte, verfolgte die Entwicklung des Kapitalismus aus der Sicht eines Wertesystems und von einem ideationellen Standpunkt aus, statt aus der materialistischer geprägten Sicht Marx'. Weber ist ebenso ein herausragender Vertreter einer der interessantesten Abweichungen innerhalb der Disziplin der Wirtschaftswissenschaften: der Tradition, auch das Studium der Wirtschaftsgeschichte mit einzubeziehen. Da es zunehmend schwieriger wurde, die Wirtschafts-„wissenschaft" als Ganzes zu studieren und zu praktizieren, waren jene kritischen Wirtschaftswissenschaftler, die die wirtschaftlichen Phänomene so untersuchen wollten, wie sie wirklich existieren, nämlich in Gesellschaft und Kultur eingebunden, und die von dem engstirnigen wirtschaftlichen Standpunkt abwichen, praktisch dazu gezwungen, sich selbst als Wirtschaftshistoriker zu bezeichnen. Weber, ein Kritiker des Kapitalismus, nahm eine solche Haltung ein, und diese Praktik reicht bis auf den heutigen Tag. Tatsächlich besteht ja auch eine bewährte Methode, derer sich die Wirtschaftswissenschaftler bedienen, um diese systemischeren Untersuchungen zu entkräften, darin, diese Wissenschaftler aus ihren Reihen auszuschließen; J. K. Galbraith und Robert Heilbroner werden häufig als „Soziologen" bezeichnet, und Kenneth Boulding als Philosoph. Diese Bezeichnungen dienen als Vorwand, damit sie sich nicht mit den von den Abweichlern aufgeworfenen Fragen befassen müssen. Auf ähnliche Weise kritisierte man Marx wegen seiner Mathematik, nur um sich nicht mit seinen beweiskräftigen Aussagen befassen zu müssen, und akademische Auszeichnungen gingen an die Reduktionisten, die die meisten der bedeutenderen sozialen und ökologischen Variablen durch Theorien über „externe Effekte" ausschließen konnten.

Der berühmte schwedische Wirtschaftswissenschaftler Gunnar Myrdal formulierte es kurz und bündig: „Unter den Sozialwissenschaftlern verschafften sich die Wirtschaftswissenschaftler mit ihrer sogenannten „Wohlfahrtstheorie" einen umfassenden und raffinierten Schutz davor, ihrer Verantwortung entsprechend ihre Wertprämissen in konkreten Begriffen einfach und unumwunden zu erklären" (Myrdal, *Against the Stream,* Vintage, 1975, S. 149). Ein weiterer Rebell, Kenneth Boulding, nannte in seiner Eigenschaft als Präsident des Amerikanischen Wirtschaftsverbandes diesen gemeinsamen Versuch, die Frage der nichtgeklärten Werte zu umgehen, „eine ungeheuer erfolglose Übung ... aufgrund derer sich eine ganze Generation (tatsächlich mehrere Generationen) von Wirtschaftswissenschaftlern nahezu ausschließlich mit einer Sackgasse beschäftigten, wobei die hauptsächlichen Probleme praktisch völlig vernachlässigt wurden" (S. 149). Myrdal fügt hinzu, daß die Wirtschaftswissenschaftler die moderne psychologische Forschung über das Verhalten der Menschen in ihrer Funktion als

Einkommensverdiener, Verbraucher und Anleger völlig außer acht gelassen haben, weil sich die Ergebnisse einer solchen Forschung unmöglich in ihr begriffliches Grundgerüst einbauen lassen (S. 150). Kein Wunder also, daß die Webersche Tradition fortbesteht! Im Gegensatz dazu weigerte sich Karl Marx, sich selbst als einen Wirtschaftswissenschaftler zu bezeichnen, und stellte gleichzeitig die kühne Behauptung auf, die Wirtschaftswissenschaftler wären lediglich Hüter und Verfechter der bestehenden kapitalistischen Ordnung. Max Weber ging dabei vorsichtiger vor und löste, nachdem sein Buch *Die Protestantische Ethik und der Geist des Kapitalismus* (zuerst 1904/5 in Deutschland erschienen) 1930 ins Englische übersetzt worden war, dadurch einen leidenschaftlichen Dialog der Vertreter der Hauptströmungen mit den Wirtschaftswissenschaftlern aus.

Max Weber untersuchte auch archaische „Wirtschafts"-ordnungen in Babylon, im alten Ägypten, China, Indien und im mittelalterlichen Europa, wobei er nach Gegensätzen zum kapitalistischen System suchte. Er griff zwei Anforderungen an ein rationalisiertes, kapitalistisches Unternehmen heraus: 1) eine disziplinierte Arbeiterschaft und 2) eine Regulierung der Kapitalinvestitionen. Diese beiden Punkte hoben sich seiner Ansicht nach am deutlichsten von den traditionellen Formen ab. Die Bedeutung von sowohl Akkumulation und Reinvestierung als auch einer disziplinierten Arbeiterschaft war entscheidend: „Der Mensch wird vom Geldverdienen beherrscht, vom Erwerb als dem letztendlichen Sinn des Lebens. Der wirtschaftliche Erwerb ist dem Menschen nicht mehr als das Mittel zur Befriedigung seiner materiellen Bedürfnisse untergeordnet" (Max Weber, *Die Protestantische Ethik und der Geist des Kapitalismus,* Scribner's, 1958, S. 53). Dann legte Weber seine geniale These dar, daß die religiöse Idee einer „Berufung", die mit Martin Luther und der Reformation aufkam, und deren sittliche Verpflichtung zur Pflichterfüllung im weltlichen Streben die wesentliche Motivation und Energie des Kapitalismus schufen. Die Idee einer weltlichen Berufung brachte religiöses Verhalten im weltlichen Leben zum Tragen und gestaltete sich bei den puritanischen Sekten sogar noch anspruchsvoller, vor allem bei den Calvinisten, Methodisten, Pietisten und Baptisten. Diese Vollbringung „guter Werke" und weltlichen Tuns und die verständlicherweise mit solchem fleißigen Verhalten verbundenen materiellen Belohnungen wurden allmählich als Zeichen der Vorherbestimmung gesehen, als Zeichen dafür, einer der von Gott Auserwählten zu sein. So wurden harte, versagungsreiche Arbeit, asketische Selbstbeherrschung und weltlicher Erfolg langsam mit Tugend gleichgesetzt.

Da jedoch einzig und allein nur der sparsame Verbrauch als nicht verwerflich galt, mußte die Akkumulation, sofern sie mit einer fleißigen Karriere verbunden war, sanktioniert werden. Webers dialektische These, daß solche puritanischen, religiösen Motive wesentlich zum Aufkommen des Kapitalismus beitrugen, wurde von katholischen und protestantischen Theologen in allen Punkten kritisiert (wenngleich es nie als ein Buch vergleichender Religion konzipiert war, sondern lediglich ein neues Analyseinstrument entwickelte). Auch marxistische Gelehrte hatten Einwände (wahrscheinlich mehr als Marx selbst gehabt hätte) dagegen, daß er Werte und Ideen als die für wirtschaftliche Phänomene entscheidenden Faktoren nachdrücklich hervorhob. Weber relativierte seine These dahingehend, daß sie „nur eine Seite der den Puritanismus mit dem Kapitalismus verbindenden kausalen Kette" verfolge (S. 27). Er führte dafür sogar sechs fundamentale Faktoren auf, in denen sich die europäische Geschichte von der Indiens und Chinas unterschied:

1. Die Trennung des Produktionsunternehmens vom Haushalt in Europa gegenüber China, wo miteinander verwandte Gruppen die wesentliche Form der Wirtschaftsproduktion blieben.
2. Die Entwicklung der westlichen Stadt, welche die bürgerliche Gesellschaft vom Agrarfeudalismus abhob, während die Städte in den östlichen Kulturen mehr in der lokalen Agrarwirtschaft eingebunden blieben.
3. Die in Europa bestehende vererbte Tradition des Römischen Rechts, das die Rationalisierung der sozialen Organisation zuließ.
4. Die sich daraus ergebende Möglichkeit des Nationalstaates, eines weitreichenderen Verwaltungs- und Bürokratiebereichs, als in östlichen Zivilisationen je möglich gewesen wäre.

5. Die Entwicklung der doppelten Buchführung in Europa, eine wesentliche Voraussetzung für die Regulierung des kapitalistischen Unternehmens.
6. Die bereits von Marx und später von Karl Polanyi unterstrichene Reihe von Veränderungen, die eine ungebundene Arbeiterschaft schufen, die sich kommerzialisieren ließ. Während der Feudalismus in Europa niederging und dem wirtschaftlichen Dynamismus den Weg bereitete, bestand seine Entsprechung in den östlichen Gesellschaften, das Kastensystem, weiter fort und trug dazu bei, einen solchen wirtschaftlichen Wandel auszuschließen.

Die Marx'sche und Webersche Tradition der Kritik an den Wirtschaftswissenschaften durch radikale historische und soziologische Analysen wies späteren Kritikern den Weg, vor allem der Frankfurter Schule am Institut für Sozialforschung und solchen einflußreichen Denkern wie Theodor Adorno, Max Horkheimer (ihren Gründer), Eckart Menzler, Ernst Bloch, Erich Fromm, Herbert Marcuse und Hannah Arendt sowie Jürgen Habermas in seiner Kritik am derzeitigen Szientismus der heutigen Systemtheoretiker und unseren technokratischen Wissensansätzen (siehe zum Beispiel Habermas, *Theorie und Praxis,* 1963). Ähnliche Strömungen in der Soziologie lassen sich in der Arbeit von Webers Schüler George Lukács, *History and Class Consciousness* (1923) erkennen, außerdem in C. Wright Mills' *The Power Elite* (1956) und in David Riesmans *The Lonely Crowd* (1961). In der Psychologie stehen Erich Fromms *The Sane Society* (1955) und *To Have or to Be* (1976) und Philip Slaters *Earthwalk* (1974) und *Wealth Addiction* (1980) in derselben Tradition, wie auch die Arbeit von Wirtschaftswissenschaftlern, deren Interessen nicht nur auf die enggestreckte mathemathische Virtuosität, die sich aus akademischer und finanzieller Sicht auszahlt, beschränkt blieben, vor allem Adolph Lowe, Robert Heilbroner, Joan Robinson, J. Kenneth Galbraith, Barbara Ward, Kenneth Boulding, Gunnar Myrdal und viele andere. Die Marxisten, die in Europa und Japan aus akademischer Sicht akzeptabel sind, werden in den USA noch immer stark diskriminiert. Zu ihnen gehören Paul Baran und Paul Sweezy, die Autoren von *Monopoly Capital* (1966), Sam Bowles, der Gründer der Union for Radical

Political Economy und Marc Lindner, der während seiner Studienzeit an der Universität von Princeton eine zweibändige Kritik über Paul Samuelsons Lehrbuch *Economics* unter dem Titel *Anti-Samuelson* (1977) verfaßte. Ein Querschnitt der prägnanten Werteerläuterung anhand der Marx'schen Methode erscheint in Band 1, wo Linder Samuelsons Annahmen und Vorurteile zergliedert, indem er die Rolle der Gewerkschaften gegenüber den Arbeitgebern in den heute gemischten, industriellen Marktwirtschaften erörtert. „Die Wirtschaft wird auf wirtschaftsmäßige Weise behandelt, das heißt sie wird in erster Linie anhand ihrer wirtschaftlichen Funktion betrachtet ... Die Wirtschaft als Synonym für Produktion wird zu einer höheren Kategorie, der dann die Arbeiter untergeordnet werden können (wie das für das Kapital auch tatsächlich zutrifft) ... Nicht aber die Arbeiter ... sie gelten in der Volkswirtschaft als politischer Fremdkörper." Lindner fügt hinzu: „In der ersten Ausgabe von Samuelsons Lehrbuch trug das Kapitel über die Arbeiter den Titel 'Arbeiterorganisationen und Probleme' – die Wirtschaft wirft keine Probleme auf."

Indem Lindner auf diese Weise die Arbeiter als eine politische Kraft nachdrücklich hervorhebt, beschuldigt er Samuelson der Verschleierung der wirtschaftlichen Rolle der Arbeiter als Produzenten und der Geschichte der Gewerkschaften als einer Bewegung von Produzenten, um die Kontrolle über die soziale Produktion zu erlangen. Lindner zeigt, daß sich die Rolle der Arbeiter in der kapitalistischen Produktion dadurch, daß man eine Trennungslinie zwischen dem Politischen und dem Wirtschaftlichen zieht, in ein verhältnismäßig oberflächliches Phänomen verwandeln läßt (Marc Lindner, *Anti-Samuelson,* Band 1, Urizen Books, 1977, S. 124). Wir werden auf die politische Rolle der Wirtschaftswissenschaften als Verschleierung noch einmal zurückkommen. Somit erkennen wir das gewaltige Erbe von Marx' Behauptung, daß die „Tatsachen" an der Oberfläche der meisten Gesellschaften Begründungen oder Begriffe, aber nicht Tatsachen sind (Michel Harrington, *The Twilight of Capitalism,* S. 370). Eine Fortsetzung dieser Tradition der holistischen Untersuchungen der in Kultur und Wertsystemen eingebundenen wirtschaftlichen Phänomene stellen die noch fundamentaleren Kritiken der Feministinnen dar, nach deren Ansicht die Industriegesellschaften und die ihnen zugrundeliegenden Beherrschungs- und Unterwerfungsmuster in ihren patriarchalischen Strukturen tiefer gehen als die Klassenkonflikte zwischen Kapitalisten und Arbeitern, einerlei, ob nun diese Strukturen kapitalistisch, sozialistisch oder kommunistisch sind, ob entwickelt oder entwickelnd, europäisch, nord- oder südamerikanisch, asiatisch oder afrikanisch.

Es ist kein Zufall, daß sich alle bisher von mir erwähnten Kritiken und Untersuchungen auf Männer oder „den Menschen" und „seine" Probleme der Entfremdung und der Beherrschung „seiner" Technologie beziehen. Industriegesellschaften und ihre Krankheiten sind ebenso patriarchalisch und sie haben ihre am höchsten eingeschätzten Charakteristika als maskulin bezeichnet und dementsprechend jene unterdrückt, die sie als feminin bezeichnet haben – Kooperation, Holismus, Intuition, Demut und Friedfertigkeit – und sie weisen diese Rolle den Frauen und anderen Teilen der Bevölkerung mit geringem Ansehen zu.

Gleichzeitig schätzte die für die im Juli 1980 in Kopenhagen abgehaltene UN-Konferenz über Frauen vorbereitete Studie der Internationalen Arbeiterorganisation, daß zwei Drittel aller Arbeitsstunden auf der ganzen Welt auf die Frauen entfallen und daß sie 44 % des weltweiten Nahrungsmittelvorrats produzieren, während sie nur zehn Prozent aller Löhne erhalten und lediglich ein Prozent allen Eigentums besitzen (*The Christian Science Monitor,* 30. Juli 1980). Eine solche kulturelle Dichotomie läßt sich in weniger geschlechtsspezifisch polarisierenden Begriffen als jene der chinesischen Yin- und Yangsymbole ausdrücken. Die Industriegesellschaften haben die Eigenschaften des Yang überbetont und erleiden nun die unvermeidliche pathologische Folge eines solchen Ungleichgewichts. Eine Umbesetzung dieser Yin-Yang-Modalitäten ist notwendig, wozu eine Wiederkehr des Yin erforderlich sein wird. Das Aufkommen nicht allein des Feminismus, sondern auch vieler anderer Bewegungen für die Befreiung untergeordneter Gruppen tritt heute in den meisten reifenden Industriegesellschaften klar zutage; dazu gehören auch das Aufkommen ethnischer und einheimischer Völker und Stämme, die schwule Befreiungsbewegung und – von noch größerer Bedeutung –

die neue Empathie für andere lebende Spezies, wie beispielweise die Bewegungen zur Rettung der Wale, Robben und der Wälder. Die mit Arbeit verbundenen Statusrollen sind auch stark in Schichten unterteilt worden, und ein hohes Maß an verstecktem Symbolismus hat damit zu tun. Die Arbeit mit dem niedrigsten Status ist häufig die Arbeit, die am „entropischsten" ist, das heißt wo der greifbare Beweis für die Anstrengung am schnellsten zerstört wird, wie zum Beispiel die Zubereitung einer Mahlzeit, die sofort aufgegessen wird, Betten zu machen, Fabrikböden zu wischen, etc. Wenn es kein sichtbares, haltbares Produkt als Beweis für die Anstrengung und als Rechtfertigung für die Entlohnung der Arbeit gibt, dann wird die Arbeit, mag sie auch die notwendigste für das tägliche Leben sein, nicht geschätzt. In den östlichen Kulturen und im Buddhismus stellten gerade diese Arbeiten, wie das Kehren des Tempelgartens, sorgfältiges Haushalten und Kochen, das tägliche bedeutsame Ritual dar. Wenn Gandhi, Indiens größter Führer der Neuzeit, ein Dorf seiner Anhänger besuchte, bat er gewöhnlich darum, daß man ihn zu den Latrinen führte, die er dann säuberte. In den Industriekulturen umfaßt die Arbeit mit dem höchsten Status den Bau von Wolkenkratzern, Überschallflugzeugen, nuklearen Sprengköpfen und all die anderen Hochtechnologien. Zwar kann dies in hohem Maße metaphysische tägliche Tätigkeiten mit sich bringen, wie zum Beispiel das Herumschieben von Unterlagen oder die Bedienung eines Computers, es wird aber symbolisch mit hochtechnologischen, hochrangigen Anstrengungen assoziiert. Ein weiterer Aspekt betrifft die Tatsache, daß „entropische Arbeit" bzw. die Arbeit im Haushalt und bei der Erziehung benutzt werden kann, die Zeit untergeordneter Gruppen zu „trivialisieren", da diese Arbeiten nie erledigt, aber äußerst anstrengend und anspruchsvoll sind. Dann wird die Klage laut, warum denn nicht mehr Frauen Bücher schrieben, Bilder malten, Gebäude erbauten, etc. Diese Punkte gehen natürlich über die gewöhnlichen Formen der beruflichen Diskriminierung und die Fülle der Anhaltspunkte hinaus, die es hinsichtlich der Zahl technischer Innovationen durch Frauen gibt, die sich ihre Ehemänner mit der Begründung zu eigen machten, daß es Frauen nicht erlaubt wäre, Patente anzumelden oder

Berufsverbänden beizutreten (wie Elise Boulding in *The Underside of History,* 1977, belegte). Die patriarchalische Herrschaft wurde von Friedrich Engels, der auf die lateinische Bedeutung von „familia" aufmerksam machte, das heißt die Anzahl von Sklaven, Frauen und Kindern, die ein Mann besaß, in *Der Ursprung der Familie, des Privateigentums und des Staates* (1884) erörtert.

Mit demselben Thema befaßten sich: August Bebel, der Gründer der Sozialdemokratischen Partei Deutschlands, in *Die Frau und der Sozialismus* (1885), sowie ein kontinuierlicher Strom nichtmarxistischer Kritik, einschließlich Charlotte Perkins Gilmans *Women and Economics* (1898) bis hin zu Betty Friedans *The Feminine Mystique* (1964), Kate Milletts *Sexual Politics* (1970) und Adrienne Richs *Of Woman Born* (1976). Merkwürdigerweise behandelten Rosa Luxemburgs marxistische Theorien in *Die Akkumulation des Kapitals* (1927) nicht die patriarchalischen Aspekte des Systems, sondern steuerten vielmehr originelle Beiträge zur Diskussion über die imperialistische Phase des Kapitalismus bei.

Heutzutage sind die Wirtschaftswissenschaften, genaugenommen die „Wissenschaft" von Produktion, Konsum und Vermögensverteilung, täglich Krisen und sogar dem Gespött der Öffentlichkeit ausgesetz, während sie sich um die Konzeption von Instrumenten bemühen, mit denen sie der multidimensionalen Nichtlinearität komplexer Industriegesellschaften Herr werden können. wei neue Beispiele dafür wurden im *Global 2000 Report (President's Council on Environment Quality,* Juli 1980) dokumentiert, worin sich zeigte, daß wichtige Behörden der Bundesregierung ganz unterschiedliche, unkoordinierte Prognose- und Steuerungsmodelle mit unterschiedlichen Annahmen und Zielsetzungen für das Wachstum verwandten – aus denen sich samt und sonders widersprüchliche Empfehlungen für eine einzuschlagende Politik ergaben. Die Library of Congress erstellte 1976 eine ähnliche Vergleichsstudie, der aber keine Beachtung geschenkt wurde. Um ein gewisses Maß an Koordinierung zu schaffen, formierte H. Johannes Witteveen am 10. Januar 1979 in Paris eine neue hochrangige Gruppe aus 30 Führungskräften aus der Wirtschaft der USA, Europas und den Ländern der Dritten Welt. Ein Mitglied dieser Gruppe aus

Großbritannien, Geoffrey Bell, erklärte: „Das Weltwirtschaftssystem funktioniert gleichzeitig in so vielerlei Hinsicht nicht, daß weder eine Regierung noch ein Bankier oder Wirtschaftswissenschaftler allein die Lösung finden können. Wir brauchen einen interdisziplinären Ansatz."

Außergewöhnlich daran ist, daß dies ganz einfach nur eine Erklärung der Nichtlinearität des Systems und der Grenzen der reduktionistischen, unkoordinierten Praktiken ist und daß die Gruppe auch überhaupt nicht interdisziplinär, sondern extrem homogen ist: das heißt durchweg Vertreter der vorherrschenden Kultur, Männer (eine Alibifrau) und aus Wirtschafts-, Geschäfts- und Finanzkreisen. Bei dem Versuch der Umstrukturierung ihres Wissens werden sich die im Endstadium befindlichen sensoriellen Industriekulturen an die alternativen Seins- und Denkweisen hinwenden müssen, die bisher nur von ihren untergeordneten Gruppen bewußt vertreten worden sind. Es wird nahezu unmöglich sein, innovative Wege zur Lösung der heutigen Krisen allein im Rahmen der herrschenden Kultur zu finden.

Die heutigen Krisen, ob sie nun als „wirtschaftlich", „sozial" oder „ökologisch" bezeichnet werden, sind allesamt Krisen der Wahrnehmung. Nur eine Rückkehr zum Holismus und einer umfangreicheren Erfassung läßt uns wiederentdecken, daß wirtschaftliches Handeln in Gesellschaft und Kultur eingebunden ist, und ermöglicht eine Integrierung der neuen ökologischen Sicht und der Grenzen und Rahmenbedingungen, die von den Wirtschaftswissenschaften fast den ganzen Aufstieg des Industrialismus über außer acht gelassen werden konnten, während sie gleichzeitig das in Form von fossilen Brennstoffen und Materialien gelagerte „Kapital" der Erde aufbrauchten. Wir erkennen nun allmählich, daß die Wirtschaftstheorie und -werte relativ, nur innerhalb eines bestimmten Bereichs im Hinblick auf Raum/Zeit/System wirksam, durch bestimmte Bedingungen begrenzt und nur unter diesen gültig sind (so, wie auch die Newtonsche Physik begrenzt ist). Es überrascht nicht, daß sich dieses Bewußtsein außerhalb der professionellen Orthodoxie der Wirtschaftswissenschaften zu entwickeln beginnt (Thomas Kuhn, *The Structure of Scientific Revolutions,* University of Chicago, 1962), während sich in ihren simplen, linearen, gleichgewichtsbildenden Bewegungsmodellen und in ihren Begriffen der Maximierung unmeßbarer Quantitäten, wie zum Beispiel „Nutzen" und „Verbraucherpräferenzen", und in der Analyse von Kosten-Nutzen-Korrelationen unter immer ungewisseren Bedingungen immer peinlichere „Ausnahmen" einstellen, was in den Preisen offen zum Ausdruck kommt.

Da die Wirtschaftswissenschaftler dazu gezwungen sind, ihre absoluten Behauptungen und ihre Vorrangstellung bei der Bestimmung der anzuwendenden Politik aufzugeben, beginnt die Suche nach neuen, pauschaleren Werten aufs neue. Das Verlangen nach neuen absoluten Werten zeigt sich heute im Zusammenbruch der traditionellen westlichen Religion und der Sitten und im Aufkommen neuer Kulte gemeinschaftlicher und persönlicher Treuepflichten. Walter Weisskopf bemerkt: „Sobald sich ein Wertsystem – aus welchem Grund auch immer – aufzulösen beginnt, werden die soziale Hierarchie und Klassenordnung in Frage gestellt. Die dem alten Wertsystem fernstehenden Gruppen werden ihre Forderungen nach einem höheren Status immer stärker zum Ausdruck bringen. Genau das tat das Proletariat und tun die benachteiligten Gruppen heute" (*Alienation and Economics,* Dutton, 1971, S. 33).

Diese Suche reicht bis weit in unsere westeuropäische Vergangenheit und erstreckt sich auf Erforschungen orientalischer Erkenntnisse und Einsichten, wie in the *Tao of Physics* und in E. F. Schumachers und meinen Vorstellungen eines in hohem Maße yang-orientierten Wertsystems, dessen Akzent auf instrumentaler Rationalität, empirischem Wissen, Wettbewerb, Expansion und Aggression liegt. Daher umfaßt die Suche nach neuen Werten einen Rückgriff auf die Eigenschaften des Yin und die Erziehungs-, Kooperations- und Zusammenhaltmuster. Der Gedanke der Yin-Yang-Periodizitäten und zyklischer Zeit taucht wiede als heilendes Element auf, ob mit Freuds Worten als eine „Wiederkehr des Unterdrückten" oder Sorokins Prognose zufolge als die Wiederkehr ideationeller oder idealistischer Kulturformen. „Der Wandel wird zunächst von den klügsten Köpfen der westlichen Gesellschaft angeführt werden. Ihre klügsten Köpfe werden wieder zu neuen St. Paulus, St. Thomas von Aquin und anderen Führern auf religiösem und weltanschaulichem Gebiet. Wenn dieses neue Stadium der Katharsis erreicht ist, werden in der Feuerprobe der westlichen Gesellschaft neue schöpferische Kräfte erstehen und eine konstruktive Phase integralistischer Kultur einleiten" (Sorokin, *Social and Cultural Dynamics,* S. 702).

Sorokin zeigt, daß eine ähnliche historische Struktur vorhanden war, als andere große Kulturkrisen überwunden wurden: gegen Ende des Alten Königreiches in Ägypten, in griechisch-römischen Zeiten, im China des sechsten Jahrhunderts und in der Entstehung der westlichen christlichen Kulturen im Mittelalter. Schließlich durchdrang diese zyklische, organische Ansicht des Menschen und sein Handeln die Dialektik von Hegel und Marx, wobei entgegengesetzte Strömungen Bestimmtheit verliehen und deren Koexistenz anerkannt wurde. Ich glaube, daß gerade dieser holistische Aspekt von Marx und dessen kaleidoskopische Unbestimmtheit Generationen von Denkern fasziniert sowie die endlosen, langweiligen Diskussionen darüber ausgelöst hat, „was Marx sagen wollte", die heute auf eine Götzenverehrung hinauslaufen. Bei Marx findet man materialistischen Determinismus, historische Gesetze, dynamische Evolution, organische Veränderung (zum Beispiel die Entstehung des Sozialismus aus dem Schoß des Kapitalismus), die Koexistenz unzähliger Gegensätze, Widersprüche und zyklischer Komplementaritäten. Die Realität sieht genauso aus: unbestimmt und davon abhängig, wo die Beobachter stehen und wonach sie suchen. Insofern Marx das engstirnige, instrumentale Denken seiner Zeit kritisierte und dessen historische, kulturelle und wertmäßige Relativität zu erhellen suchte, war er ein prophetischer Moralist! Der Theologe Paul Tillich erklärt, daß in der klassisch-philosophischen Tradition die „ontologische Vernunft" die umfassende Fähigkeit war, die Realität vermittels kognitiver, ästhetischer, praktischer und technischer Funktionen des menschlichen Geistes zu begreifen und zu gestalten. Diese umfassende Definition der Vernunft, die das Kognitive, Technische und Intuitive verschmolz und durch Emotion und intellektuelle Liebe beflügelt wurde, lenkt den Geist auf das Wahre und Gute (Tillich, *Systematic Technology,* Band 1, S. 72). Natürlich lassen sich solche Werte wie das „Wahre" und das „Gute" nicht exakt definieren oder formulieren. Aber ihr Überlebenswert bei der Evolution des Menschen liegt ja gerade in ihrer Unbestimmtheit als heuristische Instrumente, die es den Menschen ermöglichen, ihre Modelle kontinuierlich so zu korrigieren, daß sie den neuen Umweltbedingungen und den kontinuierlichen Veränderungen entsprechen, die für uns die einzige Gewißheit sind. Seit der Zeit Descartes' besteht aber die Reaktion auf solche heuristischen und absoluten Begriffe und auf die weltliche Ungewißheit in der westlichen Kultur darin, die Diskussion sittlicher Werte abzuspalten und in das Reich spirituellen und rein subjektiven Interesses zu verweisen und die Ungewißheit im weltlichen Bereich durch empirische Wissenschaft abzubauen, durch die sich die Naturgewalten vorherbestimmen und kontrollieren ließen. Diese kulturellen Reaktionen haben nun zu einem sittlichen Dilemma geführt: Die Menschen selbst sind zum Gegenstand ihrer eigenen Manipulation geworden (zum Beispiel die Gentechnik) und steuern jetzt als Spezies auf eine evolutionäre Sackgasse zu, da sie ihre eigene ökologische Nische in zunehmendem Maße plündern und zerstören. Bei der Erörterung dieser historischen Abspaltung der Rationalität verweist Walter Weisskopf darauf, daß solches Wissen, definiert man Wissenschaft gemeinsam mit Wissen im weitesten Sinne, auf Werte anwendbar sein sollte, wie das zum Beispiel in der griechischen Polis und im hohen Mittelalter der Fall war. „Kognitive Vernunftsysteme lassen sich mit Werten vereinen, und der Vernunft kann man sich beim Streben nach dem Guten bedienen. Aber im Westen wurde das Normative im Verlauf der vergangenen zweihundert Jahre vom kognitiven Wissen getilgt, das dann zu einer wertfreien, oder genauer gesagt zu einer wertleeren Wissenschaft degradierte. Das Normative ist jedoch ein wesentlicher Aspekt der menschlichen Existenz, und wenn es unterdrückt wird, wird es wiederkehren und sich auf irgendeine Art und Weise manifestieren ... Die Vorstellung, daß Werte lediglich das Ergebnis nichtrationeller Faktoren seien, ist eine intellektuelle Fehlleistung der modernen Zivilisation und ein Phänomen des Verfalls" (Weisskopf, op. cit., S. 44-45).

Wir wollen uns nun einem zeitgenössischen Wirtschaftswissenschaftler zuwenden, der die philosophische Tradition wiederaufgriff und uns zeigte, daß Wirtschaftssysteme immer in Wertsysteme und spezifische Kulturen eingebunden sind: E. F. Schumacher, Autor der weltweiten Bestseller *Small is Beautiful* (1973), *A Guide for the Perplexed* (1977) und der postum veröffentlichten Sammlung seiner Vorträge in den USA, *Good Work* (1979). Fritz Schumacher sagte immer, daß ihm die Reaktionen auf sein Buch *Small is Beautiful* am besten gefielen, die nicht seine Originalität lobten, sondern ihn statt dessen dazu beglückwünschten, daß er das aussprach, was seine Leser schon immer als wahr erkannt hatten. Vor allem glaubte Schumacher an den gesunden Menschenverstand einfacher Leute und an deren Fähigkeit, ihr Bewußtsein der umfassenden, ewigen Wahrheiten zu erweitern. Das war der Kern seines Werkes und das Element, das für mich als Bürgeraktivistin am bedeutungsvollsten war. Er gab mir und Millionen anderen wie mir den Mut, nach den eigenen Überzeugungen zu handeln, selbst wenn wir mit den Verschleierungstaktiken der unzähligen brillanten, quantitativen Spezialisten und der sich durch engstirniges Vernunftdenken auszeichnenden Wirtschaftsexperten konfrontiert wurden. Als die Bürgerbewegung im Verlauf der vergangenen zehn Jahre in den Vereinigten Staaten, Kanada und allen anderen reifen Industriegesellschaften aufkamen, wurden sie durch das physische Bewußtsein der sozialen Kosten motiviert: all jene nachteiligen Auswirkungen des gesamten Wirtschaftsapparates, die von den Wirtschaftswissenschaftlern – einem Freudschen Versprecher gleich – als „externe Effekte" abgetan worden waren. Allmählich rochen wir die schmutzige Luft, hörten wir die steigenden Lärmpegel, schmeckten wir die Zusätze im Essen und im Trinkwasser, sahen wir die wachsenden Müllberge, erlebten wir die Zerrüttung unserer Familien und Gemeinschaften, empfanden wir den Schmerz der Arbeits- und Sinnlosigkeit und bemerkten wir die Unlenkbarkeit (die heute in vielen Studien bestätigt wird) unserer anonymen Städte, gigantischen Bürokratien, Wirtschaftsunternehmen und Institutionen. Theodore Roszak hatte 1972 in *Where the Wastlands Ends* genau dieses Thema behandelt und in seiner Einleitung zu *Small is Beautiful* stellt er fest, wie weit die Inthronisierung der Wirtschaftswissenschaften schon fortgeschritten war, als das Nobelpreiskomitee 1969 einen Preis für die „Wirtschaftswissenschaft" einrichtete. Roszak zitiert die Erklärung Professor Erik Lundbergs vom Nobelpreiskomitee bei der Begründung des neuen Preises: „Die Wirtschaftswissenschaft entwickelt sich immer weiter in Richtung einer mathematischen Spezifizierung und einer statistischen Quantifizierung wirtschaftlicher Zusammenhänge ... Diese Methoden haben sich als erfolgreich erwiesen und die vage, literarische Form der Wirtschaftswissenschaft weit hinter sich zurückgelassen." Roszak durchschaut zwar die Absurdität, die Pseudo-Exaktheit der mathematischen Wirtschaftswissenschaft zu einer Wissenschaft zu erheben, es ist aber ebenso wichtig zu erkennen, daß der für die Wirtschaftswissenschaft eingeführte Preis in Wirklichkeit überhaupt kein Nobelpreis ist. In Wahrheit wurde dieser mit 145.000 Dollar dotierte Preis 1968 von der Zentralbank Schwedens zum Gedenken an Alfred Nobel eingerichtet und ist der einzige Preis, der nicht von Nobel selbst gestiftet wurde.

Die Verwirrung, die sich in der Öffentlichkeit durch die fälschliche Darstellung der Wirtschaftswissenschaft als Wissenschaft breitmachte, wird nun durch eine zusätzliche Verwirrung potenziert – nämlich dadurch, daß diese Disziplin durch die Verleihung des Nobelpreises an diejenigen, die sie betreiben, sanktioniert worden ist. Aber die Wahrheit ist, daß die Bank von Schweden das Nobelpreiskomitee dazu überredete, sein Prestige für den Preis für die Wirtschaftswissenschaft herzugeben, indem es die Erlaubnis erteilte, daß er der „Nobelgedenkpreis" genannt wurde.

Fritz Schumacher stellte genau diese Form des engstirnigen, quantitativen Empirismus bloß, der sämtliche inkommensurable Größen und qualitativen Unterschiede außer acht läßt und sie auf einen einzigen Koeffizienten reduziert: den des Geldes. Karl Polanyi hatte diese besondere Form des Wahnsinns 1944 in *The Great Transformation* erläutert. Polanyi bemerkte, daß der „freie Markt" keineswegs von Gott oder einer gewissen menschlichen Neigung zum Tauschhandel, wie Adam Smith geglaubt hatte abstammte, sondern eigentlich ein Sozialgesetzgebungspaket war, das in Großbritannien nach fast 100 Jahren erbitterter Konflikte erlassen worden war. Der Grundpfeiler dieser das Marktsystem einführenden Sozialgesetzgebung war natürlich die Parzellierung des Landes, damit es wie eine Ware gekauft und verkauft werden konnte. Die unweigerliche Folge davon war die Vermarktung der Menschen, die vom Land vertrieben wurden und sich gezwungen sahen, in die Städte und Fabriken zu ziehen, um dort ihre „Arbeit“ zu verkaufen. Polanyi stellte fest, daß es zwar Märkte in menschlichen Gesellschaften schon immer gegeben hatte, dies aber in der Menschheitsgeschichte den ersten Versuch darstellte, ein landesweites System von „freien Märkten“ als das Hauptinstrument für die Ressourcenzuteilung zu institutionalisieren. Polanyi machte darauf aufmerksam, daß diese ungeheuerliche, zu grobe Vereinfachung der Maximierung marktwirtschaftlich gemessener Geldtransaktionen und Produktionen zu nur noch größerem sozialen Chaos und Raubbau an der Umwelt führen würde. Schon bald fingen die Sozialreformer des 18. Jahrhunderts darüber zu klagen an, daß die phantastische Steigerung der Warenproduktion anscheinend zu zunehmender sozialer Verelendung geführt hatte, mit zerlumpten, hungernden Rotten von „Armen“, die im ganzen Land umherzogen. Als jedoch Adam Smith 1776 sein Hauptwerk *Inquiry into the Nature and Causes of the Wealth of Nations* veröffentlichte, sah er nur die neue Landschaft mit kleinen Käufern und Verkäufern, die alle von der „unsichtbaren Hand“ des Wettbewerbs dirigiert wurden, wobei selbst die arbeitenden Menschen lediglich einen Teil des Gesamtbildes ausmachten und sich beim Verkauf ihrer Arbeitskraft zum niedrigsten Preis an die Fabrik- und Grundbesitzer gegenseitig Konkurrenz machten. Aber schon in diesen frühen Tagen der Industriellen Revolution gab es ein anderes Problem: das der „Störfaktoren“ – Rauch, Gestank – die infolge dieser privatwirtschaftlichen Transaktionen unbeteiligte Dritte heimsuchten und die natürlich die Vorboten der von uns heute erfahrenen Lawine der sozialen Kosten des Industrialismus waren.

Schumacher konzentrierte sich auf diese Fehler in der industriellen Logik; er sagte: „In gewisser Hinsicht ist der Markt die Institutionalisierung des Individualismus und der Nichtverantwortlichkeit. Wir brauchen nicht überrascht zu sein, daß er sich bei Geschäftsleuten größter Beliebtheit erfreut. Es überrascht uns jedoch, daß es als tugendhaft gilt, von dieser

Freiheit von der Verantwortlichkeit so starken Gebrauch zu machen, wie nur irgendwie möglich!" Schumacher deutet an, daß einer der verhängnisvollen Fehler in diesem System darin besteht, nicht erkennen zu können, daß das moderne Industriesystem trotz all seiner intellektuellen Differenziertheit ausgerechnet die Grundlage aufzehrt, auf der es errichtet worden ist: Das unersetzliche 'Kapital' der fossilen Brennstoffe, die Toleranzgrenzen der Natur und die menschliche Substanz behandelt es als Einkommen. Die zentralverwalteten sozialistischen Planwirtschaften fußen auf derselben unhaltbaren Grundlage. Das Problem liegt ganz eindeutig nicht nur darin, wer die Produktionsmittel besitzt, sondern auch in den Produktionsmitteln selbst. Sowohl marxistische als auch marktwirtschaftliche Wirtschaftswissenschaftler vertreten Werttheorien über die Arbeit (in ihrer landläufigen Maximierung der Arbeitsproduktivität), wodurch sie die Rolle der natürlichen Ressourcen, der Photosynthese und anderer durch Sonnenenergie gespeister Prozesse bagatellisieren. Kenneth Boulding verwies in seinem 1966 verfaßten Essay *The Economics of the Coming Spaceship Earth* auch auf diesen Irrsinn. Alle Systeme der Natur, schrieb er, zeichnen sich durch einen geschlossenen Kreislauf aus, während wirtschaftliche Tätigkeiten linear sind und unerschöpfbare Ressourcen und „Ausgüsse" voraussetzen, in die wir unseren Müll werfen können. Boulding führte auch die Eindimensionalität von Marktsystemen an, die nur Geldtransaktionen erfassen. Er wies darauf hin, daß es drei Grundformen menschlicher Transaktionen gibt: 1) Das Drohsystem – „Her damit oder ich bring dich um", oder die heutige verfeinerte Variante: „Wieviel ist es Ihnen wert, wenn ich Ihnen nichts mehr tue oder sie nicht mehr belästige?" (Wirtschaftswissenschaftler nennen dies das „Kompensationsprinzip"); 2) das Austauschsystem, jenes schmale Wellenband von Markttransaktionen, mit denen die Wirtschaftswissenschaften befaßt sind, und 3) das integrative System, das heißt die Transaktionen, die der Liebe, der Mildtätigkeit und dem Altruismus entspringen, derer die Menschen fähig sind, auch wenn diese Phänomene in der Wirtschaftstheorie verleugnet werden. In seinem berühmtesten Essay, *„Buddhist Economics"*, drückte Schumacher Bouldings Einsichten durch die unvergeßliche Metaphorik des

„Rechten Lebensunterhalts“ aus. Er zeigte, wie man aufgrund einer höher stehenden Ethik und eines größeren Einfühlungsvermögens gegenüber allen Lebenwesen die engstirnige marktwirtschaftliche Anschauung transzendieren könnte und wie sich jene schlimmste Degradierung des Menschen zu einer Ware, „Arbeit“ genannt, durch den Begriff des „Guten Werkes“ ersetzen ließe – wodurch der Mensch dazu herausgefordert wird, seine Fähigkeiten anzuwenden und zu entwickeln, seine Egozentrik zu überwinden, indem er mit anderen zusammen gemeinschaftliche Aufgaben verrichtet, jene für ein anständiges Dasein notwendigen Güter und Dienstleistungen hervorbringt und all dies mit einem ethischen Interesse an der Interdependenz aller Lebensformen einer planetaren Biosphäre tut. Schumachers Interesse für östliches Denken stammte aus den Jahren, die er als Berater der burmesischen Regierung verbrachte, und von seiner Bewunderung für Mohandas Gandhi und dessen Ansicht, daß Indien nicht so sehr die kapitalintensive, mechanische, zentralisierte Massenproduktion westlicher Prägung braucht, sondern vielmehr ökologisch und kulturell miteinander vereinbare Formen dezentralisierter „Produktion durch die Massen“. Indem sich Schumacher auf die Werte und Ziele wirtschaftlichen Handelns konzentrierte, erkannte er die Möglichkeiten einer Umgestaltung der nicht mehr aufrechtzuerhaltenden industriellen Produktionsweisen zu solchen Produktionsmethoden, die die Ertragsfähigkeit des Bodens steigern und Gesundheit, Schönheit und Beständigkeit schaffen. Aus seinem Wissen von der wahren und wirklichen Situation unserer Spezies auf diesem Planeten leitete sich sein Rezept der Entwicklung „kleinangelegter, gewaltloser, intermediärer Technik her – einer Technik mit menschlichen Zügen“, wie Schumacher es nannte, „damit die Menschen die Möglichkeit haben, bei der Arbeit Freude zu empfinden ... in neuen Partnerschaftsformen bei der Unternehmensverwaltung“, und in solchen bahnbrechenden Formen des Gemeinschaftseigentums, wie zum Beispiel das Scott-Bader Commonwealth, dessen Leiter er war.

Eines der Probleme, das unsere westliche dichotomisierende Logik aufwirft, ist die Polarität des „Entweder-oder-Denkens“. Ich erinnere mich an Fritz Schumachers leichte Frustration darüber. „Wenn ich sage, daß klein schön ist", erzählte er mir, „dann kommt bestimmt einer, der sagt, 'Aha! Also glauben Sie, daß groß schlecht ist.'" „Nein!" würde er dann geduldig erklären, „es gibt so viele verschiedene Wirtschaftseinteilungen, und es geht um die Wiederherstellung eines verlorengegangenen Gleichgewichts und darum, zu wissen, wann manche Dinge aus wirtschaftlicher Sicht eine eindeutig unverhältnismäßige Größenordnung erreicht haben." Meine eigenen Bemühungen konzentrieren sich auf dieses Gebiet und auf die Veranschaulichung dieser verschiedenen „Effizienzeneinteilungen". Effizienz ist in der Tat das Schlagwort des Industriezeitalters und dessen rationalisierenden Wirtschaftsexperten. Aber Effizienz ist entweder ein wertüberfrachteter oder ein bedeutungsloser Begriff, außer man fragt danach: „Effizienz für wen? Effizienz in welchem Zeitrahmen? Effizienz auf welcher Stufe im Sozialsystem?" Sollte zum Beispiel die individuelle Effizienz maximiert werden, oder die unternehmerische Effizienz, die soziale Effizienz oder die Effizienz des Ökosystems? Eine jede würde eine andere Politik erfordern. Fritz Schumacher schilderte den Irrsinn der von konventionellen Wirtschaftswissenschaftlern vertretenen Ansichten im Hinblick auf Effizienz und ihre Vorstellung von einem relativen Nutzen, Vorstellungen, die dazu geführt haben, daß Waren sehr häufig auf nationaler wie auf internationaler Ebene verzweifelt hin- und hertransportiert werden. Die sozialen und ökologischen Kosten dieser ganzen unnötigen Erdölvorräte und der Verschmutzung der Umwelt bis hin zu der kontinuierlichen Zerrüttung der innenpolitischen Angelegenheiten kleiner, nicht so mächtiger Staaten. Diese Kosten zermürben ihre Arbeiter und ihre Landwirtschaft und schaffen größere Abhängigkeit von ausländischem Kapital, da sie gezwungen sind, in die Berg- und Talbahn des Welthandels und in das internationale Währungssystem einzusteigen, das von den mächtigen Staaten beherrscht und durch die Abstraktion eines „globalen, freien Marktes" gerechtfertigt wird. Zum Beispiel können kleine Inselwirtschaften, die sich auf die Produktion von einer oder zweier ausschließlich für den Export bestimmter Getreidesorten stützen, wie beispielsweise Kuba oder Jamaika, die Weltmarkt- und Währungsschwankungen niemals überstehen

– selbst wenn der Internationale Währungsfonds in der Lage wäre, Adam Smith selbst die Verantwortung zu übertragen! Ebenso könnte auch Karl Marx nicht mehr ausrichten. Mit seinem hintergründigen Humor entzauberte Schumacher die Glaubensmaxime des Industrialismus, daß nämlich universeller Wohlstand die solideste Grundlage für den Weltfrieden sei. „Man kann", so schrieb er, „vergeblich nach historischen Anhaltspunkten dafür suchen, daß die Reichen normalerweise friedlicher gewesen seien als die Armen." Er rügte John Maynard Keynes wegen seiner „Brosamentheorie" der wirtschaftlichen Entwicklung. Er kritisierte ihn auch wegen seiner ambivalenten Ansicht, daß sich wirtschaftlicher Fortschritt erreichen ließe, indem man sich der niederen menschlichen Triebe des Geizes und der Habgier bediene, daß aber unsere Enkel, leben wir alle erst einmal im Überfluß, zu den sicheren und gewissen Prinzipien von Religion und überlieferter Tugend zurückkehren könnten: „daß Habgier ein Laster, Wucher ein Vergehen und die Liebe zum Geld verabscheuungswürdig ist." Schumacher faßte die widersprüchliche Botschafts Keynes' wie folgt zusammen: „Ethische Überlegungen sind nicht nur irrelevant, sie sind sogar ein wirkliches Hindernis, denn Ruchlosigkeit ist nützlich und Redlichkeit ist es nicht." Anders ausgedrückt: „Der Weg zum Himmel ist mit schlechten Vorsätzen gepflastert." Vielmehr, so legt Schumacher dar, lassen sich die Fundamente für den Frieden nicht durch universellen Wohlstand legen, „denn er ist, wenn überhaupt, nur dadurch erreichbar, daß man solche Triebe der menschlichen Natur wie Habgier und Neid kultiviert. Gleichzeitig hängt der Wohlstand der Reichen davon ab, daß sie die begrenzten Ressourcen der Welt unverhältnismäßig stark in Anspruch nehmen, wodurch sie unweigerlich auf einen Kollisionskurs geraten, in erster Linie nicht mit den Armen, die schwach und schutzlos sind, sondern mit anderen Reichen."

Auf diese Weise griff Schumacher die zentrale Wirtschaftsfrage der Verteilung wieder auf, die John Stuart Mill in seinem großartigen, 1857 veröffentlichten *Principles of Political Economy* erläutert hatte. Mill betonte nachdrücklich, daß die Vermögensverteilung nach dessen Produktion im wesentlichen eine politische Angelegenheit sei und daß der Besitz von

Eigentum (selbst von dem, das aus eigener Arbeit hervorging) nur durch die Bereitschaft der Gesellschaft gesichert sei, Polizei und andere Mittel zum Schutz der Eigentümer und deren Besitz einzusetzen. Somit erkennen wir in den heutigen Forderungen der Entwicklungsländer, die jetzt den Banken in der nördlichen Hemisphäre hilflos ausgeliefert sind, nach einer Neuen Internationalen Wirtschaftsordnung ein Verständnis dieses Prinzips, daß nämlich die Wirtschaftswissenschaften lediglich getarnte Politik darstellen – was 1980 in den Deklarationen der Führer der Dritten Welt in Arusha (Tansania) und Kingston (Jamaika) ganz eindeutig zum Ausdruck kam (*Development Dialogue,* 1980: 2, Uppsala, Schweden). In seinem 1950 veröffentlichten *Social Costs of Private Enterprise* hatte K. W. Kapp viele dieser Absurditäten erklärt und die blindgläubig optimistischen Annahmen im Hinblick auf die wohltätige Funktion der „unsichtbaren Hand" auf den Kopf gestellt. Er entwickelte das Axiom (das später von den allgemeinen Systemtheoretikern übernommen wurde), daß das Maximierungsverhalten von Mikroeinheiten einer Volkswirtschaft (Einzelpersonen und Firmen) häufig zu Lasten anderer Mikroeinheiten ginge und die Makrowirtschaft und das größere Sozialsystem suboptimierte. Bouldings und E. J. Mishans Kritiken sind ähnlich, wobei beide auf die unvermeidlichen, in Form von sozialen Kosten auftretenden „negativen Aspekte" hinweisen, die mit den „positiven Aspekten" Hand in Hand gehen.

Der große Mathematiker Oskar Morgenstern entrüstete sich über die statistischen Idiotien des Bruttosozialprodukts. Er lenkte die Aufmerksamkeit auf die Probleme, die durch die von Wirtschaftswissenschaftlern mit Begeisterung betriebene Manipulierung finanzieller und monetärer Variablen hervorgerufen wurden. Diese Manipulierung gründeten sie auf diesen ungenauen Indikator, ohne dabei die unzulängliche Datensammlung und das Problem der Zeitverschiebungen einzugestehen, die ihrerseits die Bestimmung des richtigen Zeitpunkts für wirtschaftliche Interventionen so unberechenbar machen.

Ja ich behaupte sogar, daß die heutigen Konjunkturzyklen mittlerweile durch wirtschaftliche Manipulation und nicht durch die mysteriösen Marktkräfte hervorgerufen werden, die man gewöhnlich dafür verantwortlich macht. Indem sich Schumacher auf die wesentlichen Unterschiede zwischen nichterneuerbaren und erneuerbaren Ressourcen und zwischen reversiblen und irreversiblen Wirtschaftsentscheidungen konzentrierte, untermauerte er die Arbeit von Nicholas Georgescu-Roegen, der selbst zur Zufriedenheit der sogenannten „exakten" Wirtschaftswissenschaftler die begrifflichen Fehler im Kern ihrer Disziplin nachwies. In *The Entropy Law and the Economic Process* (1971) erklärte Georgescu-Roegen auf unvergeßliche Weise den Unterschied zwischen „Vorräten" und „Flüssen" und erläuterte den verhängisvollen „Flußfetischismus" der Wirtschaftswissenschaftler und ihrer Bruttosozialprodukt-Indikatoren, die es uns gestatten, den in Form von fossilen Brennstoffen gelagerten, nichterneuerbaren „Kapitalvorrat" so zu gebrauchen, als handele es sich dabei um „Einkommen". Wie Herman Daly, Joan Robinson, J. Kenneth Galbraith, Barbara Ward, Louis Kelso und Robert Theobald mit Nachdruck betont haben, übersehen die Wirtschaftswissenschaftler zweckmäßigerweise ebenso gerne die Tatsache, daß der Vermögensvorrat, befindet er sich im Besitz einiger weniger, die ganze übrige Gesellschaft dazu zwingen wird, von seinen beschleunigten Flüssen zu leben, ob nun durch die Steigerung der Gesamtnachfrage oder durch den Einsatz staatlicher Projekte, vermehrter Überbrückungszahlungen oder höherer Rüstungsetats. Sie erkannten auch, daß einfach immer mehr Menschen am unteren Ende der wirtschaftlichen Rangskala aufgrund einer immer zentralisierteren, automatisierten Produktion ihre Arbeit verlieren würden und daß wir Krieg, Arbeitsbeschaffungsmaßnahmen, Sozialhilfe und einen höheren Konsum, der durch Werbung künstlich am Leben erhalten wird, brauchen würden, damit das Ganze in Gang bleibt. Schumachers großer Beitrag zu dieser Kontroverse bestand darin, daß er sich auf die Rolle kleinangelegter, billiger Technologien als Alternative zu dem keynesianischen „Brosamenmodell" des gesamtwirtschaftlichen Wachstums konzentrierte, das mittlerweile seine logischen Grenzen erreicht hatte und an sich inflationär geworden war. Arbeitssparende Ziele hatten sogar inzwischen das Gegenteil bewirkt, während sich Maßnahmen der „Arbeitsproduktivität" zu kaum mehr als einem „Automationsindex" entwickelt hatten, der den Arbeitgebern zeigte, wie gut sie daran taten, ihre Arbeitnehmer loszuwerden. Schumacher konzentrierte sich auf die entscheidende Frage, wieviel Kapital für die Schaffung eines jeden Arbeitsplatzes notwendig wäre, und war der Meinung, daß es ungefähr dem Betrag entsprechen sollte, den ein Arbeiter an diesem Arbeitsplatz im Jahr verdienen konnte. Bei der Entwicklung der Grundsätze und Strategien für die Koalition Environmentalists for Full Employment nahm dieser Maßstab für mich eine Schlüsselposition ein, da die Kosten- und Kapitalintensität eines jeden Arbeitsplatzes auch einen ungefähren Maßstab für seine Auswirkungen auf die Umwelt darstellt: je kapitalintensiver, desto – per definitionem – ressourcen- und energieintensiver und somit umweltschädlicher.

Damit haben wir Schumachers Technologierezept: 1) so billig, daß sie für jedermann zugänglich ist; 2) für die Anwendung im kleinen Rahmen geeignet; 3) mit menschlichen Bedürfnissen nach Kreativität vereinbar; und 4) in einer gewaltlosen Beziehung zur Natur stehend. Die Atomenergie verkörpert in Schumachers Augen das genaue Gegenteil dieser Eigenschaften, und er erkannte eindeutig die Gefahr, „die sich stets aus der rücksichtslosen Anwendung unvollständigen Wissens ergibt". C. S. Lewis sah dieselbe Gefahr in dieser einfältigen Anwendung des Wissens zur Unterwerfung der Natur, die dazu führte, daß ein paar Menschen große Macht über alle anderen Menschen haben. Der „Sieg" über die Natur ist immer wertlos und nur von kurzer Dauer, wie wir in der unversöhnlichen, irreversiblen Technologie der Atomenergie sehen. Mit ihrer Verbreitung gehen Gefahren des Terrorismus und das Problem der Beseitigung von radioaktivem Müll einher; sie ist zu einem Damoklesschwert geworden, das über allen zukünftigen Generationen schwebt.

Vor allem war es die Klarheit von Fritz Schumachers Vision, die Millionen dazu veranlaßt hatte, sich aktiv für eine heilere Zukunft einzusezten. Er löste den Zauber, dem die Bürger aufgrund des leeren Sachverstandes und der Verschleierungstaktiken von intellektuellen Söldnern verfallen waren. Er stellte den „Irrtum unangebrachter Gegenständlichkeit", wie Alfred North Whitehead es genannt hatte, bloß und rechnete mit den Verallgemeinerungen engstirniger Spezialisten ab, indem er uns übrigen die Grenzen ihres „Sachverstandes" und ihrer „Methodik" zeigte. Er behandelte diese Themen eingehend in seinem Buch *A Guide for the Perplexed.* Fritz bestärkte mich in meinem Bemühungen, die Wirtschaftswissenschaftler zur Rechenschaft zu ziehen. Früher sagte ich lediglich, daß die Wirtschaftswissenschaften die Bürger daran hinderten, sich miteinander darüber zu unterhalten, was unter drastisch veränderten Umständen wertvoll ist. Nachdem ich Fritz kennengelernt hatte, brachte ich den Mut auf, einfach zu sagen, daß die Wirtschaftswissenschaften eine Form von Gehirnschaden sind. Fritz Schumacher half uns allen dabei, unsere Situation im jetzt zu Ende gehenden Industriezeitalter in neue Begriffe zu fassen. Er war ein Veränderer von kulturellen Paradigmen und er wies uns den neuen Weg, den wir gehen müssen. Das ist die Dynamik seines Werkes. Intermediäre und angemessene Technologie lauten mittlerweile die Schlachtrufe breiter politischer Bewegungen in den Vereinigten Staaten, Kanada, Westeuropa und Japan, sowie der sich rasch entwickelnden Industrien, die sich auf Erhaltung, Recycling, Solar- und Windenergie und Biokonversion spezialisiert haben.

In Australien und Neuseeland liegen Schumachers Ideen zwei neuen politischen Parteien zugrunde, von denen eine, die Werte-Partei von Neuseeland, bei ihren ersten Wahlen im Jahre 1975 fünf Prozent der Wählerstimmen auf sich vereinigen konnte. In vielen Entwicklungsländern versteht sich seine Botschaft als eine Frage des zum Leben Notwendigsten und des gesunden Menschenverstandes von selbst, was sich in den Tausenden von Bitten um Hilfe zeigt, die noch immer haufenweise bei seiner in London ansässigen Technology Development Group eingehen. Diese Gruppe wird heute von seinem Kollegen George McRobie geleitet, dem Autor von *Small is Possible,* einem faszinierenden und ausführlichen Bericht über die Arbeit der Gruppe (Harper & Row, 1980). Aber den größten Triumph verzeichneten seine Ideen in der überentwikkelten Welt, wo gerade der Erfolg des Industrialismus für Millionen eindeutig pathologisch geworden war, wo wir heute das Szenario erleben, das Pitirim Sorokin unfehlbar als die „Dämmerung der sensoriellen Kultur" schilderte.

2. Nach Keynes wird es auch nicht besser

ALS SICH DIE VERHÄNGNISVOLLEN FEHLER DES MONETARISMUS wie auch des Keynesianismus in den alternden Industriegesellschaften deutlicher zeigten und die Kritik an wirtschaftlichen Patentrezepten im allgemeinen lauter wurde, fanden sich noch immer keine eindeutigen, neuen wirtschaftspolitischen Richtlinien. Jeder, angefangen von Kolumnisten bis hin zu ehemaligen Mitgliedern der Regierung Carter, machte sich daran, sich sein eigenes Urteil über die Wirtschaftslage zu bilden, und allseits wurde die Klage laut: „Wo bleibt der neue Keynes?" Bill Neikirks Artikel *„American Economists Have Run Out of Band-Aids"* in der Ausgabe der in Chicago erscheinenden Tribune vom 21. Oktober 1979 war bezeichnend: „Wir sind in Schwierigkeiten", schrieb er und fragte sich, „ob das Land aus politischer und sozialer Sicht auf die harten Entscheidungen vorbereitet ist, die getroffen werden müssen, um den Niedergang und Zusammenbruch der amerikanischen Wirtschaft in den achtziger und neunziger Jahren verhindern zu können ... In den vergangenen zehn Jahren ist Amerika etwas verlorengegangen, das es früher einmal sehr hoch einschätzte – sein Vertrauen darauf, daß der Wohlstand bis weit in die Zukunft garantiert werden könnte."

Noch aufschlußreicher war das in der Washington Post vom 4. November 1979 abgedruckte Interview mit Dr. Juanita Kreps, der scheidenden amerikanischen Handelsministerin, die erklärte, daß die Wirtschaftswissenschaften nicht mehr funktionierten und daß sie einfach nicht mehr in ihren früheren Beruf als Wirtschaftsprofessorin an der Duke-Universität zurückkehren könnte, weil „ich nicht wüßte, was ich lehren sollte".

Die neue Generation von Wirtschaftswissenschaftlern läßt jedoch eine derartige Bescheidenheit nicht erkennen, und zwar weder die Vertreter der angebotsorientierten Schule mit ihren sogenannten Durchbrüchen noch jene, die sich selbst als „Postkeynesianer“ bezeichnen. Da wir noch die angebotsorientierte Wirtschaftstheorie behandeln werden, ist ein Überblick über die postkeynesianische Wirtschaftsrichtung gleichfalls angebracht. Vielleicht den besten Querschnitt durch die verschiedenen postkeynesianischen Anschauungen gibt das von Alfred S. Eichner herausgegebene Buch *A Guide to Post-Keynesian Economics* (M. E. Sharpe Inc., 1978). Im Vorwort stellt die englische Wirtschaftswissenschaftlerin Joan Robinson zusammenfassend fest, daß die allgemeine These der Postkeynesianer auf der Anerkennung der Ungewißheit gründet, wodurch der traditionelle Wirtschaftsbegriff des Gleichgewichts untergraben wird. Das hört sich vielversprechend an, aber bei genauerem Lesen von Alfred Eichners Einleitung kommen einem Bedenken. „Gegen Ende des Tages“, so beginnt er, „werden viele Wirtschaftsprofessoren, nachdem sie 'einiges intus' haben, langsam ihre eigenen Vorbehalte gegen die Theorie, die den Kern des Curriculums in den Wirtschaftswissenschaften bildet, zugeben. Die Theorie, das werden sie bestätigen, stimmt mit vielem, was über das Verhalten wirtschaftlicher Institutionen bekannt ist, nicht überein. 'Aber was sollen wir denn unsere Studenten sonst lehren?' werden sie fragen. Diese Frage, so zeigt sich, läßt sich leicht beantworten. Es gibt tatsächlich eine Alternative ... die postkeynesianische Theorie, von der dieses Buch handelt.“ Die zunächst erweckten Hoffnungen werden aber schnell enttäuscht, führt man sich einige der Analysen und Patentrezepte zu Gemüte, die bei allem und jedem angeboten werden, angefangen von Makrodynamik, Preisbildung, Einkommensverteilung und Steuerpolitik, über Produktionstheorie, Arbeitsmärkte, währungspolitische Faktoren und natürliche Ressourcen bis hin zu allgemeinen Prognosen, die allesamt von den vermutlich besten Wissenschaftlern, die die Postkeynesianer aufbieten können, behandelt werden.

Ein wesentliches Problem liegt in ihrem Unvermögen, Paradigma und Methodik der Wirtschaftswissenschaften hinter sich zu lassen, weswegen sie ihre Patentrezepte nur für die Behandlung von den aus der mittlerweile bankrotten Wirtschaftsperspektive festgestellten Problemen anwenden können. Beispiele dafür sind: Paul Davidsons nützliches Kapitel über Ressourcen, in dem er zwar die derzeitigen energiepolitischen Praktiken kritisiert und die Marktmacht von Wirtschaftsunternehmen erkennt, aber trotzdem nicht die Vorrangstellung der Thermodynamik bejaht, sondern sich völlig in das Modell der Preisbildung durch Angebot und Nachfrage verrennt; Eileen Applebaums kritische Anmerkungen zu den Absurditäten der traditionellen Arbeitsmarkttheorie, die ein Schlaglicht auf die Realität von Diskriminierung und struktureller Arbeitslosigkeit werfen; und J. A. Kregels Kapitel über Einkommensverteilung, das zeigt, daß es in komplexen Industriegesellschaften nicht mehr möglich ist, Einkommensunterschiede aufgrund unterschiedlicher Produktivität zu rechtfertigen, da dies die Folge sozialer und politischer Entscheidungen und nicht etwa volkswirtschaftlicher Gesetze ist.

Obwohl die Postkeynesianer noch immer von der Orthodoxie des gesamtwirtschaftlichen Paradigmas durchdrungen sind, liefern sie häufig wertvolle Kritikpunkte an den offensichtlicheren Absurditäten dieses Paradigmas. Ihre Nützlichkeit besteht darin, uns übrigen dabei zu helfen, die Schwächen traditioneller Allheilmittel zu begreifen, mit denen das staatliche Gemeinwesen noch immer zu kämpfen hat. Wir sollten jedoch nicht allzuviel Vertrauen darauf setzen, daß sie uns dabei helfen können, über die Wirtschaftswissenschaften hinauszusehen oder die neueren, systematischen, interdisziplinären Entscheidungsinstrumentarien und -methoden zu entwickeln, die wir für die Planung der Zukunft benötigen werden. Bevor wir fortfahren und einige Patentrezepte der Postkeynesianer ausführlicher untersuchen, können wir es ihnen wenigstens als Verdienst anrechnen, daß sie das durch eine „unsichtbare Hand" gesteuerte Modell des „freien Marktes" kategorisch abgelehnt haben. Aber sie können sich noch immer nicht von Preis, Angebot und Nachfrage lösen, obwohl sie deren Zusammenhang mit oligopolitischen Großunternehmen und den Praktiken von staatlichen Behörden realistischer betrachten, die ja heute in Wirklichkeit die Märkte schaffen, die Preise festsetzen und die Konjunkturzyklen erzeugen, während sie noch immer die Wirkung von „Marktkräften" als Grund für die Ergebnisse vortäuschen.

Die Postkeynesianer erkennen durchaus, daß unsere Volkswirtschaft heute von riesigen Institutionen – den Unternehmen und den ihnen in die Hände spielenden staatlichen Behörden – beherrscht wird und daß die Inflation zu einem großen Teil durch die Marktmacht von Großunternehmen verursacht wird, aufgrund derer sie den Verbrauchern „Verkaufspreise" aufzwingen können. Aber auch sie leiden an der Anschauungsweise und ihren eigenen geistigen „Entweder-Oder"-Fallen. Sie sprechen davon, daß eine Steigerung der „Investitionsquoten" die „Arbeitsproduktivität" erhöhen soll, um ein „Wirtschaftswachstum" zu gewährleisten, das „nichtinflationär" sein wird, aber nur wenige von ihnen analysieren diese hochtrabenden Abstraktionen und führen näher aus, was für eine Art von Investition: ob mehr Konzessionen für Schnellimbiß-Restaurants und „Forschung und Entwicklung" von mehr Arzneimitteln und Zigarettenmarken oder die dringend notwendigen Investitionen für die Finanzierung einer völlig neuen Wirtschaftsform, die auf erneuerbaren Ressourcen und Energieträgern basiert und eine gleichbleibende Produktivität aufweist. So machen sie sich auch gar nicht erst die Mühe, neu zu definieren, was für eine Art von Wirtschaftswachstum es sein soll, da sie vermutlich noch immer das mittlerweise suspekte Bruttosozialprodukt als Maßstab akzeptieren.

Folglich möchten sie nach wie vor die notwendige Richtungsänderung von quantitativem zu qualitativem Wachstum verschleiern. Schließlich begehen sie denselben Fehler und definieren „Produktivität" nur als „Arbeitsproduktivität" (das heißt Pro-Kopf-Produktivität), die in Wahrheit ein „Automationsindex" ist. So erhöhen wir die Produktivität einiger vom Glück begünstigter Arbeiter auf Kosten der Arbeitslosigkeit vieler anderer, die aus dem Produktionsprozeß als „unvermittelbare Dauerarbeitslose" ausgemustert werden, ohne daß wir uns je mit der Frage befassen, ob eine solche Wirtschaft genügend Arbeitsplätze für alle schaffen kann. Nur eine neue Definition von „Produktivität", die zum Ausdruck bringt, daß Energie und Rohstoffe bisher als selbstverständlich hingenommen und unterbewertet worden sind, kann uns zu der Erkenntnis verhelfen, daß die von Wirtschaftswissenschaftlern beklagte „sinkende Arbeitsproduktivität" durch andere Gewinne, die wir erzielt haben, ausgeglichen wird: bei der Energieproduktivität (durch Einsparungen); bei der Sozioproduktivität (das heißt Zunahme der Gesamtbeschäftigtenzahl, in die Millionen von Berufsanfängern durch mehr Gleit- und Teilzeit, Arbeitsplatzteilung, Selbständigkeit und genossenschaftliche Kleinbetriebe integriert worden sind); und Bioproduktivität (das heißt Investitionen für die Wiederherstellung landwirtschaftlicher Ertragsfähigkeit, die Wiederaufforstung und den Einsatz menschlicher Ressourcen bei der Wiederbelebung der Innenstädte, beim Wiederaufbau von Nachbarschaften und Eisenbahnnetzen und alle möglichen Arten von Recycling). Im Gegensatz zu dieser kleineren, bescheideneren und realistischen Weltanschauung haben die Postkeynesianer lediglich die „Planung anhand sozialer Indikatoren" und eine „Einkommenspolitik" (zumindest eine, die sowohl Kapitalerträge als auch Löhne begrenzt) anzubieten. Beziehungsweise, wie es ein Postkeynesianer, Basil J. Moore, formulierte, gibt es nur drei Alternativen: eine anhaltende Inflation, ein starker Konjunkturrückgang in Verbindung mit einem drastischem Anstieg der Arbeitslosigkeit oder irgendeine Form von Einkommenspolitik. Mit Entschiedenheit fügt er dem noch hinzu: „Andere Spielregeln gibt es für uns nicht" (*A Guide to Post-Keynesian Economics,* S. 138). Wir werden die Ansätze und wirtschaftspolitischen Programme der postkeynesianischen Wirtschaftswissenschaftler ausführlicher untersuchen und uns dabei auf zwei konzentrieren, die in früheren Regierungen hohe Ämter innehatten: Walt W. Rostow anhand seines Buches *Getting from Here to There* (1979) und John Kenneth Galbraith aus der Sicht seines Buches *Economics and the Public Purpose* (1973).

Walt W. Rostow, ein Wirtschaftswissenschaftler, Wirtschaftshistoriker und Berater auf höchster Ebene unter Präsident Kennedy und Präsident Johnson befindet sich in der heiklen Lage, neue Erkenntnisse in sein Buch aufnehmen zu müssen, ohne dabei gleichzeitig eine zu vernichtende Kritik am früheren wirtschaftspolitischen Kurs der USA während der allgemeinen expansionistischen Phase in den sechziger Jahren zu üben. Während jener Zeit glaubten viele, wir könnten die Konjunkturzyklen in den Griff bekommen, durch „Feinabstimmung" der amerikanischen Wirtschaft ein gleichmäßiges Wachstum des Bruttosozialprodukts, einen hohen Beschäftigungsgrad und eine steigende Arbeitsproduktivität erreichen, den Weg der technologischen Innovation fortsetzen und bei all dem auch noch einen kostspieligen Krieg in Vietnam führen.

In den ersten sieben Kapiteln seines Buches erklärt Rostow einige aber nicht alle Gründe, weshalb diese Seifenblase zerplatzte und weshalb auf das rasende Wachstum der sechziger Jahre die Stagflation der siebziger Jahre folgte. Mit größerer Offenheit als die meisten seiner Kollegen in den Wirtschaftswissenschaften bespricht er den Komplex von persistenten Variablen, die von den Wirtschaftswissenschaftlern gerne als externe Effekte abgetan werden: Bevölkerungsexplosion, sich rasch erschöpfende Energievorräte, Verringerung der Anbauflächen, Rohstoffengpässe, die Ölpreiserhöhungen der OPEC, die neue Kampfbereitschaft ressourcenreicher Entwicklungsländer und ihre Forderungen nach einer Neuen Internationalen Wirtschaftsordnung und die neuen industriellen Produktionsbeschränkungen, die durch die steigenden sozialen Kosten der Umweltzerstörung bedingt werden. Auffallend bei dieser Aufführung ist, daß er unter anderem die folgenden Punkte nicht erwähnt: die inflationäre Rolle des Vietnam-Krieges; die emporschnellenden Sozial- und Transaktionskosten komplexer, reifer Industriegesellschaften, in deren Produktivitätserträgen sich jetzt eindeutig das allmählich breit macht, was ich als das Syndrom des „Entropie-Staates" bezeichne; die heute abnehmenden Erträge aus übermäßig kapital- und energieintensiver Produktion; und der zunehmende Gigantismus der Organisationsformen. Den interdisziplinären Analytikern, die sich mit politischen Entscheidungsprozessen befassen, ist vieles davon längst nicht mehr unbekannt. Aber einiges davon ist den Wirtschaftswissenschaftlern immer noch ganz neu, die die größten intellektuellen Investitionen in den traditionellen Paradigmen haben und die sie verständlicherweise nur sehr ungern abschreiben wollen. Deshalb ist Rostows Erörterung in Kapitel 3, *The Bankruptcy of Neo-Keynesian Economics,* sehr wertvoll, da er seine Berufskollegen in der Wirtschaftswissenschaft davon überzeugen könnte – was uns übrigen nicht gelingt -, von ihren allzu simplen Vorstellungen abzulassen, vor allem aber von der Vorstellung, daß sich die heutigen komplexen, strukturell veränderten, ineinandergreifenden Industriegesellschaften durch die alte Hydraulik der makroökonomisch manipulierten Gesamtnachfrage „steuern“ lassen.

Das Hauptproblem der neoklassischen keynesianischen „Synthese“ liegt darin, daß in Wirklichkeit überhaupt keine Synthese stattgefunden hat. Keynes' grundlegende Sicht des Konjunkturgleichgewichts modifizierte niemals die fundamentalen Gleichgewichtsmodelle der Neoklassiker. Doch gleichzeitig übernahmen diese Keynes' wirtschaftspolitisches Instrumentarium und wandten es so an, als ob industrielle Volkswirtschaften nach wie vor Gleichgewichtssysteme wären und sich nicht bereits in ihren institutionellen und technologischen Strukturen zu Systemen in chronischem Ungleichgewicht entwickelt hätten. Rostow berührt diese und andere Probleme des neokeynesianischen Paradigmas kurz und behandelt dabei auch die mit den in großem Umfang betriebenen industriellen Investitionen und technologischen Entwicklungen zusammenhängenden Verzögerungswirkungen. Auf ähnliche Art wie Jay Forrester, dessen *World Dynamics* (1971) *Meadows Limits to Growth* (1972) beeinflußte, erweckt Rostow wieder das Interesse für die Langen Wellen, die Wirtschaftstheorie des russischen Wirtschaftswissenschaftlers Nikolas Kondratieff vom ungefähr 50 Jahre dauernden Konjunkturzyklus. Rostow teilt Forresters Ansicht über die Kontratieffsche Erklärung für diese langen Hochkonjunktur- und Deflationszyklen: Daß die Hochkonjunkturphasen auf Entwicklungsphasen ganz neuer Industriesektoren basierten, die sich neue Technologien zunutze machten, wie zum Beispiel das Zeitalter der Eisenbahn und die spätere vom Automobil-/Autobahn-/Trabantenstadt-Industriekomplex getragene Hochkonjunkturphase. Allerdings haben Rostow und Forrester anscheinend verschiedene Ansichten darüber, wie sich die Kondratieffsche Welle im Verlauf der kommenden 20 Jahre entwickeln wird. Dort, wo Forrester eine technologische Stagnation, einen Abbau exzessiver Kapitalinvestitionen und eine Phase des wirtschaftlichen Rückgangs und Nullwachstums auf uns zukommen sieht, sieht Rostow eine Phase, die er als „Kondratieffschen Aufschwung“ bezeichnet (scheinbar in Anspielung auf einen Preisaufschwung). Meine eigene Ansicht liegt dazwischen: Ich rechne mit Rezessionsphasen und weiterhin steigenden Preisen zugleich, das heißt einer Reihe von eindeutig inflationären Rezessionen, wodurch sich die Wirtschaftswissenschaftler dazu gezwungen sehen werden, ihre begriffliche Verwirrung öffentlich zuzugeben.

Rostow sieht ebenfalls die von Forrester und anderen vorhergesagten Energie- und Ressourcenüberbelastungen, hält aber das bekannte Szenario von Substitutionen und die Möglichkeit von technologischen „Durchbrüchen" in der nahen Zukunft für plausibel. Diese Durchbrüche sollen durch die bevorstehenden Errungenschaften auf den elementaren Wissenschaftsgebieten ermöglicht werden: das heißt Mikrobiologie, Astronomie, Astrophysik, Gehirnforschung und computerisierte Messungen und Überwachungen, die zu neuen Energie-, Material-, Geburtenkontroll-, Landwirtschafts- und Umweltschutztechnologien führen. Rostow tritt für die konventionelle Ansicht ein, daß die industrialisierten Länder der OECD (Organisation für wirtschaftliche Zusammenarbeit und Entwicklung) das Wachstum ihrer Bruttosozialprodukte beschleunigen müssen, damit die Entwicklungsländer in der Zukunft schneller „vorwärtskommen". Er bestreitet die These, daß sich die Kluft zwischen reichen und armen Staaten dadurch vergrößert habe, daß in der Vergangenheit diese wirtschaftspolitischen Programme eines „Brosamen-Wachstums" verfolgt wurden. Dieses ganze „Vorwärts-und-aufwärts-Patentrezept" steht im krassen Widerspruch zu seiner ursprünglichen, realistischeren Beurteilung der hartnäckigen Probleme in reifen Industriegesellschaften, deren sicherlich nicht gerade geringstes Problem das allgemeine begriffliche Durcheinander ist, das, wie er hinweist, durch das Scheitern des Neokeynesianismus und das Fehlen irgendeiner neuen Theorie impliziert wird; die abgenutzten Kontroversen über „größere oder kleinere Staatsdefizite: mehr oder weniger Sozialleistungen; niedrigere oder höhere Zentralbankzinssätze" (S. 215). Paradoxerweise ist ein Teil von Rostows Patentrezept mehr Wirtschaftsplanung und mehr Aufmerksamkeit auf die Daten aus den einzelnen Wirtschaftssektoren, die, wie er richtig herausstellt, der Council of Economics Advisers (Wirtschaftsberaterstab) aufgrund seiner aus intellektueller Sicht fehlenden Kenntnisse und Strukturen nicht liefern kann. Im Verlauf der kommenden zehn Jahre wird es sicherlich notwendig sein, unsere Mischwirtschaft aus manipulierten Märkten, Anreizen, Steuern, Subventionen, Rabatten etc. in neue Begriffe zu fassen und zuzugeben, daß wir unsere Volkswirtschaft und unsere Investitionen seit Jahrzehnten ad hoc und inoffiziell planen; zum Beispiel, daß wir unsere Öl-, Gas-, Kohle- und Atomkraftindustrien mit einem Kostenaufwand von annähernd 130 Milliarden Dollar subventioniert haben (laut der im März 1978 vom Battle-Institut veröffentlichten Studie: *Federal Incentives to Stimulate Energy Production*). Wir müssen die Tatsache akzeptieren, daß wir seit langem unsere Märkte selbst schaffen, und wir können nun nicht länger Gott oder eine unsichtbare Hand verantwortlich machen. Daher ist es angesichts solcher begrifflicher Verwirrung unter den für die Wirtschaftspolitik Verantwortlichen anscheinend äußerst fraglich, ob ihre Planungsbemühungen die Dinge zum Besseren oder zum Schlechteren wenden würden. Einer der Hauptgründe für die heutigen Probleme liegt, wie Rostow und ich mit Nachdruck betonen, in der übertriebenen Anhäufung von Daten, die zu vielen statistischen Illusionen (wie Oskar Morgenstern gewöhnlich sagte) führt, die von Bürokraten in Washington, London, Paris und anderen Hauptstädten manipuliert werden. Dennoch greift Rostow in seinen Patentrezepten ständig auf hochtrabende Ausdrucksweise zurück: Investitions„quoten", Produktivitäts„niveaus" (ebenfalls ein dringend neu zu definierender Begriff), „Flüsse" moderner Technologie und das ständig beschworene Wirtschafts„wachstum". Somit enthält Rostows Buch zwar viele nützliche Erläuterungen und interessante Einsichten, im wesentlichen ist es aber eine Beschreibung seines eigenen geistigen Umbruchs, seines Versuchs, sein eigenes Denken in neue Begriffe zu fassen. Dies führt zu der charakteristischen Unentschlossenheit: die für sein früheres Buch, *The Stage of Economic Growth*, typische, alte lineare „Vorwärts-und-aufwärts-Extrapolation" des wirtschaftlichen Fortschritts mit einigen ernsthaften Überlegungen gegenüber der notwendigen Behandlung von realen Problemen dazwischen, wie zum Beispiel die bewußte Lenkung von Investitionen in spezifische Sektoren, die zwingend gebotene drastische Energieeinsparung und verstärkte Anstrengungen, um alternative Energiequellen wie Sonne, Wind, Geothermik, Biomasse und Fusion zu entwikkeln. Aber als politischen Wegweiser muß man sein Buch als zu unwesentlich und zu spät beurteilen. Seine Vorschläge sind nicht entschieden genug oder beziehen sich nicht auf einige der hervorstechenderen Strukturprobleme, die Rostow lieber ignoriert, wie beispielsweise welche Gruppe die Hauptlast der Inflationseindämmung tragen soll – die Arbeitnehmer oder die Arbeitgeber. Als Patentlösung für die heutigen höheren Inflationsraten greift er auf ein zugegebenermaßen weiteres keynesianisches Heilmittel zurück: den Versuch, die Löhne festzuschreiben in der Hoffnung, daß die Preise sinken werden, wenn erst einmal Produktivitätsgewinne erzielt werden. Angesichts der bisher gemachten Erfahrungen ist es unvorstellbar, daß sich die Gewerkschaften einer derartig ungerechten Regelung fügten, die durch die gleichermaßen unglaubliche Annahme gerechtfertigt werden müßte, daß die Produktivitätsgewinne in einer von Großunternehmen und deren Marktstärke geprägten Volkswirtschaft an die Verbraucher in Form von niedrigeren Preisen weitergegeben würden. An dieser Stelle verlegt sich Rotow auf Anekdoten.

Während Rostows Dienstzeit in der Kennedy-Administration übte der Präsident moralischen Druck auf die Stahlindustrie aus, so daß sie sich schließlich „freiwillig" dazu entschloß, die Preise vier Jahre lang niedrig zu halten, obwohl Walter Reuther Befürchtungen geäußert hatte, daß nur die Löhne reguliert würden, aber nicht die Gewinne und Preise. Die Geschichte hat einen weiteren Schwerpunkt von Rostows Programm als falsch erwiesen: Bereits in Kraft getretene freiwillige Lohn-Preis-Richtlinien, aufgrund derer wir jetzt beide Übel gleichzeitig zu spüren bekommen – eine kostspielige, erneut ausufernde Bürokratie und „Aufsicht", wobei dadurch nicht einmal soziale Erfolge gesichert sind! Rostows Diagnose und Therapien sind so ziemlich das Beste, was man von der alten, patriarchalischen, elitären Schule erwarten durfte. Hierarchischen patriarchalischen Strukturen, politischen Programmen und Führungsstilen fehlt es ganz einfach an Elan und neuen Ideen. Diese Form des zentralistischen, linear von oben nach unten verlaufenden technokratischen Entscheidungsprozesses verursacht nun selbst die Informationsengpässe, die neue Formulierungen und Diskussionen über die wirklich alternativen Ansätze verhindert, die jetzt in der gegenwärtigen Welle der außerhalb der etablierten Medien und des „normalen“ Verlagswesens herausgegebenen Gegenkulturzeitschriften und -bücher zusammenströmt.

Folglich erleben wir jetzt, wie sich das Zeitalter von Keynes auflöst, während an der Basis neue Strömungen in der entstehenden Gegenwirtschaft unbemerkt aufkommen. Und wir sehen auch ein Szenario von spontaner Rückentwicklung der heute nicht mehr aufrechtzuerhaltenden Institutionen, da die Bürger den Politikern, Bürokraten und Industriemagnaten die ihnen zuvor übertragene Macht wieder entziehen, indem sie weitreichende, die Technologie und Produkte betreffende Entscheidungen fällen. Rostows Sicht ist ein nostalgischer Blick von oben herab, was erneut beweist, daß was man sieht, davon abhängt, wo man steht. Wir sehen dies in seiner Rechtfertigung des Wachstums des Sonnengürtels (= Sunbelt = die Staaten im Westen und Südwesten der USA) und seines neuen Heimatstaates Texas (während er die Rolle des verzerrten bundesstaatlichen Steuersystems übersieht, das durch beschleunigte Abschreibung zu unwirtschaftlichen Unternehmensverlegungen animiert); in seiner nicht energisch genug vertretenen Forderung nach höheren Energiepreisen anstelle von obligatorischen Importbeschränkungen, Verboten von Energieverschwendung fördernder Werbung (wie in Frankreich) oder sogar einem gerechten, offiziellen Benzinrationierungsprogramm (die sich aus logischer Sicht allesamt aus seiner Forderung nach Selbstdisziplin der Arbeiter bei Lohnforderungen. Rostow ist eindeutig ein Vertreter des Establishments, der sich immer noch lieber an die etablierten Spielregeln hält, als aus dem Glied zu treten und irgendetwas allzu Neues vorzuschlagen. Ja man gewinnt sogar den Eindruck, daß Rostow selbst noch einmal gern ans Ruder möchte. In seiner Erörterung über die Notwendigkeit von größerer Wirtschaftsplanung, nach der Arbeitgeber, Arbeitnehmer und Staat (und wo bleiben die Verbraucher?) in der Art der französischen Planungskommission von Jean Monnet im Jahr 1946 zusammenarbeiten könnten, bemerkt er, daß es sich um eine kleine Gruppe handelte, die in Paris in einem ansprechenden Stadthaus aus der Barockzeit mit Esprit arbeitete. Dann malt er sich aus, wie ein ähnlich vertrauter Planungsstab in Washington aussehen könnte und „an dessen Spitze eine Persönlichkeit von höchstem Rang stünde, die natürlich direkten Zugang zum Präsidenten hätte“, und deutet an, daß „sich ein entsprechend bescheidenes Stadthaus am Lafayett Square finden ließe“. Diese wenigen glücklichen Planer würden sich dann daran machen, die alte Finanzierungsgesellschaft für Wiederaufbau aus den dreißiger Jahren wieder ins Leben zu rufen, und könnten einige regionale Entwicklungsbanken – „vielleicht vier“ – schaffen, die „gute Aussichten hätten, unbehindert von diesen kurzfristigen politischen zu arbeiten, die immer dann auftauchen, wenn in gesetzgeberischen Organen ... staatliche Entwicklungsländer bereitgestellt werden“. Natürlich hat gerade diese Art von herablassender, bürokratischer Arroganz dazu beigetragen, das Mißtrauen der Wähler, die Forderungen nach Dezentralisierung, in *„Small is Beautiful“* beschriebene Technologien, Arbeitsselbstverwaltung, größerer Eigentumsbeteiligung der Belegschaften, Bürgermitbestimmung, Verbraucher- und Umweltschutz, unternehmerischer Verantwortlichkeit, gesetzlicher Verankerung der Menschenrechte und die sich heute ausweitenden Steuerrevolten hervorzurufen. Das Kernproblem besteht darin, daß bisher noch keine politische Einigkeit darüber zustande gekommen ist, Rostows Planung von Staats wegen zu verordnen. Diesmal wird es nicht genügen, nur die alten Beziehungen spielen zu lassen; wie die anderen, die gerne Führer sein möchten, wird sich auch Rostow den Wählern stellen müssen. Wir brauchen dringend eine breite öffentliche Diskussion und zahlreiche führende Persönlichkeiten aus allen Bereichen, die den gewaltigen Umbruch, der sich jetzt bereits in allen im Endstadium befindlichen Industriegesellschaften vollzieht, begreiflich machen. In Demokratien gehen solche Entwicklungen aber nur sehr langsam voran, doch die Zeit ist denkbar knapp. Die erklärende Politik der neuen Begriffsbildung muß weitergehen. John Kenneth Galbraiths Ansicht ist viel egalitärer, und in seinen leicht verständlichen und intelligenten kritischen Schriften über die traditionellen Wirtschaftswissenschaften hat er konsequent die Wähler angesprochen. Vielleicht faßt sein *Economics and the Public Purpose* (1973) am besten zusammen, was seiner Ansicht nach in reifen industriellen Demokratien getan werden muß. Während die Öffentlichkeit solche Katalysatoren wie Galbraith begeistert begrüßt, zollen ihnen die etablierten Wirtschaftswissenschaftler weniger Anerkennung als den Heeren von 'mathematischen Modellbauern' und Ökonometrikern. Mit ihren Rechenschiebern und Computern trachten diese quantitativen Analytiker danach, die Wirtschaftswissenschaften, die sich einst mit umfassenden sozialpolitischen Forschungen befaßten, in eine „wertfreie" Wissenschaft zu verwandeln, als ob sich ihre Themen nach den unveränderlichen Gesetzen des Universums richteten und nicht die Manifestierungen des gesamten chaotischen, unberechenbaren Verhaltens der Gattung Mensch verkörperten. Selbst in seiner schärfsten Kritik an einer derartig reduktionistischen Wirtschaftswissenschaft bleibt Galbraith immer noch der großen Tradition jener Giganten verbunden, die diesen Wissenschaftszweig begründeten – Adam Smith, Ricardo, Malthus, Marx und John Stuart Mill – wie auch der Tradition, in die wirtschaftlichen Überlegungen all jene unbequemen sozialen, politischen, psychologischen und ökologischen Variablen einzubeziehen, die in den Analysen der quantitativen Schule häufig nicht berücksichtigt werden. Mit ihren fruchtlosen Bemühungen, aus der Wirtschaftswissenschaft eine „exakte Wissenschaft" zu machen, hat diese quantitative Schule sowohl der Wirtschaftswissenschaft in ihrer Eigenschaft als nützlicher Disziplin als auch der Gesellschaft großen Schaden zugefügt, indem sie gewöhnlich Sozial- und Wertkonflikte und -alternativen so kaschieren, als handele es sich um rein technische oder wirtschaftliche Fragen. Nur wenn die Wirtschaftswissenschaftler öffentlich zugeben, daß die Wirtschaftswissenschaft keine Wissenschaft ist, wird sich zeigen, daß diese sozialen Alternativen Ziel- und Wertkonflikte in sich bergen, die nur durch politische Prozesse gelöst werden können.

Die Wirtschaftswissenschaft ist nicht nur eine normative Disziplin, die die Wertpräferenzen von Wirtschaftswissenschaftlern zum Ausdruck bringt – zum Beispiel die durch nichts bewiesenen Annahmen in bezug auf menschliche Motivationen, (die von Psychologen energisch bestritten werden), und die Meinung, mehr sei notwendigerweise besser, was von Ökologen in Frage gestellt wird – sondern ihre vorherrschende neoklassische Schule ignoriert laut Galbraith großenteils auch noch immer die Rolle, die die Macht bei der Veränderung der wirtschaftlichen Ergebnisse spielt. Die Wirtschaftswissenschaftler sind, so behauptet Galbraith, zu oft zu Verfechtern und Gralshütern der derzeitigen Wirtschaftsordnung, die sie unterstützt und beschäftigt, geworden. In Kenntnis dieser von Wirtschaftswissenschaftlern unbewußt gespielten Verteidigungsrolle rekrutieren und koordinieren die Public Interest Economics Foundation in San Francisco und die Accountants in the Public Interest freiwillige Wirtschaftswissenschaftler, damit sie Analysen für jene Bürgerinitiativen ausarbeiten, die sich den Einsatz eigener Wirtschaftswissenschaftler nicht leisten können. Die Befürworter privater oder staatlicher Bauprojekte, wie zum Beispiel Innenstadterneuerung, Autobahnbau und Sportstadienplanung, beauftragen häufig Wirtschaftswissenschaftler mit der Ausarbeitung von Kosten-Nutzen-Analysen, die oft zwangsläufig ihre Pläne rechtfertigen. Eine Schwäche von Kosten-Nutzen-Analysen liegt darin, daß sie nicht zeigen, wie sich Kosten und Nutzen eines bestimmten Projekts verteilen. Wer wird den Nutzen haben – die Verträge, das Wertpapieremissionsgeschäft oder andere Einnahmen aus den Verträgen – und welche Gruppen werden Opfer bringen müssen, wie zum Beispiel Eigenheimbesitzer mit niedrigen Einkommen, die den Planierraupen Platz machen müssen oder sich inmitten neuer Umweltverschmutzung, Lärm und Ballungsgebieten wiederfinden, oder die Steuerzahler, zu deren Lasten die verschiedenen, kaum dokumentierten sozialen Kosten gehen werden? Diese neuen Aktivitäten von Wirtschaftsprüfern wie Wirtschaftswissenschaftlern im Interesse des Gemeinwohls deuten an, inwieweit externe Effekte im Sozial- und Umweltbereich in den traditionellen Wirtschaftsanalysen unberücksichtigt geblieben sind.

Selbst der getreue Anhänger des Establishments Paul A. Samuelson hat – in den neuesten Auflagen seines Lehrbuchs *Economics* – die Notwendigkeit erkannt, daß alle diese durch wirtschaftliche Tätigkeiten geschaffenen negativen Wirtschaften, Dienstleistungen und staatlichen Einrichtungen dokumentiert und vom Volkseinkommen abgezogen werden müssen. Dementsprechend schlägt er jetzt anstelle des Bruttosozialprodukts einen Lebensqualität-Indikator vor, den er „Nettowirtschaftswohlfahrt" nennt. Galbraith behandelt ausführlich all die irrigen Annahmen der neoklassischen Wirtschaftsrichtung, die in zu vielen Klassenzimmern und Lehrbüchern immer noch als der Inbegriff der wissenschaftlichen Weisheit gilt. Diese Annahmen – daß 1) die meisten wirtschaftlichen Aufgaben auf Instruktionen des Marktes hin erfüllt werden, daß 2) das Unternehmen dem Staat untergeordnet sei, und, daß 3) der Verbraucher letztlich Natur und Fluß der angebotenen Waren und Dienstleistungen bestimme – werden erfreulicherweise allesamt scharf kritisiert und überzeugend ins Reich der Fabeln verwiesen. Galbraith dokumentiert, wie die Souveränität des Verbrauchers durch die Macht von Wirtschaftsunternehmen und deren Fähigkeit zersetzt wurde, die Märkte durch Werbung und ihre beherrschende Rolle bei der Unterstützung des kommerziellen Massendienstsystems zu kontrollieren. Selbst in seiner Eigenschaft als Wähler ist der Verbraucher mittlerweile ebenfalls dem Einfluß unternehmerischer Macht erlegen, die ausgeübt wird durch Wahlkampfspenden, Beeinflussung von Politikern und die zunehmende Verflechtung (die zuerst in Präsident Eisenhowers Warnung vor dem größer werdenden „militärisch-industriellen Komplex" zum Ausdruck kam) zwischen Großunternehmen und den aus dem Boden schießenden staatlichen Bürokratien.

Diese um sich greifende Détente zwischen unseren bedeutenderen Unternehmen und der amerikanischen Regierung, die Galbraith in *The New Industrial State* untersuchte, hat seiner Meinung nach praktisch eine Planwirtschaft geschaffen, wenngleich sie inoffiziellen Charakter hat und selbst von jenen in ihrer Einflußsphäre energisch bestritten wird. In *Economics and the Public Purpose* führt er diese frühere Beurteilung weiter aus und erklärt, daß neben dieser Planwirtschaft ansatzweise noch eine Marktwirtschaft existiert, deren Entwicklung durch die Macht des vorherrschenden Planungssektors im Keim erstickt wird. Er unterstreicht – meiner Meinung nach zu Recht – daß diese ungleiche Entwicklung und die sich daraus ergebenden Einkommensungerechtigkeiten in keinerlei Beziehung zu Bedarf, Produktivität oder Effizienz stehen; vielmehr sind sie das Ergebnis der ungleichen Machtverhältnisse. Wenn die Wirtschaftskräfte sich selbst überlassen bleiben, folgert Galbraith, kommt dabei nicht das Beste heraus, außer für die Mächtigen. Die phänomenale Entwicklung der sozialen Bewegungen für Verbraucher- und Umweltschutz, Rassen- und Wirtschaftsgleichheit und unternehmerische Verantwortlichkeit scheinen Galbraiths These bestätigt zu haben. Wäre der Verbraucher wirklich König, könnten die Märkte die Ressourcen vernünftig mit einem Mindestmaß an staatlichen Eingriffen verteilen und wären die externen Kosten von privatwirtschaftlichen Tätigkeiten lediglich Abweichungen, die der Wirtschaftstheorie zufolge mit einbezogen werden könnten, dann gäbe es solche sozialen Bewegungen nicht und wir wären bereits im optimalen Gelobten Land des Wirtschaftswissenschaftlers angelangt. Man sieht sich gezwungen, daraus zu schließen, daß entweder die Verbraucher und Bürger (deren Urteil über unternehmerische Integrität laut Opinion Research Corporation und anderer Meinungsforscher schlechter ausfällt denn je zuvor) allesamt verrückt sind oder daß die Unternehmen tatsächlich einen wachsenden und oft verheerenden Einfluß auf unser Leben und unsere Gesellschaft ausüben.

Wie der Council on Economic Priorities in vielen seiner Vergleichsstudien über das soziale Verhalten von Unternehmen gezeigt hat, ist der Einfluß verschiedener Unternehmen auf unser Leben und unser soziales System außerdem sehr willkürlich und wechselhaft, was nicht unbedingt mit sozialen Prioritäten, Bedürfnissen oder dem Allgemeinwohl zusammenhängt, sondern vielmehr Ausdruck der subjektiven Unternehmensinteressen an Wachstums- und Profitmaximierungszielen ist. Es zeigt sich immer deutlicher, daß Milton Friedmans Argumentation, daß die Unternehmen nur der Maximierung von Gewinnen nachgehen sollten und kein Recht hätten, zu versuchen, die Gesellschaft zu beeinflussen, schizophren ist. Denn gerade dadurch, daß die Unternehmen sich ihrem Profitstreben hingeben, belasten sie die Gesellschaft mit enormen Sozial- und Umweltkosten und anderen Auswirkungen. Oder wie der Zukunftsforscher Willis Harman vom Stanford-Forschungsinstitut erklärt: „Die Öffentlichkeit erkennt immer deutlicher, daß die unternehmerischen Ziele sich nicht an sozialen Zielen orientieren. Man könnte sogar sagen, daß die von Adam Smith erdachte wohltätige 'unsichtbare Hand' für immer mehr Amerikaner zu einem plumpen, erbarmungslosen 'unsichtbaren Fuß' geworden ist, der auf sozialen, menschlichen und Umweltwerten herumtrampelt, statt auf sie zu reagieren." Nach Galbraiths Beschreibung setzt sich das herrschende „Planungssystem aus den ungefähr tausend Hersteller-, Handels-, Transport- und Finanzfirmen zusammen, die annähernd die Hälfte aller nicht vom Staat gestellten Güter und Dienstleistungen produzieren. Diese Firmen stellen nach seiner Behauptung einen hohen Grad an wirtschaftlicher und politischer Machtkonzentration dar: Die 333 größten Industriegesellschaften verfügen über 70 % aller Produktionsmittel. Eine Versammlung der Chefs jener Firmen, die die Hälfte des gesamten Handelsumsatzes in den USA auf sich vereinen, würde laut Galbraith in einem Universitätshörsaal kaum auffallen. Diese gigantischen Unternehmen des Planungssystems haben erfolgreich die „Euthanasie der Macht der Aktionäre" betrieben und verfolgen ihre Ziele durch eine immer ausgeklügeltere Organisation, kollegiale Entscheidungsfindung und Informationskontrolle, und zwar dergestalt, daß es schwierig, wenn nicht gar unmöglich ist, daß einzelne Manager, Techniker, Aktionäre, Mitglieder der Verwaltungsräte, Regierunsbehörden oder sonst irgend jemand die ganzen relevanten Fakten zusammenfügen können, derer es bedarf, um die Praktiken des Unternehmens kritisieren oder seine Handlungsweisen in Frage stellen zu können. Galbraith weist darauf hin, daß solche Unternehmen aber darauf bedacht sind, nicht die kollektive Macht des Managements zur Schau zu stellen. Ihren Aufsichtsräten legen sie sorgfältig ausgearbeitete Informationen mit einer solchen Unterwürfigkeit vor, daß die Ratifizierung nur noch Formsache ist. Natürlich sind alle Organisationen, ob nun die großen Bürokratien des öffentlichen oder die des privaten Sektors, „Verteidigungsmechanismen" für die Kontrolle oder Verschleierung von Informationen, damit sie ihre internen Ziele verfolgen können. In allen derartigen Bürokratien erweisen sich die Spitzenmanager, wenn sie in Verlegenheit gebracht werden, als Experten darin, die Verantwortung auf andere abzuschieben.

Diese Praktik der endlosen, verworrenen gegenseitigen Schuldzuweisungen ist im Geschäftsgebaren von Unternehmen gang und gäbe: „Wir sind den Interessen der Aktionäre verpflichtet"; „Mein Aufsichtsrat würde da nie zustimmen" und dergleichen. Wie Galbraith erklärt, wird Macht nicht dadurch verringert, daß man sie einem anderen zuschreibt. Sie wird im Gegenteil fast immer vermehrt und ist leichter auszuüben. Während er die Bedeutung der Habgier im Verhalten der Menschen nicht bezweifelt, glaubt er aber auch, daß die neoklassische Annahme, die Unternehmen maximierten Gewinne, heute nur noch zum Teil wahr ist und daß jetzt Sicherheit und Wachstum die wichtigsten Ziele sind, und zwar nicht nur weil groß angelegte technologische Projekte solche Größe und Sicherheit erfordern, sondern auch weil die Manager selbst mehr vor den Unwägbarkeiten einer erbarmungslosen Konkurrenz geschützt sind und ihre Aktienbezugsrechte und Gratisaktien durch ständiges Wachstum des Unternehmens eher garantiert werden. Auf den Punkt gebracht, sagt Galbraith, verfügen diese Großunternehmen über die Macht, der Gesellschaft weitgehend ihren Willen aufzuzwingen, Preise und Kosten festzusetzen, das Verbraucherverhalten zu beeinflussen, die Zulieferung von Materialien und Ersatzteilen zu organisieren, eigene Reserven und eigenes Kapital zu mobilisieren, die Beziehungen zwischen den Sozialpartnern zu manipulieren, indem sie ihre glücklichen Arbeiter mit Lohnerhöhungen „kaufen", die zu Lasten der Verbraucher oder Steuerzahler gehen, und das Wählerverhalten und den Staat zu beeinflussen. Schließlich stellt er fest, daß das Unternehmen in seiner multinationalen Form eine logische Fortsetzung all dieser Eigenschaften ist. Galbraith relativiert seine radikalen Schlußfolgerungen, indem er einige Ausnahmefälle anführt, wo Aktionäre durch Verluste aus ihrem Schlaf gerüttelt wurden, und auch indem er auf das häufig ungenutzte Potential gebündelter Aktionärsmacht von institutionellen Anlegern aufmerksam macht, wie zum Beispiel Versicherungsgesellschaften, Stiftungen und Investment- und Rentenfonds, von denen aber die meisten im Hinblick auf die Politik des Managements noch immer passiv bleiben. Galbraith geht nicht auf die in den vergangenen Jahren erfolgten Aktivitäten jener Hunderter von großen wie kleinen Gruppen ein, die versuchten, die Sozialpolitik von Unternehmen durch die gebündelte Ausübung ihres Stimmrechts und die Politisierung der Jahresversammlungen und institutionellen Anleger zu beeinflussen. Seit 1970 berichtet der Council on Economic Priorities über diese Aktivitäten in seinen vielen ausführlichen Reportagen über die sozialen Auswirkungen von Unternehmen in vielen Breichen, wozu Verbraucher- und Umweltprobleme, die Rechte von Minderheiten, die Vergabe von Rüstungsaufträgen und die sozialen Auswirkungen amerikanischer Unternehmen in seinem Informationsblatt *Minding to Corporate Conscience* einen jährlichen Bericht über die von Aktionären ergriffenen Maßnahmen. Galbraith tut die Bestrebungen der Campaign GM (Kampagne von General Motors), die den meisten nachfolgenden Unternehmenskampagnen als Vorbild diente, mit der Behauptung ab, solche Bestrebungen seien naiv. Doch man fragt sich, ob Galbraith auch so einen mutigen und unverblümten Ton angeschlagen hätte, wenn nicht zuvor die Bewegung für unternehmerische Verantwortlichkeit so fruchtbare Vorarbeit geleistet und die öffentliche Meinung aufnahmebereit gemacht hätte.

Leider gibt es in den meisten sozialwissenschaftlichen Disziplinen offensichtlich einen kulturellen Rückstand. Bestenfalls können sie Teile von dem, was sich in den jüngsten sozialen Interaktionen zugetragen hat, nachverfolgen, aber für die Gegenwart sind die nicht von Nutzen, von einer Aussagekraft über die zukünftige Entwicklung der Ereignisse ganz zu schweigen. In den Wirtschaftswissenschaften liegt jetzt ein solcher kultureller Rückstand klar auf der Hand. Genau in dem Moment, als sich die Wirtschaftswissenschaften schließlich en masse für den Keynesianismus entschieden, machten sich die Sozial- und Umweltkosten solcher Programme wie der Ankurbelung der gesamten Volkswirtschaft zur Beseitigung spezifischer Probleme der strukturellen Arbeitslosigkeit und Einkommensverteilung in steigender Inflation, sozialer Zerrüttung, Ressourcenverknappungen und Umweltverschmutzung bemerkbar.

Wie möchte Galbraith gegen die von ihm so überzeugend dokumentierten Probleme vorgehen? Seine Rezepte reichen vom Ermahnenden bis hin zum Pragmatischen. Erstens: Er fordert die Emanzipation der Überzeugung, der sich viele voll und ganz anschlössen: Die Wirtschaftswissenschaftler und ihre abgenutzten Theorien sind es, die hauptsächlich der vernünftigen öffentlichen Diskussion über Ressourcenzuteilung und soziale Entscheidungsmöglichkeiten im Wege stehen. Irgendwie muß ihrer Beherrschung der durch Metaphern und Phrasendrescherei verschleierten dringlichen öffentlichen Kontroversen ein Ende gesetzt werden, und man muß sie dazu zwingen, die Grenzen ihrer beruflichen Kompetenz zuzugeben, denn außerhalb dieses Kompetenzbereichs können sie ihre eigenen Wertpräferenzen berechtigterweise nur in ihrer Eigenschaft als individueller Bürger geltend machen. Hier kann die Bewegung für die Politisierung der Wirtschaftswissenschaftler und Wirtschaftsprüfer in der akademischen Welt weite Kreise ziehen. Die Wirtschaftswissenschaften sind eine der letzten wissenschaftlichen Hochburgen, deren Anspruch auf Wissenschaftlichkeit noch nicht getrübt ist und die in den USA zusätzlich vor der Wirklichkeit durch die Tabuisierung marxistischer und anderer konkurrierender Paradigmen geschützt sind. Dadurch ist eine logische Kritik an der marktwirtschaftlich orientierten Wirtschaftswissenschaft praktisch unmöglich geworden, weil ein fester intellektueller Boden, von dem aus man das Marktsystem betrachten und seine Stärken und Schwächen realistisch beurteilen könnte, nicht vorhanden ist. Nun sind aber solche wissenschaftlichen Gruppen wie die Union for Radical Political Economics, die Galbraith in Harvard und M.I.T. aktiv unterstützt und auch an anderen angesehenen Universitäten vertreten ist, dabei, einen günstigen Einfluß auszuüben, indem sie die Wirtschaftswissenschaftler von ihren früheren Vorstellungen befreien und vermutlich solche Freidenker wie Galbraith zu größeren Anstrengungen ermuntern. Zweitens: Galbraith fordert die Emanzipation des Staates von der durch die Kräfte des Planungssystems ausgeübten unternehmerischen Kontrolle. Er befürwortet eine Reglementierung des Unternehmens, damit seine Ziele dem Allgemeinwohl dienen und es nicht bestimmen. Aber Galbraith schließt sich nicht den vielen Aktivisten an, die gerne eine Durchsetzung der Antitrust-Gesetze sähen, damit die Unternehmen, die monopolistische oder oligopolitische Macht ausüben, zerschlagen würden. Seiner Meinung nach verkennen solche Strategien den wahren Charakter der Antitrust-Gesetze, die seiner Ansicht nach vom Planungssystem als nützliche Kulisse toleriert werden, aufgrund derer die Öffentlichkeit in dem Glauben gewogen wird, in einem freien Unternehmenssystem finde ein harter wirtschaftlicher Wettbewerb statt. Die meisten, die sich damit befassen, werden sich vielleicht darüber einig sein, daß doktrinäre Behauptungen über die Verdienste des Wettbewerbs kaum mehr als leeres Gerede sind. Aber im Gegensatz zu Galbraith, der anscheinend weder unternehmerische Größe fürchtet noch angebliche Wirtschaftseinteilungen in Frage stellt, mißtrauen heute Aktivisten und Millionen von Bürgern der Größe an sich, nicht nur weil sie den Verdacht haben, daß bei der Wirtschaftseinteilung bedeutende Unverhältnismäßigkeiten (wahrscheinlich sowohl intern als auch extern) bestehen, sondern auch weil alle großen bürokratischen Strukturen gegenüber den Bürger/Verbraucherreaktionen Gleichgültigkeit demonstrieren. Auch die Umweltschützer mißtrauen der Größe und Zentralisierung aufgrund ihres Verständnisses der Prinzipien ökologischen Systemverhaltens: daß sich alle stabilen, effizienten Ökosysteme durch Vielfalt und Reaktionsvermögen auf Rückinformationen auszeichnen.

Galbraith interessiert sich anscheinend auch nicht für die Dezentralisierung oder Streuung des Kapitalbesitzes durch solche Methoden wie die von Louis O. Kelso angeregten Eigentumsbeteiligungen durch Belegschaftsaktien, die es mittlerweile in vielen Unternehmen gibt und einen weiteren Weg zur Demokratisierung von Unternehmen dadurch bieten, daß Millionen von Arbeitern zu Aktionären werden. Drittens: Wie schon auf so brillante Weise in *The Affluent Society* betont Galbraith auch hier mit Nachdruck, daß die Ressourcennutzung umstrukturiert werden muß, so daß die Resssourcen nicht mehr in überentwickelten Wirtschaftsbereichen (zum Beispiel für den privaten Verbrauch von Luxusgütern) sondern für die Deckung bisher unbefriedigter Bedürfnisse eingesetzt werden, und er fordert, daß die Technologie in den Dienst der Öffentlichkeit und nicht in den des technokratischen Interesses gestellt werden muß. Die großen Unternehmen haben bereits weitgehend die bevorstehende Sättigung eines Teils des privaten Konsums und die Notwendigkeit erkannt, daß sie sich für die Deckung der unbefriedigten Bedürfnisse des öffentlichen Sektors neu gruppieren müssen. Nach der peinlichen Selbstherrlichkeit gegen Ende der sechziger Jahre, als einige Unternehmen behaupteten, sie könnten die Erziehung und Ausbildung unserer Kinder übernehmen, die Armenviertel sanieren und unseren Städten ein neues Gesicht geben, schätzen die Unternehmen jetzt zum Glück ihre eigenen Fähigkeiten nüchterner ein. Aber wenn sich die Unternehmen solchen neuen „Märkten" wie öffentlichen Verkehrsmitteln, Wohnungsbau, Gesundheitsfürsorge, Umweltschutz und Recycling zuwenden möchten, müssen sie die für diese Prioritäten kämpfenden sozialen Bewegungen verstehen lernen. Diese Bewegungen stellen nichts anderes dar, als potentielle Verbraucher, die dazu gezwungen wurden, sich für die Durchsetzung ihrer Forderungen politisch zusammenzuschließen, da sich solche gesellschaftlichen Bedürfnisse offensichtlich nicht auf dem traditionellen Markt zum Ausdruck bringen oder erfüllen lassen. Wie sollen wir aber solche neuen sozialen Güter produzieren und eine derartige Produktion finanzieren? Sicherlich werden sich viele derzeitige Unternehmen um die neuen Verträge reißen. Es wird daher notwendig sein, durch politische Prozesse die Durchführungskriterien, Kosten und anderen Bedingungen solcher Verträge sorgfältig zu definieren, damit wir solche Mißstände, wie sie derzeit in der Rüstungsindustrie herrschen, vermeiden: mangelhafte Produktion, Kostenexplosion und der ungesunde Einfluß der unternehmerischen Vertragspartner auf die Anschaffungen und sogar auf die Entscheidungsprozesse über die Bedürfnisse des Verteidigungsministeriums. Darin wird Galbraith durch die 1979 von der Brookings Institution ausgesprochene Empfehlung bestätigt: Daß ungefähr 500 Millionen Dollar jährlich eingespart werden könnten, wenn der Pentagon den zivilen Arbeitern nicht mehr weiterhin mehr bezahlte, als vergleichbare Arbeiter in der Privatwirtschaft verdienen. Das General Accounting Office entdeckte, daß für das übertrieben komplexe Telefonnetz des Verteidigungsministeriums weitere 300 Millionen Dollar verschwendet wurden (*Time*, 29. Oktober 1979, S. 33). Galbraith regt an, daß wir das schwächere Marktsystem für die Deckung vieler neuer Bedürfnisse dadurch aufpäppeln könnten, daß wir kleinere

Firmen dazu ermutigen, sich effektiver zu organisieren, und dafür sorgen, daß sie vom Staat genauso großzügig behandelt werden wie die Unternehmen des Planungssystems. Viele kleinere Firmen sind an sich, so glaubt er, vielleicht besser dafür geeignet, einige der auf dem öffentlichen Sektor benötigten Dienstleistungen anzubieten, als größere Unternehmen, deren Stärke darin liegt, Unmengen identischer Waren am laufenden Band zu produzieren. Er befürwortet auch eine deutliche Anhebung der Mindestlöhne zum Schutz der Arbeiter im schwächeren Marktsystem und begrüßt die derzeitige Offensive, die Arbeiter im Dienstleistungssektor, in kommunalen Behörden und in der Landwirtschaft gewerkschaftlich zu organisieren.

Galbraith behauptet, daß für die Durchführung einiger wesentlicher Dienstleistungen wie öffentlicher Verkehr, sozialer Wohungsbau und Gesundheitsfürsorge nur staatlich betriebene Unternehmen in Frage kommen, da diese Dienstleistungen nicht für die Fähigkeiten des Planungssystems prädestiniert sind und aufgrund ihrer ureigensten Natur Gewinnspannen, an denen den Großunternehmen ja gelegen ist, von vorneherein ausschließen könnten. Daher würde sich der von Galbraith so bezeichnete „neue Sozialismus" in der Wirtschaft nicht Zentren der Macht, sondern Zentren der Ohnmacht suchen. Außerdem fordert er die Verstaatlichung und Überwachung solcher Unternehmen wie Lockheed und General Dynamics und aller anderen Firmen, die mehr als 50% ihres Umsatzes dem Staat verdanken, da er glaubt, daß eine einzige klar erkennbare Bürokratie der Günstlingswirtschaft und der gegenseitigen Beeinflussung vorzuziehen sei. Im neuerdings wieder konservativen Kanada plant man eine solche Umwandlung und will aus Petro-Canada ein praktisch staatlich betriebenes Unternehmen machen (*The Christian Scientist*, 17. Oktober 1979). Solche Vorschläge für die Verstaatlichung weitgehend für den Staat tätiger Unternehmen verdienen es, in Erwägung gezogen zu werden, da in Kriegszeiten ja gerade der Steuerzahler zur Kasse gebeten wird, um den Aktionären aus der Klemme zu helfen. Galbraith setzt sich dafür ein, die strukturellen Einkommensungerechtigkeiten mit den verschiedenen Vorschlägen zu einem garantierten Einkommen zu bekämpfen, die im Verlauf der vergangenen zehn Jahre vorgebracht wurden und die 1972 in der Ablehnung des Family Assistance Plans gipfelten, was Daniel P. Moynihan in seinem Buch *The Politics of a Guaranteed Income* festgehalten hat. Man hofft, daß wir alles noch einmal ganz neu überdenken und ein anderes Modell der Einkommensgarantie entwickeln können, das mehr Erfolg haben wird, denn sie ist eine der notwendigen Strategien, mit denen man die vom technologischen Wandel in fortgeschrittenen industriellen Volkswirtschaften verursachten Härten für einzelne dämpfen kann. Galbraith legt besonderen Nachdruck auf eine bekannte Liste von Steuerreformen, die die Ungleichheiten bei der Einkommensverteilung abbauen sollen, und er ruft die Gewerkschaften dazu auf, eine Verringerung der immensen Gehaltsunterschiede zwischen Arbeitern und Managern zu fordern. Was die Umwelt angeht, schlägt er eindeutigere Verbote für mehr Arten von Umweltschädigung vor als die meisten seiner Wirtschaftskollegen. Aber bei der Betrachtung der möglichen Grenzen des derzeitig definierten Wirtschaftswachstums (siehe zum Beispiel Donella Meadows et alii, *The Limits to Growth*) tappt Galbraith in diesselbe Falle wie die meisten seiner Kollegen vor ihm. Hier läßt er eine deterministische Anschauung erkennen, die sich mit den sonst in seinem Buch geforderten massiven Sozialreformen überhaupt nicht vereinbaren läßt. Nach seiner Behauptung sei eine Verringerung des Wachstums nur dann zu verantworten, wenn die Einkommen gleichmäßiger verteilt seien. Er hat anscheinend die gegenwärtige Unternehmerpropaganda geschluckt, für die Mobil Oils Werbung ein typisches Beispiel ist, nämlich daß das Wirtschaftswachstum der einzige Weg zu größerer Einkommensgleichheit sei. Das widerspricht natürlich der Hauptrichtung seiner anderen sozialen Patentrezepte, zu denen auch die Einkommensumverteilung gehört. Er kann nun einmal nicht behaupten, daß durch eine Begrenzung des Wirtschaftswachstums Menschen und Gruppen auf ihr gegenwärtiges Konsumniveau beschränkt blieben, ohne dabei gleichzeitig die Unmöglichkeit und somit Naivität seines Programms zur Bekämpfung der Einkommensunterschiede zuzugeben. Die seit kurzem als real erkannten Energie- und Ressourcenverknappungen veranlassen Galbraith vielleicht dazu, seinen in diesem Buch dargelegten Standpunkt zum Wirtschaftswachstum noch einmal zu überdenken. Selbst Wirtschaftswissenschaftlern ist es klar, daß Ressourcenverknappungen auf jeden Fall zu einer Zügelung des Wirtschaftswachstums führen werden; wenn dem so ist, werden vielleicht die früheren Forderungen der Umweltschützer nach Umverteilungsstrategien, gemeinsamem Teilen, gemeinschaftlichen Lebensweisen und nach Abrücken von materiellem Konsum ernster genommen. Alles in allem setzt sich Galbraith für die üblichen liberalen, humanistischen Vorschläge und für die Annahme ein, daß sich durch unsere demokratischen Prozesse schon irgendwie ein Bündel notwendiger Reformen finden lasse. Aber wie? Dadurch, sagt Galbraith, daß wir den Kongreß so beeinflussen, daß er auf die Belange der einzelnen Wähler und des Allgemeinwohls eingeht, statt wie bisher auf die allzu organisierter spezieller Interessengruppen. Aber genau das ist der Punkt, wo wir ins Spiel kamen. Die Beschlagnahme solcher politischer Prozesse durch unternehmerische Macht, die er so überzeugend dokumentiert, hat ja ursprünglich den politischen Dissens in andere 'Ad-hoc'-Kanäle getrieben, wie beispielsweise die Jahresversammlungen und die gebündelte Ausübung des Aktienstimmrechts, und die neue Politisierung der Massenmedien durch die Bewegung für den Zugang der Bürger ausgelöst. Selbst wenn man sich von Galbraith davon überzeugen läßt, daß Größe unvermeidbar ist und daß alles, worauf wir hoffen können, der computerisierte Leviathan-Staat als einzige Lösung des durch Industriemacht und Wirtschaftswachstum geschaffenen Gordischen Knotens ist, so fragt man sich doch, wie er ein solches Vertrauen in die menschliche Fähigkeit, mit solcher labyrinthischen Komplexität fertigzuwerden, an den Tag legen kann. In Wahrheit wissen wir nicht, wie wir die von uns selbst geschaffenen komplexen, soziophysikalischen Systeme gestalten, geschweige denn steuern sollen. Die Postkeynesianer wissen es auch nicht. Wenn es aber eine Form von Wirtschaftswissenschaft geben soll, die die derzeitige Bewährungsprobe des zu Ende gehenden Industrialismus übersteht, dann dürfen wir auf unserer Suche innerhalb der Wirtschaftswissenschaften nichts unversucht lassen. Somit befassen wir uns nun kurz mit der anschaulichsten Darstellung politischer Fragen, die der in den

USA wohl angesehenste Marx-Kenner Michael Harrington in seinem Buch *Twilight of Capitalism* (Simon & Schuster, 1976) anbietet.

Harrington zitiert Jürgen Habermas' Prognosen und erklärt, daß die makroökonomische Mißwirtschaft uns in die heutige Krise der politischen Legitimität manövriert hat. Alle marktwirtschaftlich orientierten Demokratien befinden sich jetzt in der ausweglosen Situation, die durch die Erwartungen der Bürger im Hinblick auf ein stabiles Wirtschaftswachstum, einen hohen Beschäftigungsgrad und auf steigende persönliche Einkommen und Aufstiegsmöglichkeiten geschaffen wurde – also durch die verlockenden Versprechungen allzu optimistischer Wirtschaftswissenschaftler. Das hat zur Folge, daß die alten Patentrezepte der Regierung für die Steuerung der Inflation, das heißt durch hohe Zinssätze den Kreditspielraum einengen und die Geldmenge drosseln und dadurch Arbeitslosigkeit schaffen, heute aus politischer Sicht unvertretbar sind. Tatsächlich war dies der wirkliche Grund dafür, daß Jimmy Carter Präsident Ford – der von der Wirtschaft massiv unterstützt wurde – durch eine Koalition der weniger Wohlhabenden aus seinem Amt drängen konnte. Anscheinend gibt es heute so viele Amerikaner, in deren Augen unsere Wirtschaft nicht funktioniert, daß sie bei Wahlen eine Mehrheit zustande bringen. Carter selbst wurde durch Reagans ähnliche Versprechen aus dem Sattel gehoben, nämlich die Steuern zu senken und die Inflation und Arbeitslosigkeit abzubauen.

Harrington erforscht nüchtern und sachlich unser Wirtschaftssystem, das sich jetzt in seinem Aufbau stark von dem einfachen Modell Adam Smiths unterscheidet. In der ersten Hälfte seines Buches vergleicht er unsere wirtschaftlichen Schwierigkeiten mit Marx' Vorhersagen über die internen Widersprüche des Kapitalismus und stellt schließlich fest, daß abnehmende Erträge und die Notwendigkeit einer periodischen Rezession – „die Pause, die den Privatsektor erfrischt" – noch immer vorherrschen.

Andererseits haben sich Marx' Prognosen von der Arbeiterrevolution als falsch erwiesen, da so viele Arbeiter immer noch an Horatio Alger glauben und sich mit denen identifizieren, die es geschafft haben. Im großen und ganzen entlarvt Harrington das heutige leere Gerede über Marx, zeigt, wie einige Marxisten ihren Guru mißverstehen und beweist, daß sich viele amerikanische Soziologen ihre Einsichten von Marx geholt haben, während sie gleichzeitig seinen Einfluß auf ihre Analysen lauthals bestritten. Harrington unterstreicht, daß Marx nie behauptet hat, die Produktionsbeziehungen seien der wesentliche Faktor bei der Bestimmung des kulturellen Überbaus, sondern daß er bei der Darstellung ihrer Zusammenhänge mit viel größerem Gespür vorging. Er verweist auch auf Marx' Überzeugung, daß die Habgier in fortschreitendem Maß zu der Entwicklung einer Volkswirtschaft beiträgt. Am wichtigsten ist vielleicht, daß Harrington uns daran erinnert, daß das „freie Marktsystem" nicht von Gott oder irgendwelchen Naturgesetzen stammt, ein Punkt, den Marx, Polanyi, Max Weber und unzählige Anthropologen bestätigt haben.

Karl Polanyi untersuchte diesen Punkt in seinem Buch *The Great Transformation* (1944) eingehender und erhellte das herrliche Paradoxon, daß das freie Marktsystem des „Laissez-faire" in Wirklichkeit eigentlich ein Sozialgesetzgebungspaket war! Diese peinliche Wahrheit zeigt sich mit dem zu Ende gehenden Zeitalter des Industrialismus, das durch diese Sozialgesetzgebung ausgelöst wurde (im wesentlichen die Parzellierung des Landes und die Vermarktung der Arbeitskraft), immer deutlicher. Wie Harrington erklärt: „Die Eule Minervas fliegt nur bei Nacht", und erst an dessen Abend können wir allmählich das Zeitalter erkennen, in dem wir gelebt haben. Harrington weist auch darauf hin, daß Marx die Wirtschaftswissenschaft nie als einen Wissenschaftszweig betrachtete, sondern die Wirtschaftswissenschaftler einfach für bezahlte Verfechter des Kapitalismus hielt. Tatsächlich hat das neue Aufkommen der Wirtschaftswissenschaften im Interesse des Allgemeinwohls dazu beigetragen, die Wirtschaftswissenschaftler von ihrem Anspruch auf Objektivität abzubringen und ihr fast schon religiöses Festhalten am mittlerweile verblassenden Ideal des freien Marktes und an ihrer simplen auf der Hydraulik von Angebot und Nachfrage gründenden makroökonomischen Politik bloßzustellen.

Harrington läßt auch das schwächste begriffliche Glied der Wirtschaftswissenschaften nicht unverschont: die Grenzwertanalyse. Er erläutert, wie im Krieg zwischen den beiden Universitäten Cambridge (zwischen Wirtschaftstheoretikern an der Universität Cambridge in England und denen an der Universität Cambridge im amerikanischen Bundesstaat Massachusetts) Joan Robinson und das englische Team beinahe Samuelson und das amerikanische Team dadurch ruinierten, daß sie bewiesen, daß die Amerikaner trotz ihrer ganzen ausgefallenen Mathematik nicht in der Lage waren, Kapital zu definieren, den Dreh- und Angelpunkt ihres begrifflichen Modells! Außer Erzählungen von solchen intellektuellen Eskapaden behandelt Harrington die sechziger Jahre und charakterisiert den von der Johnson-Administration gegen die Armut geführten Feldzug als von vornherein zum Scheitern verurteilt, da ihre Versuche, die Armut durch die Brosamenmethode zu lindern, indem man den Wirtschafts- und Investitionssektor unterstützte, ganz einfach in halbherzigen, sporadischen Programmen enden mußten. Harrington greift auch die herrschende Ansicht an, daß Wohlstand nur im privaten Sektor produziert werde, von wo aus er dann in „unproduktive" staatliche Programme geschleust werde. Statt dessen schlägt er ein überarbeitetes Modell vor, das auf einer Analyse darüber basiert, wie sich das System zum „Staat als Milchkuh" verwandelt hat. Dieses neue Modell stellt die Markttheorie auf den Kopf und zeigt den Staat und die Steuerzahler als eine dumme und geduldige Milchkuh, die Investitionen, Risiken und die vom Privatsektor verursachten sozialen Kosten tragen soll, während sie bei diesen Investitionsentscheidungen kein Mitspracherecht hat und am Gewinn nicht beteiligt wird. Seine Analyse ähnelt der von Galbraith insofern, als beide Autoren eine Wirtschaft beschreiben, in der Risiken und Kosten zu Lasten der Gesellschaft gehen, die Gewinne aber dem privaten Unternehmer allein vorbehalten bleiben. Harrington leistet einen sehr wertvollen Beitrag zu der derzeitigen Kontroverse über die sich verändernde Struktur unseres Wirtschaftssystems.

Zunächst, so scheint es, müssen wir ein fiktives Dilemma zu Grabe tragen: die sogenannte Korrelation zwischen Arbeitslosigkeit und Inflation, die von Wirtschaftswissenschaftlern als die „Phillips-Kurve" dargestellt wird. Paradoxerweise hat aber Phillips selbst nie eine Phillips-Kurve postuliert, sondern lediglich in seiner 1958 in England erarbeiteten Studie eine auf spärlichen Daten basierende hypothetische Beziehung beschrieben. Anhand der britischen Volkswirtschaft ist es heute möglich zu beweisen, daß die Phillips-Kurve keine Gültigkeit besitzt. Großbritanniens schwerwiegende Probleme geben uns vielleicht eine Vorschau auf den letzten Akt des Dramas „Industrialismus". Wie in allen reifen industriellen Volkswirtschaften ist nicht nur die Arbeitslosigkeit mittlerweile strukturell, sondern auch die Inflation. Beide hängen mit exzessiver Kapitalintensität und Ressourcenabhängigkeit zusammen und beide lassen sich vielleicht nur dadurch dämpfen, daß man für den Unterhalt solcher Volkswirtschaften eine Kombination aus weniger Kapital, Energie und Materialien und dafür mehr Arbeit, der reichlicher vorhandenen und viel zu wenig genutzten Ressourcen, anwendet. In solchen Volkswirtschaften wie Großbritannien und den USA ist die Arbeit heute in vielen Prozessen tatsächlich der effizientere Produktionsfaktor, während sich zwei neue Inflationsherde noch nicht einmal innerhalb des Paradigmas der Wirtschaftswissenschaften nachzeichnen lassen: die Inflation, die durch interne, systematische Komplexität und der daraus resultierenden emporschnellenden sozialen Kosten und größer werdenden öffentlichen Sektoren verursacht wird; und die Inflation, die durch die externen Effekte einer abnehmenden Ressourcengrundlage verursacht wird, weswegen für die Ressourcengewinnung aus immer minderwertigeren und unzulänglicheren Lagerstätten trotz stark sinkender Nettoerträge immer mehr Investitionskapital eingesetzt werden muß.

Harrington macht auf die erste systematische Ursache für steigende Inflationsraten aufmerksam – die emporschnellenden, durch privates Profitstreben entstandenen sozialen Kosten – aber er übersieht die zweite Ursache. Man hofft aber doch, daß er dazu beigetragen hat, die Inflationskontroverse präziseren Formulierungen zu erschließen, und daß er den Wirtschaftsjournalisten neuen Mut gegeben hat, die sich jetzt endlich mehr auf ihren eigenen gesunden Menschenverstand und auf Beobachtungen der Wirklichkeit verlassen, statt unterwürfig Wirtschaftswissenschaftler zu interviewen.

Einige Wirtschaftszeitschriften bemerken jetzt, daß ein bedeutender Paradigmenwandel vor sich geht, was in einem polemischen und verworrenen Essay zum Ausdruck kam, der vor einigen Jahren in Forbes unter der Überschrift *Inflation is Now Too Serious a Matter to Leave to the Economists* veröffentlicht wurde. Das wichtigste Moment, das Forbes, Harrington und die meisten Wirtschaftswissenschaftler übersehen, besteht darin, daß eine fortschreitende Technologie Interdependenzen schafft, die systematisch die Bedingungen des freien Marktes zerstören. Daher stehen alle reifen Industriegesellschaften einem monumentalen Paradoxon gegenüber: Die Politik des Laissez-faire läßt sich immer weniger anwenden, und trotzdem wissen wir kaum, wie man solche soziotechnischen Komplexitäten planen soll. Wir müssen uns jetzt diesem Paradoxon stellen, wenn wir je damit beginnen sollen, einen „dritten Weg" zu konzipieren.

3. Ein Blick zurück: Über 300 Jahre Wirtschaftspriestertum

DIE MODERNE ÖKONOMIE IST STRENGGENOMMEN ETWAS ÜBER 300 JAHRE ALT. Sie wurde begründet von Sir William Petty (1623-1687), der Professor der Anatomie zu Oxford und der Musik am Gresham College zu London sowie Stabsarzt unter Oliver Cromwell war. Zu seinem Freundeskreis gehörten Christopher Wren, der Architekt vieler Wahrzeichen von London, und Isaac Newton. An bedeutenden Werken wären etwa zu nennen: *A Treatise of Taxes and Contributions* (1622; Eine Abhandlung über Steuern und Abgaben), *Political Arithmetic* (1671) und *Another Essay in Political Arithmetic Concerning the Growth of the City of London* (1682; Noch eine Abhandlung zur politischen Arithmetik betreffend das Wachstum der Londoner Innenstadt). Petty hatte als erster eine Reihe von Ideen, die für Adam Smith und andere Ökonomen nach ihm zu einer unentbehrlichen Fundgrube wurden, darunter:

1. Die Arbeitswerttheorie (übernommen von Smith, Ricardo und Marx). Petty entwickelte auch den Gedanken „gerechter Löhne", die sich im Sinne von Aristoteles an Rang und Würden orientierten.
2. Die Differentialrente sowie die Unterscheidung zwischen guten und marginalen Böden (später von Ricardo erweitert).
3. Die Zinstheorie (die anstelle des Wuchers den Gedanken einer Belohung für Abstinenz und Risiko setzte).
4. Die Unterscheidung zwischen Preis und Wert (dieses Problem hat seitdem die Ökonomen in verschiedenen Fassungen immer wieder beschäftigt).
5. Monopolbildung (also jener „unvollkommene Wettbewerb", der im 20. Jahrhundert wunderbarerweise wiederentdeckt wurde, nachdem Marx es unmöglich gemacht hatte, ihn weiterhin zu ignorieren).
6. Die Geldmenge und seine Umlaufgeschwindigkeit. (Petty stellte die entscheidende Frage, die noch heute von den

Makroökonomen gestellt wird: „Wieviel Geld ist erforderlich, damit eine Nation Handel betreiben kann?“ Die Antwort lautet, daß dies von seiner Geschwindigkeit abhänge, das heißt von der Anzahl der „Umläufe und Zirkulationen“, die es durchlaufen muß.) Dieser Punkt macht, selbst heute noch, die theoretische Substanz der monetaristischen Schule aus.

7. Nationale Buchführung. (Petty betrachtete die Menschen als Teil des Reichtums eines Landes, wie es auch Smith tat, aber diese Anschauung wurde von Malthus geradezu umgekehrt. Petty nahm Schätzungen des Gesamtreichtums und Nationaleinkommens von England, Irland, Frankreich und Holland vor.)
8. Arbeitsteilung und Produktion in großem Umfang. (Petty beschrieb den Gewinn, der den Herstellern aus der Massenerzeugung und der Teilung der Arbeit in viele einfache Schritte erwachsen würde, fast hundert Jahre, bevor Adam Smith dies zu einem Eckpfeiler seines eigenen Werkes machte.)
9. Öffentliche Arbeiten als ein Heilmittel gegen die Arbeitslosigkeit. (Petty schlug vor, Bettler sollten vom Staat versorgt und dazu angestellt werden, „die Straßen breit, fest und eben zu machen, zu graben und zu schlämmen, auf daß die Flüsse schiffbar werden, und Bäume anzupflanzen“, und kam damit Keynes um über zweihundert Jahre zuvor. Petty meinte, es spiele weiter keine Rolle, was die Tätigkeiten einbrächten, solange es dabei „ohne Aufwand an ausländischen Waren“ abginge.) (Nach Guy Routh: *The Origin of Economic Ideas.* 1977. S. 36-45.)

Die Wirtschaftspolitik, wie sie heute in Washington, Bonn und London debattiert wird, würde Petty nicht im mindesten überraschen, höchstens der Umstand, daß sie sich so wenig verändert hat. Pettys Political Arithmetic scheint Descartes viel zu verdanken, da seine Methode darin besteht, Worte und Argumente durch Zahlen, Gewichte und Maße zu ersetzen und „nur vernünftige Argumente zu gebrauchen und nur solche Ursachen in Erwägung zu ziehen, die sichtbare Stützen in der Natur besitzen“ (Routh: a.a.O., S. 45). Er wurde jedoch seinen eigenen Vorsätzen nicht gerecht, und wenn ihm für seine Untersuchungen des Nationalreichtums keine Daten zur Verfügung standen, so verlegte er sich ebenso umstandslos auf Schätzungen, Annahmen und Mutmaßungen wie seine Nachfolger. Damals wurde die ältere Wirtschaftsordnung des Merkantilismus noch von Theoretikern verteidigt, die meinten, eine Nation käme dadurch zu Reichtümern, daß sie durch Außenhandel Geld, Gold und Silber akkumulierte. Die merkantilistischen Programme verordneten die Förderung der einheimischen Produktion und des Handels durch die Erhebung von Einfuhrzöllen, Prämien bei Verschiffung von Handelsgütern, Verbesserung des inländischen Transportwesens, Ausfuhrverbote von Gold- und Silberbarren und die Kontrolle der Geschäfte ausländischer Händler und ihrer Anhäufung von Kapitalien in Übersee. Handelsgesellschaften wurden von der Krone privilegiert, wie es etwa 1601 der Fall war bei der britischen Ostindischen Kompagnie, die nicht bloß ein Unternehmen für den Profit der Kapitaleigner sondern ein Instrument der nationalen Politik war. Andere merkantilistische Handelsnationen jener Zeit waren Spanien und Frankreich.

Zu den merkantilistischen Theoretikern zählten Antonio Serra (1580-1650) aus Spanien und Thomas Mun (1571-1641) aus England, dessen *Discourse on England's Treasure by Foreign Trade* (deutsch: *Englands Schatz durch Außenhandel.* Wien-Leipzig 1911) aus dem Jahre 1630 den entscheidenden merkantilistischen Lehrsatz verkündete: „... das Mittel zur Steigerung unseres Reichtums und Schatzes ist der Außenhandel, bei dem wir stets folgende Regel beachten müssen: jährlich mehr an fremde Staaten zu verkaufen, als wir wertmäßig von ihrem Guthaben verbrauchen."

Mit anderen Worten, ein Exportüberschuß sollte das Hauptziel der nationalen Wirtschaftspolitik sein. Diese Vorstellung paßte recht gut zu der beschränkten Weltsicht der abgeschlossenen, dünn bevölkerten europäischen Monarchien der Zeit, aber heute befinden wir uns trotz der Tatsache, daß einige Nationen noch immer große Handelsbilanzen zu ihren Gunsten beizubehalten versuchen (zum Beispiel Japan), in einer Welt, in der jeder auf jeden angewiesen ist und nicht alle Nationen gleichzeitig bei solchen Spielen gewinnen können. Manche werden verheerende Verluste erleiden, und Muns

Konkurrenzkampf bis aufs Messer kann zu Handelskriegen, Depressionen und internationalen Konflikten führen. Muns Abhandlung entwickelte auch als eine Neuerung den Gedanken der Zahlungsbilanzen, benannte die unsichtbaren Exporte und Importe (zum Beispiel Versicherungen), befürwortete die Aufnahme von internationalen Krediten und Schulden zur Finanzierung des Außenhandels und erklärte erstmalig, wie man ausländische Währungen umtauscht. Der führende Vertreter des Merkantilismus in Frankreich war Jean Baptiste Colbert (1619-1683), der Finanzminister Ludwigs XVI. Er vergab Privilegien und Monopole an viele Handelsgesellschaften, schlug mustergültige Industrien, setzte sich für Erfindungen ein und hatte im Laufe eines Jahrzehnts die Einkünfte des Königs verdoppelt; damit machte er Frankreich zur mächtigsten Nation in Europa mit der größten Kriegsflotte, blühenden Akademien, einer großen Bürokratie und den hohen Steuern, die dies alles trugen! – Antoine de Monchrétien (1575-1621) vertrat ebenfalls den Merkantilismus und sprach von dem wichtigen Beitrag des Eigennutzes zum Gemeinwohl – eine geradezu beispiellose Idee, die zum Vorläufer von Adam Smiths berühmtem Wort von der unsichtbaren Hand wurde. In seinem *Traité de l'économie* (1615) wurde zum erstenmal der Begriff „politische Ökonomie" gebraucht, bei welchem Namen die Volkswirtschaftslehre bis zum 19. Jahrhundert genannt wurde. Der Begriff „Merkantilismus" wurde erst im nachhinein auf diese Handelssysteme gemünzt (vor allem von Kritikern, darunter Adam Smith). Die Theoretiker dieser Praktiken bezeichneten sich selbst nicht als Ökonomen, sondern waren Politiker und Kaufleute, die versuchten, ihre Pläne und Verfahrensweisen zu rechtfertigen.

Die zwei Hauptfiguren, die in England auftraten, um neben Petty, Mun und den Merkantilisten die Grundsteine der Ökonomie zu legen, waren John Locke (1632-1704), ein Arzt, und Sir Dudley North (1641-1691), von denen jeder unabhängig vom anderen im Jahre 1691 einen Traktat veröffentlichte. Petty war der Ansicht gewesen, daß die Preise der Waren die darin eingegangene Arbeitsmenge richtig ausdrücken sollten, und hatte so die Autorität von Kirche und Staat mit einem objektiven Maßstab untergraben. Wenn aber weder Kirche noch Staat befugt waren, in Geschäftsabschlüsse einzugreifen, wer würde dann dafür Sorge tragen, daß Gerechtigkeit geübt wurde? Locke und North warteten mit der gleichen Antwort auf: Auch die Preise würden objektiv festgesetzt, nämlich durch Nachfrage und Angebot. Dieses Konzept befreite die damaligen Kaufleute nicht nur von dem moralischen Gesetz „gerechter" Preise, sondern es wurde zu einem weiteren Eckpfeiler der Ökonomie und mit den Gesetzen der Mechanik auf eine Stufe gestellt. Noch heute behauptet es sich hartnäckig als das Grundmodell, von dem die neoklassische Wirtschaftsanalyse ausgeht: Gleichgewicht von Angebot und Nachfrage durch Preispolitik. Es paßte auch ausgezeichnet zu der neuen Mathematik, die 1666 von Isaac Newton als Methode der „Fluxionen" bzw. von Gottfried Wilhelm von Leibniz als Differentialrechnung entwickelt wurde.

Wenn die Ökonomen genügend Voraussetzungen machten, so konnten sie nun der Bestimmung der Löhne einen „objektiven", wissenschaftlichen Status beilegen (indem sie die Arbeiter als ein „Warenangebot" gegenüber einer größeren oder geringeren Nachfrage bezeichneten); ebenso konnten sie mit subjektiven Wünschen (die sich heute als Präferenzfunktionen, „Grenznutzen", usw. darbieten) und anderem verfahren, wie ich später in diesem Kapitel genauer ausführen werde. Fortan nahmen die Bestrebungen zu, aus der Ökonomie eine mathematische Wissenschaft zu machen, und gingen dabei von dem Gedanken aus, daß sich die Ökonomie mit ständigen Schwankungen sehr kleiner Größenordnungen befasse und ihr geeignetstes Instrument die Differentialrechnung sei.

Das Problem war und ist, daß solche Ökonomenbegriffe wie „Nutzen" und „Nachfrage" nicht genau definiert sind, mit vielen Voraussetzungen abgesichert werden müssen und diese Art von Messung gar nicht zulassen. John Locke allerdings nimmt in der Geschichte des ökonomischen Denkens eine Schlüsselstellung ein, da er auch der maßgebende englische Philosoph der Aufklärung war, die auf den Merkantilismus folgte. Locke trat in die Fußstapfen von Thomas Hobbes (1588-1679), der in seinem *Leviathan* (1651) die radikale Idee verkündete, daß im Naturzustand alle Menschen frei und auf sich selbst gestellt wären. Aber obgleich Locke ihm darin beipflichtete, daß sich die Freiheit der Individuen aus dem Naturrecht herleite, wie auch in bezug auf ihre innere Vernünftigkeit und den Gedanken, daß die Menschen freiwillig einen Teil ihrer Freiheit in einem „Gesellschaftsvertrag" abgetreten und sich dadurch den Staat zu ihrem eigenen Schutz geschaffen hätten, wich seine Anschauung darüber hinaus doch von der Hobbesschen ab.

In Hobbes' Augen regierte Angst die Welt, und er glaubte, daß das menschliche Leben in seinem Naturzustand gemein, tierisch und kurz wäre, beherrscht vom zunehmenden Streit ums Überleben. Hobbes war Materialist; er stand über den Mathematiker und Mönch Mersenne mit seinen weitverzweigten Verbindungen unter dem Einfluß der Ideen von Galilei, Kepler und Descartes und las die Meditationen von Descartes im Manuskript. Auch Locke tauschte mit Descartes in einem Briefwechsel Gedanken aus und ging sogar weiter als Descartes mit seinem sensorischen Empirismus, indem er dessen Vorstellung anfocht, die Menschen besäßen ein angeborenes Wissen der allgemeinen Prinzipien und Maximen, mit denen sie auch die materielle Welt betrachteten. Locke zufolge ist der menschliche Verstand bei der Geburt eine tabula rasa. Sein *Essay Concerning Human Understanding* (deutsch: *Versuch über den menschlichen Verstand*. Meiner, Hamburg 1981) entwickelte Erkenntnistheorien, die nicht nur dem Werk Newtons und anderer damaliger Wissenschaftler zugute kamen, sondern einen extremen Gegenstand zum kirchlichen Dogma einnahmen.

Während Hobbes die Monarchie befürwortete, vertrat Locke den Gedanken der Repräsentativregierung und des Schutzes der Individuen durch das Recht auf Eigentum und die Früchte der Arbeit. Somit unterstützte er ebenfalls die Arbeitswerttheorie und glaubte, daß kein Produkt Wert besäße, es sei denn kraft der daran verausgabten Arbeit. Wenn sich die Individuen erst einmal eine Regierung als Sachwalterin ihrer Rechte, Freiheiten und ihres Eigentums gegeben hätten, so hing deren Rechtmäßigkeit – wie Locke meinte – davon ab, daß sie diese Rechte schützte. Wenn die Regierung es unterließ, die Rechte des Volkes zu schützen, so besaß dieses die höchste Befugnis und konnte sie auflösen. Die Ökonomie wurde also auf vielen dieser radikalen moralischen Vorstellungen der Aufklärung begründet und spielte eine überaus wichtige Rolle bei der Rationalisierung des Indivdualismus, der Eigentumsrechte, der freien Märkte, des Vertragsrechtes und der Demokratie.

Es ist ebenfalls deutlich, wie diese europäischen Ideen, darunter die Schriften von Jean-Jacques Rousseau und anderen, das Denken von Jefferson und den übrigen Verfassern der amerikanischen Unabhängigkeitserklärung bereicherten. Bevor wir zur klassischen Periode der Ökonomie übergehen, die mit der Veröffentlichung der *Inquiry into the Nature and Causes of the Wealth of Nations* (deutsch: *Der Wohlstand der Nationen. Eine Untersuchung seiner Natur und seiner Ursachen.* dtv, München 1978) von Adam Smith (1723-1790) im Jahre 1776 eingeleitet wurde, ist es notwendig, die französischen Physiokraten gebührend zu erwähnen. Die Denker dieser Richtung waren die ersten, die sich selbst als Ökonomen bezeichneten, ihre Theorie als „objektiv" wissenschaftlich begriffen und eine Gesamtschau der französischen Volkswirtschaft (unmittelbar vor der Revolution) erarbeiteten.

Physiokratie heißt „Naturherrschaft", und ihre Anhänger kritisierten den Merkantilismus und das Anwachsen der Städte scharf. Sie taten das Fabrikwesen als sterile Angelegenheit ab und behauptete, die Landwirtschaft und der Boden seien die einzigen echten Erzeuger allen realen Reichtums, womit sie eine frühe „ökologische" Auffassung vertraten. Aber diese agrarische Revolte gegen die Städte und den Staat war keineswegs eine Bauernbewegung. Ihre Verfechter waren Politiker und Landadelige: Anne Robert Jacques Turgot, Finanzminister unter Ludwig XVI, der älteste Mirabeau und Pierre Samuel Dupont de Nemours, der den Begriff „Physiokraten" prägte und nach Amerika auswanderte, wo sein Sohn Eleuthére den DuPont-Chemiebetrieb gründete, der noch immer seinen Namen trägt. Der Hauptvertreter der Physiokraten Francois Quesnay (1694-1774) war wie Sir William Petty und John Locke, Arzt, und zwar Chirurg am königlichen Hof. Quesnay machte sich die unveröffentlichten Ideen von Richard Cantillon, einem in Paris lebenden Iren, zu eigen und ließ sich über den Gedanken aus, daß das Naturrecht, sofern man es unbeeinträchtigt ließe, die wirtschaftlichen Angelegenheiten zum größten Vorteil aller regeln würde. Damit war die Doktrin des „Laissez-faire“ als ein weiterer Eckpfeiler der Ökonomie eingeführt. Das Privateigentum war den Physiokraten heilig, und sie glaubten an die Arbeitswerttheorie, aber die Preise wurden für sie durch Angebot und Nachfrage festgesetzt. Paradoxerweise jedoch sollte dieses System natürlichen Laissez-faires und freien Wirtschaftens unter der Oberhoheit einer absoluten Monarchie durchgesetzt werden! Quesnays Hauptwerk *Tableau économique* (1757; zweispr. Ausg.: Akademie, Berlin 1965) stellte den ersten Versuch dar, ein national-ökonomisches Modell zu entwerfen, das aufzeigte, wie Geld, Renten und Güter zirkulierten, und Diagrammme enthielt, denen man entnehmen konnte, wie die Einkünfte zwischen drei Klassen (Grundbesitzern, Gewerbetreibenden und Landwirten) in bestimmten Verhältnissen hin- und hersprangen. Der Tableau steckte voller Irrtümer und Mutmaßungen, aber er wurde zum Wunder der damaligen Zeit, und Quesnay und Dupont wurden mit Ehren überhäuft. Während seines Parisbesuches im Jahre 1766 beriet sich Adam Smith mit den Physiokraten und ließ sich von ihnen beeinflussen, und er hätte Quesnay sein *Wealth of Nations* gewidmet, wenn dieser zu der Zeit noch gelebt hätte (Routh: a.a.O., S. 70). Adam Smith, der Begründer der klassischen Ökonomie und ihr einflußreichster Vertreter, war Professor der Moralphilosophie an der Universität Glasgow in Schottland und ein Freund des schottischen Philosophen der Aufklärung David Hume. Smith schrieb sein erstes Buch *The Theory of Moral Sentiments* (deutsch: Theorie der ethischen Gefühle. Meiner, Hamburg, 2. Aufl. 1977) im Jahre 1759 über Ethik. Nicht nur war Smith von den Ideen der Physiokraten und der Aufklärung beeinflußt, sondern er war auch mit James Watt, dem Erfinder der Dampfmaschine, befreundet, lernte Benjamin Franklin und wahrscheinlich Thomas Jefferson kennen und lebte zu einer Zeit, als die industrielle Revolution begonnen hatte, das Antlitz Englands zu verändern. Hargreaves hatte die Feinspinnmaschine erfunden, und Arkwrights Webmaschine wurde in Baumwollfabriken eingesetzt, die bis zu 300 Arbeiter beschäftigten. Das neue System der Privatwirtschaft, der Fabriken und der Kraftmaschinen formte Smiths Gedanken, und wie die Physiokraten den Merkantilismus kritisiert und den Landadel sowie die Bedeutung der Landwirtschaft rational gerechtfertigt hatten, so verteidigte Adam Smith die Industriellen und ihre neue Ordnung und kritisierte die Überbleibsel des bodenständigen Feudalsystems.

Wie die meisten großen klassischen Ökonomen besaß Smith keine fachliche Ausbildung und war kein Spezialist, sondern ein umfassender Denker mit neuen Erkenntnissen. Edmund Burke, der große Politiker, verlieh der weitverbreiteten Reaktion auf Smiths Wealth of Nations Ausdruck, als er erklärte, das Buch sei in seinen letzten Auswirkungen wahrscheinlich „das wichtigste Buch, das je geschrieben wurde“ (George Soule: *Die Ideen großer Nationalökonomen* (Ideas of the Great Economists). Nest, Frankfurt/M. 1955. S. 76). Smith unternahm es, zu zeigen, wie der Wohlstand einer Nation gesteigert und verteilt wird – die Grundthemen der modernen Ökonomie. In Erwiderung auf die merkantilistische Auffassung, daß Reichtum durch Außenhandel und Hortung von Gold- und Silbervorräten gesteigert werde, meinte Smith, sein einziger grundlegender Faktor sei die Produktion, die das Ergebnis menschlicher Arbeit und natürlicher Ressourcen darstelle. Der Wohlstand würde je nach dem Geschick und der Wirtschaftlichkeit, womit die Arbeit eingesetzt werde, und dem Prozentsatz der Bevölkerung, die mit solcher Produktion beschäftigt wäre, gesteigert (das heißt das reale Pro-Kopf-Einkommen). Das wesentliche Mittel zur Steigerung der Produktion sei die Arbeitsteilung, behauptete Smith, wie es vor ihm schon Sir William Petty getan hatte. Aus der allgemein gängigen Idee des „Naturrechtes“ folgerte Smith, zu tauschen und zu handeln läge in der „menschlichen Natur“, und er war auch der Ansicht, die Arbeiter würden ihre Arbeit nach und nach immer einfacher und schneller verrichten müssen. In einem trüberen Licht erscheint die Erfindung der arbeitssparenden Maschinen zu jener Zeit in David Dickinsons Buch *Alternativ Technology* (1974. S. 79-81), worin er Briefe von frühen Fabrikanten zitiert, aus denen deutlich hervorgeht, daß sie die Möglichkeit, mit Maschinen Arbeiter zu ersetzen und diese dadurch einzuschüchtern und gefügig zu machen, wohl begriffen hatten. Marx' Theorie der Kapitalakkumulation besagte, daß der Wettbewerb zwischen den Kapitalisten diese dazu zwänge, mehr arbeitssparende Technologie zu entwickeln oder zu riskieren, von größeren Firmen ausgestochen zu werden, was ja heute von vielen Wirtschaftsbossen nachgebetet wird. Smith arbeitete die physiokratische Idee des Laissez-faire aus und brachte sie in ein System, wobei er sie als die unsichtbare Hand verewigte, die den individuellen Eigennutz aller Unternehmer, Produzenten und Verbraucher zur harmonischen Verbesserung der Lage aller lenke („Verbesserung" wird hier mit materieller Produktion von Reichtum gleichgesetzt).

Obwohl Angebot und Nachfrage die Preise auf „freien" Märkten festsetzen würden, hielt sich Smith dennoch auch an die Arbeitswerttheorie und glaubte, der wirkliche Preis jeder Sache sei die Mühe und Plage ihres Erwerbs (allerdings umging er das Problem unverdienten oder ererbten Reichtums). Er übernahm somit den Gedanken der ihr Gleichgewicht selbst herstellenden Volkswirtschaft von den Physiokraten, anstatt seine mechanistische Vorstellung von Descartes (es sei denn über John Locke) oder von Isaac Newton zu beziehen. Einer der Trugschlüsse, die sich bei der Übertragung eines sich mechanisch herstellenden Gleichgewichts auf das Gesellschaftssystem einstellten, war der Mangel an Verständnis für das Problem der Reibung wie auch für Verschleiß, Wärmeverlust und lokale Effekte des Entropiegesetzes (das angesichts der heutigen und künftig begrenzten Ressourcenvorkommen für wirtschaftliche Prozesse immer wichtiger werden wird). Der erste Ökonom, dem das auffiel, war Nicholas Georgescu-Roegen in seinem Buch *The Entropy Law and the Economic Process* (1971); es überrascht allerdings nicht, daß Chemiker, Ingenieure und Physiker sich bereits über das Problem im klaren waren, beispielsweise der Ersteller von „Netto"energiemodellen Howard Odum von der Universität Florida, der für die Aufrechnung der ganzen vorher aufgewandten Energie, die in den Prozessen der Energiegewinnung, -umwandlung und -verteilung an den Endverbraucher benötigt wird, Pionierarbeit geleistet hat. Adam Smith hingegen meinte, daß die Gleichgewichtsmechanismen nahezu augenblicklich wirkten, ohne die Verzögerungen und Erschwernisse tatsächlicher Prozesse, und er beschrieb ihre Ausgleichsbewegungen ständig als „prompt", „in Bälde eintretend" und „kontinuierlich", während er die

Preise als „gravitierend" ansah.

Die Ökonomen von heute berufen sich auf die Annahme der „Mobilität", etwa die soziale Mobilität versetzter Arbeiter oder die des Kapitals usw. Smith ging von sozialer Mobilität aller Produktionsfaktoren wie auch von technologischer Mobilität aus (das heißt Produktionseinheiten und -prozesse bleiben klein und unspeziell, oder mit anderen Worten, Kleinerzeuger treffen Kleinverbraucher auf dem Markt, beide verfügen über gleichwertige Macht und Information, und keine „externen" Störungseffekte ziehen Unbeteiligte in Mitleidenschaft). Die Smiths Modell beherrschenden Grundprinzipien waren Atomismus, Mikroautonomie und Rationalität, die auf additivem Wege Makrorationalität und reibungslose Mobilität erzeugten, wobei das Systemziel (sowohl der Makro- wie der Mikroeinheiten) darin bestand, eine maximale Steigerung der materiell definierten Produktion von Reichtum zu erreichen. Es gab bei ihm kein Prinzip der Erhaltung, ganz zu schweigen von dem zunehmender Entropie (das erste und zweite Gesetz der Thermodynamik), und die natürlichen Ressourcen galten innerhalb der gegebenen Zeitspanne als konstant. Die dynamischen Variablen waren Produktivität und technischer Fortschritt. In denselben Denkschlingen verfangen sich die Ökonomen heute, trotz der überzeugenden Darstellung der sich verhärtenden Struktur industrieller Gesellschaften, die Adolph Lowe in seinem Buch *On Economic Knowledge* (deutsch: *Politische Ökonomik*. Athenäum, Königstein 1984. S. 98-104) gab, sowie Lowes brillantem Begriff ihrer „Viskosität". Der Gedanke eines Anwachsens der Struktur in Form von Monopolen wurde von Smith angedeutet, als er die „Leute ein und desselben Gewerbes, die sich verabreden, die Preise künstlich in die Höhe zu treiben" (Routh: a.a.O., S. 9) angriff, aber er sah dabei die Systemhintergründe nicht. Für Marx war dieses Wachstum der Struktur wesentlich und ein zentraler Lehrsatz, da sich darin die Klassenstruktur offenbarte: diese verhärtete sich ständig im Gegensatz der zwei Gruppen des Proletariats, das immer mehr zunahm, und der Kapitalisten, deren Reihen sich in dem Maße lichteten, wie der Reichtum in immer größeren Unternehmen akkumulierte, was zum letztendlichen Monopolstadium führte. Tatsächlich hielt Marx die Struktur des Kapitalismus für derart ungefügig, daß sie nur durch eine soziale Revolution des Proletariats verändert werden könnte.

Im Rahmen der neoklassischen Ökonomie schritt das Studium der Monopolbildung mit äußerster Vorsicht zur These vom „unvollkommenen Wettbewerb“ fort, die in Joan Robinsons *The Economics of Imperfect Competition* (1933; Die Ökonomie des unvollkommenen Wettbewerbs) und Edward Chamberlins *The Theory of Monopolistic Competition* (1933; Die Theorie des monopolitischen Wettbewerbs) aufgestellt wurde, und die Neuorientierung des gesamten Systems der ökonomischen Theorie durch John Maynard Keynes führte natürlich zur Untersuchung ihrer Makrodynamik und sektoriellen Struktur, wie wir in diesem Kapitel erörtern werden.

Smith rechtfertigte die Profite der Kapitalisten mit der Erklärung: Wenn alle die Früchte produktiverer Maschinen genießen wollten, so müßten einige Leute dafür sparen und in mehr Maschinen und Fabriken investieren. Daher könne der Arbeiter den vollen, natürlichen Wert seines Produktes nicht erhalten, da ein Teil des Preises für den Profit abgezweigt werden müsse. Marx griff diese Behauptung natürlich an. Smith wetterte auch gegen die Angewohnheit der Arbeiter und „anderer unterer Volksschichten“, so viele Kinder in die Welt zu setzen, was nur das Arbeitskräfteangebot aufstockte und dafür sorgte, daß die Löhne unter das blanke Existenzminimum fielen. Er bemerkte auch, daß Arbeitgeber und Arbeiter über die Teilung des Produktes kämpften und daß die Arbeiter sich zusammenzuschließen versuchten, um die Löhne zu erhöhen. Er wies nicht auf die ungleiche Macht von Arbeitgebern und Kapitalisten, den Markt zu beeinflussen, hin – ein Kernpunkt bei Marx. Smith nahm an, daß bei ständig steigender Nachfrage nach Arbeit die Löhne gleichfalls steigen würden, was zu Bevölkerungswachstum und somit zu einer größeren Nachfrage nach Gütern führte, und daß höhere Löhne die Arbeiter in der Tat zu mehr Produktion anstacheln würden.

Somit befand sich sein Gleichgewichtssystem auch in langsamem, stetigem, dynamischem Wachstum, und die Idee eines ständig zunehmenden Fortschritts dieser Art setzte sich in der Ökonomie durch. Aber trotz seines allgemeinen Optimismus sah Smith voraus, daß dieser Fortschritt schließlich in der

Sättigung eines „stationären Zustands“ enden würde, nachdem er den Reichtum an die Grenzen dessen vorgeschoben hatte, was die Beschaffenheit von Boden und Klima und die Stellung des Landes gegenüber anderen Ländern erlaubten. Wenn dieser Zustand (und dies ist der Haken dabei) in irgendeiner fernen Zukunft erreicht wäre, so würden die Löhne nach Smiths Ansicht wieder unter das Existenzminimum der bestehenden Arbeiterschaft fallen, deren Zahl dann nicht mehr ansteigen könnte (das heißt die Arbeiter würden verhungern). Smith erkannte auch die Bedeutung der materiellen Basis einer Gesellschaft als bestimmenden Faktor ihrer zivilisierten Einrichtungen an – der Gesichtspunkt, den Marx später hervorhob (siehe Robert Heilbroner: *„Decline and Decay in the Wealth of Nations“* in: Journal of the History of Ideas. April-Juni 1973. S. 243-262).

Smith sprach auch die Lehre vom komparativen Vorteil aus, durch den jede Nation die anderen in einigen Produktionszweigen übertreffen sollte. Anstatt die Zölle zu erhöhen, wie es die Merkantilisten getan hatten, sollten die Länder sie senken und dadurch Arbeitsteilung und Freihandel im internationalen Maßstab zulassen. Dieses Modell des internationalen Freihandels erzeugt mittlerweile seine eigene Liste von Sozialkosten und liegt dem heutigen Denken über die Weltwirtschaft nach wie vor zugrunde. Vom Gesamtsystem her gesehen, könnte man sagen, daß diese Art von Welthandels„spiel“ dann ein hypothetisches globales Gleichgewicht erreicht (im Hinblick auf den Preiskoeffizienten), wenn die Gewinner jedes lokale Gesellschaftssystem zerrüttet und jedes lokale Ökosystem geplündert haben, das heißt wenn der Sumpf dieses Wirtschaftens global geworden ist. Die Rolle der Regierung schließlich sah Smith darin, für die Verteidigung zu sorgen, Recht zu sprechen, die Kosten öffentlicher Arbeiten zu tragen und die Steuern proportional zu den Einkommen zu erheben, ohne dabei Industrie und Handel zu beeinträchtigen. Der Grundstock seiner Ideen gibt noch immer den begrifflichen Rahmen der ökonomischem Theorie an, und selbst aus diesem kurzen Überblick wird ersichtlich, wie wenig sich die Debatte in den letzten zweihundert Jahren verändert hat (abgesehen von der grundsätzlichen Kampfansage des Marxismus). Smith widersprach sich oft selbst; beispielsweise stellte sein Paradigma eine Welt vor, in der nur eine Einmischung seitens des Staates die unsichtbare Hand daran hinderte, die Menschheit auf der Straße zum Überfluß zu leiten. Er bemerkte allerdings, daß die Arbeitgeber sich ihrer Profitrate unsicher wären, und wie konnte unter diesen Umständen das Kapital unbeirrt den Unternehmungen zufließen, die die höchste Profitrate einbrachten? Auch stellte er empirisch fest, daß der Wettbewerb keine korrekten Preise zu erzielen und keine gleiche Bezahlung für gleiche Arbeit festzusetzen vermochte, und er vermerkte die inneren Mängel der Kommerzgesellschaft, die ihre arbeitende Bevölkerung aufgrund der Zerlegung der Tätigkeiten in idiotisch einfache Teilarbeiten immer mehr verdummen und ohne Ausbildung ließ. Dies alles wurde von der modernen, mathematischen, positiven Ökonomie übersehen, während es Wasser auf die Mühlen der Anhänger von Marx war.

Die Schattenseite der kommerziellen, marktwirtschaftlich orientierten Gesellschaften ist seither meistens von anderen akademischen Disziplinen als der Ökonomie behandelt worden: unter theologischem Blickwinkel (zum Beispiel Paul Tillich), von einem psychologischen Standpunkt aus (zum Beispiel Fromm, Freud und Maslow) und durch ganzheitliche Kritiken wie etwa die von Lewis Mumford, Jacques Ellul, Norman O. Brown, Herbert Marcuse, Ivan Illich, E. F. Schumacher, Leopold Kohr (dessen *Breakdown of Nations,* 1957, Schumacher beeinflußte), Theodore Roszak, Gregory Bateson u.a. wie auch durch die neueren ökologischen Kritiken von Rachel Carson, Garrett Hardin, Barry Commoner und Lester Brown.

Wie war es Generationen von Ökonomen seit Smith möglich, in ihren Modellen der Wirtschaftsabläufe mit Gleichgewichtsvoraussetzungen zu arbeiten und sich gleichzeitig über Dynamik, Wachstum und Wandel völlig im klaren zu sein – so sehr, daß Wachstum und Fortschritt zu Postulaten, ja sogar zu Fetischen wurden? Die Erklärung scheint zu sein, daß sie diese dynamischen Elemente als Koordinaten benutzten, was es möglich machen würde, zu diesen kognitiven Dichotomien zu gelangen – mit anderen Worten, die Hauptrichtung der Keynesianer wandte Keynes' Instrumente (die ein Ungleichgewicht verlangten) auf ein System an, das sie immer noch unter

Gleichgewichtsvoraussetzungen entwarfen. Zum anderen muß es an den Gewohnheiten der konformen Rationalität liegen, aber in einer tieferen Hinsicht kann es eine weitere Manifestation der kartesischen Spaltung zwischen Geist und Körper sowie zwischen Denken und Handeln sein, die einen solchen Mangel an Integration ebenso verewigen könnte wie die Existenz des „objektiven Beobachters", der sein eigenes Handeln und Teilnehmen nicht berücksichtigen und mit einbeziehen kann (was ich das Wirken des Heisenbergschen Unschärfeprinzips auf der Makroebene genannt habe). Hier wird die gleichzeitige Heilung von Gesellschafft und Selbst zum Imperativ von heute, desgleichen in den Fällen, wo interdisziplinäre Modelle des sozialen Wandels den Begriff der Komplementarität verwenden (zum Beispiel Roszaks Synthese von Person und Planet als Paradigma).

Genau hier versagen Sozialismus und sozialer Aktivismus mit zu objektiver Ausrichtung wie auch das Konzept einer bloß innerlichen, persönlichen Reifung. Smith verfiel auch in den kartesianischen Fehler, den Standpunkt seiner Beobachtungen nicht in Rechnung zu stellen. Es ging ihm wie vielen anderen Philosophen der Aufklärung, deren Zugehörigkeit zur gebildeten Mittelschicht es ihnen gestattete, radikale Ideen von Gleichgewicht, Gerechtigkeit, Freiheit usw. zu hegen, es ihnen aber nicht gestatten konnte, in diese Vorstellungen die „unteren Klassen", den „ungebildeten Pöbel" und die „tierischen Armen" mit einzubeziehen (siehe zum Beispiel Norman Hampson: *The Enlightenment*. 1969). Ich könnte hinzufügen: ganz zu schweigen von den Frauen! Hochwürden Thomas Robert Malthus (1766-1834) richtete sein Augenmerk auf die Schattenseite der industriellen Entwicklung; sein *Essay on the Principles of Population* (1798; deutsch: *Eine Abhandlung über das Bevölkerungsgesetz*. Jena 1924) beschrieb eindeutig ein Ungleichgewicht, ja stellte sogar ein solches Katastrophenmodell dar, wie es von dem Mathematiker Réne Thom in seinem Buch *Structural Stability and Morphogenesis* (1972) verwandt wird. Malthus' Theorie, wonach die Unterhaltsmittel, das heißt die Nahrungsmittelversorgung, arithmetisch anstiegen, während die Anzahl der Menschen geometrisch anstieg, machte Furore und prägte die Evolutionstheorien von sowohl Charles

Darwin in *The Origin of the Species* (1859; Die Entstehung der Arten) als auch Alfred Russell Wallace. Malthus war der Ansicht, daß die Reallöhne nicht über das Existenzminimum hinaus steigen könnten, da jede Steigerung des Wohlstands zu einem steigenden Arbeitskräfteangebot führen würde. Wenn ihre Existenzlöhne unter dieses Niveau sänken, würden diese überschüssigen Arbeiter durch den Tod beseitigt, wodurch Angebot von und Nachfrage nach Arbeitskräften wieder ins Gleichgewicht gebracht würden (das „eherne Lohngesetz"). Smith und Malthus fielen die hohen Löhne in den Vereinigten Staaten auf, aber Malthus vertrat die düstere Ansicht, daß diese weniger von „Fortschritt" und Produktivität kämen als lediglich von dem günstigen Verhältnis von vorhandenem Boden zur Bevölkerungszahl. Malthus stellte die hohe Rate des Bevölkerungswachstums in Amerika fest und folgerte, daß die Arbeiter im Laufe der Zeit weit weniger großzügig entlohnt werden würden. Malthus besaß eine ökologische Sichtweise und entwickelte in bezug auf die landwirtschaftliche Produktivität das Gesetz der abnehmenden Erträge (das heißt ein bestimmtes Stück Land wird bei Verwendung von Kunstdünger und mehr Arbeit mehr Ertrag abwerfen, aber irgendwann ist ein Punkt erreicht, von dem ab ein weiteres Zusetzen von Dünger oder Arbeit den Ertrag nicht proportional steigert, weswegen sich ihre Zusetzung nicht auszahlt und schließlich, wenn man es damit zu weit treibt, die Erträge tatsächlich vermindert).

Das Gesetz der abnehmenden Erträge bleibt ein Schlüsselkonzept in der Ökonomie, aber es wurde mit manchmal ideologischer, manchmal absurder Selektivität angewandt (beispielsweise wurde es seit den sechziger Jahren im Hinblick auf den Aufwand von mineralischen Kraftstoffen in der Landwirtschaft übersehen, während es in trivialen Lehrbuchbeispielen, die bedeutungslose Grenznutzungsvergleiche zwischen persönlichen Vorlieben für Tee oder Kaffee, Rind- oder Schweinefleisch usw. zogen, bis zum Erbrechen untersucht wurde; siehe auch Benjamin N. Ward: *What's Wrong with Economics?*. 1972. S. 199; deutsch: *Sind die Wirtschaftswissenschaften am Ende?*. Belser, Zürich 1976).

Indessen wird die Theorie selten auf die allgemeine Konsumübersättigung angewandt, obwohl sie gut darauf paßt; Ausnahmen bilden Staffan Burenstam Linder in *Warum wir keine Zeit mehr haben: das Linder-Axiom* (Fischer TB, Frankfurt/M. 1973), der die Zeit als Konsumschranke ansah, sowie Nichtkönnen wie zum Beispiel Robert Theobald, Duan Elgin in *Voluntary Simplicity* (1977), ich selbst u.a. Malthus verordnete sexuelle Enthaltsamkeit der Arbeiter und Armen zum Zwecke ihrer moralischen Besserung und Verweigerung von Hilfeleistungen für Familien, die nicht für sich selbst sorgen konnten. Diese bittere Arznei wurde damit gerechtfertigt, daß sie auf lange Sicht humanitär wäre, weil dadurch dem Bevölkerungswachstum Einhalt geboten werden könnte. (Ganz ähnlich äußern sich heute manche extremen „Falken" in Sachen Bevölkerung und Ökologie, zum Beispiel das Bevölkerungskrisenkomitee und der Umweltfonds, Jay Forrester, Garrett Hardin, William Paddock u.a., und darauf läuft auch das Wiederaufleben des Auslesegedankens hinaus, bei dem der Vergleich zu Ärzten gezogen wird, die in Kriegszeiten bei begrenzten Arzneimittelvorräten und knapper Zeit furchtbare Entscheidungen darüber treffen müssen, wen sie retten – nämlich die weniger lebensgefährlich Verwundeten.)

Malthus bestärkte die konforme Rationalität seiner Zeit, indem er „wissenschaftlich" behauptete, daß „Naturgesetze" am Werk wären und die Armen sich ihr Unglück selbst zuzuschreiben hätten. Spätere Ökonomen, darunter Nassau William Senior (1790-1860), und Fabrikbesitzer benutzten Malthus' Theorien, um die Zehnstunden-Gesetzesvorlage von 1837 zur Verkürzung der Arbeitszeit und ähnliche Sozialgesetze zur Verbesserung der Lage von Arbeitern und Bettlern zu Fall zu bringen. Diese Art, die strittigen Fragen der sozialen Gerechtigkeit wegzurationalisieren, könnte in den Industriegesellschaften wieder ihr Unwesen treiben, wenn in den achtziger Jahren die Gürtel enger geschnallt werden. David Ricardo (1772-1823) war ein Börsenmakler, der im Alter von 35 Jahren zum Multimillionär wurde und sich fortan dem Studium der Mathematik, der Naturwissenschaften und (nach der Lektüre von Smiths *Wealth of Nations*) der politischen Ökonomie widmete. Er wurde Großgrundbesitzer und Mitglied des Unterhauses, entwickelte aber eine Theorie der Rente als Monopolpreis.

Ricardo erklärte, wenn Boden so reichlich vorhanden wäre wie Luft, so wäre er gleichfalls ein „freies Gut". Dies, so glaubte er, sei die ursprüngliche Situation gewesen, aber als die Bevölkerung gewachsen war, hätten sich die ersten Landwirte natürlich das beste Land angeeignet, und in der Folge wären dann, als die Bevölkerung zunahm, schlechtere, marginale Böden bestellt worden. Da diese Böden weniger erzeugten, wäre der relative Wert der besseren Böden gestiegen und die darauf erhobene Rente zu einer unverdienten Zuwachszahlung für den bloßen Besitztitel geworden, und zwar über die Bearbeitungskosten hinaus (das heißt ein Monopolpreis). Ricardos Begriff der „marginalen" Böden stimmte gut mit Malthus' Idee der abnehmenden Erträge überein und wurde zur Grundlage der späteren Ökonomie der Grenzanalyse, wie sie heute betrieben wird. Ricardo pflichtete Malthus' „ehernem Lohngesetz" bei, ging aber weiter und analysierte die Lebenshaltungskosten und ihre Abhängigkeit von den Nahrungsmittelpreisen, die durch die Grundrente in die Höhe getrieben wurden. Die Rente und somit die Nahrungsmittelpreise würden aufgrund des Bevölkerungswachstums und der Ausmergelung der besten Ackerböden ständig steigen. Ricardo vertrat die Arbeitswerttheorie, womit er von Smiths Auffassung abwich, die Rente sei ein „Kostenfaktor", der ebenfalls in den Preis eingehen solle. Bezeichnenderweise aber bezog Ricardo die Kosten der zum Bau der Maschinen und Fabriken erforderlichen Arbeit mit in den natürlichen Preis ein, so daß der Besitzer durch das Einstreichen des Profits etwas an sich nahm, das die Arbeit produziert hatte – ein Punkt, auf dem Marx seine Theorie des Mehrwerts errichtete. Nach Ricardo entzweite die Rente den Lohnempfänger und den Arbeitnehmer über die Teilung der Einkünfte aus der Industrie und machte industrielle Unternehmer und Grundbesitzer zu Rivalen um die Teilung des Profits.

Ricardo prophezeite, daß die Profite eine Tendenz hätten, letztlich bis auf Null zu fallen, und die Grundbesitzer am Schluß mit dem unverdienten Mehrwert als Gewinner dastehen würden. Er lieferte die Begründung zum Schutz der englischen Landwirtschaft. Diese begünstigte die weitere Industrialisierung, den Außenhandel und die Finanz (Soule: a.a.O.,

S. 97). Paradoxerweise lieferten Ricardo und Quesnay, die beiden eifrigsten Verfechter des Laissez-faire, Marx die Grundlagen für viele seiner Theorien.

Tatsächlich behauptet Joseph Schumpeter, Ricardo sei Marx' Meister gewesen (*Kapitalismus, Sozialismus und Demokratie:* Francke, München, 5. Aufl.1980. S. 44). Während dieser Zeit entwickelte in Frankreich Jean Baptiste Say (1767-1832) die politische Ökonomie in allgemeiner Übereinstimmung mit Adam Smith weiter, wobei er zwei neue Ideen beisteuerte: 1. die Ausweitung der Kategorie der „Güter" von materiellen Dingen auf „Nützlichkeiten", das heißt auf alles, ob Güter oder Dienstleistungen, was Menschen haben möchten und wofür sie bezahlen; und 2. die Aufstellung des Sayschen Theorems, nachdem das Gesamtangebot immer gleich der Gesamtnachfrage sein müsse, da die Erzeugung jedes Artikels die entsprechende Nachfrage nach einem anderen Artikel schaffe, so daß so etwas wie „Überproduktion" gar nicht eintreten könne. In solche Irrtümer verfällt man, wenn einfache Gleichgewichtsmodelle zu viel erklären wollen! Say übersah die relative Geschwindigkeit der Geldzirkulation, die zyklischen Wechsel von Ausgeben, Sparen und Anlegen, den technologischen Wandel, strukturelle Faktoren usw., wovon Keynes später einiges aufzeigen sollte. Am Ende des 18. Jahrhunderts hatten diese Rationalisierer des Industrialismus und des Aufklärungsliberalismus in Westeuropa und den Vereinigten Staaten gesiegt.

Man hatte die Ökonomie nunmehr als eine Sammlung von Dogmen festgestellt, die „die gottlosen, stumpfen Instrumente lieferte, mit denen nützliche Vorhaben zur Verbesserung der sozialen Situation im Ansatz niedergeknüppelt wurden", wie A.C. Pigou, ein späterer Welfare-Ökonom, in seiner *Stamp Memorial Lecture* zu London sagte (Routh: a.a.O., S. 105). Es kam häufig zu Arbeiteraufständen (etwa zur Ludditenbewegung mit ihrer Zerstörung von Fabriken und Maschinen).

Dieses neue ökonomische System konformer Rationalität rief schon lange vor Karl Marx seine empörten Kritiker auf den Plan. Zu ihnen zählten instrumentelle Pragmatiker wie Jeremy Bentham (1748-1832) mit seinen außergewöhnlichen Plänen zur Umwandlung von Arbeitshäusern in Fabriken, wo die

Arbeitslosen zu dankbaren Rädchen in einem sozialen Getriebe degradiert werden sollten, damit sie sich ihre Almosen verdienen konnten. Bentham entwickelte die Maxime vom „größten Glück für die größte Anzahl", die wir heute als „Utilitarismus" bezeichnen. Dieses möglichst zu vergrößernde „Glück" definierte er exakt als alles, was die Lust eines Menschen vermehrte und seinen Schmerz verminderte. Geld bzw. der Mangel daran sollte den Maßstab abgeben. Das gesellschaftliche Glück sei die algebraische Summe alles individuellen „Glücks", und jede Institution sollte nach ihrer Nützlichkeit für die Individuen beurteilt werden. Solche gut gemeinten, aber rohen und unbrauchbaren Formulierungen hielt man für geeignete Größen, um sie anhand Isaac Newtons und Leibniz' Differentialrechnung zu messen.

Und dies wiederum führte zu einer langen Reihe von untauglichen Formalisierungen, die später unter dem Namen *„Welfare Economics"* (Ökonomie der Volkswohlfahrt) bekannt wurden. Die Welfare-Ökonomie ist ebenso wie die Annahme eines „vollkommenen Wettbewerbs" in den Augen von Dissidenten wie Boulding und Myrdal ein seit langem bestehendes Ärgernis, und letzterer erklärt: „Das wuchert wie ein bösartiger Tumor. Hunderte von Büchern und Artikeln werden alljährlich über diese Theorie publiziert, obwohl schon vor vierzig Jahren nachgewiesen wurde, daß der ganze Ansatz auf einen Holzweg führt" (Gunnar Myrdal: *Anstelle von Memoiren* (Against the Stream). Suhrkamp, Frankfurt/M. 1974. S. 156). Er beklagt sich, daß in den Naturwissenschaften Theorien widerlegt werden und Hypothesen veralten, „in der Wirtschaftswissenschaft dagegen blieben alle Theorien am Leben" (ebd., S. 159). Der schwedische Ökonom Knut Wicksell (1851-1926) äußerte 1902 in einer Vorlesung eine ähnliche Ansicht: „Das Kopernikanische Bild des Universums, das Newtonsche System, die Theorie des Blutkreislaufs und die Phlogistontheorie in der Chemie haben irgendwann einmal Anhänger und Gegner gehabt. Heutzutage werden diese Theorien entweder allgemein für richtig oder für falsch gehalten", und er stellt dem die leidige Situation in der Ökonomie gegenüber. Wicksell nahm Keynes vorweg, indem er eine Theorie der Konjunkturzyklen entwickelte, die Keynes anerkannte. Die Theorie der Welfare-Ökonomie ist es wert, daß man sie sich genauer anschaut. Von der früheren objektiven Auffassung von „Wohlfahrt“ als materieller Produktion und der Werttheorie der geleisteten Arbeit ging die Schule der Welfare-Ökonomie zu subjektiven Kriterien über, nämlich der individuellen Wohlfahrt, wie sie durch Jeremy Benthams „Nützlichkeit“ definiert wurde: alles, was die Lust vergrößert und den Schmerz verkleinert. Ausgefeilte Tabellen und Kurven wurden konstruiert, die auf „Lusteinheiten“ und „Schmerzeinheiten“ basierten.

Man ging davon aus, daß auf einem vollkommenen Markt alle ihre Lusteinheiten vergrößern und ihre Schmerzeinheiten verkleinern würden und daß sich dies in den Preisen der Waren, des Bodens, der Arbeit usw. niederschlagen würde. Dieser subjektive Ansatz förderte eine wertfreie Einstellung gegenüber dem Bestreben der öffentlichen Hand, das Handeln auf der Makroebene durch die Summierung aller dieser individuellen Vorlieben derart zu bestimmen, daß sich daraus eine Richtschnur für die Gesellschaftsordnung ergäbe.

Kenneth Arrow, einer der neueren Nobelpreisträger für Wirtschaftswissenschaft, widerlegte diese Theorie mit seinem allgemeinen Unmöglichkeitstheorem, welches besagt, daß individuelle Vorlieben sich nicht logisch in die Ordnung gesellschaftlicher Wahlhandlungen überführen lassen. Aber die Welfare-Ökonomie besteht weiter; sie ist in Wirklichkeit eine notdürftig bemäntelte Aufforderung zu anarchischem, selbstsüchtigen, individuellem Verhalten, da sie – wie Garrett Hardin ausführte – jede in sich geschlossene Zielsetzung im Interesse des „Gemeinwohls“ vereitelt und dort zu vielen „Tragödien der kleinen Leute“ geführt hat, wo individuelles Eigennutzverhalten für die Gruppe verheerend ist – man denke zum Beispiel an den toten Punkt, der heute in den Vereinigten Staaten in der Energiepolitik erreicht ist (Garrett Hardin: *„The Tragedy of the Commons“* in: Science. 13. Dezember 1968. S. 1243). Die Welfare-Ökonomie, so führt Walter Weisskopf aus, „nimmt dem Konzept der volkswirtschaftlichen Wohlfahrt den sozialen und moralischen Inhalt“ (Walter Weisskopf: *Alienation and Economics*. 1973), da subjektive „Nützlichkeit“ für ein Individuum ebenso gut Altruismus, Gier, Genügsamkeit oder einfach Neurose bedeuten kann! Die Theorie erklärt in aller Form, daß die gesellschaftliche Wohlfahrt gesteigert werde, wenn die Befriedigung einiger Individuen gesteigert werden könne, ohne daß sich die Befriedigung anderer Individuen verringere. Folglich wäre jede wirtschaftliche Veränderung, durch die jemand „besser wegkommt", ohne daß sonst jemand dadurch „schlechter wegkommt", eine für die gesellschaftliche Wohlfahrt wünschenswerte Veränderung. Der italienische Ökonom Vilfredo Pareto (1848-1923) kodifizierte diese Vorstellungen in seinem *Manuale di economia politica* (Mailand 1906); ihren Maßstab bezeichnet man als Pareto-Optimum, das als Grundlage für Kosten-Nutzungs-Analysen dient. Pareto steuerte den Begriff der „Kompensation" bei: Jede wirtschaftliche Veränderung, bei dem die Nutznießer der Veränderung diejenigen, die dabei verlieren entschädigen können und immer noch selbst besser wegkommen, sei für die Gesellschaft eine wünschenswerte Veränderung. Die Art von Welfare-Ökonomie, bei der das „Besser"- oder „Schlechter-Wegkommen" als materieller bzw. finanzieller Gewinn definiert wird, wirkt sich jetzt in der Umweltpolitik verhängnisvoll aus, wie ich neben anderen, vor allem K. W. Kapp in *The Social Costs of Private Enterprise* (1950; deutsch: *Volkswirtschaftliche Kosten der Privatwirtschaft*. Mohr, Tübingen 1958), vorausgesagt habe. Unterdessen rückte eine Richtung realistischerer Kritiker in Frankreich und England – die Utopisten – den Unzulänglichkeiten des Kapitals mit offen idealistischen Experimenten zu Leibe. Am berühmtesten und erfolgreichsten war Robert Owen (1771-1858), der das Experiment eines industriellen Humanismus unternahm, indem er eine ungemein einträgliche, bemerkenswert humanitäre Fabrik leitete: die Baumwollspinnerei New Lanark in Schottland. Er verkürzte die Arbeitszeit, erhöhte die Löhne der Arbeiter, ließ ihre Kinder unterrichten, sorgte für die Gesundheit ihrer Familien und für Freizeit und richtete einen Versicherungsfonds ein. Aus aller Welt kamen prominente Besucher, um zu staunen und zu lernen. Aber trotz des wohlfundierten Erfolgs von New Lanark erkannte Owen rechtzeitig, daß sein blühendes Experiment in einem feindlichen wirtschaftlichen Milieu von offizieller Duldung abhing. Da dies ein Gelingen solcher Experimente auf lange Sicht unwahrscheinlich machte, wandte er sich der Idee der Arbeitergenossenschaften zu. Erst wenn die Kapitalisten durch genossenschaftseigene und genossenschaftlich verwaltete Unternehmen ersetzt wären, würden Industriebetriebe human sein.

Sowohl Ricardo als auch Jeremy Bentham unterstützten Owen, als er daraufhin experimentelle Gemeinschaften schuf, eine in Schottland und eine, die New Harmony hieß, im amerikanischen Bundesstaat Indiana. Mit keiner von beiden wollte es etwas werden, und das Geld ging ihm aus. Unverdrossen gründete er im Jahre 1832 die nationale Arbeitsausgleichsbörse „National Equitable Labour Exchange", auf der jeder die Produkte seiner Arbeit abliefern konnte, dafür Kreditscheine erhielt, deren Wert der auf seine Produkte verwendeten Arbeitszeit entsprach, und diese gegen die Arbeitserzeugnisse anderer austauschen konnte. Eine spätere Spielart dessen, das Zeit-Warenhaus, wurde um 1900 in Cincinnati, Ohio, ins Leben gerufen, und heutzutage florieren viele neue Spielarten wie etwa die Freie Handelsbörse, die von Ellery Foster, der Verfasserin von *The Coming Age of Conscience* (1977; Das kommende Zeitalter des Gewissens), geführt wird (Box 841, Winona, MN 55987). Owen initiierte dann eine Verbrauchergenossenschaftsbewegung im englischen Rochdale, die heute noch gedeiht, und half im Jahre 1833 mit, die Grand National Consolidated Trades Union (Große Nationale Vereinigte Gewerkschaft) zu gründen, mit der die Arbeiterbewegung in England erstmalig offizielle Formen annahm.

Unter den französischen Utopisten war Francois Noel Babeuf (1760-1797), dem eine kommunitäre Gesellschaft und die Verstaatlichung der Wirtschaft und des Privateigentums vorschwebte, wobei Produktion und Distribution unter Aufsicht einer gewählten Regierung vonstatten gehen sollten. Nahrung und Kleidung sollten für alle gleich sein, abgesehen von den Unterschieden nach Alter und Geschlecht, während hingegen politische Rechte nur den Arbeitenden zukommen sollten. Babeuf wurde im Zuge der Revolution guillotiniert (Soule: a.a.O., S. 102). Etienne Cabet schrieb im Jahre 1840 *Voyage en Icarie* (deutsch: *Reise nach Ikarien.* Karin Kramer, Berlin 1979), einen utopischen Roman, in dem er die Vision einer technokratischen, normierten Gesellschaft entwarf. Anstatt mit den Revolutionären gemeinsame Sache zu machen, wanderte Cabet in die Vereinigten Staaten aus, zuerst nach Texas, daraufhin nach Nauvoo in Illinois, wo er versuchte, mit fünfzehnhundert Menschen eine Kolonie zu errichten. Sie zerbrach an inneren Querelen.

Claude Henry de Saint-Simon (1760-1825) schwebte die allgemeine Chancengleichheit vor. Er ging nach Amerika, kämpfte dort auf seiten der Revolution und unterstützte die französische Revolution. Er opferte sich auf, gab sein Geld und seine Gesundheit hin, um seine Ideen zu Papier zu bringen, vor allem in *Le Nouveau Christianisme* (1825; deutsch: *Neues Christentum*. Leipzig 1911). Die bestehende Ordnung müsse zerstört werden, schrieb er, aber die Menschen bräuchten auch einen neuen geistigen Halt, der an die Stelle der Kirche treten müsse, und es müsse etwas Besseres als der von den Aufklärern vertretene anarchische Individualismus ersonnen werden. Das Neue Christentum würde auf dem Grundsatz errichtet werden, daß die Menschen Brüder seien. Der Krieg müsse aus der Welt geschafft und Europa unter einem einzigen Parlament vereinigt werden. Saint-Simon meinte, die Industrie sollte gesellschaftliches Eigentum und die Einkünfte sollten nach „Verdienst" aufgeteilt werden; keine Müßiggänger, ob reich oder arm, würde man dulden. Zu seinen Anhängern gehörte Auguste Comte, der Begründer der positivistischen Philosophie.

Saint-Simons Schüler gründeten eine Kirche mit Ablegern in Deutschland und England. Charles Fourier (1772-1837) war ein noch wilderer Visionär, der bis ins kleinste experimentelle Gemeinwesen namens „Phalangen" beschrieb; diese sollten um ein Zentralgebäude herum angelegt und die Arbeit sollte je nach Neigung aufgeteilt werden, wobei den Kindern die ganze Schmutzarbeit zufiele, weil sich Kinder ja, wie jeder weiß, gern schmutzig machen. Einige „Phalanstères" wurden in Frankreich und den Vereinigten Staaten ausprobiert. – Louis Blanc (1811-1882) verwarf gleichfalls die Idee des Laissez-faire und war der erste utopisch-sozialistische Reformer, der an die Arbeiter selbst appellierte, Reformen in Gang zu setzen. Während der revolutionären Unruhen von 1848 in Frankreich wurde er ein

Mitglied der provisorischen Regierung, jedoch unterstützte er 1871 den Aufstand der Pariser Commune nicht. Er schlug eine nationale Vereinigung der von den Arbeitern kontrollierten sozialen Werkstätten vor, in der alle gesicherte Arbeitsplätze besäßen. Er gründete die einflußreiche Revue de Progres, in der er im Jahre 1840 sein Hauptwerk *Organisation du Travail* (deutsch: *Organisation der Arbeit*. Berlin 1899) veröffentlichte und als erster die berühmte sozialistische Formel aussprach: „Jeder nach seiner Fähigkeit, jedem nach seinen Bedürfnissen." – Pierre Joseph Proudhon (1809-1865) bekämpfte nicht nur Privateigentum und Privatwirtschaft, sondern auch den Staat. Das Grundprinzip der von ihm verkündeten Gesellschaft war, daß jeder das Recht auf das Produkt seiner eigenen Arbeit habe, und dies würde sich ganz natürlich ergeben, wenn der Staat sich nicht einmischte, indem er die kapitalistischen Ausbeuter und Raffer begünstigte und in anderer Form „falschspielte".

Diese Doktrin des Anarchismus ist für Reformer und Sozialisten in der europäischen Arbeiterbewegung eine ständig umstrittene Frage gewesen, besonders in den syndikalistischen Gewerkschaften Frankreichs und Spaniens wie auch in der amerikanischen Sektion der Industriearbeiter der Welt (IWW).

Heute ist in vollentwickelten Industrieländern ein Wiederaufleben der anarchistischen Scheu vor dem Staat und seiner Macht zu verzeichnen, da das Aufschießen riesiger Unternehmen und multinationaler Konzerne eine bürokratisierte Regierung fast unumgänglich macht. Nach anarchistischer Auffassung geht es also im umfassenderen Sinne um die industrielle Organisation und die gesellschaftliche Reglementierung, die sie erzeugt, und nicht ausschließlich um die kapitalistische Produktionsweise und den Klassenkonflikt. Marx schrieb eine Kritik von Proudhons Buch *Philosophie de la misère* (deutsch: *Philosophie der Staatsökonomie oder Notwendigkeit des Elends*. Neudr. d. Ausg. von 1847. Scientia, Aalen 1966) unter dem Titel *Misère de la philosophie* (*Das Elend der Philosophie,* 1847). Karl Marx verurteilte alle utopischen Sozialisten, da sein Programm die Organisation des Proletariats gegen den erklärten Feind vorsah: Die Kapitalisten.

Das Problem ähnlicher Formen von Arbeiterunterdrückung

durch den Staat (zunächst als Agent der Kapitalisten, als welchen Proudhon die Regierung ansah, und später als Eigentümer der Produktionsmittel im Namen der Arbeiter) mochte warten und trat freilich für die Sozialisten nicht vor dem 20. Jahrhundert als Problem auf, nach der bolschewistischen Machtübernahme in Rußland und der Lektion des Stalinismus. Ein weiterer Einwand, den Marx gegen die Utopisten erhob (obwohl er ihren Ideen, ihrer Phantasie und ihrer Experimentierfreudigkeit viel zu verdanken hatte) war, daß sie der gebildeten Mittelschicht angehörten und ihre Bemühungen der Theorie entsprangen, nicht ihrer eigenen Erfahrung der Übel des Kapitalismus. Marx glaubte, daß ihre experimentellen Gemeinwesen und Genossenschaften nicht von Dauer sein könnten, da sie nicht „organisch" aus dem bestehenden Stadium der materiellen wirtschaftlichen Entwicklung hervorgingen. Obwohl ich meine, daß Marx zu geringschätzig über die Utopisten urteilte, war etwas dran an seinen Argumenten, und vielleicht mußten wir auf das Eintreten der heutigen „nachindustriellen" Phase der Überschüsse, der Massenkonsumüberdrüssigkeit und der steigenden Sozial- und Umweltkosten als Preis der herrschenden Bedingungen warten, damit sich nun die auf Genossenschaften basierende, ökologisch angepaßte Gesellschaftsordnung der Utopisten durchsetzen kann.

Zu den weiteren Mitwirkenden an der reformistischen und sozialistischen Gesinnungsrichtung jener Zeit gehörte auch Adam Müller (1779-1829), ein deutscher Romantiker, der den ökonomischem Individualismus und Materialismus verabscheute und auf eine Rückkehr zur und Akzeptierung der „Wechselwirkung aller Verhältnisse" und Ganzheitlichkeit des Lebens im Gegensatz zur Arbeitsteilung drang. Die Nationen sollten, wie er meinte, ihr „geistiges Kapital" aufstocken, anstatt sich auf materielles Kapital, Boden und Arbeit als den vermeintlich einzigen Produktionsmitteln zu konzentrieren. – William Morris (1834-1896) pries die Vorzüge des Handwerks, und seine Ideen prägten die britischen Gildensozialisten während des Ersten Weltkriegs. Diese waren Dezentralisten und der Ansicht, die Menschen würden durch das Arbeiten in maschinisierten Industrien erniedrigt und Arbeitsteilung sowie Reihenfertigung sollten durch kunstvolles Handwerk ersetzt werden, dessen Ausübende aus ihren Erzeugnissen Freude und Befriedigung bezögen. Diese Ideen wurden dank E. F. Schumacher und den Buddhisten, die zur Zeit in den westlichen Gesellschaften Fuß fassen, neu entdeckt. – Friedrich List (1789-1846) lehrte an der Universität Tübingen und machte sich zum Fürsprecher wirtschaftlicher Nationalität und gemäßigter Schutzzölle, aber er entwickelte in seiner Schrift *Das nationale System der politischen Ökonomie* (1841) auch die Gedanken der totalen gesellschaftlichen (nicht bloß wirtschaftlichen) Produktivität und der gegenseitigen Abhängigkeit von Ökonomie einerseits und Recht, Erziehung, Technologie und Philosophie andererseits. – Eine ähnliche Auffassung der gegenseitigen gesellschaftlichen Abhängigkeit wurde von William Thompson (1785-1833) ausgeführt, der vor den Gefahren warnte, die es hätte, ökonomische Phänomene vom Standpunkt der Ökonomie allein aus zu deuten, anstatt sie eingebettet in ihren gesellschaftlichen und natürlichen Zusammenhang zu betrachten. Auch befaßte er sich nicht nur mit der Produktion des Reichtums, sondern auch mit seinem Gebrauch und seiner Verteilung, und sein Buch von 1824 *An Inquiry into the Principle of the Distribution of Wealth Most Conducive to Human Happiness* (deutsch: *Untersuchung über die Grundsätze der Verteilung des Reichtums zu besonderer Förderung des menschlichen Glücks*. Berlin 1903/04) legte Wege zur Erreichung eines anderen als des kapitalistischen Systems dar. – Der große amerikanische Reformer jener Zeit war Henry George (1839-1897), der sich vorrangig mit der ungerechten Verteilung des industriellen Arbeitsertrags befaßte, durch welche die Arbeiter arm gehalten würden, während die Kapitalisten ihren größeren Anteil mit Adam Smiths Theorie vom „Lohnfonds" rechtfertigten (die besagte, daß die höchstmögliche Zahlung an die Lohnempfänger durch den für produktive Unternehmungen vorgesehenen Kapitalfonds bestimmt würde). Wie Marx, so meinte auch Henry George, dies hieße, den Wagen vors Pferd spannen (da die Arbeiter auch das Kapital mit ihrer früheren Arbeit erzeugt hätten). Sein Buch *Progress and Poverty* (1879; deutsch: *Fortschritt und Armut*. Berlin 1881) wurde von kommerziellen Verlegern abgelehnt, von einem Freund veröffentlicht und ein Bestseller. Obwohl Henry Georges Diagnose sehr scharfsichtig war (er schwenkte auf Ricardos Version der Theorie vom unverdienten Rentenzuwachs als Hauptgrund der Verarmung ein), wäre die von ihm verordnete Einheitssteuer (single tax) auf Grund und Boden zur Abschaffung des unverdienten Wertzuwachses nicht das erhoffte Allheilmittel gewesen, da er das Problem der Konjunkturzyklen übersah und seine Analyse in der Zeit eines langanhaltenden Konjunkturrückgangs schrieb. Nach dem amerikanischen Bürgerkrieg stiegen die Löhne der Arbeiter zusammen mit der industriellen Produktivität, während das Einkommen aus Besitz nicht auf Kosten des Arbeitseinkommens wuchs. Es gibt heute noch eine florierende Henry-George-Gesellschaft in den Vereinigten Staaten, und viele Dezentralisten liebäugeln mit seiner „Einheitssteuer". Sie könnte eine Hilfe sein, und Georges Werk verdient es nach wie vor sehr, daß man es studiert, aber bei unserer komplexen, nichtlinearen Gesellschaft werden „Einheits"arzneien nicht wirken, ob es sich nun um eine „Einheitssteuer auf Grund und Boden" handelt oder um das Allheilmitttel der Monetaristen, nur eine Variable, nämlich die Geldmenge, zu regulieren. Jedoch der bedeutendste unter den klassischen Wirtschaftsreformern war John Stuart Mill (1806-1873), der sich den Kritikpunkten der Sozialisten anschloß. Im Jahre 1848 veröffentlichte Mill seine *Principles of Political Economy* (deutsch: *Grundsätze der politischen Ökonomie* (Bearbeitung). Hamburg, 2. Auflg. 1864), das herkulische Unterfangen einer grundlegenden Neubewertung, die zu einem radikalen Schluß kam: Die Ökonomie hat nur einen Gegenstand, nämlich die Produktion und die Knappheit natürlicher Mittel. Dies verengte die Aufgabenstellung der politischen Ökonomie auf eine „reine Ökonomie", später „neoklassisch" genannt, die eine detailliertere Betrachtung des wirtschaftlichen Kernprozesses gestattete, während sie gesellschaftliche Variablen (ganz zu schweigen von denen der Umwelt) in Analogie zu den kontrollierten Experimenten der Naturwissenschaften ausschloß. Nach Mill trat eine Spaltung der Ökonomie in die neoklassische, mathematische, „wissenschaftliche" Vorgehensweise und die mehr politisch-praktisch orientierte „Kunst" einer breiteren gesellschaftlichen Spekulation ein. Dies führte zu der heutigen unglückseligen Verwirrung beider Seiten bei ihrer Erarbeitung wirtschaftspolitischer „Instrumente“, die entweder „in vitro“ mit unwirklichen „Laborexperimenten“ oder aus ökonometrischen Modellen gewonnen werden, die noch immer von den „Marktvoraussetzungen der Klassiker ausgehen“! Mill hatte wohl die besten Absichten bei seiner Folgerung, Produktion und natürliche Mittel seien der eigentliche Gegenstand der Ökonomie, was bedeuten würde, daß die Distribution ein politischer und kein ökonomischer Vorgang wäre. Sind die Güter erst einmal erzeugt, so können wir Menschen mit ihnen machen, was wir wollen: sie untereinander teilen, sie wegwerfen usw. „Wenn die Dinge einmal da sind, so können die Menschen, individuell oder in Gesamtheit, mit ihnen verfahren, wie sie es für gut finden. Sie können dieselben zur Verfügung eines jeden stellen, wie es ihnen gefällt und unter beliebigen Bedingungen ... Selbst dasjenige, was eine Person allein durch ihre eigene Bemühung ohne Beistand anderer hervorgebracht hat, kann sie nur mit dem Willen der Gesellschaft behalten“ (Mill, a.a.O. II, 1, 1. S. 158). Folglich hängt die Verteilung des Reichtums einer Gesellschaft von den Gesetzen und Gebräuchen dieser Gesellschaft ab, die je nach Kultur und Zeit sehr verschieden ausfallen. Mill war auch der Ansicht, daß die Arbeit sowohl geistiger wie körperlicher Art wäre und daß dann, wenn die Gesellschaft den von Adam Smith erwähnten „stationären Zustand“ erreichen würde, weitere Akkumulation unmöglich wäre und die Distribution allentscheidend werden würde (mit anderen Worten, wenn der materielle Kuchen nicht mehr zunehmen kann, müssen wir lernen, ihn besser zu teilen). Mill setzte somit die Wertproblematik ausdrücklich wieder auf die Tagesordnung der politischen Ökonomie, die bereits eine heimlich wertbefrachtete Disziplin mit dem Anspruch einer Wissenschaft war (dies gelang ihm, obwohl sein Versuch fehlschlug, klarzustellen, daß der materielle Produktionsprozeß der einzig mögliche Gegenstand einer Wissenschaft sei). Nachdem Mill so die ethischen Entscheidungen im Herzen der politischen Ökonomie offenbart hatte, verfiel er nicht den Lehrsätzen des Sozialismus oder den kommunistischen Plänen der Utopisten oder von Marx. Er gab zu bedenken: „Allein nicht nach Zusammenstellung mit den dermaligen schlechten Gesellschaftszuständen können die Ansprüche des Kommunismus bemessen werden ... Die Frage ist, ob dabei ein Asyl übrig bliebe für die Individualität des Charakters; ob die öffentliche Meinung nicht ein tyrannisches Joch sein würde; ob nicht die völlige Abhängigkeit des einzelnen von der Gesamtheit und die Aufsicht aller über jeden alle zu einer langweiligen Gleichförmigkeit der Denkweise, der Gefühle und des Tuns bringen müßten ... kein Gesellschaftszustand, wo Exzentrität an sich ein Gegenstand des Vorwurfs ist, kann gesund sein" (Mill: a.a.O. II, 1, 3. S 166-167). Mills Frage ist heute wieder als das zentrale Anliegen der Dezentralisten mit ihrer „rechten Lebensführung" und angemessenen Technologie aufgetaucht, ebenso als das von Fürsprechern holistischer Gesundheit und der Bewegungen für humanistische Psychologie und Bewußtsein. In derselben Periode trat eine andere Gruppe von Kritikern auf den Plan, die ihr Augenmerk auf die stärker werdenden Ansprüche der politischen Ökonomie, eine „Wissenschaft" zu sein, richteten.

Eine Schlüsselfigur darin war Simonde de Sismondi (1773-1842), ein Schweizer Kritiker von ökonomischen Theorien wie etwa des Laissez-faire, der das Distributionsproblem aufwarf, indem er in bezug auf Gesundheit und Wohlbefinden die Frage stellte: „Wessen?" Sismondi mißbilligte den Hang der Ökonomen zu übereilten Verallgemeinerungen und Deduktionen sowie ihre Angewohnheit, die Wirklichkeit zu vernachlässigen und zugleich ihre Hypothesen derart mit abstrakten Berechnungen zu verbrämen, daß die Ökonomie geradezu zu „einer okkulten Wissenschaft" würde. Sismondi merkte an: „Es gibt vielleicht keine Art zu schließen, die mehr Irrtümern ausgesetzt ist, als die, die darin gipfelt, sich eine gedachte Welt, die vollständig von der wirklichen verschieden ist, vorzustellen, um an ihr Berechnungen anzustellen" (*Nouveaux Principes d'économie politique;* deutsch: *Neue Grundsätze der Politischen Ökonomie*. Berlin 1901/02. S. 296). Wir werden dieser „Arithmomanie" nachgehen, wie sie nach Benthams utilitaristischer Formel wiederbelebt und von viktorianischen Ökonomen weiterentwickelt wurde.

Es ist bezeichnend für die weitverbreitete Billigung der a priori deduzierenden Ökonomie, daß solche Rüffel von Sismondi, Richard Jones (1790-1855) und anderen nötig waren.

Sie bleiben jedoch unbeachtet, und die Absurditäten wurden durch die zunehmende Anwendung der Differentialrechnung seitens viktorianischer, neoklassischer Welfare-Ökonomen und deren Vergangenheit in die äußerlich bestechende Mathematik auf die Spitze getrieben. Selbst damals war schon ein Punkt erreicht, wo die Ökonomie ihren eigenen Satiriker hervorbrachte, Frédéric Bastiat (1801-1850), der sie in seinen Pariser Zeitungsartikeln als Humbug bloßstellte. Um die Mitte des 18. Jahrhunderts hatte sich die klassische politische Ökonomie in zwei breite Strömungen gegabelt:

1. Die Reformer, die Utopisten, Anarchisten, Sozialisten und Kommunisten und die Minderheit der klassischen Ökonomen, die John Stuart Mill folgten und sich mit der ganzheitlichen Untersuchung der Sozialstrukturen und der Wertsysteme, politischen Einschätzungen der relativen Macht gesellschaftlicher Gruppen und Klassen sowie der „Kunst" ökonomisch-politischer Verfahrensstudien befaßten; des weiteren jene, die weiterhin Kritik an der reduktionistischen und apologetischen Ökonomie übten und sich oftmals selbst lieber als Wirtschaftshistoriker, Sozioökonomen usw. bezeichneten (tatsächlich nannte das Wort „Sozialist" ursprünglich jemanden, der die „ökonomische" Sichtweise nicht billigte); schließlich als bedeutendste Richtung natürlich die von Karl Marx und seinem treuen Freund und Interpreten Friedrich Engels, deren gemeinsam verfaßtes Kommunistisches Manifest im Jahre 1848 erschien, und ihren Millionen Anhängern.

2. Die Richtung der neoklassischen Ökonomen, die sich dafür entschieden, ihr Forschungsfeld auf den „wirtschaftlichen Kernprozeß" einzuengen und seine „wissenschaftliche" Ausarbeitung weiterzutreiben. Gewiß hatten viele von ihnen gute Vorsätze, wenn sie versuchten, in Preisen ausgedrückte objektive Formeln für Nutzungsvergrößerung und Wohlfahrt aufzustellen, wodurch sie ohne widerliches politisches Gezänk zu sozialpolitischen Richtlinien zu gelangen hofften.

Andere zogen sich zum Schutz vor den vernichtenden Kritiken der Utopisten, Sozialisten und von Marx in immer abstrusere mathematische Berechnungen zurück. Das erste Konzept, das sie über Bord warfen, war die Arbeitswerttheorie, weil sie der Marxschen Auffassung so entgegenkam (welche besagt, daß Reichtum durch Arbeit produziert würde und daß sogar Kapital durch frühere Arbeit produziert worden wäre, welchen „Mehrwert" an Arbeit die Kapitalisten sich aneigneten). Ich glaube, daß Marx zu weit ging und den Gebrauch von Ressourcen wie Kohle usw. zu wenig hervorhob, allerdings aus verständlichen Gründen. Somit ging die Arbeitswerttheorie mit ihrer moralischen Rechtfertigung der Löhne den gleichen Weg wie zuvor die „gerechten" Preise und Löhne, aber tauchte, als die Umstände es erforderten, in den sozialistischen und marktwirtschaftlich orientierten Industriegesellschaften des 20. Jahrhunderts wieder auf – und zwar, als das wachsende Volumen der Güterproduktion mit Kaufkraft aufgesaugt werden mußte und der Einkommensfluß zum Hauptantrieb wurde – in Form der „Produktivität der Arbeit". Die Produktionskosten (der letzte Prüfstein des Preissystems in der materiellen Wirklichkeit) sollten nicht länger der hauptsächliche Bestimmungsfaktor für Preise oder Löhne sein, sondern Angebot und Nachfrage; da diese sich abstrahieren ließen, wurde die Auseinandersetzung über „gerechte" Verteilung dadurch noch keimfreier gemacht und die Rolle der Finanz und der Industriellen weiter verschleiert. Nur John Elliot Cairnes (1823-1875) verteidigte die deduktive Richtung mit ihren neuen, auf wissenschaftlich gemachten Methoden in der Hauptsache, indem er diese mit „einem geistigen Experiment" verglich (Soule: a.a.O., S. 179). Dadurch wurde er zum Vorläufer der heutigen Modellbastler. Die um Quantifikation bemühte Richtung war auf Postulaten über Gesamtangebot, Nachfragepreise, Löhne usw. aufgebaut, die sich in Form von Gleichungen und Kurven darstellen ließen (als Ausdruck deren mutmaßlicher Beziehungen) und keinerlei Kenntnis der tatsächlich gegebenen Größen verlangten – siehe zum Beispiel die Grundkurve für Angebot und Nachfrage in allen ökonomischen Elementarlehrbüchern.

Der Begründer der mathematischen Richtung der Ökonomie war Antoine Cournot (1801-1877), sinnigerweise Professor der Mathematik an der Universität Lyon in Frankreich. Sein Buch *Recherches sur les principes mathématique de la théorie des richesses* (deutsch: *Untersuchungen über die mathematischen Grundlagen der Theorie des Reichtums.* Jena 1924) erschien im

Jahre 1838, aber jahrelang wurde kein einziges Exemplar verkauft.

Das gleiche Schicksal widerfuhr Hermann Heinrich Gossen (1810-1858), einem deutschen Staatsbeamten, mit seiner Abhandlung *Die Entwicklung der Gesetze des menschlichen Verkehrs,* die 1854 verlegt wurde. Entrüstet vernichtete Gossen alle Exemplare bis auf eines, das einen Weg ins British Museum fand. Dort wurde es schließlich zusammen mit Cournots Buch von William Stanley Jevons (1835-1882) gerettet, der der Knospe der mathematischen Richtung Leben einhauchte. Gossen trug mit seiner Rententheorie zur Formalisierung von Ricards Grenzbegriff bei, indem er ihn auf die Nachfrage ausdehnte; dies machte es möglich, Benthams Berechnungen von „Lust und Schmerz" in Form der Theorie des Grenznutzens „streng" auszudrücken. Die angewandte Grenznutzentheorie ist seither die Wonne der mathematischen Ökonomie.

Jevons verband Utilitarismus und Differentialrechnung in einer neuen Theorie, derzufolge der Wert ganz und gar vom „Nutzen" abhängt. Obwohl Jevons einräumte, daß Lust- und Schmerzeinheiten schwer zu quantifizieren wären, machte er doch geltend, daß auch die Schwerkraft selbst sich nicht anders messen ließe als durch ihre Auswirkungen auf die Bewegung eines Pendels. Entsprechend würden die „Pendelungen" des menschlichen Willens haargenau in den Preislisten der Märkte festgehalten. Die Grenznutzenmathematik versuchte also nicht, die Gesamtlust oder die komparative Lust zu messen, sondern die Lust, ein bißchen mehr hiervon im Verhältnis zu ein bißchen mehr davon zu haben – ihren Grenzwert. Der Nutzen wird vergrößert, wenn eine Ware all ihren wahlweise bestehenden Nutzungsmöglichkeiten derart zugeführt wird, daß der Grad des Grenznutzens, der aus jeder Nutzung bezogen wird, gleich dem jeder anderen Ware ist. Dies jedoch wäre nur unter der Annahme eines vollkommenen Wettbewerbs möglich, das heißt unter Adam Smiths Bedingungen für freie Märkte, die verlangen, daß Käufer und Verkäufer sich mit gleicher Macht und Information gegenübertreten. Aber Jevons erklärte: „... die theoretische Vorstellung eines vollkommenen Marktes wird in der Praxis mehr oder weniger durchgeführt", und von diesem Postulat leitete er das Gesetz der Unterschiedslosigkeit ab: daß „auf demselben Markt zu irgendeinem Zeitpunkt nicht zwei Preise für einen Artikel derselben Art bestehen können" (Routh: a.a.O., S. 221). Und so geht es weiter! Newton mochte sich wohl im Grabe herumgedreht haben, als Jevons Theorien von Grenzarbeit und Grenzproduktivität ausheckte und damit nicht nur die Arbeitswerttheorie, sondern auch den Konflikt zwischen Arbeit und Kapital, der über den Arbeitswert entbrannte, abschaffte, indem er außerdem den Gedanken von Nassau Senior aufgriff, daß Abstinenz Kapital bilde. In dieselbe Kerbe hieb Francis Edgeworth (1845-1926) im Jahre 1881 mit *Mathematical Psychics*. Alfred Marshall (1842-1924), der eigentlich Physiker hatte werden wollen, aber einer der angesehensten mathematischen Ökonomen seiner Zeit wurde, führte die Rücksicht auf gesellschaftliche Bedingungen wieder ein und versuchte, sie in seine Theorien einzubauen. Marshall begriff intuitiv die Bedeutung der Biologie für die Ökonomie, die Idee der Irreversibilität (die heute von entscheidender Wichtigkeit ist) und die Idee der „externen Effekte", allerdings in dem positiven Sinne von sozialer Infrastruktur, öffentlichen Arbeiten und einer geschulten Arbeiterschaft, die sich der Unternehmer zunutze machen konnte, ohne für die Ausbildung bezahlt zu haben. Es blieb seinem Studenten in Cambridge A. C. Pigou überlassen, diesen Begriff in dem negativen Sinne von Umweltverschmutzung zu verwenden. Er führte auch den Begriff der „Nachfrageelastizität" ein (um der Viskosität der alten Gleichgewichts"-mobilität" Rechnung zu tragen, die in dem Maße zunahm, wie die Strukturen der Industriegesellschaften sich verhärteten). John Bates Clark (1847-1938), ein amerikanischer Ökonom, wandte dann die Grenznutzentheorie auf die Einkommensverteilung an. In Frankreich war Léon Walras (1834-1910) so vorsichtig, darauf hinzuweisen, daß seine Mathematik und seine Verwendung statistischer Theorie (Gesetz der großen Zahlen) lediglich Instrumente zur Untersuchung seien, keine Feststellungen von Tatsachen. Seine Untersuchung ging, ähnlich der Marshalls, tiefer als die leerlaufende mathematische Fingerfertigkeit. Er war ein agrarischer Sozialist und wollte Grund und Boden verstaatlichen, aber er sprach von Menschen als „ökonomischen Molekülen" und gab Begriffen wie Knappheit wissenschaftliche Definitionen, die sich der Analogie zur Wärme in der Physik bedienten. Er entwickelte das erste vollständige mathematische Modell für eine gesamte Volkswirtschaft und begründete damit jene Verfahren, die jetzt Ökonometrie und gesamtvolkswirtschaftliche Input-Output-Analysen (wie etwa die von Wassily Leontief) genannt werden. Allerdings machte Walras die bekannten, fast schon schizophrenen Voraussetzungen von Privateigentum und vollkommenem Wettbewerb und äußerte sogar den Gedanken, Arbeit sei eine Form von Kapital! – In Österreich waren die führenden mathematischen Ökonomen Karl Menger (1840-1921) und Eugen von Böhm-Bawerk (1851-1914), dem es in erster Linie darum zu tun war, Marx zu widerlegen, aber der auch eine auf dem Grenznutzen des Kapitals basierende Zinstheorie aufstellte. Diese führte die Überlegung ein, gegenwärtige und künftige Werte zu vergleichen, was zu dem heutigen Problem bei vielen öffentlichen und privaten Investitionen führte, daß nämlich die Zukunft in unvertretbarer Weise unberücksichtigt gelassen wird (das heißt man hält den gegenwärtigen Wert von Gütern und Dienstleistungen für höher als ihren zukünftigen Wert). Die österreichische Schule ist berühmt als ein Bollwerk des Laissez-faire, und zu ihren späteren Leuchten gehörten Ludwig von Mises (1881-1973) und Friedrich von Hayek (geb. 1899), der Verfasser von *The Road to Serfdom* (1944; deutsch: *Der Weg zur Knechtschaft*. Moderne Industrie, Landsberg, 5. Aufl. 1982), einer Kritik der kollektivistischen und marxistischen Ökonomie. – Italiens führender mathematischer Ökonom war der bereits zuvor erwähnte Vilfredo Pareto (1848-1923), dessen nach ihm benanntes Optimum die Theorie der Grenzraten der Substitution einführte.

Der schwedische Ökonom Knut Wicksell (1851-1926) bereitete Keynes' Unterkonsumtionstheorie dadurch vor, daß er die Konjunkturzyklen auf Überinvestition zurückführte (wie es auch der russische Ökonom Nikolai Kondratieff mit seiner Theorie der „langen Wellen" der Konjunktur von 50 Jahren tat – sein Werk erfreut sich übrigens wieder neuer Beliebtheit).

Zu dieser Zeit trat noch eine andere Gruppe von Gegnern der mathematischen Richtung auf, allerdings mit geringem

Erfolg, denn ihre Namen sind nahezu unbekannt geblieben. Ihre Kritik galt dem inzwischen eingewurzelten Mißbrauch, der mit der Mathematik getrieben wurde. Die nicht zu Ehren gekommenen Bemühungen von Thomas Edward Cliffe Leslie (1827-1882), John Kells Ingram (1823-1907), Walter Bagehot (1826-1877) und Henry Sidgwick (1838-1900) verdienen, erwähnt zu werden. Zum Glück starb die Tradition nicht ganz aus, sondern wurde in den Vereinigten Staaten von Thorstein Veblen (1857-1929) lebendig gehalten, was ich in meinem Artikel *„The Decline of Jonesism"* (The Futurist, 1974) beschrieben habe. In England kritisierte John A. Hobson (1858-1940) mit seinem Buch *Imperialism* (1902; deutsch: *Der Imperialismus*. Kiepenheuer & Witsch, Köln-Berlin 1968) den kapitalistischen Expansionsdrang noch rigoroser als Marx. Marx hatte lediglich erklärt, daß der Kapitalismus sich selbst zerstören würde, aber Hobson sagte, er werde die Welt zerstören, worin er mit Rosa Luxemburg auf einer Linie lag. Lenin stimmte dem zu, und der Imperialismus wurde zum krönenden Abschluß der Marxschen Theorie.

Wir wenden uns nunmehr Karl Marx (1818-1883) zu, der es ablehnte, sich als einen Ökonomen bezeichnen zu lassen, aber der die klassische und mathematische Ökonomie mit mehr Sachverstand und Erfolg kritisierte, als irgendeiner ihrer Vertreter (die mehr zu verlieren hatten!).

Die heutigen Ökonomen sind ähnlich befangen. Das Marxsche Gesamtwerk ist freilich so weitgespannt und umfaßt so viele Bereiche, daß ich wenig mehr zu tun vermag, als seine ökonomischen Ideen zusammenzufassen und einen kurzen Abriß der Auseinandersetzung zu geben, die er auslöste und die noch immer tobt. Auch während der Sozialrevolutionär Marx für Millionen Menschen in der ganzen Welt kanonisches Ansehen besitzt, mußten sich die Ökonomen mit seinen peinlich genauen Beschreibungen herumschlagen, etwa der der auf- und absteigenden Konjunkturzyklen oder der Tendenz der Marktwirtschaften, „Reservearmeen" aus den zuletzt eingestellten, zuerst entlassenen Arbeitern zu bilden, die die volle Wucht der Rezession auszuhalten hätten (dieser harte Kern der Arbeitslosen hat für gewöhnlich einen niedrigen Status wie zum Beispiel Schwarze, andere Minderheiten und Frauen).

Marx' Voraussage vom Zusammenbruch des Kapitalismus (während der Sozialismus langsam aus seinem Schoß hervorginge) ist noch nicht widerlegt worden. Im Westen wird der Wiederaufschwung des Kapitalismus nach der großen Depression (als Keynes' Theorien dazu beitrugen, ihm eine neue Lebensfrist einzuräumen) als vollauf genügender Beweis dafür angeführt, daß Marx Unrecht hatte. Ähnliche Argumente werden benutzt, um Malthussche Theorien, wonach die Bevölkerung schneller zunehmen würde als die Nahrungsvorräte, als falsch darzustellen (beispielsweise betreffe ja der weltweite Hunger „nur" Millionen und keine Milliarden Menschen). Die Marx-Kritiker, die behaupten, seine Theorien seien ausschließlich deterministisch und materialistisch, haben ihn entweder überhaupt nicht gelesen oder den Sinn seiner Theorie der dialektischen Veränderung mißverstanden.

Die Neubewertung von Marx, die Michael Harrington in seinem Buch *The Twilight of Capitalism* (1976) vornimmt, ist überzeugend. Er führt die Auffassungen Marxens in der Einleitung zur *Kritik der Politischen Ökonomie* von 1857 und im ersten Band von *Das Kapital* an, daß die Produktionsmittel einer Gesellschaft sowohl bestimmend als auch Teil eines organischen Ganzen seien, das heißt daß die spezifische Produktion die „allgemeine Beleuchtung" und den „besonderen Äther" der Gesellschaften erzeuge. „Unter dem Kapitalismus sind die Felder organisiert wie eine Fabrik. Ein Pflug unter dem Feudalismus und ein Pflug unter dem Kapitalismus mögen äußerlich identisch sein, aber sie existieren in je einem verschiedenen und besonderen Äther" (Harrington: *The Twilight of Capitalism.* Simon and Schuster, New York 1976. S. 67). Aber Marx kann auch ein technologischer Determinist sein, etwa wenn er im ersten Band von *Das Kapital* erklärt: „Die Maschinerie ... wird das machtvolle Kriegsmittel zur Niederschlagung der periodischen Arbeiteraufstände, Streiks usw. wider die Autokratie des Kapitals" (*Das Kapital. 1. Band. Marx Engels Werke 23.* Dietz, Berlin 1962. S. 459). Und: „Jeder Fortschritt der kapitalistischen Agrikultur ist nicht nur ein Fortschritt in der Kunst, den Arbeiter, sondern zugleich in der Kunst, den Boden zu berauben, jeder Fortschritt in Steigerung seiner Fruchtbarkeit für eine gegebene Zeitfrist zugleich ein Fortschritt im Ruin der dauernden Quellen dieser Fruchtbarkeit. Je mehr ein Land, wie die Vereinigten Staaten von Nordamerika zum Beispiel von der großen Industrie als dem Hintergrund seiner Entwicklung ausgeht, desto rascher dieser Zerstörungsprozeß“ (Ebd., S. 259).

Somit hob Marx gerade den Umstand hervor, daß die Ökonomie als solche eben nur unter dem Kapitalismus die führende gesellschaftliche Rolle in ihrem eigenen Namen spielt. Der Hauptteil des Marxschen Gesamtwerks stellt eine Kritik des Kapitalismus dar, und es ist eine Fehlinterpretation zu meinen, er hätte seine ökonomische Deutung auf jede Gesellschaftsstruktur verallgemeinert. Gleichzeitig erkannte Marx, daß kapitalistische Formen gesellschaftlicher Organisation den Prozeß der technologischen Innovation beschleunigen und die materielle Produktivität steigern würden (sein Akkumulationsgesetz) und daß dies die sozialen Beziehungen wiederum dialektisch verändern würde. In den Grundrissen wirft er einen tiefen Blick in die kapitalistische Produktionsweise: „... Die moderne Industrie begann nicht mit der Fabrik, sondern mit der Messung der Arbeit. Als der Wert des Produktes in Produktionseinheiten definiert wurde, taxierte man den Wert des Arbeiters in ähnlicher Weise ... Aber unter den Bedingungen der Automation, am fließenden Band, läßt sich der Wert eines Arbeiters nicht mehr in Produktionseinheiten schätzen.“ Marx sah, daß unter dem Kapitalismus die Wechselwirkung und die allgemeine Abhängigkeit von Individuen, die einander gleichgültig sind, die Grundlage ihrer gesellschaftlichen Verbindung bildet, aber er sah auch, daß eine Zeit kommen würde, in der es nicht mehr möglich sein würde, ein fein säuberliches Schema sozialer Rechtsansprüche von der Messung der geleisteten Beiträge, das heißt der Produktionsmittel Boden, Arbeit, Kapital, technologischer Fortschritt usw., abzuleiten; das Ganze würde zu einem unentwirrbar komplexen gesellschaftlichen Prozeß werden. Er sagte nicht nur die Zeit voraus, da die Arbeitszeit nicht mehr als ein Wertmesser würde dienen können, sondern erklärte auch, daß die Arbeit mit der Anwendung von Wissenschaft und Fachkenntnisse „geistiger“ werden würde. Marx schien also, sogar in seiner Arbeitswerttheorie, immer die Möglichkeit einer Änderung offenzulassen, obwohl zu seiner Zeit, in der die Ressourcen reichlich und die Bevölkerungszahlen gering waren, in der Tat die menschliche Arbeit das wichtigste Produktionsmittel war. Wichtiger noch ist, daß Marx die Arbeitswerttheorie und den Mehrwertgedanken als Mittel benutzte, um Streitfragen der Gerechtigkeit aufzuwerfen, und als überaus wirksame holistische Konzepte, um damit die reduktionistische Logik der damaligen neoklassischen Ökonomen einzukreisen. Soweit er sich auf Versuche einließ, „wissenschaftliche" arithmetische Formeln des Arbeitswerts der Waren zu präsentieren, um damit den reduktionistischen Ökonomen zu Leibe zu rücken, tat er dem umfassenden Systemcharakter seines soziopolitischen Modells Abbruch. Zumindest versuchte er nicht, Preisformeln aus der Theorie abzuleiten, da er sehr wohl wußte, daß Löhne (die er als einen gleichen Austausch zwischen Ungleichen definierte) und Preise weitaus mehr politisch bestimmt waren. Am besten hat das Oscar Wilde ausgedrückt: Es sei möglich, „den Preis von allem und den Wert von nichts" zu kennen. Marx betrachtete Gesellschaft und Kapitalismus von ausdrücklich erklärten Standpunkten aus: dem des Arbeiters, dem des Kapitalisten und in historischer und kultureller Perspektive (ganz im Paradigma von Einstein, Heisenbergs Unschärfeprinzip und der neuen Physik von Fritjof Capra, die anerkennt, daß die Beobachtung das Ergebnis der Untersuchung stets beeinflußt).

Marx wußte, daß man keinen klaren Dialog führen kann, solange nicht alle Beteiligten bestimmen können, wo sie sich selbst im Raum-Zeit-Gefüge ansiedeln. Sein umfassendes soziopolitisches Modell mit der ihm innewohnenden historischen Dynamik gestattete es Marx, wirtschaftliche Prozesse in großen Zusammenhängen zu sehen: Monopolbildung, Depressionen und den Prozeß der erweiterten Reproduktion (sprich Innovation) wie auch die Tatsache, daß der Kapitalismus dem Sozialismus den Weg bereitet (wie es der Fall war) und schließlich untergeht (wie es der Fall sein könnte).

Ein nichtmarxistischer, hoch angesehener Ökonom, Joseph Schumpeter, zollte Marx in seinem Buch *Kapitalismus, Sozialismus und Demokratie* für die erstere Voraussage volle Anerkennung; Schumpeters eigene Prognose sah ähnlich aus, wies aber wichtige Unterschiede und neue Einsichten auf: Zum

Beispiel waren die Arbeiter nicht kontinuierlich „verelendet", sondern im Aufzug der materiellen Produktivität mitgefahren, wenn auch nur auf einer vergleichsweise niedrigen Stufe und mit viel Kampf. Auch Schumpeter glaubte, daß der Kapitalismus sich selbst zerstören würde, weil er seinen eigenen erklärten Grundsätzen zuwiderliefe, etwa dem Unternehmergeist, und weil er sich in einem ungewollt ins Kraut schießenden Sozialismus von Bürokratie, Vorschriften, Verwaltungsbeamten, Politikern, Rechtsanwälten und Intellektuellen, die ein „festgewurzeltes Interesse an sozialer Unruhe" hatten, auflöste und darin versank. Er zog die geordnetere, offenere Durchführung einer geplanten Sozialisierung vor. Man könnte sagen, daß er einige Marxsche Ideen historisch präzisierte, etwa daß die technologische Basis des Industriekapitalismus mit dessem individualistischem, privatwirtschaftlichem Überbau im Zwist läge. Schumpeter zeigte, daß Marx' Zukunftserwartungen ihre Schwachstellen besaßen, zumal besonders der revolutionäre Elan der Arbeiter oft ins Fahrwasser des Reformismus geriet. Ja er hält den Sozialismus als eine kulturelle oder Klassenbewegung für erledigt und beschränkt sich in der bewährten Art der reduktionistischen Ökonomie darauf, ihn bloß als eine Neuorganisierung wirtschaftlicher Verhältnisse zu betrachten, die nicht im privaten Bereich stattfindet, sondern im öffentlichen, „wo die Geschäftsleute nicht mehr zu Hütern der allgemeinen Wohlfahrt gesalbt wurden". Von Marx-Kritikern wird allgemein darauf hingewiesen, daß die amerikanische Arbeiterschaft, die sich nach Marx als erste hätte politisch organisieren und für die Schaffung einer sozialistischen Gesellschaft erheben müssen, dies unterließ, weil sie hinreichend hohe Löhne erhielt, um sich allmählich mit der Aufwärtsmobilität der Mittelschicht zu identifizieren. Allerdings gibt die (neu ins Englische übertragene) Schrift *Warum gibt es in den Vereinigten Staaten keinen Sozialismus?* von Werner Lombart aus dem Jahre 1905 etliche andere Erklärungen, darunter die, daß amerikanische Arbeiter äußerst beweglich wären und den Arbeitsplätzen, die eine sich ständig verschiebende Grenze schuf, nachgezogen wären; und daß gewaltige Scharen unter ihnen in die alte Heimat zurückzögen, sobald sie reich genug geworden waren, um ihren dort wartenden Familien ein besseres Leben zu ermöglichen (zum Beispiel kehrten zwischen 1907 und 1911 für 100 in die Vereinigten Staaten kommende Italiener 73 nach Hause zurück). Somit waren die Möglichkeiten zur Organisierung einer sozialistischen politischen Partei nach europäischem Vorbild sehr begrenzt.

Natürlich hatte Marx bei seinem Modell nicht ausdrücklich voraussehen können, daß der Kapitalismus neue Formen von Ausbeutung und gesellschaftlicher Unterdrückung wie zum Beispiel die ökologische Verwüstung und die Ausbeutung der Menschen in der Dritten Welt durch das Angebot von Säuglingsfertignahrung, Zigaretten, Coca Cola usw. hervorbringen und daß er neue Protestgruppen und Formen revolutionären Bewußtseins wie zum Beispiel der Frauen, Schwarzen, Umweltschützer, Verbraucher usw. auslösen würde. Ebenso wenig konnte der prophetische Moralist Marx (daß er dies war, bezeugen seine *Ökonomisch-philosophischen Manuskripte* aus dem Jahre 1844, die 1932 ans Licht kamen) mehr tun, als die heutigen Bewegungen für menschliche Entfaltung (human potential), holistische Gesundheit und Bewußtsein vage vorauszuahnen, wenn auch die besagten Manuskripte viele humanistische Einsichten offenbaren. Marx entwickelte auch den Gedanken des „falschen Bewußtseins", ein brillantes Begriffswerkzeug zur analytischen Zerlegung der heutigen Werbeindustrie und ihrer Manipulationen des Verbraucherbewußtseins, wie sie etwa von Stuart Ewen in *Captians of Consciousness* (1976) und David Potter in *People of Plenty* (1954) geleistet wird.

In ähnlicher Weise haben Generationen den Begriff der „Entfremung" brauchbar gefunden ihn ausgehend von Marx' Theorie, wie die Arbeiter während der Produktion für den Kapitalisten ihrer eigenen Zeit und ihrem eigentlichen Leben entfremdet würden, weiter ausgearbeitet (siehe Karl Marx: *Ökonomisch-philosophische Manuskripte aus dem Jahre 1844 in: MEW Ergänzungsband I.* Dietz, Berlin 1968. S. 510ff.). Menschliche Geschöpfe sind subjektive und objektive Wesen, und durch ihr Bewußtsein und ihre Handlungen bringen sie Gegenstände hervor, die ihnen helfen, sich selbst zu spiegeln und zu verstehen. Mit „Entfremdung" meint Marx sehr viel mehr als die bloße kapitalistische Aneignung des Mehrwerts in diesen

Gegenständen; vielmehr, daß die eigentliche Natur der Menschen, die sich in der Arbeit und der Herstellung von Gegenständen ausdrücken, verzerrt sei und daß Bildung, Selbstbestimmung und Selbstachtung, die natürlich produzierte Gegenstände einem bringen, von vorneherein ausgeschlossen seien, wenn die schöpferischen Fähigkeiten eines Menschen von jemand anderem verplant werden. Marx leistete mehr als seinen Teil sowohl an Theoriearbeit als auch an sozialem Engagement, aber man muß seine Entscheidungen treffen, denn das Leben ist kurz. Obwohl er sich auf die gesellschaftlichen Dimensionen der menschlichen Nöte seiner Zeit konzentrierte und Bewegungen für gesellschaftliche, nicht individuelle (wie etwa die Bewußtseinsbewegung), Veränderung ins Leben rief, machten ihm diese Dichotomien zwischen Theorie und Praxis offensichtlich zu schaffen, und er mahnte ständig, daß beide Seiten einander beeinflussen sollten.

Theodore Roszak hält in *The Making of the Counter Cultures* (deutsch: *Gegenkultur*. List, München 1973) die Konzentration auf gesellschaftliche Veränderung für die wesentliche Schwachstelle von Marx und seinen Anhängern. Marx verzeihe ich das, aber nicht den Marxisten (die in den Genuß von Freud gekommen sind). Das köstliche Paradox besteht darin, daß Marx selbst weitgehend ein Gelehrter und Theoretiker war, aber seine Theorien den Stoff für einen jäh entflammbaren Aktivismus abgaben, obwohl er nicht dem Proletariat angehörte, an Streiks teilnahm oder auf Barrikaden kämpfte. Ebenso wenig konnte man von Marx eine Betonung der Ökologie erwarten – sie war einfach nicht das Problem seiner Zeit. Allerdings hätte sein Modell mit seinem gewaltigen Umfang und all seinen interagierenden Variablen und dynamischen Faktoren (zum Beispiel positive Rückkoppelungsschleifen, Akkumulation usw.), mit den darin einbezogenen Problemen der Vereinigung des Proletariats, ja sogar der zuvor erwähnten Ausmergelung des Bodens auf lange Sicht, dazu benutzt werden können, die ökologische Ausbeutung vorauszusagen, die der Kapitalismus erzeugte und der Sozialismus fortsetzte. Der technologische Determinismus beider Systeme hätte gleichfalls vorausgesagt werden können, und man hätte sich auch aus seiner Beschreibung der „Entfremdung“, die die Arbeiter in sozialistischen Systemen ebenso betrifft wie die in marktwirtschaftlichen Gesellschaften und folglich eine Funktion des Industrialismus an sich ist, manche Einsicht zunutze machen können. Man kann also seinen Anhängern mit Sicherheit vorwerfen, daß sie das Ökologieproblem nicht früher begriffen haben – war es doch der Aufhänger für eine weitere vernichtende Kritik des Kapitalismus und bestätigte es doch die Gültigkeit der Marxschen Methode. Wenn sie allerdings den ökologischen Sachverhalt ehrlich anerkannt hätten, so wären sie leider zu dem Schluß gezwungen gewesen, daß die sozialistischen Gesellschaften nicht viel besser gehandelt hatten und vor Schlimmerem nur durch ihren niedrigeren Pro-Kopf-Verbrauch bewahrt worden waren, den sie zudem auch noch zu steigern versuchten! Aber ökologisches Wissen ist subtil und vage und verlangt zuvor ein wissenschaftliches Verständnis, denn andere Arten, seien es Eichhörnchen oder Redwood-Bäume, können keine revolutionären Energien zur Veränderung menschlicher Institutionen aufbringen, weil sie stumm sind und nicht wählen.

Dieses Problem ist von Peter Berg in *Reinhabiting a Separate Country* (1978) und dem Rechtsanwalt Christopher Stone in *Should Trees Have Standing?* (das heißt etwa: Bäume in den Zeugenstand?) behandelt worden. Jedoch Marx war durch seinen Eifer für die Sache des Proletariats nicht völlig verblendet, wenn auch sein Eintreten für die Arbeitswerttheorie sein Interesse für die Natur und ihre Produktionsmittel fast ganz auslöschte. In den *Ökonomisch-philosophischen Manuskripten* aus dem Jahre 1844 erklärt er: „Der Arbeiter kann nichts schaffen ohne die Natur, ohne die sinnliche Außenwelt. Sie ist der Stoff, an welchem sich seine Arbeit verwirklicht, in welchem sie tätig ist, aus welchem und mittelst welchem sie produziert" (*MEW Ergänzungsband I.* S. 512). Wir müssen also sehen, daß die Arbeitswerttheorie der Sache des Augenblicks diente, obwohl es im Laufe des 20. Jahrhunderts immer weniger sinnvoll wurde und heute oder in der Zukunft ganz und gar sinnlos ist, die Produktionsmittel der Ressourcen außer acht zu lassen, die den gesamten Wirtschaftsprozeß tragen. Marx bestimmte den Wert der Ressourcen in einer ganz besonderen Weise: mit dem Begriff des Gebrauchswerts. Im ersten Kapitel des ersten Bandes von *Das Kapital* über „Die

Ware" schreibt er: „Ein Ding kann Gebrauchswert sein, ohne Wert zu sein. Es ist dies der Fall, wenn sein Nutzen für den Menschen nicht durch Arbeit vermittelt ist. So Luft, jungfräulicher Boden, natürliche Wiesen, wildwachsendes Holz usw." Um im Unterschied dazu „Waren zu produzieren, muß er nicht nur Gebrauchswert produzieren, sondern Gebrauchswert für andere, gesellschaftlichen Gebrauchswert" (*MEW 23*. S. 55). Abschließend sagt er zu diesem Punkt: „Der Mensch kann in seiner Produktion nur verfahren, wie die Natur selbst, das heißt nur die Formen der Stoffe ändern. Nicht mehr. In dieser Arbeit der Formung selbst wird er beständig unterstützt von Naturkräften. Arbeit ist also nicht die einzige Quelle der von ihr produzierten Gebrauchswerte, des stofflichen Reichtums. Die Arbeit ist sein Vater, wie William Petty sagt, und die Erde seine Mutter" (ebd., S.57-58). Dies ist alles sehr klar, was die weiteste Fassung des Wertes menschlicher Produktion angeht. Darauf traf Marx die Unterscheidung zwischen kapitalistischer Produktionsweise und Akkumulation von „produktivem Kapital", das er als geronnene, vergangene, tote Arbeit ansah. Gegenüber dieser Art von Produktion beharrte er auf seiner Arbeitswerttheorie, weil diese Produktion einherginge mit der Aneignung des vom Arbeiter produzierten natürlichen Gebrauchswerts und seiner Lebenszeit. Dies gelänge deshalb, weil der Arbeiter seine Arbeit zum Marktpreis (dem Lohn) verkaufen müsse, während die Arbeit für den Kapitalisten Gebrauchswert sei. Wenn sich bei Marx auch viele Hinweise auf die Natur und Neubestimmungen ihrer Rolle finden, so war diese doch für den damaligen Aktivisten nicht das zentrale Problem. Allerdings schilt Marx die Organisatoren der deutschen Arbeiterpartei in seiner Kritik des Gothaer Programms und lehnt ihren ersten Paragraphen mit der Bemerkung ab: „Die Arbeit ist nicht die Quelle allen Reichtums. Die Natur ist ebensosehr die Quelle der Gebrauchswerte (und aus solchen besteht doch wohl der sachliche Reichtum!) als die Arbeit, die selbst nur die Äußerung einer Naturkraft ist, der menschlichen Arbeitskraft" (*MEW 19*. Dietz, Berlin 1962. S. 15). Dutzende von ähnlichen (wenn auch beiläufigen) Bemerkungen finden sich bei Marx, sogar ein intuitives Begreifen dessen, was später die „Theorie der ökologischen Nischen" heißen sollte. So steht in seinem Vorwort von *Zur Kritik der Politischen Ökonomie* von 1859: „Eine Gesellschaftsformation geht nie unter, bevor alle Produktivkräfte entwickelt sind, für die sie weit genug ist" (*MEW 13*. Dietz, Berlin 1961. S. 9). Oder man nehme diese vorausschauende Bemerkung aus den Ökonomisch-philosophischen Manuskripten: „die Industrie ist das wirkliche geschichtliche Verhältnis der Natur und daher der Naturwissenschaft zum Menschen; wird sie daher als exoterische Enthüllung der menschlichen Wesenskräfte gefaßt, so wird auch das menschliche Wesen oder das natürliche Wesen des Menschen verstanden" (*MEW Ergänzungsband I*. S. 543).

Dies ist auch die Ansicht des Biologen A. J. Lotka, der erläutert, warum der ökonomische Prozeß eine Fortsetzung des biologischen ist (in dem die Menschen gleich den anderen Tierarten nur endosomatische Instrumente benutzen, als da wären Klauen, Schnäbel, Pfoten, Hände zum Graben usw.). Bei den ökonomischen Prozessen beginnen die Menschen, exosomatische Instrumente zu verwenden (Messer, Boote, Feuer usw.). Bei dieser exosomatischen Produktion werden wir in einen unumgänglichen Konflikt miteinander gestürzt. Dieser Punkt wird in dem Buch *The Entropy Law and the Economic Process* (1971) von Nicholas Georgescu-Roegen geltend gemacht, dem bis jetzt einzigen Ökonomen, der eine originelle, umfassende Neufassung der Ökonomie seit Marx und Keynes vorgenommen hat. Warum sind nun diese Seiten an Marx so lange von den Marxisten ignoriert worden?

Ich habe den Verdacht, dies geschah weitgehend deshalb, weil diese Seiten das gesellschaftliche Organisieren, Reformieren und Revolutionieren, worum es ihnen zu tun war, nur am Rande berührten. Marx-freundliche Sozialwissenschaftler wie Michael Harrington oder Erich Fromm haben Marx einer erneuten Lektüre unterzogen und einige dieser Feinheiten ans Licht gebracht, welche aber für die sozial Engagierten unbequem sind, weil Gewißheit sich leichter vertreten läßt und man sich um sie herum besser organisieren kann. Vielleicht war dies der Grund, daß Marx am Ende seines Lebens erkärte: „Ich bin kein Marxist." Selbst Harrington übersieht die Kraft der ökologischen Kritik des Kapitalismus. Die beste Verschmelzung von gesellschaftlicher und ökologischer Kritik findet sich bei einem Ökologen, Barry Commoner, in seinen Büchern *The Closing Circle* (1971; deutsch: *Wachstumswahn und Umweltkrise*. Bertelsmann, München-Gütersloh-Wien 1973) und *The Poverty of Power* (1977; deutsch: *Energieeinsatz und Wirtschaftskrise*. Rowohlt, Reinbek 1977).

Ich betrachte meine eigene Arbeit als eine sozial/ökologisch/spirituelle Kritik des Industrialismus, ob kapitalistischer, sozialistischer oder gemischter Art. Marx halte ich alles in allem für einen intuitiven Denker von großer intellektueller Kraft, dessen beide Gehirnhemisphären wohlintegriert zusammenwirkten und der eine große Leidenschaftlichkeit, viel moralisches Empfinden und ein hochentwickeltes Wertsystem besaß, das von System- und Informationstheoretikern als „heuristisch" und von Religionswissenschaftlern und Philosophen als „prophetisch" bezeichnet werden müßte (siehe zum Beispiel *„Beyond Marx and Niebuhr: Toward a More Prophetic Politics"* von Neal Riemer, Abteilung für Politische Philosophie, Drew University, Madison, New Jersey).

Als sich die ständigen Angriffe auf den Kapitalismus und die Marktwirtschaft gegen Ende des 19., Anfang des 20. Jahrhunderts häuften, schienen die Marxschen Voraussagen sozialistischer Reformen den Sieg davonzutragen. Aber trotz der gesellschaftlichen Auflösung, die in den Wirtschaftskrisen drohte und in der großen Depression der Jahre 1929-1933 kulminierte, drehte sich für den Kapitalismus das Glücksrad noch ein weiteres Mal und bescherte ihm die sozialen Eingriffe der Regierungen, die (manchmal im nachhinein) mit den Theorien von Keynes gerechtfertigt wurden.

John Maynard Keynes (1883-1946) war der Sohn eines Ökonomen an der Universität Cambridge und studierte unter Alfred Marshall, wobei er die neoklassische Theorie ohne weiteres in seine viel umfassendere Weltanschauung einbezog. Keynes war an der ganzen sozialen und politischen Landschaft ungemein interessiert und betrachtete die ökonomische Theorie als ein Instrument der Wirtschaftspolitik. Daher bog die Keynesianische Revolution (bzw. „Restauration", wie die Marxisten sagen würden) die sogenannten „wertfreien" Methoden der neoklassischen Ökonomie dazu um, instrumentellen Zwekken und Zielen zu dienen, und machte die Ökonomie dadurch wieder politisch (jedoch in einer neuen Weise). Sie verlangte auch, daß die klassische Newtonsche Haltung des „objektiven Beobachters" aufgegeben werde, die von den Neoklassikern fortgesetzt worden war, und machte die Ökonomen zu „Teilnehmern". Es war eine widersprüchliche und problematische Synthese, mit der Keynes die Befürchtungen der Neoklassiker vor 1. „Eingriffen" in die Gleichgewichtsvorgänge des Marktsystems, 2. Aufgabe der „Objektivität" sowie 3. der wissenschaftlichen Ansprüche zu beschwichtigen suchte. Indem er ihnen zeigte, daß er seine wirtschaftspolitischen Eingriffe von ihrem neoklassischen Modell abzuleiten vermochte, indem er es (nach der Verfahrensweise der Naturwissenschaftler) als einen „Sonderfall" ausgab, demonstrierte Keynes, daß wirtschaftliche Gleichgewichtszustände und die Herstellung des Gleichgewichts im traditionellen Sinne in der wirklichen Welt Ausnahmen waren und nicht die Regel. Jedoch gelang es ihm, seine Allgemeine Theorie als eine auf den neuesten Stand gebrachte Version des Modells des wirtschaftlichen Kernprozesses gegen irgendwelche Veränderungen außersystemaler Variablen abzudichten. Als Konstante behandelte Keynes während der Analyse in seinem Modell Produktionstechnologien (das heißt er ignoriert Marx' Akkumulationstheorie und die Innovation) wie auch das Arbeitskräfteangebot, Verbraucherneigungen, Wettbewerbsgrad und die allgemeine Motiviationsvoraussetzung der Ökonomen: die Maximierung des Nutzens. Dies ermöglicht es ihm, „festzustellen, was zu jeder Zeit das Volkseinkommen eines gegebenen wirtschaftlichen Systems und (was fast das gleiche ist) die Menge seiner Beschäftigung bestimmt" (Keynes: *Allgemeine Theorie der Beschäftigung, des Zinses und des Geldes (General Theory of Employment, Interest and Money*). Duncker & Humblot, Berlin 1952. S. 207). Jedoch diese Formulierung bringt ihn, wie Adolph Lowe in *Politische Ökonomie* (S. 245) ausführt, in Gegensatz zur orthodoxen Tradition, „Weil sie bedeutet, daß Gesamteinkommen und Beschäftigung kurzfristigen Änderungen unterworfen sein können" (das heißt Konjunkturaufschwüngen und -rückgängen), während die neoklassische Theorie Vollbeschäftigung postuliert. Also verteidigt Keynes seine Häresie, indem er sich auf eine peinliche Erfahrungstatsache beruft: „Insbesondere ist es ein hervorstechendes Merkmal unserer gegenwärtigen Wirtschaftsordnung, daß sie ... großen Schwankungen in bezug auf die Produktion und Beschäftigung unterworfen ist" (Keynes: a.a.O., S. 209). Aber daß die Katze jetzt aus dem Sack war, kam deshalb, weil die Theorien über Konjunkturzyklen bis dahin stets außersystemale Variablen und beliebige Ereignisse ad hoc herangezogen hatten: zum Beispiel Sonnenflecken (Jevons), Kreditinflation, technischen Fortschritt (den Marx als eine langfristige Rückkoppelungsschleife zu einem Teil seines Modells machte), Kriege usw. Die Ökonomen von heute setzen diese Irrtümer fort, indem sie die OPEC, die Ressourcenerschöpfung usw. als „exogene Anstöße" anstatt als systemimmanent betrachten. Selbst der technologische Wandel, die Haupttriebfeder des Wirtschaftswachstums in den vergangenen 200 Jahren, wird meistens als eine Koordinate behandelt. Keynes bricht mit dem neoklassischen Modell der allgemeinen Summierung aller Mikroeinheiten, indem er in seinem Modell die Mikroeinheiten in mehrere Hauptsparten zusammenfaßt und damit das ältere Modell „sektoralisierte". Gesamtverbrauchernachfrage plus Kapitalinvestition vermittelt durch Zinssätze wird auf Gesamtproduktion und Beschäftigung bezogen. Investition wird nicht nur auf Zinssätze und Höhe des erwarteten Profits bezogen, sondern auch auf den Hang zum Sparen, den die Verbraucher neben dem zum Konsumieren haben, und auf ihren Wunsch, Bargeld verfügbar zu haben (das heißt Liquiditätspräferenzen); zusätzlich wird Investition auf die durch das Banksystem bereitgestellte Geldmenge bezogen.

Die Quantitätstheorie des Geldes von Sir William Petty bis zu Milton Friedman und den heutigen Monetaristen war Gegenstand vieler Debatten, die sich um seine Definition drehten; zum Beispiel ging im frühen 19. Jahrhundert die große Auseinandersetzung darum, ob ausschließlich Münzen und Banknoten Geld oder ob auch Bankdepositen und andere Finanzinstrumente eingeschlossen wären. Heute machen die Monetaristen eine Identitätskrise durch, weil die von ihnen beobachtete Variable namens Geld 1 bzw. G1 (Bankdepositen und zirkulierendes Bargeld) inzwischen untauglich ist, und es sind kürzlich neue Vorschriften erlassen worden, wonach

Kreditkarten eingeschlossen werden und nunmehr eine Form von Geld darstellen, die die früheren Definitionen noch durcheinander brachte. Das Geld wird jetzt so komplex, daß es nicht nur G1 und G2 (G1 plus Zeitdepositen bei Geschäftsbanken außer Depositenscheinen von 100.000 Dollar und mehr gibt, sondern auch G3 (worin auch Depositen bei Sparkassen, Sparguthaben und Wertpapiere sowie Kreditgenossenschaftsaktien eingeschlossen sind), ganz zu schweigen von der Fülle neuer Probleme, die das „staatenlose Geld" im multinationalen Aktienbankwesen aufwirft. Eurodollars und dergleichen machen inzwischen Bestrebungen, eine binnenländische Volkswirtschaft zu „steuern", zum Gespött. In Keynes' Modell ist es von entscheidender Bedeutung, daß zusätzliche Investitionen die Beschäftigung und dadurch das Gesamteinkommen steigern, und diese zusätzliche Nachfrage nach Verbrauchsgütern vermehrt die Nachfrage nach Arbeit und mehr Produktionskapazität und Betriebskapital, und so verwertet das System schrittweise die ihm verfügbaren Ressourcen (Multiplikatoreneffekt). Dies nennt man die Tröpfeltheorie von Investition und Wachstum.

Allerdings hat Keynes nie behauptet, daß dieser Prozeß in der Vollbeschäftigung gipfeln werde. Er werde vielmehr das System in dieser Richtung bewegen oder auf irgendeiner Stufe der Unterbeschäftigung abflauen oder sich sogar umkehren. Dies hängt von etlichen metaphysischen Voraussetzungen ab, die das genaue Verhältnis zwischen zusätzlicher Konsumtion und zusätzlichem Einkommen betreffen, das (bzw. dessen Grenzwert) die Verbraucher bevorzugen: Je mehr sie von den neuen Dollars ausgeben, desto mehr Arbeitsplätze und Einkommen; je weniger sie ausgeben (also je mehr sie sparen), desto eher wird der Aufschwung abflauen, falls nicht neue Investitionen hineingepumpt werden. Damit wird die „Gewohnheit", den Hahn aufzudrehen (pump-priming), Geld zu drucken, Steuern herabzusetzen, Zinssätze zu senken und den „magischen" Multiplikator zu suchen (der letztlich den Gesetzen der Thermodynamik widerspricht), nunmehr ausgeschlossen, obwohl die Angebotsökonomen der Regierung Reagan immer noch daran glauben. Wir müssen jetzt alle „außersystemalen" Variablen in ein umfassenderes Modell einbringen und

Keynes zu einem Sonderfall machen! Dies ist notwendig, weil das Keynessche Modell multinationale Konzerne oder Kapitalbewegungen nicht einbezog, sondern das Bild einer isolierten binnenländischen Volkswirtschaft zeichnete, deren wirtschaftspolitischer Spielraum nicht durch globale Wirtschaftsabsprachen eingeengt und die gleichzeitig in der Lage wäre, auf einem abgekarteten Weltmarkt über billige Ressourcen zu verfügen. Ebenso wenig waren von Keynes politische Bündnisse zwischen Arbeitern, Verbrauchern, Umweltschützern und Arbeitslosen, eine Energiekrise, steigende Sozial- oder Umweltkosten usw. eingeplant. Keynes sah sich also zu einer Schlußfolgerung von Marxscher Art gezwungen, die die Zeitspanne der Zyklen von Konjunkturaufschwung und -rückgang zur „durchschnittlichen Dauerhaftigkeit des Kapital" (Keynes: a.a.O., S. 269) in Beziehung setzt. Selbst im günstigsten Falle kann uns das Keynessche Modell unter seinen Idealbedingungen nur eine Reihe von möglichen Szenarien vorstellen; es kann keine Voraussagen treffen. Es scheint zu bestätigen, daß der Hang des durchschnittlichen Verbrauchers, seine Konsumtion mit der Steigerung seines Einkommens gleichfalls zu steigern, wenn auch nicht im gleichen Maße (Grenznutzen des Einkommens), beim Wirtschaftsaufschwung zu der Kluft zwischen Einkommen und Konsumtion führt, die sich kurzfristig bei steigender Beschäftigung und über längere Perioden mit dem Anstieg des allgemeinen Reichtums verbreitert. Diese Kluft muß mit zunehmender Investitionstätigkeit überbrückt werden, wenn das System nicht periodisch in die Unterbeschäftigung abrutschen soll. Die Postkeynesianer gehen in eben diese methodische Falle, anstatt zu untersuchen, welche Arten von Investition die meiste Beschäftigung schaffen.

Die meisten Ökonomen nehmen an, daß ein „günstiges" Verhältnis von Kapital und Arbeit von größerer und zunehmender Kapitalintensität sei. Dieses innersystemale Dilemma läßt sich nur im Rahmen einer Theorie kapitalistischen Wachstums lösen, die morphogenetisch und biologisch orientiert ist. Es ist schlicht und einfach die Evolutionsformel: „Nichts ist so trügerisch wie der Erfolg." Es gibt aber noch einen anderen Aspekt von Keynes' Gedankengang, der von Adolph Lowe (*Politische Ökonomik*, S. 247-248) brillant zerlegt wird. Nach

Keynes' Hypothese war die bereitgestellte Geldmenge ein wesentlicher Bestimmungsfaktor für Beschäftigungsniveau, Produktion und Realeinkommen. Es kommt aber ein weiterer Stolperstein hinzu, der die durch Geld vermittelten Gleichgewichtsprozesse der orthodoxen Lehre in Frage stellt: Erwartungen, das heißt der Versuch der Verbraucher, künftige Preisentwicklungen, und der Investoren, die künftigen Kapitalerträge in verschiedenen Phasen des Konjunkturzyklus vorauszusehen. Aber insofern, wie diese Reaktion und das Geld, das sie durch Preise, Nachfrage usw. anzeigt, viel „reibungsloser" und schneller sind als die Prozesse in der wirklichen Welt, werden Preise und Geldstatistiken von den nunmehr konkret einsetzenden, großindustriellen Massenproduktionsprozessen, die sie angeblich überwachen und lenken, „abgekoppelt". Folglich kann die Produktion nicht auf solche jähen Nachfrageschwankungen reagieren (Ökonomen nennen dies die „Inelastizität des Angebots an Industrieprodukten").

Eine weitere schädliche positive Rückkoppelungsschleife beschert also der schwerfälligen Wirtschaft einen Geschäftsrückgang: Die Leute warten darauf, daß die Preise fallen (und wissen, daß das geschehen wird, weil es schon früher so geschah); der Strom der Massenproduktion kann nicht ohne weiteres abgestellt werden, und für viele Firmen ist es leichter, die Preise zu senken, als den Betrieb stillzulegen. So verhindert die inzwischen den vollentwickelten industriellen Volkswirtschaften immanente technologische Immobilität eine Anpassung durch teilweisen Abbau der Produktion und Ersetzung durch neue. Wenn die Betriebe noch größer werden, nimmt auch die Inflexibilität zu, zumal sie die politische Macht besitzen, die Verbraucher zu zwingen, nicht nur ihre Produkte zu kaufen (über Steuern und staatliche Finanzierung sinnloser Vorhaben), sondern auch das Investitionskapital aufzubringen (zum Beispiel Elektrizitätswerke, Kernkraftwerke und die Rettung von Chrysler).

Jetzt erkennen wir die Schlüsselrolle der Werbung und den Zweck, den sie für Großunternehmen bei der „Steuerung" ihrer Nachfrage auf dem Markt erfüllt. Die Verbraucher müssen nicht nur immer mehr ausgeben, sondern sie müssen es in voraussagbarer Weise tun, damit das System funktioniert. An diesem Punkt ist das klassische kapitalistische Modell beinahe auf den Kopf gestellt worden! Heutzutage machen die Ökonomen Konjunkturzyklen: Die Verbraucher werden gezwungen, unfreiwillige Investoren zu sein, und der „Markt" wird durch Unternehmens- und Regierungsmaßnahmen gelenkt, während die Ökonomen sich weigern anzuerkennen, daß wir in einem Korporativstaat leben, wie es Christopher Lasch in seinem Buch *The Culture of Narcissism* (deutsch: *Das Zeitalter des Narzißmus*. Steinhausen, München 1980) darlegt. Daher wird die Erforschung des „Verbrauchervertrauens" als einer entscheidenden wirtschaftlichen Variablen ebenfalls wesentlich (wie sie von den Ökonomen der „Schule rationaler Erwartungen" an der Universität Chicago und denen von der Universität Michigan betrieben wird).

Marshall bezeichnete es als wichtig für die Investitionstätigkeit, daß „das Vertrauen alle Industrien mit seinem Zauberstab berührt". Aber warum, so fragt daraufhin der Historiker Routh, „setzte Marschall nicht die Ökonomenmeute mit lautem Hallo auf die Fährte der Fee Vertrauen an ..., um sie einzufangen ... und ihre geheimen Kräfte zu erlernen?" (Rough: a.a.O., S. 268). Als Grund gibt der Präsident der Royal Economic Society Edwin Cannan in seiner Ansprache von 1932 an: „Zu allgemeiner Arbeitslosigkeit kommt es, wenn die Gewohnheit, zuviel zu verlangen, allgemein wird ... (Die Welt) sollte lernen, ein Sinken des Geldeinkommens ohne Zetern hinzunehmen" (*Economic Journal*. Vol. XLII. 1932. S. 357-369). Dies ist die klassische Erklärung der „althergebrachten Religion", daß nämlich die Wirtschaft die unangenehme Stokkung als Arznei schlucken müsse, bis die Profite wiederhergestellt sind und die Kapitalanlage einen neuen Aufschwung nimmt. Ironischerweise ist dies auch Marx' Ansicht! Aber das Problem, das damals wie heute in all den abstrakten Aussagen über „die Welt" und „die Wirtschaft" verborgen liegt, lautet, wer die Arznei zu schlucken hat – worauf auch Russell Bakers Humor abzielt. Daher legten die Neoklassiker stets eine unverantwortliche Interessenlosigkeit an dem politischen Problem steigender Arbeitslosigkeit an den Tag und beschimpften dafür die keynesianischen Mittel des Hahnaufdrehens (pump-priming), der öffentlichen Arbeiten und des leichten Kredits (die bereits von Präsident Roosevelt im Jahre 1932 eingesetzt worden waren) als „fiskalisch unverantwortlich", weil sie das Nationalbudget aus dem Gleichgewicht brächten und die Defizite in die Höhe trieben.

Die Debatte hat sich seitdem nicht sehr geändert. In den sechziger Jahren etwa war die Hauptströmung keynesianisch, und Präsident John F. Kennedy, unterstützt von seinem Chefökonomen Walter Heller, versprach, mit dem Anreiz einer allgemeinen Steuersenkung „das Land wieder in Schwung zu bringen", denn „eine steigende Flut hebt alle Boote". Somit wurde die Struktur der Wirtschaft ein weiteres Mal außer acht gelassen. Die neoklassischen Ökonomien taten sich mit den konservativen Politikern gegen den Anreiz der Steuersenkung zusammen. Schließlich wurde in den siebziger Jahren der „Stagflation" der schwache Punkt des Keynesianismus für viele offensichtlich: Seine zu summarischen Maßnahmen zur Stimulation der Nachfrage sickerten niemals durch die Struktur nach unten zu den Arbeitslosen durch; der Anreiz ging in höhere Preise und mehr Inflation über, multinationale Konzerne machten sich die angeblich investitionsfördernden Steuerkredite für ihre eigenen Zwecke und nicht die der Gesellschaft zunutze, die Steuerzahler machten sich Sorgen um die Zukunft und sparten ihre einbehaltenen Steuergelder, anstatt sie auszugeben. „Inflation" ist demnach nur die Form, in der das System all die interagierenden Variablen zum Ausdruck bringt, die die Ökonomen aus ihren Modellen zu verbannen versucht haben. Die Hauptrichtung der Keynesianer verdoppelte ihre Anstrengungen, während konservative Neoklassiker ebenfalls ihre Haltung „objektiver Beobachter" aufgaben und eingriffen, allerdings um die bereitgestellte Geldmenge zu verringern, den Bundeshaushalt zu kürzen und die Zinssätze zu erhöhen, wodurch das System mit der Hoffnung herumgerissen wurde, daß eine „Reservearmee" von Arbeitslosen die Inflation aufhalten würde.

Mit einer neuen Kehrtwendung treten jetzt die konservativen Kreise um Reagan für gewaltige Steuersenkungen, mehr Arbeitsplätze, weniger Inflation und zunehmende Militärausgaben bei gleichzeitiger Senkung des Bundeshaushalts ein – alles dieselben widersprüchlichen Ziele der Keynesianer! Adolph Lowe (a.a.O., S. 260-263) macht noch eine weitere entscheidende methodische Beobachtung, nämlich daß das Keynessche Modell in manchen wesentlichen Bereichen nicht mit den Tatsachen der großen Depression übereinstimmte. Keynes hatte recht mit seinem „Grenzverbrauch" und der durch diesen geschaffenen Kluft. Zwischen 1923 und 1929 stieg der Verbrauch, aber mit abnehmender Zuwachsrate, während die Investitionstätigkeit genau in dem Maße anzog, wie die Zuwachsraten des Verbrauchs nachließen. Dies ließ die Gesamtbeschäftigung und die Produktion anschwellen, genau wie es das Keynessche Modell vorausgesagt hatte. Dann folgte Mitte 1929 ein schroffer Rückgang der absoluten Investitionstätigkeit, und der Boom fand ein jähes Ende. Aber es gibt kein Anzeichen dafür, daß während dieses Aufschwungs die private Spartätigkeit zunahm – das Herzstück der Keynesschen Hypothese. Lowe stellt fest: „Wir finden uns einer Tatsachenkonstellation gegenüber, die offenbar mit Keynesschen Begriffen nicht zu beschreiben ist: eine sinkende Wachstumsrate der Konsumtion, verbunden mit steigenden Reallöhnen, aber nicht mit einem Anstieg der privaten Ersparnisse; steigende Gewinne, verbunden mit fallenden Preisen; ein schnelles Anwachsen der Erzeugung, begleitet von konstanten Lohnsätzen und konstanten, wenn nicht gar fallenden Grenzkosten. Aber das Rätsel beginnt sich zu entwirren, wenn wir einen Blick auf die Beschäftigungsgrößen werfen. Auch sie blieben praktisch konstant während der ganzen Periode ... Aber stabile Beschäftigung bedeutet keineswegs Vollbeschäftigung. Eine der vorliegenden Schätzungen besagt, daß zwischen 1923 und 1929 die Arbeitslosigkeit niemals unter 10% des Angebots an Arbeitsjahren fiel" (S. 261).

Aber wie war es dann möglich, daß die Erzeugung zunahm? „Wo die Antwort zu suchen ist, wird eindringlichst durch die Entwicklung der gewerblichen Erzeugung illustriert, die während der entscheidenden Periode um 20% zunahm, wohingegen die Beschäftigung um 5% fiel – ein schlagendes Beispiel arbeitssparenden technischen Fortschritts. Hier haben wir endlich den Faktor, dessen Verhalten die Lösung des Problems enthält: Eine 'Reservearmee' von Arbeitslosen hielt die Geldlöhne konstant, während der technisch bedingte Preisrückgang die Kaufkraft der Beschäftigten erhöhte" (S. 262). In einer

Fußnote hierzu fügt Lowe hinzu: „Die gleichzeitige technische Revolution in der Landwirtschaft verstärkte und die sich rasch ausbreitenden Dienstleistungsbranchen kompensierten zum Teil die technologische Arbeitslosigkeit in der Industrie." Lowe folgert daraus, daß Keynes mit seiner massiven „Unterkonsumtion recht hatte, aber daß es keine freiwillige Unterkonsumtion oder ein Anstieg der privaten Ersparnisse war, sondern eine erzwungene Unterkonsumtion aufgrund der Ersetzung von Arbeitskraft durch Technologie und eines stärkenden Konkurrenzdrucks, der die Löhne der Beschäfigten niedrig hielt. Folglich war die große Depression eine Bestätigung gewisser Züge des Marxschen Modells, während sie einige der Grundhypothesen von Keynes widerlegte. Es blieb dem Sozioökonomen und Futurologen Robert Theobald, dem Rechtsanwalt Louis O. Kelso, mir und anderen überlassen, in Form von Bündnissen wie den „Umweltschützern für Vollbeschäftigung" eine Lobby zu bilden, die das Problem der technologisch bedingten Arbeitslosigkeit auf die politische Tagesordnung setzte.

Dies bringt uns zu der Periode, in der wir auf ökologische Grenzen stoßen, und zu meiner eigenen Kritik, die sich mit den (im BSP als nützlichem Produkt aufgeführten) steigenden Sozialkosten, der Zerstörung der Umwelt, den Nachteilen einer zu groß gewordenen Wirtschaft, der um sich greifenden menschlichen Entfremdung und den neuen Bewegungen und Bündnissen für eine Veränderung befaßt, ebenso mit dem Aufkommen einer nicht vermarkteten „Gegenwirtschaft". Jedoch der wirklich neue Theorieansatz, der über Marx, Keynes und alle übrigen hinausgeht, ist der von Georgescu-Roegen in seinem Buch *The Entropy Law and the Economic Process*, das mehr von dem Physiker G. Helm und dem Biologen Lotka geprägt wurde als von Georgescu-Roegens Ökonomenkollegen. Da ich das Probem Entropie/Ökonomie bereits gründlich behandelt habe, werde ich es hier nicht noch einmal aufgreifen, sondern will nur anmerken, daß thermodynamische Modelle die physikalsichen Aspekte sowohl des Produktions- als auch des Distributionsprozesses genau festschreiben und es dadurch ermöglichen, den Produktionsprozeß – von der Landwirtschaft zur Extraktion zur Maschinerie zur Produktion zur

Distribution zur Konsumtion zur Müllbeseitigung – anhand der Verursachungskriterien des zweiten Gesetzes der Thermodynamik holisitsch zu analysieren, das heißt den entsprechenden Entropiegrad zu messen, so daß dieser durch eine Umgestaltung reduziert werden kann.

Georgescu-Roegens bester Schüler ist Herman Daly, der Verfasser von *Toward a Steady-State Economy* (1973); beide bauen auf dem Werk von Frederick Soddy (1877-1956) auf, einem englischen Chemiker, der sich mit Rutherford den Nobelpreis für die Einführung von Isotopen in die Atomtheorie teilte, Wenn die Ökonomie noch zu retten ist, so könnten Soddy und Georgescu-Roegen die Auslöser der nächsten Welle sein. Soddy kam zu dem Schluß, dem gefährlichen Abtreiben der Ökonomen in pseudowissenschaftliche Abstraktion müsse Einhalt geboten werden, bevor sie die Industriegesellschaften zerstörten, weil ihre unbedarften Vorstellungen dem ersten und zweiten Gesetz der Thermodynamik zuwiderliefen. Ein Aufsatz, den Soddy 1921 an der London School of Economics vorlegte, trägt den Titel *„Kartesische Ökonomie“*. Darin stellt er rhetorisch die Frage, um die es den Ökonomen geht: „Wie leben die Menschen?“, indem er zum Vergleich fragt, was es bewirke, daß eine Eisenbahn fährt. „In der einen oder anderen Hinsicht mögen der Lokomotivführer, der Schaffner, der Stellwärter, der Vorsteher, der Kapitalist oder der Aktionär dieses Verdienst für sich beanspruchen – oder etwa die wissenschaftlichen Pioniere, die die Natur des Feuers entdeckten, die Erfinder, die es nutzbar machten, die Arbeiter, die die Gleise legten und den Zug bauten. Die Tatsache bleibt bestehen, daß sie alle mit vereinten Kräften den Zug nicht zum Fahren bringen könnten. Was die Lokomotive in Wirkichkeit antreibt, ist die Kohle. Somit muß beim gegenwärtigen Stand der Wissenschaft die Antwort auf die Frage, wie die Menschen leben oder wie irgendetwas lebe oder wie die unbeseelte Natur lebe (in dem Sinne, in dem wir vom Leben eines Wasserfalls oder irgendeiner anderen Erscheinungsform andauernder Leblosigkeit sprechen), mit wenigen und unbedeutenden Ausnahmen lauten: *Durch den Sonnenschein*“ (Frederick Soddy: Cartesian Economics. Hendersons, 66 Charing Cross Road, London 1922). Es erübrigt sich zu sagen, daß Soddy als Spinner angesehen wurde und seinen Aufsatz nur in einer unkonventionellen Weise zur Veröffentlichung bringen konnte. Soddy benutzte das Wort „kartesisch" nicht in dem etwas abschätzigen Sinne eines übermäßigen Empirismus. Er hält die Ökonomen lediglich zu einem Minimum an empirischer Untersuchung der wirklichen Welt an, bevor sie voreilig ihre Deduktionen anstellen. Soddys Analyse war nur die präziseste in einer langen Reihe von tapferen Bemühungen in der Geschichte, der Ökonomie eine Redlichkeit zu bewahren. Selbst die achtbarsten Anstrengungen von fachlicher Seite sind daneben gegangen. Beispielsweise entschloß sich der amerikanische Ökonom Wesley Mitchell (1878-1948), nur empirische, statistische Wirtschaftsdaten für einen weiteren Versuch, die Ökonomie nach realistischeren Richtlinien wiederherzustellen, zu verwenden, aber auch er scheiterte. Mitchell lehrte an der Universität Chicago und fertigte im Jahre 1913 eine riesige statistische Untersuchung an mit dem Titel *Business Cycles* (deutsch: *Der Konjunkturzyklus*. Leipzig 1931). Er war dann im Ersten Weltkrieg und später als Ökonom der US-Regierung in der Preisabteilung des Kriegsindustrieausschusses tätig und gründete das National Bureau of Economic Research (NBER – Nationalbüro für ökonomische Forschung), um eine „positive" ökonomische Wissenschaft zu betreiben. Leider vermochte es diese überaus datenorientierte Forschung nicht, die Kategorien, nach denen diese Daten gewonnen und unter die sie eingeordnet worden waren, in Frage zu stellen, und so verfiel auch sie in den reduktionistischen Stil der bürokratischen Ökonomie von heute. Das NBER wurde schließlich vom US-Handelsministerium geschluckt und von Arthur F. Burns übernommen, der später Richard Nixons Verwaltungsratsvorsitzender der amerikanischen Notenbank „Federal Reserve" wurde und in Präsident Reagans Wahlkampagne als Berater fungierte.

Ich hegte früher die Hoffnung, die zukünftigen Entwicklungen der Ökonomie würden von dem thermodynamischen Ansatz wie auch von vielen anderen Disziplinen beeinflußt werden, da ein wirtschaftlicher Umgang mit Energie und der Übergang zu Gesellschaften mit erneuerbarer und solarer Energie notwendig, wenn auch nicht hinreichend sind. Die kulturellen und gesellschaftlichen Aspekte des Übergangs und die Verteilungsordnungen sind Funktionen des Wertsystems, das die Ökonomie als eine Konstante betrachtet, wie Benjamin Ward in *What's Wrong with Economics?* (1972; deutsch: *Sind die Wirtschaftswissenschaften am Ende?* Belser, Zürich 1976) darlegte. Da sich die Werte gleichfalls ändern, werden sie zu neuen Theorien nichtmonetärer Ressourcenverteilung führen. Wir werden nicht nur die gesellschaftlichen Beziehungen zu den Produktionsmitteln, sondern auch die Produktionsmittel selbst neu entwerfen müssen.

Der Biologie Barry Commoner hat wahrscheinlich mehr als irgendein Ökonom dazu beigetragen, die Planungskriterien ökologischer und technologischer Produktionssysteme zu vereinheitlichen und sie auf soziale und politische Strategien für den Übergang der Industriegesellschaften ins Sonnenzeitalter zu beziehen. Obgleich ich an seinem Vorschlag, die Vereinigten Staaten sollten die Erzeugung von Gas als Brenn- und Kraftstoff während des Übergangs zu erneuerbaren Ressourcen verdoppeln, wie auch an seiner Betonung gesellschaftlicher Planung und seiner Ablehnung der meisten Marktmechanismen meine Zweifel habe, so hat Commoner doch die Übergangsdebatte in allen seinen Büchern ungemein vorangebracht, deren letztes *The Politics of Energy* (1979; deutsch: *Radikale Energiewirtschaft.* Carussell, München 1980) ist. In ähnlicher Weise hat der Physiker Amory Lovins, Verfasser von *Soft Energy Paths* (1977; deutsch: *Sanfte Energie.* Rowohlt, Reinbek 1978) sowie eines ungeheuren Ausstoßes an brillanten Strategiepapieren (zum Beispiel *Soft Energy Notes*) mehr als irgendein Ökonom dazu getan, technologisch, politisch und gesellschaftlich einen vernünftigen Übergangspfad ins Sonnenzeitalter darzustellen.

Die meisten Übergangsstrategien und -untersuchungen in anderen Industrieländern sind ebenfalls das Werk von Physikern, Ingenieuren und Wissenschaftlern aus den Bereichen der Biologie, Zoologie, Chemie und Ökologie. Heute erwarte ich, daß sich die Ökonomie in dem Maße, wie sie immer absurder wird, ganz einfach totläuft, wie es die alte Wissenschaft der Alchemie mit ihren Modellen von „Erde“, „Luft“, „Feuer“ und „Wasser“ getan hat. Oder die Ökonomie könne einer neuen Systemtheorie subsumiert werden, die Biologie, Thermodynamik, Informationstheorie, Psychologie und politische Philosophie in sich vereinigte. Abermals ist es die materielle Lage, die einen Wandel erzwingt; der Planet Erde spricht direkt zu uns. Die Einwände, die aufgrund der Ereignisse von 1979-1980 gegen die Theorien und wirtschaftspolitischen Vorschläge der Ökonomen erhoben worden sind (ich habe sie in Teil eins zusammengefaßt), zwangen zu einem erneuten Überdenken.

Die zwei Hauptlinien dieser quälenden Neubewertung ökonomischer Theorien betrafen Ressourcen sowie gesellschaftliche Entscheidungen und Beziehungen. Selbst für die Ewiggestrigen wurde die Theorie des „freien Marktes" zunehmend unhaltbar. Der letzte Mohikaner war Milton Friedman mit seiner Schule von der Universität Chicago, und immerhin sah selbst Friedman sich genötigt, einen schärferen Ton anzuschlagen, wozu er sich auf die Ätherwellen verlegte und seine populäre Serie im von Steuergeldern finanzierten öffentlichen Fernsehen (das es natürlich in seiner Welt des „freien Marktes" nicht geben würde) benutzte. Er und seine Frau Rose Friedman faßten die Serie in ihrem polemischen Buch *Free to Choose: a Personal Statement* (1980; deutsch: *Chancen, die ich meine. Ein persönliches Bekenntnis.* Ullstein, Berlin-Frankfurt/M.-Wien 1980) zusammen, einer Ansammlung von summarischen Behauptungen und Verallgemeinerungen, die signalisierte, daß Friedman die Haltung akademischer „Objektivität" fallengelassen und sich ins politische Handgemenge gestürzt hatte (vermutlich auf Seite von Ronald Reagan). Friedmans Begriff von Gleichheit macht das anschaulich:

„Der moralische Eifer, der die Bewegung der 'Gleichheit des Ergebnisses' antreibt, entspringt der weitverbreiteten Überzeugung, daß es nicht gerecht ist, daß manche Kinder gegenüber anderen im Vorteil sind, nur deshalb, weil sie reiche Eltern haben. Natürlich ist das nicht gerecht. Jedoch Ungerechtigkeit kann viele Formen annehmen. Es gibt sie, wenn jemand Besitz erbt – zum Beispiel Wertpapiere und Aktien, Häuser, Fabriken. Sie kann aber auch eine ganz andere Form annehmen: Wenn man eine bestimmte Begabung erbt – zum Beispiel Musikalität, Kraft oder mathematische Begabung. Beim Erbe von Besitz und Eigentum kann man eher investieren als beim Erbe von Talent. Aber wenn wir es von einem ethischen Standpunkt aus betrachten – gibt es da Unterschiede?“ (S. 153.) Die Antwort lautet ganz klar: ja! Wir Menschen können ererbte Begabungen und Behinderungen nicht verhüten, sondern lediglich versuchen, die letzteren zu bessern. Aber wir sind verantwortlich für die Schaffung gesellschaftlicher Ungleichheiten durch die verschiedenen Spielregeln, die wir uns für unsere Wirtschaftssysteme aussuchen. Wie Lester Thurow in *The Zero-Sum Society* (1980; deutsch: *Die Null-Summen-Gesellschaft*. Vahlen, München 1981) ausführt: „Alle Wirtschaftssysteme bestehen aus einer Sammlung von Gesetzen und Verordnungen ... Die Frage der Eigentumsrechte (steht) im Mittelpunkt eines jeden Wirtschaftssystems, und zwar unabhängig davon, inwieweit es sich der freien Marktwirtschaft unterwirft. Demnach sind Eigentumsrechte nur eine Sammlung von Regeln und Verordnungen, und ein System mit Privateigentum ist schon definitionsgemäß ein gelenktes System“ (S. 119-121). Folglich ist es gegen die Regeln, (die Gesetze und Verordnungen), wenn sich jemand an anderer Leute Besitz vergreift, und die Gesellschaft gibt eine Menge Geld dafür aus, daß die Gesetze durchgeführt und die Regeln befolgt werden. Die ressourcen- und ökologieorientierte Perspektive wird die Ökonomie und den Anwendungsbereich ihrer Methodik notwendigerweise begrenzen. Wir müssen uns daher nicht bloß mit „angepaßter Technologie“ befassen, sondern auch mit „angemessener Methodik“ und „angemessener Epistemologie“. Dies wird mindestens sieben neue Ansätze erforderlich machen: 1. den Systemansatz; 2. einen interdisziplinären Ansatz; 3. eine globale Betrachtungsweise; 4. die Optimierung gesellschaftlicher und ökologischer Flexibilität als ein Schlüsselkriterium – aber eines, das wir kaum anders als beschreibend anwenden können; 5. Linearität der Zwecke ersetzt durch die Akzeptierung der Nichtlinearität komplexer Systeme und eines neuen Kausalitätsmodells gegenseitiger Verursachung, wie wir es noch weiter erörtern werden; 6. eine Konzentration auf das Phänomen exponentiell anwachsender, „davonlaufender“ Prozesse, die von der Kybernetik modellhaft dargestellt werden, und zwar unter Verwendung des Konzepts positiver Rückkoppelungsschleifen, die die Wandlungs- oder Wachstumsraten eher verstärken als dämpfen (und die das System in eine neue strukturelle Konfiguration treiben können (Morphogenese); 7. Wachstums- und Verfallsmodelle aus der biologischen Theorie und Thermodynamik (wie bei Reibung, Wärmeverlust, Verschleiß usw.), aus der Informationstheorie (Akkumulation von Wissen und sein Verlust durch „Statik" und bei Übertragungen) und aus der Soziologie und der Geschichtswissenschaft (zum Beispiel Sorokins Modell von Aufstieg und Niedergang kultureller Haltungen und Wertsysteme).

Viel Durcheinander entsteht deshalb, weil die Ökonomie unangebrachte Analogien zu einigen dieser Modelle aus dem physikalischen, sozialen und biologischen Bereich bildet. So läßt sich etwa das beste Beispiel für ein „Davonlaufen" in dem hypothetischen Modell erblicken, das die Ökonomen der wirklichen Welt aufgepropft haben: Zinseszins. Hier haben sie ein a priori feststehendes, positives Rückkoppelungssystem errichtet (das auf dem Wertsystem des Privateigentums und seiner Akkumulation basiert), worin der Zins, den eine fixe Menge Geld (Kapital) einbringt, gutgeschrieben wird und die nächste Zinsberechnung von dem neuen Gesamtbetrag ausgeht. Aber dieser „davonlaufende" Akkumulationsprozeß steht in keiner Beziehung zur wirklichen Welt – nur zum Wertsystem. Er hat jedoch tiefgreifende Auswirkungen auf die wirkliche Welt, wenn genug Leute ihn für Rechtens halten und Rechtsanwälte, Gerichte usw. in Anspruch nehmen, um ihn einzuklagen!

Ein ähnliches „Davonlaufen", das die ökonomische Theorie auslöst, ist das reale Phänomen der Kapitalakkumulation, die zu mehr Kapitalakkumulation führt und diese wiederum zu größeren Konzernen, immer mehr Konzentration von Reichtum usw., bis schließlich Grenzzustände erreicht sind (zum Beispiel Revolution, ökologische Erschöpfung oder Zusammenbruch der menschlichen Gesundheit oder der Organisationsstruktur). Die Ökonomen glauben also an ihre eigenen hypothetischen „Davonlauf"-Modelle, aber übersehen gern all die wirklichen davonlaufenden Situationen in der Außenwelt, wodurch die Reichen reicher und die Armen ärmer werden und der gleiche Vorgang sich bei den reichen und armen Ländern abspielt, bis man auf Grenzen in der wirklichen Welt stößt. Meines Wissens nach sind die einzigen Ökonomen, die sich damit befaßt haben, Georgescu-Roegen und Herman Daly. Die marxistischen Ökonomen haben sich auf die menschlich-gesellschaftlichen Grenzen konzentriert, aber die biologischen und ökologischen übergangen.

Diese Begrenzungen aller Methodik und aller akademischen Disziplinen ist mittlerweile in vollem Gange, und das allgemeinere Problem wird jetzt sichtbar: daß die Sprache selbst – und so auch alle wissenschaftlichen Sprachen und Methoden – die Natur der Wirklichkeit verbergen kann. Demnach sind Paradigmawechsel makrokulturelle Prozesse, mit denen wir die Sprache reinigen und die wissenschaftlichen Disziplinen ausmisten, ganz in der Art, wie auf einer Mikroebene schlechte Theorien durch das wissenschaftliche Experiment widerlegt werden. Aber abgesehen von den Theorien von Georgescu-Roegen, Herman Daly und anderen wie etwa Kenneth Boulding, die sich nicht einmal mehr Ökonomen nennen, findet in der Ökonomie kein Paradigmawechsel statt – weil nämlich in der Ökonomie kein Paradigmawechsel stattfinden kann, ohne daß er nicht die ganze Disziplin in tausend Stücke schlüge. Es gibt jedoch ein paar hoffungsvolle Anzeichen dafür, daß einige Ökonomen versuchen, die Begrenzungen ihrer Modelle und Methoden klarzustellen (obwohl dieses Ansinnen gefährlich ist, denn die Ökonomie ist immer noch ein einträgliches Gewerbe).

Die Zukunft der Ressourcenverteilungstheorien und -prinzipien wie auch der Umweltpolitik wird in dem Maße, wie wir von erneuerbaren, biologischen Ressourcen Gebrauch machen, zusehends in den Händen der Naturwissenschaftler liegen, etwa der Biologen und Ökologen, die bereits Konzepte der „Belastbarkeit" verschiedener Ökosysteme (durch menschliche Eingriffe) entwickeln. H. T. Odum leistet an der Universität Florida noch immer gute Arbeit auf diesem Feld, indem er die Bioproduktivität von Marschland (was Fischlaiche, Erhaltung wildlebender Arten, Verhinderung von Überschwemmungen usw. betrifft) mit anderen angeblich „produktiven" wirtschaftlichen Nutzungen vergleicht. Bei der Ressourcenverteilung und überhaupt dem Teilen innerhalb der menschlichen Gesellschaften werden die Soziologen, Anthropologen, Politikwissenschaftler und Theologen auf den Plan treten, begleitet von den Systemanalytikern, den Entscheidungstheoretikern, den Informationstheoretikern und den Psychologen. Dieser Prozeß zeichnet sich bereits in Buchneuerscheinungen über Themen ab, die früher die Domäne der Ökonomen waren. Einige Bücher, die neue Akzente setzen, wurden von Ökonomen geschrieben, die über ihr Fach hinausgewachsen sind, darunter Barbara Wards *Progress for a Small Planet* (1979), eine detaillierte globale Zusammenstellung aller alternativen Bürgerbewegungen und lokalen Initiativen, und Nicholas Georgescu-Roegens *The Entropy Law and the Economic Process* (1971). Zu guter letzt ist es noch erforderlich, die Leser vor den am wenigsten dienlichen Neuformulierungen zu warnen, die Ökonomen im Bereich des Ressourcen- und Umweltschutzes unternommen haben; dies ist leider eines der am schnellsten anwachsenden neuen Felder, die akademische Ökonomen für sich selbst einrichten. Umwelt- und Ressourcenökonomie sind echte Problembereiche geworden, da sich Tausende von frisch graduierten und auf diesen Feldern tätigen Ökonomen nunmehr in den politischen Entscheidungsprozeß vordrängen, wobei sie ihre Modelle nicht der Biologie, Ökologie oder Thermodynamik entnehmen, sondern auf ihre eigenen abstrakten und scheinbar überall passenden Modelle zurückgreifen und diese der Natur aufpropfen, indem sie zum Beispiel den Wert eines Marschgebietes nach der „Zahlungswilligkeit" der Menschen dafür, daß es „ungenutzt" bleibt, bemessen. Die Umwelt wird auf ein „Versorgungsreservoir" reduziert oder auf eine „Reihe von Präferenzen" für frische Luft, sauberes Wasser oder offenes Land, die sich an der Zahlungswilligkeit der Leute ablesen lassen. Dann wird der Schwachsinn so weit getrieben, daß man die Welfare-Ökonomie, das Pareto-Optimum und ähnliches zur Darstellung gesellschaftlicher Entscheidungen hernimmt, die man einfach durch ein unangebrachtes Addieren individueller Marktentscheidungen ableitet. Man geht dabei von der Vorstellung aus, menschliche Eigentumsrechte ließen sich ohne weiteres auf die Umwelt ausdehnen und diese ließe sich zum

„Gemeineigentum" erklären, welcher Begriff sich dann dafür hernehmen läßt, weitere Modelle auszuhecken, wie man „gemeinschaftseigene Ressourcen verwaltet". Dabei wird der ganze Ballast von Gleichgewicht zwischen Angebot und Nachfrage und Preisbestimmung mit ins Spiel gebracht sowie das „Kompensationsprinzip", das besagt: „Wieviel Geld bezahlst du mir, damit ich aufhöre, deine Umwelt zu verseuchen oder dich sonst irgendwie zu schädigen?"

Typisch für diese Literatur ist *Economics and the Environment* von Matthew Edel (1973), das voll ist von Kurven über Angebot und Nachfrage, die die Dollarbeträge pro Einheit „erwünschter Sauberkeitsniveaus" angeben, und von Forderungen nach „Abwassersteuern" und das sogar ein Kapitel mit dem Titel „Umweltfeinabstimmung" enthält, welches symptomatisch ist für die unbrauchbare Abbildung eines größeren Systems mittels eines Subsystemaufrisses, das heißt symptomatisch für Maßstabsirrtümer, usw. In die gleiche Kategorie fällt *Environment Improvement: the Economic Incentives* von Anderson, Knease, Reed, Taylor und Stevenson (*Resources for the Future*, 1977). In der Vergangenheit habe ich auf die Arbeit einiger Ökonomen der Gruppe „Resources for the Future" hingewiesen, die mir damals (1969-1973) vielversprechend erschienen. Seitdem hat sich Knease fast ausschließlich auf Abwassersteuern und „Verwaltung von Gemeineigentum" konzentriert, und das genannte Buch ist im wesentlichen eine Wiederholung dieser ganzen „Markt"lösungen und ein weiteres Anführen von Belegen für die Durchführbarkeit der Kompensation wie etwa Japans Gesetz zur Kompensation von Gesundheitsschäden im Zusammenhang mit der Umweltverschmutzung, das im Jahre 1973 rechtskräftig wurde. Besser als nichts, meint man wohl! Andere Titel enthüllen in ähnlicher Weise Voraussetzungen, unter denen Ökonomen versuchen, größere Systeme darzustellen: *Urban and Environmental Management*, herausgegeben von Berry und Horton (1974); *Economics of the Environment*, herausgegeben von R. und N. Dorfman (1972); „Luftverschmutzungsbekämpfung: ökonomische Rationalität und Realität" von Azriel Teller in *„Die sich wandelnde Umwelt Amerikas"*, Dädalus, 1967, S. 1082, wo der Standpunkt vertreten wird, daß, da wir für die Erkrankung von Menschen durch Autoabgase keine genauen kritischen Werte angeben können, wir einen ökonomischen Maßstab anlegen müssen. Dies wird heute noch immer von den „Umweltökonomen" vertreten, die inzwischen von Unternehmen angestellt werden. Manche von ihnen stellen das Rezept der Abwassersteuer in Frage, das aus der älteren Arbeit über externe Effekte von A.C. Pigou *Wealth and Welfare* (1913) hervorgegangen ist. Talbot Page unternimmt dies in *The Economics of Involuntary Transfers* (1973), und andere versuchen sich an Verfeinerungen von Pigous Konzept der externen Effekte: Tibor Scitovsky in *Two Concepts of External Economics* (1954), Bator in Anatomy of a Market Failure (1958) und Coase in *The Problem of Social Costs* (1960); sie kommen zu dem Ergebnis, daß dieser Begriff nur beschränkt anwendbar sei. Coase machte sogar Einwände gegen das minimale Zugeständnis von sozial- und umweltpolitischem Druck, der durch die Besteuerung von Abwässern ausgeübt würde. In seinem „Neutralitätstheorem" äußerte er die Ansicht, daß es das Beste wäre, wenn Verursacher und Opfer der Verschmutzung einfach ohne staatliche Intervention miteinander verhandelten, da eine Einschränkung des Verschmutzers diesen genauso schädigte wie das Opfer! Pages Horizont ist in seinem späteren Buch *Conservation and Economic Efficienca* (1977) sehr viel weiter gespannt, und er fügt eine Kritik der extremen Zukunftsblindheit der Ökonomen hinzu, vermag aber dann doch nicht, aus dem Paradigma der Ökonomie auszubrechen, obwohl er einer der ehrlicheren Vertreter der „Umweltmanagement"-Richtung ist.

Der mathematische Ökonom Tjalling Koopmans untersucht in *Three Essays on the State of Economic Science* (1957) die Beschränkungen der Ökonomie, wobei er feststellt, daß die wichtigsten, durch ökonomische Analyse erlangten Einsichten wie etwa „die Effizienz der Ressourcenverteilung durch konkurrierende Märkte in einer voraussagbaren Welt, in der die Technologie einen vollkommenen Wettbewerb zuläßt", kein hohes Maß an fachlicher Qualifikation verlangen (S. 131). Man beachte, wie eng gefaßt seine These ist! Die Begrenzung der Ökonomie fand einen beredteren Fürsprecher in Robert Warnbach, außerordentlicher Professor für Forstwirtschaft an der

Universität Montana, mit *„Die Umweltkrise aus der Sicht eines Ökonomen"* in *Ecology Economy Environment* (hrsg. von Behan und Weddle, 1971). Er beginnt mit gebotener Bescheidenheit: „Ich möchte über die Umweltkrise sprechen. Aber ich möchte von Anfang an klarstellen, daß ich nicht den Anspruch erhebe, ein Experte auf diesem Gebiet zu sein." Er nennt die Unterschiede zwischen dem ökonomischen und dem ökologischen Gesichtspunkt: „... der Ökologe neigt dazu, den Menschen als Teil der Natur zu betrachten – die Philosophie der Ökonomen andererseits stellt eindeutig den Menschen in die Mitte ... (und) hält den Menschen für maßgebend ... Im Extremfall ist der Ökonom ein Optimist, der an den Überfluß glaubt und daran, daß die Welt im großen und ganzen imstande sei, eine unendliche Versorgung mit Ressourcen zu gewährleisten" (S. 188). Daher besteht für die Ökonomie die einzige legitime neue Rolle darin, so weit wie möglich den Steuerzahlern, Verbrauchern und sogar anderen Herstellern die Sozialkosten der Säuberung verschmutzten Wassers, der Behebung von Umweltschäden, des Einsammelns von Wegwerfbehältern, der Leistung von neuen Gemeindeverdiensten für Fabrikneugründungen (Polizei, Schulen, Zufahrtsstraßen, Feuerschutz, Gesundheitsdienste) usw. vorzurechnen. Sie alle können angegeben oder ziemlich genau abgeschätzt werden.

Der Ansatz der externen Kosten stützt sich auf K. W. Kapps *Social Costs of Private Enterprise* (1950; deutsch: *Volkswirtschaftliche Kosten der Privatwirtschaft*. Mohr, Tübingen 1958). Der Sozialkostenansatz ist der von Ralph Nader, dem *Council on Economic Priorities* (Ausschuß für wirtschaftliche Prioritäten) in New York und der meisten im öffentlichen Interesse betriebenen Forschung; siehe hierzu die Untersuchungen des Council, zum Beispiel *The Price of Power* (1972), *Paper Profits* (1972) und *Cracking Down* (1975).

Auf dem Gebiet der Ökonomie zeichnet sich ein gewisser Wandel ab, der, wie ich vermute, durch den starken Druck herbeigeführt wird, unter dem die Ökonomen jetzt wegen ihrer Unfähigkeit stehen, die „Wirtschaft" zu steuern oder auch nur zu erklären, was eigentlich los ist. Eine Gruppe Dissidenten von der orthodoxen Lehre, die sich selbst Association for Social Economics nennt, gibt eine kleine Zeitschrift heraus und versucht, bei der American Economic Association für das Konzept einer Beschränkung der ökonomischen Methodik Beachtung zu finden.

Einen harten Schlag bekam die neoklassische, mathematische, ökonometrische Richtung versetzt, als im Jahre 1978 der Nobelpreis an Herbert Simon verliehen wurde, der definitiv erklärt hat, daß er die Ökonomie nicht mehr als theoretischen Rahmen benutzt und zur Informations- und Organisationstheorie sowie zu allgemeinen Systemmodellen übergegangen ist. Sein Vortrag vor der American Economic Association über *„Rationalität als Prozeß und Produkt des Denkens"* krempelte die Logik völlig um. Simon hat jetzt an der Universität Pittsburgh einen Lehrstuhl für Psychologie und Politikwissenschaft inne. Er lehnte die „Maximierungstheorie" menschlichen Verhaltens ab, auf der die Ökonomie beruht. Auch hier wiederum kommen viel bessere Modelle aus anderen Disziplinen – man schaue sich etwa den von dem Philosophen Sidney Hook herausgegebenen Sammelband mit ausgewählten Aufsätzen von Ökonomen über die Grundlagen von Werturteilen in der Ökonomie an: *Human Values and Economic Policy* (1967). Manche Beiträge wie zum Beispiel der von Kenneth Boulding nehmen über die Wertgrundlage der Ökonomie kein Blatt vor den Mund, aber die meisten weichen aus und verschleiern. Zwei andere Bücher über Ethik, Altruismus und Ökonomie, die bedeutend ehrlicher sind, stammen von religiösen Gruppierungen: *People/Profits, the Ethics of Investment*, herausgegeben von Chalres Powers (Council on Religion in International Affairs, 1972), das die Verantwortlichkeit und Kontrolle der Konzerne behandelt, und *Economics and the Gospel* von Richard K. Taylor (United Church Press, 1973); das gleiche gilt für *In Search of a Third Way: Is a Morally Principled Political Economy Possible?* von Tom Settle (1976). Daher bedeutet der Paradigmawechsel in der Ökonomie das Ende der Ökonomie als des beherrschenden Steuerungsinstruments für Industrieländer (bzw. für alle Länder) und die Anerkennung jenes Spektrums von Aufgaben, für die sie brauchbar ist: Einkaufskontenführung zwischen Firmen, Buchführung über die Bargeschäfte von Individuen und Kleinunternehmern usw., wobei die gesellschaftlich und umweltpolitisch notwendigen Durchführungskosten von den Unternehmen im vollsten Umfang verbucht werden und sich in den Preisen der Erzeugnisse niederschlagen (Preisfestsetzung nach vollen Kosten). Dieses Rezept könnte auf alternative Betriebe, Kooperativen, Kollektive usw. angewandt werden, bei denen es mit der Maximierung von Eigennutz und Konkurrenz nicht so streng gehalten wird.

Somit würden ihre Parameter durch erweiterte dynamische Gleichgewichtsmodelle und viel längere Fristen der relevanten ökologischen Matrix festgestellt werden, das heißt die Ökonomie wäre das Vermessen eines Subsystems (menschliche Produktions-und Konsumtionsprozesse) im Rahmen größerer chemischer Austausch-, Energiefluß- und materieller Umwandlungsprozesse, die in der Natur wirken.

Selbst diese Neufassung der Ökonomie, nach der sie, wie in der Ökonomie des „Steady State“ (stationärer Zustand) von Georgescu-Roegen und Daly, auf ein Subsystem begrenzt wäre, muß ähnlich der Newtonschen Physik auf „Mittelstreckenphänomene“ beschränkt werden. Man kann von ihr genauso wenig erwarten, daß sie auf Makroebenen gilt, wie die Newtonsche Physik astrophysikalische Phänomene zu erklären vermag. Ganz ähnlich liegt auch der Grund dafür darin, daß die Koordinatensysteme der Ökonomie irrig sind (oder zumindest auf Sonderfälle beschränkt); zum Beispiel werden Technologie, Ressourcen usw. als Koordinaten behandelt anstatt als Variablen, obwohl doch der Geldkoeffizient keine qualitativen Unterschiede ausdrücken kann und dadurch die absurd hohen Ansammlungen erzeugt, die die Makroökonomie unbrauchbar gemacht haben. Ich empfahl Kilokalorien als einen genaueren Koeffizienten zur Messung der Effizienz von materieller Produktion, Extraktion, Distribution und Recycling, und zwar im Sinne der Auführungen von Amory Lovins in *Soft Energy Path* (deutsch: *Sanfte Energie*, a.a.O.), wo er, H. T. Odum und Barry Commoner folgend, Effizienznormen für den Energieverbrauch nach dem zweiten thermodynamischen Gesetz forderte. Allerdings habe ich auch die Warnung ausgesprochen, daß diese ganze Rahmenabsteckung für ökonomische Subprozesse sowie der Gebrauch von Kilokalorien anstelle von Geld lediglich eine Berichtigung der nach physikalischen Prozessen erstellten Modelle der Ökonomie wäre. Aber während sie deren Parameter korrigieren, können sie gar nichts über menschliche Werte, Zwecke und gesellschaftliche Absprachen zur Teilhabe an der Produktion und ihrer Nutzung aussagen: wer welche Arbeiten ausführt und mit welchem Status, wie die Freizeit ausgefüllt wird usw. Die große Versuchung besteht für die Menschen stets darin, daß sie danach streben, solche moralischen und ethischen Setzungen aus „Daten" abzuleiten (wodurch sie sich vor der Verantwortung für ihre Handlungen drücken, Gott oder irgendeiner „unsichtbaren Hand" die Schuld geben und die Machtstrukturen rationalisieren).

Wenn wir den Vergleich mit der Newtonschen Physik weiterführen, so sehen wir, daß die Ökonomie auch untauglich ist, das Gegenstück zur „Subquantenebene" darzustellen, nämlich die zwischenmenschlichen, subjektiven Ebenen der Tätigkeiten und Interaktionen. Boulding machte in *Beyond Economics* (1968) auf diese Beschränktheit ökonomischer Modelle aufmerksam. Das absurde Modell, das die Ökonomie von der menschlichen Motivation entwirft, wurde von dem Psychologen David McClelland zusammenfassend so beurteilt: „Ökonomen haben ein total überholtes Modell von menschlicher Motivation. Sie haben noch nicht einmal Freud entdeckt, von Abraham Maslow ganz zu schweigen" (persönliche Mitteilung auf der Konferenz über „Steady-State"-Ökonomie, Johnson Foundation, Racine, Wisconsin, 1970). Daher ist der gegenwärtige Trend der Ökonomie verhängnisvoll: ihre Versuche, neue Bereiche wie „Umweltmanagement", Stadtplanung, Standortstudien für Fabriken, neue Städte usw. regelrecht zu kolonisieren, und ihr Vordringen auf das Feld der Politik mit ihren Pseudotheorien über „gesellschaftliche Entscheidung", die den politischen Prozeß der Demokratie auf einen weiteren „freien Markt" für konkurrierende Lobbies reduzieren. Wir müssen uns nur die wachsende Liste von Büchern anschauen, die sich mit den anstehenden Krisen in der wirklichen Welt befassen, um zu erkennen, daß die meisten von ihnen von Nichtökonomen stammen. Die Grenzen der Ökonomie sind klar. Die Ära der nachökonomischen Politik hat begonnen.

4a. Die Indikatorenkrise: Nachökonomische Steuerungsinstrumente für die nachindustrielle Gesellschaft

DIE MEISTEN GLOBALEN KRISEN VON HEUTE: Rüstungswettlauf, Hunger, Umweltverschmutzung, Kriminalität, Sucht und gesellschaftliche Zerrüttung sind Symptome einer tieferen Krise der menschlichen Gesinnung. Viele Futurologen, Philosophen und Führungskräfte erblicken in dieser tieferen Krise nichts geringeres als die Ablösung des gesamten Anschauungssystems, das die industrielle Revolution stützte – eine Ablösung, die sich umso klarer abzeichnet, je weiter wir in Richtung auf eine bislang noch vage definierte „nachindustrielle" Zukunft fortschreiten.

Eine solche Abslösung des Anschauungssystems einer Kultur ist keine neue geschichtliche Entscheidung; in der Tat treten solche „Paradigmenwechsel" mit großer Regelmäßigkeit ein und gehen einher mit noch grundlegenderen Wechseln unserer Klima-, Umwelt- und Ressourcenbedingungen, die die Menschen dazu zwingen, sich zu verändern und mit neuen Ideen, Verhaltensweisen und technischen Erfindungen zu reagieren. Diese einander beeinflussenden Wechsel unserer Lebensumstände und Verhaltensweisen sind natürlich der Stoff, aus dem die ganze menschliche Geschichte besteht. Es sollte uns daher nicht schwerfallen, diese stürmischen Übergangsstadien in der abendländischen Kultur auszumachen: vom finsteren Mittelalter zur Renaissance und von dieser zum Zeitalter der Aufklärung und weiter zur industriellen Revolution, deren Zeit nun auch abgelaufen ist.

Eines der wesentlichen Elemente in allen derartigen Übergangsperioden und Weltanschauungswechseln ist der Gesinnungswandel im Hinblick darauf, was wichtig ist, was Wert hat, welche Ziele zu verfolgen sind und auf welche Weise sich der kollektive Fortschritt in Richtung auf diese Ziele messen läßt. Von diesem Gesichtspunkt aus wird es deutlich, daß die gegenwärtige Verwirrung unter den Ökonomen genau von einem solchen Gesinnungswandel verursacht ist, wie er zur Zeit in den westlichen Gesellschaften stattfindet.

Wie ich andernorts ausgeführt habe, wetteifern inzwischen die alten Schlagworte „wirtschaftlicher Fortschritt“, „industrielle Modernisierung“ und „steigendes Bruttosozialprodukt“ mit den aufkommmenden Schlagworten des neuen Paradigmas: „Lebensqualität“, „menschliche Entwicklungspotentiale“ und Streben nach ökologischem Gleichgewicht, sozialer Gerechtigkeit und „Weltbürgerschaft“ auf unserem „kleinen, empfindlichen Planeten Erde“. Kein Wunder, daß die Ökonomie ihre eigene Krise durchmacht – hat sie sich doch Hand in Hand mit der industriellen Revolution als einen Ansatz rationaler Wahlmöglichkeiten unter Bedingungen der Knappheit entwikkelt, allerdings in dem ganz und gar andersartigen Rahmen, den das England des 18. Jahrhunderts bot.

Die Ökonomie war bemüht, mit dem sich wandelnden Gang der Industrialisierung Schritt zu halten, aber fuhr verständlicherweise besser damit, solche Veränderungen anhand der Tatsachen zu beschreiben, als sie kontrollieren oder gar voraussagen zu wollen. Jetzt, da sich der technologische Wandel beschleunigt, bringt uns die Ökonomie bloß noch im Rückwärtsgang und mit Blick in den Rückspiegel in die Zukunft. Ökonomen aller ideologischen Schattierungen, von den Marxisten bis zu den Vertretern der Angebotstheorie, haben mit einigem Erfolg versucht, die Ziele der industriellen Zivilisation überall dort durchzusetzen, wo diese sich herausbildeten, ob in West, Ost, Nord oder Süd. Bei diesen Zielen ging es um die Ausweitung der Produktion materieller Güter, die sowohl in Bezug auf die technologischen Mittel als auch auf die soziale Organisation effizient zu sein hatte und sich zugleich dem bewundernswerten Ideal verschrieben, das Paradies hier auf Erden zu schaffen, anstatt mit religiöser Verzichthaltung auf das Jenseits zu warten, wie es der Großteil der Menschheit in früheren Kulturen getan hatte.

Nun, da die gesellschaftlichen Zielsetzungen gewechselt haben, geht die Auseinandersetzung in der Ökonomie darum, was zu messen sei, und nicht mehr bloß darum, wie zu messen sei. Der einst vorrangige Maßstab für den Erfolg einer Industriegesellschaft, das Bruttosozialprodukt (BSP), wird mittlerweile in Frage gestellt. Um seinem Erfinder Simon Kuznets Gerechtigkeit widerfahren zu lassen, muß gesagt werden, daß dieser es niemals als einen derart pauschalen Gradmesser für den Fortschritt verwendet wissen wollte. Jedoch die Ökonomie als ein anerkanntes berufliches Fach mit dem Anspruch auf Wissenschaftlichkeit war bisher nicht willens, die begrenzte Anwendbarkeit des BSP deutlich zu machen bzw. die Öffentlichkeit vor seiner ausgedehnten Verwendung als Indikator für die Besserstellung der Menschen in jeder Beziehung zu warnen.

Glücklicherweise drängen zusehends neue Indikatoren hervor und stellen das BSP in Frage, was ein verständliches Stöhnen bei Ökonomen und Statistikern auslöst, deren intellektuelle Investitionen darin (in Form von Lehrbüchern, Datenreihen, Computermodellen, ganz zu schweigen von Forschungsprogrammen, hochbezahlten Posten und Ämtern) nicht flüssig sind. Viele dieser neuen Indikatoren wurden in den sechziger Jahren entwickelt, als man damit begann, einige der Sozialkosten der Verstädterung, der Bevölkerungsballung, der Kriminalität, der Verkehrsstockungen usw. vom „reinen" BSP abzuziehen, wodurch man zu etwas nüchterneren Einschätzungen gelangte, die die Aufmerksamkeit gleichermaßen auf die Vor- wie auf die Nachteile der Industrialisierung lenkten. Sie umfaßten den von James Tobin und William Nordhaus vorgeschlagenen „Maßstab für wirtschaftlichen Wohlstand" (MWW) und Japans „Nettosozialwohlstand" (NSW), bei dem auch einige Formen von Umweltschäden und Erschöpfung des natürlichen „Kapitals" der Erde abgezogen werden. In die Debatte griffen zum Beispiel die Entwicklungsökonominnen Irma Adelman, Cynthia Taft Morris, Grace Chichilinsky und andere ein, die sich vor allem mit der in den Entwicklungsländern bestehenden Tendenz der Einkommensunterschiede beschäftigten, zusammen mit dem BSP zu wachsen, was zu der mittlerweile bekannten breiter werdenden Kluft zwischen Reich und Arm sowohl innerhalb der Nationen als auch zwischen ihnen führt.

Solche Debatten und neuen Indikatoren wurden durch die grundlegenderen und umfassenderen Arbeiten von Barbara Ward vorangetrieben, vor allem in ihrer Untersuchung der Ökonomie des Raumschiffs Erde (1966), sowie durch ähnliche

Bestrebungen zum Paradigmenwandel von Kenneth Boulding in *Beyond Economics* (1968) und der Arbeit von Gunnar und Alva Myrdal aus Schweden, um nur einige wenige zu nennen. Die Gesellschaft für internationale Entwicklung leistete ihren Beitrag in Form des „Indikators der materiellen Lebensqualität" (IML), der die Aufmerksamkeit auf neue Erfolgsmaßstäbe bei der Erhaltung der Lebensqualität verlagerte, etwa im Hinblick auf eine bewohnbare Umwelt, Wohnungssituation, Gesundheitsfürsorge, Bildungssysteme und Nominaleinkommen.

In derselben Periode entwickelte das Umweltprogramm der Vereinten Nationen den Indikator „menschliche Grundbedürfnisse" (MGB), der die Aufmerksamkeit daraufhin verschob, zu messen, wie diese weiter gefaßten Indikatoren der Lebensqualität alle Einkommensgruppen betrafen, und der besonders darauf abzielte, den Erfolg der Wirtschaftspolitik eines Staates daran zu messen, wie weit dieser den menschlichen Grundbedürfnissen seiner ärmsten Bürger Genüge tat. Dies berührte in allen Ländern, die den Zielen der Industrialisierung anhingen, einen wunden Punkt, da die meisten Ökonomen, von den Marxisten bis zu den Traditionalisten des Laissez-faire, die Ansicht zu teilen schienen, daß die ursprünglichen Prozesse der Kapitalakkumulation bis zum Erreichen des magischen „Umschlagspunktes" sozial unsauber und ungerecht wären, bzw. wie Marx es sah: daß der Sozialismus aus dem Schoß des Kapitalismus hervorgehen müßte. Als es später in den siebziger Jahren zur „Stagflation" kam, dämmerte der Gedanken, daß die Industrialisierung vielleicht gar nicht das globale Heilmittel sei. Befürchtungen stellten sich ein, daß sie vielleicht nur für einige Leute auf Kosten anderer Leute und für einige Länder auf Kosten anderer Länder funktionierte und daß sie sich, was noch schlimmer wäre, vielleicht nur für eine kurze Zeit aufrechterhalten ließe, um schließlich den innenpolitischen Zwistigkeiten, der nationalistischen Konkurrenz um Rohstoffe und Kapital der Welt, der Verminderung der Ressourcen und der Umweltverschmutzung zu erliegen.

Eine weitere Sorge wurde von der Organisation für wirtschaftliche Zusammenarbeit und Entwicklung (OECD) in einem ihrer Berichte von 1978 an ihre 24 Mitgliedstaaten angemeldet. Darin wurde die Warnung ausgesprochen, die achtziger

Jahre könnten eine „Ära des Wirtschaftswachstums ohne Arbeitsplätze" sein, in der BSP, Automation, Kapitalanlage, Arbeitslosigkeit und Armut gleichzeitig in die Höhe kletterten. In derselben Periode setze die Schwemme der neuen nachökonomischen Steuerungsinstrumente ein: Umweltverträglichkeitsprüfungen, Technologiefolgenabschätzungen, Auswirkungs-Analysen und Zukunftsstudien; hinzu kamen noch Bilanzen der Auswirkungen auf die Beschäftigungssituation, als die Ängste vor der Automation und der technologischen Veränderung zunahmen und die Arbeitslosigkeit anstieg.

In den achtziger Jahren verlagerte sich die Aufmerksamkeit auf eine andere, grundsätzlichere Frage, die den Unterschied zwischen Lohnarbeit und sonstiger Arbeit deutlich machte: Wie soll man die ganze produktive Arbeit, Konsumtion und Investition, die in den geldlosen Sektoren sowohl der Industrie- als auch der Entwicklungsländer getätigt werden, messen? Diese „informelle Wirtschaft" besteht aus der Arbeit, die Menschen direkt füreinander und für sich selbst leisten: Landwirtschaft für den Eigenbedarf, Brückenbau, Anlage von Bewässerungskanälen, Errichtung von Schulen, Samenlagerung, Betreuung der Jungen, Alten und Kranken, Hausarbeit, Freiwilligendienste für die Gemeinde und die ganze lebensnotwendige kooperative Arbeit, die die „offizielle", BSP-nominierte Hälfte der Industriegesellschaften unterhält. Ursprünglich wurde diese Debatte von Nichtökonomen geführt, da Ökonomen für gewöhnlich mit Aktivitäten und Daten beschäftigt sind, die auf Geldbeträge lauten.

Nach den frühen Arbeiten von politischen Philosophen wie Alexis de Tocqueville, Rousseau, Marx und Weber waren die geldlosen Wirtschaftsbereiche seit Jahrzehnten von solchen Anthropologen und Sozialwissenschaftlern wie Marshall Sahlins, Karl Polanyi und Thorstein Veblen sowie von den Ökonomen Barbara Ward, E. F. Schumacher, Kenneth Boulding und Nicholas Georgescu-Roegen untersucht worden. Als dann aber die achtziger Jahre kamen, wurden die BSP-orientierten, makroökonomischen Managementstrategien derart unzuverlässig, daß es der ganzen Ökonomenzunft peinlich war und überall „Ökonomenwitze" gerissen wurden. In den frühen achtziger Jahren wurden eiligst neue ökonomische Untersuchungen der „schwarzen", „unterirdischen" Wirtschaftsbereiche von Peter Gutman, Edwin Feige und anderen angestellt, die in einer Titelgeschichte in *Business Week* vom 5. April 1983 gut zusammengefaßt wurden. Wie zu erwarten, stellten sich alle diese Studien auf den „Statistikerstandpunkt", daß die meisten dieser unbezahlten Tätigkeiten (wie auch die schwarzen Bargeldgeschäfte) illegal seien und gemeldet, besteuert und dem BSP zugerechnet werden sollten – wodurch dann das Bild der wirtschaftlichen Gesamtleistung und -leitung vorteilhafter aussähe und zeigte, daß Arbeitslosigkeit und Armut überschätzt worden wären. Anstatt sie also von den ungeheuren illegalen Machenschaften des Rauschgifthandels, multinationaler Konzernschiebereien, zu niedriger Zinsabgaben, des Doppelverdienstes und der Steuerhinterziehung, die die amtlich nicht erfaßte Unterseite des BSP-nominierten Sektors bilden, zu unterscheiden, wurde die ganze traditionelle, unbezahlte Freundschaftsarbeit für den Eigenbedarf, für Haushalt und Gemeindeaufgaben von diesen Ökonomen mit den besagten illegalen Machenschaften in einen Topf geworfen – und dies, obwohl diese Arbeit früher schon von Sahlins, Polanyi u.a. und in neurer Zeit von mir und anderen als kooperative „Gegenwirtschaft", „informelle Wirtschaft" (James Robertson), „Dualwirtschaft" (Joseph Huber), „Barfußökonomie" (Manfred Max-Neef) sowie von Orio Giarini in seinem Buch *Dialogue on Wealth and Welfare* beschrieben worden war.

Im schicksalhaften Jahr 1984 fingen viele an, darauf zu achten, wie Regierungen Indikatoren selektiv gebrauchten und wenn nötig ihre Fassung manipulierten, um den Wählern „wirtschaftlichen Fortschritt" vorzuführen, wenn gerade Wahlen anstanden. George Orwell warnte uns in seinem Buch *1984* vor der „Neusprache" der Regierungen, deren Wahlsprüche „Krieg bedeutet Frieden", „Freiheit ist Sklaverei" und „Unwissenheit ist Stärke" lauten, und zeigte, wie unliebsame Geschichte „rechtgestellt" und in „Gedächtnis-Löcher" geworfen wurde. Wie so oft in der Geschichte sind die Regierungen darum bemüht, die Aufmerksamkeit der Wähler durch Ablenkungstaktiken zu beeinflussen: nicht nur wie eh und je durch Kriegstreiberei im Ausland und die Schaffung von Sündenböcken im eigenen Land, sondern mehr noch durch subtile rhetorische Irreführungen. In den sechziger Jahren konnten die Führer ihre Wähler bei der Stange halten, indem sie sich auf zwei scheinbar zu bewältigende Erfolgsindikatoren konzentrieren: Inflation und Arbeitslosigkeit. Als diese beiden Indikatoren sich während der Zeit der Stagflation in den siebziger Jahren als zunehmend unbequem erwiesen, wurden sie neu gefaßt und „korrigiert". In den „Orwellschen Achtzigern" sind nunmehr neue Ablenkungsmanöver erforderlich, da die Lage noch schwieriger geworden ist. Drei neue, unerwünschte Indikatoren sind in den meisten Industriegesellschaften aufgetaucht: alarmierende Staatsdefizite, hohe Realzinssätze und unberechenbare Handelsbilanzen. Viele Staatsbürger, unter ihnen Präsident Reagan und Premierministerin Thatcher, haben versucht, die Aufmerksamkeit auf die Senkung des Inflationsindikators zu lenken und diese dann den Wählern als den Beweis für wirtschaftlichen Erfolg vorzuhalten, wodurch die Aufmerksamkeit von den anderen vier Indikatoren abgelenkt wurde: der Arbeitslosigkeit, den Defiziten, den Handelsbilanzen und den hohen Realzinssätzen. Sie versprechen, diese vier Indikatoren würden sich „zur gegebenen Zeit verbessern", wenn die deflationistische Arznei „wirkt" usw. Die Wähler schenken all dem von Jahr zu Jahr weniger Glauben, da ähnliche Erklärungen bei jedem Wirtschaftsgipfeltreffen abgegeben werden. Zweifellos ist es möglich, die Inflation auf Kosten der Verschlechterung dieser vier anderen Indikatoren niederzuhalten. Irgendwohin muß der Druck entweichen, den eine Politik rascherer Ausgaben erzeugt – Ausgaben vor allem für den Rüstungswettlauf und für Raumfahrt-, Kernenergie- und Hochleistungstechnologie. Daß die Raketen für einen „Krieg der Sterne" und die „Friedensstifer"-Fernlenkgeschosse entwickelt werden, um „die Russen wieder an den Verhandlungstisch für Abrüstungsgespräche zu bringen", ist eine weitere Irreführung durch „Neusprache".

In ähnlicher Manier macht sich Herr Reagan in Wahlreden noch immer für einen Zusatzartikel zur Verfassung betreffend einen ausgeglichenen Staatshaushalt stark, obwohl er in seiner bisherigen Amtszeit mehr Defizite aufgetürmt hat als sämtliche früheren US-Präsidenten zusammen! Viele konservative Ökonomen in den Vereinigten Staaten stellen inzwischen die Frage, wie lange das noch so weitergehen kann, während die *New York Times* in ihrem Leitartikel vom 14. März 1985 feststellte, daß die Vereinigten Staaten nunmehr als ein Schuldnerland mit Brasilien auf einer Stufe stehen. Die neuen Indikatoren, auf die sich die Aufmerksamkeit richtet, sind also, ob einem das gefällt oder nicht, Defizite, Handelsbilanzen und Realzinssätze. Herr Reagan hat in seiner Antwort darauf auf einer tieferen Ebene wieder damit an Überzeugungskraft gewonnen und viel unerwartete Resonanz gefunden, daß er die Abschaffung des Wirtschaftsbeirats forderte. Nun bedient er sich des Manövers, selbst die Ökonomen lächerlich zu machen, und nimmt damit eine Position ein, mit der ich viel gemein habe. Indem sich Herr Reagan jedoch der inzwischen weitverbreiteten und verdienten Anprangerung der Ökonomie anschließt, hat er auch die altbewährte Strategie aufgegeben, die Ökonomie und ökonomische Indikatoren als Ablenkungsfaktoren zu benutzen, um die Wähler hinters Licht zu führen und davon abzuhalten, sich voll an nationalen Auseinandersetzungen zu beteiligen. Da Herr Reagan jetzt diese Katze aus dem Sack gelassen hat, wird er tatsächlich der wachsenden Erkenntnis der Wähler in den meisten Industriegesellschaften, daß Ökonomie nicht viel mehr ist als verkappte Politik, einen ungeheuren Auftrieb geben. Meistens haben ja die Führer so regiert, daß sie sich die Unwissenheit zunutze machten, und die Macht gründet, wie feministische Theoretikerinnen dargelegt haben, in der Fähigkeit, Dinge, Ereignisse und Ziele zu nennen und die Indikatoren auszuwählen, anhand deren sie beurteilt werden. Probleme, die künftig in Angriff genommen werden müssen, betreffen die vermehrte Verwendung nachökonomischer Indikatoren in all den „Lebensqualitäts“bereichen, wo ökonomische Maßstäbe unangebracht sind, sowie die Weiterentwicklung derjenigen ökonomischen Maßstäbe für die Sozialkosten der Produktion, die sich einschätzen lassen, und zwar mit dem Ziel, jene leere Kiste mit der Aufschrift „externe Effekte“, die in so vielen traditionellen ökonomischen Modellen vorkommt, schließlich vollzumachen.

Auch auf andere grundsätzliche Voraussetzungen muß man zu sprechen kommen, nämlich auf solche, die sich auf die Globalisierung der Wirtschaftsstrukturen beziehen sowie auf die Frage, ob die ihr zugrundeliegende Logik des „komparativen Vorteils", die auf globaler wirtschaftlicher Konkurrenz um Märkte, Technologie, Kapital, menschliche und natürliche Ressourcen beruht, weiterhin gelten kann. Zweifellos kann sie es nicht, da sie zu untragbaren Sozial- und Umweltkosten führt und das Ganze ein kriegsanfälliges System von Gewinnern und Verlierern zu sein scheint, das sich in den Presseschlagzeilen von Tag zu Tag grauenvoller ausnimmt. Veraltende Indikatoren stützen diese verendende Logik des Wirtschaftswettstreits der Nationen selbst jetzt noch, da sich überall ein versteckter Protektionismus breitmacht.

Verständlicherweise können die Politiker mit ihren binnenwirtschaftlichen Problemen in der Berg- und Talbahn der Weltwirtschaft von heute nicht mehr fertigwerden, da die meisten Variablen über ihre nationalen Grenzen hinausgehen und auch die am besten geplanten Investitionen und technologischen Strategien jeden Morgen, wenn die Devisenmärkte aufmachen, vereitelt werden können. Das letzte Spiel, das diesem weltweit aus den Fugen geratenden System noch bleibt, wird gegenwärtig durch die Ökonomie und ihre hypnotische Konzentration auf das Geld erleichtert. Wie ich andernorts im einzelnen dargelegt habe, verliert das Geld heute rasch alle Bedeutung als ein Instrument zur Messung der Produktion und der Werte in der wirklichen Welt. Das Geld, das von Wirtschaftspolitikern und Zentralbanken manipuliert, durch elektronische Überweisungen in einem multinationalen Banksystem beschleunigt und durch eine globale 24-Stunden-Anlagenverwaltung abstrahiert wird, hat kaum mehr etwas mit der Wirklichkeit zu tun. Gewitzte Investoren in aller Welt wissen, daß es leichter ist, durch Spekulation, Devisenarbitrage, bewegliches Zinsgefälle und andere Formen von papiernem Unternehmertum Geld zu „machen", als in eine wirkliche Fabrik zu investieren, die wirkliche Arbeiter beschäftigt und irgendwo auf der wirklichen Welt wirkliche Produkte herstellt. Bei soviel nicht standortgebundenem Kapital und inflatorischen Geldmengen („funny money"), die durch das globale System gejagt werden, können die „gewitzteren" Investoren der Welt das amerikanische Defizit ganz gut weiterfinanzieren, und Präsident Reagan hat in seinem jüngsten Bericht zur Lage der Nation gelobt, die USA zur Investitionsmetropole der Welt zu machen. Wenn es die Irreführungen durch das globale Wirtschaftssystem und seinen Indikatorenapparat, der die Wirklichkeit verschleiert, nicht gäbe, so könnten die durchschnittlichen Wähler erkennen, daß solche Programme nicht weit von der Erklärung des globalen Wirtschaftskrieges entfernt sind. Die Vereinigten Staaten sind vielleicht in der Lage, solange den Dollarkurs aufrechtzuerhalten und im Rüstungswettlauf an der Spitze zu bleiben, bis sie ihre eigenen Verbündeten und die Russen dazu an den Bettelstab gebracht haben. Bis jetzt waren die Finanzminister Europas nicht imstande, die Investitionswelle in die USA einzudämmen, und diese sind wohl zur letzten und attraktivsten Kapitalhochburg geworden, die scheinbar durch Zinssatzkriege und andere traditionelle Versuche, die europäischen Währungen zu stützen, nicht zu erschüttern ist. Vielleicht wird die Öffnung weiterer Märkte für Anlagewerte in China schießlich dazu führen, daß die Vereinigten Staaten sich für ihr Geld ins Zeug legen müssen und daß sich sogar ein Sammelpunkt für die blockfreien Länder bildet, um die Abrüstung der zwei derzeitigen Supermächte zu erzwingen. Eine breitere öffentliche Information über bestehende Indikatoren könnte uns dazu verhelfen, über solche Vorgänge auf dem Laufenden zu bleiben und uns daran zu erinnern, daß Indikatoren nur funktionieren (zum Guten oder zum Schlechten), wenn weite Kreise von ihnen erfahren und sich nach ihnen richten. Beispielsweise brauchen wir mehr Schlagzeilenmeldungen von Kapitalbewegungen zwischen den Ländern, mehr Analysen von Zinssatzkriegen, Bemühungen zur Stützung der nationalen Währungen durch solche Mittel wie etwa die Ausgabe von anonymen, steuerfreien „Inhaber"obligationen und dergleichen. Finanzberichterstatter könnten hierzu beitragen, indem sie ihre Leserschaft ständig an die politischen Strategien hinter allen wirtschaftlichen Maßnahmen, Studien und Indikatoren erinnerten sowie daran, daß die Ökonomie keine Wissenschaft ist, sondern eine Profession, die für begrenzte Zwecke nützlich ist, aber als ein allumspannendes makropolitisches Instrument für nachindustrielle Gesellschaften, die vor neuen Bedingungen stehen, unbrauchbar. Heutzutage sind mehr Indikatoren nötig, die über die höchst wichtige

Aufgabe hinausgehen, dem Rüstungsetat das entgegenzusetzen, was sich mit Aufwendungen von einer ähnlichen Größenordnung in den Bereichen der Gesundheitsfürsorge, des Wohnungsbaus, der Bildung usw. erreichen ließe. Solche Indikatoren müssen in vielerlei Hinsicht aufgeschlüsselt werden, damit verschiedene Interessentenkreise sowohl für die innenpolitische als auch für die internationle politische Veränderung davon Gebrauch machen können. Entsprechend werden Konversionsstudien und detaillierte Umstellungspläne für einen geordneten Übergang zur Friedensproduktion in vielen weiteren Bereichen benötigt, die auf der in vielen Ländern (auch in den USA durch den Ausschuß für wirtschaftliche Prioritäten in New York und das Zentrum für Wirtschaftsumstellung in Kalifornien) geleisteten Arbeit aufbauen.

Weitere Analysen werden gebraucht, um die Strategien gesellschaftlich verantwortungsbewußter Investmentfirmen und Investmentfonds wie des Calvert Social Investment Fond in Washington, D.C. zu dokumentieren, dessen Beratungsausschuß ich angehöre. Im Anschluß an die Modelle früherer nachökonomischer Steuerungsinstrumente, die hier behandelt werden, kann man viel von neuen Ansätzen lernen, zu denen die „Berichte über die Weltlage" vom Worldwatch Institute gehören, die ausgezeichnete Modelle zur Beobachtung kritischer Trends bieten wie etwa: Geburtenkontrolle, Aquakultur (die inzwischen ein Siebtel des Weltverbrauchs an Meeresnahrung liefert), Wasser- und Bodenzustand, Materialrecycling, erneuerbare Energie, weltweiter Kohlenstoffausstoß aus der Verbrennung mineralischer Heiz- und Kraftstoffe und zukunftsbewußte Regierungsprogramme. Viele Spitzenvertreter staatlicher und führender Unternehmen sowie hohe Regierungsbeamte verlassen sich auf diese Berichte, die erstmals im Jahre 1984 erschienen und jährlich veröffentlicht werden. Ähnliche Globaleinschätzungen auf der Grundlage des von der Regierung Carter 1979 herausgegebenen Berichts *Global 2000* werden zur Zeit in vielen Ländern vorbereitet. Aber wir müssen gleichermaßen lokal wie global handeln und denken, und daher müssen wir weiterhin auf die „frohen Botschaften" achten und alle Modelle und Indikatoren solcher ganzheitlichen, ökologischen, gerechten Ansätze zu menschlichem Fortschritt publizieren. Solche Ansätze müssen im einzelnen für Region und lokale Bedingungen konkretisiert werden. Einen beispielhaften Ansatz bietet die *Rodal Press* in Emmaus, Pennsylvania, die auf organische Landwirtschaft spezialisiert ist und *Prevention, New Shelter, Organic Gardening* sowie eine weitere, erst angekündigte Zeitschrift für Ressourcenpflege namens *Regeneration* verlegt. Zwei neue Indikatoren sind fast fertig ausgearbeitet: ein Regenerationsindex und ein Vitalitätsindex, die das Regenerationspotential bestimmter Bioregionen, ihrer Bevölkerung und ihrer Unternehmen messen. Die Ausbreitunng und Akzeptierung solcher Indices könnte schon an sich ein Indikator für die geistige Genesung der Gattung Mensch wie auch für die Gesundung der Biosphäre sein. Wir dürfen nie vergessen, daß im allerwissenschaftlichsten Sinne Wirklichkeit all das ist, worauf wir unsere Aufmerksamkeit richten! Indikatoren reflektieren lediglich unsere innersten Werte und Ziele, sie messen die Entwicklung unseres eigenen Verständnisses. An diesem Punkt in der Evolution des Menschen können wir den Konsequenzen aus unseren alten Anschauungssystemen, die mittlerweile unser Überleben bedrohen, nicht mehr aus dem Weg gehen. Nachökonomische Programme basieren auf dem Wissen, daß sich unsere ganzen individuellen Eigeninteressen mit den Interessen der gesamten Gattung Mensch und aller anderen Lebensformen auf diesem Planeten decken.

4b. Indizien für das Ende der Ökonomie und das Auftauchen nachökonomischer Steuerungsinstrumente

DIE ÖKONOMIE IST HEUTE ZWEIFELLOS EIN ÜBERHOLTES DISZIPLINÄRES GERÜST zur Erarbeitung von Steuerungsinstrumenten für nachindustrielle und Entwicklungsgesellschaften. Belege für diesen Mangel an Vertrauen darauf, daß die Ökonomie ein „objektives" oder „wissenschaftliches" Verfahren zur Lenkung von Gesellschaften sei, finden sich weltweit und reichen von der Politisierung der globalen Finanzsituation einschließlich des Internationalen Währungsfonds (IWF) und den anhaltenden Forderungen nach einer Neuen Internationalen Wirtschaftsordnung (NIWO) zu den zunehmenden innenpolitischen Wirtschaftsordnungen (NIWO) und den zunehmenden innenpolitischen Kämpfen um die Maßnahmen der Zentralbank, die Prioritäten im Staatshaushalt und sogar Präsident Ronald Reagans Erklärung zur Abschaffung seines Wirtschaftsbeirats. In *Business Week*, *Fortune* und anderen Zeitschriften wimmelt es nur so von Kritiken an der Ökonomie, und die spektakulären Fehlschläge ökonomischer Prognosen haben zu der neuen Gattung der „Ökonomenwitze" geführt sowie zu einer neuen Werbekampagne in der Öffentlichkeit, um das Image dieses verbrauchten Berufsstandes aufzupolieren, dessen Kenntnisse ihm nach der großen Depression einen führenden Rang im politischen Entscheidungsprozeß verschafften. Indizien für die Entthronung der Ökonomie sind u.a.:

1. Die wachsende Krise des Welthandelssystems (das auf der Grundlage der neoklassischen ökonomischen Theorien vom „komparativen Vorteil" unter Voraussetzung von nationalistischem Wettbewerbsstreben und „Freihandel" auf dem „Weltmarkt" errichtet wurde). Die Realitäten des globalen, nicht standortgebundenen Kapitals, des raschen technologischen Veraltens, der Automation, struktureller Arbeitslosigkeit, von weniger Großgewinnern wie etwa Japan und immer mehr verzweifelten Verlierern in der Dritten Welt haben inzwischen zu grassierendem verstecktem Protektio-

nismus geführt. Die Politiker der Dritten Welt, die reale Regionen und Staaten vertreten, werden (trotz ökonomischer Theorie und Beratung) „protektionistisch", weil es ihnen unmöglich wird, klare lokale Entwicklungsstrategien zu verfolgen, denn ihre Pläne werden Tag für Tag umgeworfen, wenn die globalen Devisenmärkte in den Finanzzentren geöffnet werden, von denen sie der halbe Erdball trennt. Bestrebungen, Japan beim Bonner Wirtschaftsgipfel vom 2.-4. Mai 1985 zum Sündenbock zu stempeln, vereiteln produktive Schritte, denn die Fortentwicklung von der europäischen und amerikanischen Vorherrschaft ist eine Funktion der Logik, die diesem Welthandelssystem selbst zugrunde liegt. Dieses ist über den Punkt seiner Nützlichkeit hinausgetrieben worden und muß neu überprüft werden. Die sich hochschraubenden Sozialkosten des Welthandelssystems werden auch in dem schneller werdenden Rüstungswettlauf deutlich sowie in den Kriegen und Ressourcenkonflikten über strategisch wichtige Energieträger und Erze für kapitalintensive Technologien: Roboter, Mikroelektronik, Automobile, Raumfahrt, usw., wie auch in der Abwirtschaftung von Wäldern, Meeren und Boden.

Der Preis, den die Erreichung des Ökonomenideals der „Maximierung von Produktion und Geldumsatz im globalen Maßstab" fordert, ist die Auflösung der Ordnung jedes lokalen Gesellschaftssystems und Gebiets auf dem Planeten. Daher denken sich Politiker in Städten und Regionen ihre eigenen Entwicklungsstrategien aus, um einige Sektoren von dieser globalen Berg- und Talbahn abzukoppeln, die auf Wirtschafts- und Geldabstraktionen und überfrachteten Statistiken beruht; diese Statistiken sind zudem für die Staatsoberhäupter auf Wirtschaftsgipfeltreffen höchst irreführend.

2. Die Unfähigkeit nationaler Regierungen, ihre inneren Angelegenheiten zu regeln, wie es ja im Versagen ihrer makroökonomischen „Management"instrumente und -methoden zutage tritt sowie in Versuchen, die Inflations- und Arbeitslosigkeitsindikatoren stets neu zu fassen, wenn die Zielwerte nicht erreicht werden. Dies führte zu drei neuen unangenehmen „Indikatoren": große Staatsdefizite, hohe Realzinssätze und unberechenbare Handelsbilanzen.

3. Die zunehmende Unwirklichkeit des Geldes als eines zuverlässigen Anzeigers für Transaktionen und Produktion, Ersparnisse und Investitionen in der wirklichen Welt, und zwar deshalb, weil es global von Regierungen, Konzernen, multinationalen Banken, 24-Stunden-Anlagenmanagern, Arbitrageuren und Spekulanten in dem neuen, durch elektronische Überweisungen beschleunigten, globalen Finanzsystem manipuliert wird.
4. Das ausgedehnte Wiederauftauchen der „informellen" geldlosen Sektoren in vielen OECD-Ländern, und zwar sowohl der illegalen „Untergrundgeschäfte" mit Rauschgift, Verbrechen und Steuerhinterziehung als auch der viel umfassenderen „kooperativen, altruistischen Wirtschaftsformen" der Haus-, Gemeinde- und Freiwilligenarbeit und der Eigenbedarfsproduktion, die die offiziell gemessene, von den Ökonomen im Bruttosozialprodukt (BSP) bezifferte Wirtschaftshälfte seit jeher gestützt und unterhalten haben.
5. Die faktische Nichteintreibung der Schulden vieler Länder aus der Dritten Welt, die zu Maßnahmen wie „Modifizierung", „Neufestsetzung", „Umstrukturierung", Teilabschreibung von Bankguthaben, Fusionierung bankrotter Banken, Abschieben von Verlusten auf Aktionäre, Sparer und Steuerzahler führte sowie zur Entwicklung neuer politischer (nicht ökonomischer) Strategien und einer anderen Terminologie, um den Anschein aufrechtzuerhalten, als seien die Spielregeln nach wie vor gültig. Daß sich die Vereinigten Staaten als das größte Schuldnerland der Welt herausgestellt haben, das seine Defizite mit den Sparguthaben der Welt deckt, hat zusätzlich die allgemeinen Befürchtungen verstärkt, die Ökonomie kaschiere ein abgekartetes Spiel, das von denen im Besitz von Macht und vertraulichen Informationen mit inflationären Geldmengen gespielt wird.
6. Das in den meisten OECD-Ländern zu verzeichnende Anwachsen der Bürgerbewegungen, die sich anläßlich der Mißstände, Schäden, Sozial- und Umweltkosten engstirniger Wirtschaftsprogramme gebildet haben und über die traditionelle Kritik der Gewerkschaften hinausgehen. So gibt es beispielsweise Bewegungen für Verbraucher- und Umweltschutz, Gesundheitsvorsorge, natürliche Ernährung, glei-

ches Arbeitsplatzangebot für Frauen und Minderheiten, wirtschaftliche Gerechtigkeit, Frieden und Wirtschaftsumstellung, Rechenschaftspflicht von Konzernen und Regierung, und sie alle zeugen von der Ablehnung ökonomischer Rationalitätskalküle, die mit ihren Kosten-Nutzen-Relationen solche Sozialkosten als „externe Effekte“ unberücksichtigt lassen.

7. Die Entwicklung der ökonomischem Theorie und ihrer Indikatoren. Reaktionen von seiten der Ökonomen haben seit den sechziger Jahren zu neuen Formulierungen geführt, die über das BSP hinausgehen. Zu ihnen gehören der „Maßstab für wirtschaftlichen Wohlstand“ (MWW), der „Nettosozialwohlstand“ (NSW), der „Indikator der materiellen Lebensqualität“ (IML) und der Indikator „menschliche Grundbedürfnisse“ (MGB). Allerdings haben die Ökonomen keine „Qualitätskontrolle“ vorgenommen, das heißt sie haben zum Beispiel nicht gefordert, die Neuformulierung des BSP solle mehr Variablen und außerökonomische Daten enthalten oder irgendeine dieser neueren Indikatoren solle tatsächlich eingeführt werden.
8. Somit zeugt die Entwicklung nachökonomischer Steuerungsinstrumente während des letzten Jahrzehnts von der Unfähigkeit der Ökonomie, mit den real auftretenden Problemen von Produktion und Wechselsystem im Weltmaßstab Schritt zu halten. Das Erstellen von Prognosen ist den Ökonomen weitgehend aus der Hand genommen worden, und diese revidieren ihre „Prognosen“ inzwischen fast jede Woche. Nachökonomische Steuerungsinstrumente sind etwa Technologie-Folgenabschätzung, Umweltverträglichkeits-Prüfungen, soziale Indikatoren und Analysen der sozialen Auswirkungen, Bilanzen der Auswirkungen auf die Beschäftigungssituation, Zukunftsforschung, Gruppenbefragungen nach der Delphi-Methode und Stellung von Szenarien wie auch die neueren Berichte über Die Weltlage, die das von den USA getragene Worldwatch Institute herausgibt, die Studien à la *Global 2000*, die jetzt in 16 Ländern in Arbeit sind, und der Ansatz zu einem „Planetenmanagement“, das von dem Briten Norman Myers in *Gaia: An Atlas of Planet Management* (Doubleday, Garden City 1985) vertreten wird. Es ist zu hoffen, daß sich die Staatsober-

häupter nicht um überholte Konzepte wie die „terms of trade“ auf dem „Weltmarkt“ zanken, sondern daß sie die alten trennenden, engstirnigen ökonomischen Konzepte überwinden und ihren Diskussionen mit umfassenderen Daten aus der wirklichen Welt einen neuen Rahmen geben. So könnten sie reichhaltigere, genauere interdisziplinäre Planskizzen entwerfen, die neuen Programmen für einen kleinen Planeten als Grundlage dienen könnten.

5. Soziale Auswirkungen des nachökonomischen Paradigmas

DIE PAUSCHALE POLITISIERUNG ÖKONOMISCHER STRATEGIEN innerhalb der Länder und zwischen ihnen ist ein durchgängiges Geschehen, das viele unterschiedliche Phänomene erklärt, darunter die Debatten im Kongreß über die Maßnahmen der amerikanischen Notenbank „Federal Reserve" und über die Staatsdefizite zwischen Fiskalisten und Monetaristen in den Vereinigten Staaten wie auch die weitverbreiteten Lippenbekenntnisse zum „Freihandel", die überall von verstecktem Protektionismus begleitet sind. An der Basis hat dieses fehlende Vertrauen auf die Ökonomie die neue Blüte der „Ökonomiewitze" getrieben. Diese Phänomene zeugen weniger von Zynismus als von einem Quantensprung der gesellschaftlichen Gelehrigkeit, das heißt von einem neuen Niveau, das das allgemeine Gespür und Verständnis für das Verhalten komplexer Systeme bei durchschnittlichen Laien erreicht hat.

Das zur Verbreitung dieses neuen Wissens am besten geeignete Modell ist das der vielen Bürgerinitiativen für Umweltschutz, Menschenrechte und Frieden, die nach dem Motto „Jeder lehrt jeden" verfahren und damit einen typisch nichtlinearen Prozeß positiver Rückkoppelung in Gang setzen, der oft zu einer gesellschaftlichen Veränderung im großen führt. Ich werde zunächst einen detaillierteren Überblick über diese Trends und Interaktionen geben, darauf ihre wahrscheinlichen Folgen einschätzen und schließlich einige alternative Antworten vorstellen, durch welche ihre positiven Auswirkungen auf die Vereinigten Staaten und die globalen Räume verstärkt werden könnten. Man sollte bei diesen Trends nicht getreu dem alten Schema von Ursache und Wirkung nach „Triebkräften" suchen, da dieses lineare Modell überholt ist und die Prozesse gegenseitiger Beeinflussung, die in nichtlinearen, dynamischen, morphogenetischen Systemen höchst offenkundig sind, nicht darstellen kann.

Trends und Interaktionen

1. Die Unfähigkeit der Regierungen in allen größeren industriellen und nachindustriellen Gesellschaften, ihre Wirtschaftsprobleme in den Griff zu bekommen.

In den sechziger Jahren kamen die politischen Führer mit ihren Volkswirtschaften recht gut zurecht, da es ihnen gelang, die zwei hauptsächlichen Krisenbarometer Inflation und Arbeitslosigkeit in politisch erträglichen Ausmaßen zu halten. Verantwortlich dafür waren viele Faktoren, aber vor allem das billige Öl und die freie Verfügbarkeit der Ressourcen, die bescheidenen Ausmaße der Verteidigungsausgaben, die hohe Produktivität, der Nachholbedarf der Verbraucher, einfache Kreditbedingungen, Steuersenkungen und die Auswirkungen massiver Investitionen in globale Märkte wie etwa der Erfolg des Marshall-Plans. In den siebziger Jahren fingen Inflation und Arbeitslosigkeit gleichzeitig an, langsam zu steigen, was nach dem Abstimmungszusammenhang (trade-off), den die herrschende ökonomische Theorie anhand der Phillips-Kurve behauptet, nicht möglich wäre. Das öffentliche Vertrauen ließ in dem Maße nach, wie Regierungsoberhäupter aus ihrer Unfähigkeit heraus, ihre Ziele zu erreichen, ganz offenkundig Indikatoren neu faßten und die Grenzwerte für Inflation und Arbeitslosigkeit neu ansetzten. Daß Führer meistens unter Ausnutzung der allgemeinen Unwissenheit regieren, wird offensichtlich, wenn ein Wirtschaftsgipfeltreffen nach dem anderen zur Plattform für leere Schlagworte und die Proklamierung frommer, aber miteinander unvereinbarer Ziele wird; wenn mehr wirtschaftliches Wachstum, Arbeitsplätze und Staatsausgaben bei gleichzeitiger Senkung der Defizite und der Zinssätze versprochen werden. Ein Großteil der „Stagflation" in den siebziger Jahren wurde – zurecht, wie ich glaube – auf den ihr zugrundeliegenden Kostendruck und die Multiplikatoreneffekte der viermaligen Ölpreissteigerung durch die OPEC im Jahre 1973 zurückgeführt, was einherging mit dem durch Defizite finanzierten Vietnamkrieg, steigenden Forderungen sowie einem Einfrieren der amerikanischen Produktivität, das durch unsere alternde „Rosta"- oder „Schornstein"-Wirtschaft, zu wenig Investition zur Aufrechterhaltung unserer allgemeinen Konkurrenzfähigkeit in der Technologie und auf dem

Weltmarkt und das mutwillige Verfallenlassen der lebenswichtigen nationalen Infrastruktur verursacht wurde. In den achtziger Jahren ist das Problem des makroökonomischen Managements zusehends weiter der Kontrolle entglitten. Heute ist die Inlfationsrate in den Vereinigten Staaten durch heroische Mittel hinuntergedrückt worden (das heißt durch deflationistische Maßnahmen der „Federal Reserve", hohe Realzinssätze, Rezession, Arbeitslosigkeit und den Höhenflug des Dollars) wie auch durch das Fallen der Ölpreise. Die Auswirkungen dieser binnenwirtschaftlichen Maßnahmen machen sich in drei neuen „Ersatzindikatoren" bemerkbar, in denen sich die Bedrängnisse einer noch immer überschuldeten Volkswirtschaft niederschlagen: 1. Riesige Staatsdefizite (die Verschuldung ist in den vergangenen vier Jahren mehr angewachsen als in unserer ganzen bisherigen Geschichte), 2. geschichtlich einmalig hohe Realzinssätze und 3. die größten Handelsdefizite unserer Geschichte. Zu den mikroökonomischen Folgen gehören ein wackeliger Wohnungsbausektor mit den höchsten Hypothekenlasten seit der Depression, die Verschuldungskrise im Farmsektor und die allgemeine „Abwärtsmobilität", im Zuge deren sich viele Familien aus der Mittelschicht in das wachsende Heer der Armen und Obdachlosen einreihen. Die Vereinigten Staaten haben heute Brasilien als größte Schuldnernation der Welt überholt. Die Probleme engstirniger ökonomischer Programme treten auch in den meisten anderen Industriegesellschaften zutage, ob sie nun zentral geplant oder marktwirtschaftlich orientiert sind: von den 13 % Arbeitslosen in Großbritannien und Herrn Mitterrands scheiterndem Sozialismus in Frankreich, dem wirtschaftlichen Patt in Polen und den wachsenden Wirtschaftsproblemen der Sowjetunion bis zu Kanadas fallendem Dollar und dem langsameren Wachstum in Japan. Das makroökonomische Management ist überall komplexer und irrtumsanfälliger geworden. Die Aussicht für die schuldengeplagte US-Wirtschaft ist trotz offizieller Verlautbarungen über einen Aufschwung alles andere als rosig, und dies gilt auch für die Weltwirtschaft, da diese derart von den Vereinigten Staaten abhängig ist. Europäische Finanzfachleute schwanken zwischen Bestrebungen, den Dollar zu Fall zu bringen, und Befürchtungen vor einem Erdrutsch, wenn er zu tief fiele. Unterdessen wird der derzeitige hohe Stand des amerikanischen Verteidigungsetats immer mehr von dem heißen, nicht standortgebundenen Kapital ausländischer Investoren abhängig, das mit den neuen Geschwindigkeiten, die durch elektronische Überweisungen, multinationales Bankwesen, 24-Stunden-Anlagenverwaltung und Anlagenberatung mit dem Ziel schneller Gwinne erreicht werden, um den Planeten gejagt wird. Solch freischwebendes Kapital wird in dem Maße nach China fließen, wie sich die Anlagebedingungen entwickeln und die Verbrauchermärkte geöffnet werden. Bis dahin fließt es, je nachdem, wie der Dollar schwankt, anderswohin.

2. Der Ausfall des Geldes als eines verläßlichen „Ziel- und Treff"-Instruments zur Kontrolle von Transaktionen und Produktion in der wirklichen Welt.

Wie ich im *Financial Analysts Journal* (Mai-Juni 1973) gezeigt habe, könnte einen das Geld als ein überaus abstrahiertes Symbolsystem dazu verleiten, bei Kapitalanlagen im Bereich der Energiegewinnung schiefe Entscheidungen zu fällen, die keine in wirklichen thermodynamischen Einheiten (Kilokalorien) meßbare Nettoenergie erbrächten, obgleich solche Spekulationsgeschäfte den Investoren durchaus „Profite" einbringen und Arbeitsplätze, wirtschaftliches „Wachstum" und „Kaufkraft" schaffen könnten. Jeder Geldposten läßt sich zudem durch fast jede große Institution verzerrt darstellen, sei es nun durch „kreative" Buchhaltung, die Kosten auf andere Systeme abwälzt, oder dadurch, daß Regierungen die Geldmenge erhöhen, die Reservevorschriften der Banken manipulieren und den Banken erlauben, durch Monetisierung ihrer Darlehen Geld zu schöpfen. Ich habe auch andernorts die Beschleunigungseffekte des Systems elektronischer Überweisungen im Bankwesen und in der Anlagenverwaltung beschrieben, bei dem immer mehr Investoren versuchen, fast schon von einer Stunde zur anderen aus dem Zinsgefälle Kapital zu schlagen. Indem sich jedoch die Systeme der elektronischen Überweisung der „wirklichen" Zeit annähern, beseitigen sie die Spitzen- und Verzögerungszeiten sowie die entsprechenden Abstände, auf die die miteinander konkurrierenden Spieler immer gebaut haben, wenn sie solche Devisen- und Zinssatzspannen ausfindig machten. In dem Momemt, da alle Akteure versuchen, ihren Vorteil in diesem globalen System von „Geld als Information" zu maximieren, vermehren sich Papierwerte und Zinseszinsen bodenlos. Und die *New York Times* vom 29. Junli 1983 schrieb: „Deckungen verschwinden aus dem Welthandel", und daß bis zu 112 Milliarden Dollar nicht gedeckt wären!

3. Das Wiederauftauchen der informellen, geldlosen Produktionssektoren und Entwicklungen zum Tauschhandel und zu Reaktionsformen auf lokaler Basis: alternative „Währungen" wie die in Kanada etwa und viele ähniche Bestrebungen in den Vereinigten Staaten.

Leider haben neuere Untersuchungen über das Zunehmen „schwarzer" und „unterirdischer" Wirtschaftsbereiche in den meisten Industrieländern das Problem nur noch mehr verwirrt. Sie machen keinen Unterschied zwischen den illegalen Geschäften auf Bargeldbasis mit Rauschgiften (deren Importrechnung für die Vereinigten Staaten ebenso hoch ist wie die unserer Ölimporte), Verbrechen, Doppelverdienst, unterlassenen Meldungen von Dividendenzinsen usw. einerseits und den altruistischen, geldlosen Verrichtungen auf Gemeinde- und Familienbasis wie Kinderaufzucht, Kranken- und Altenpflege, Freiwilligenarbeit und Do-it-yourself-Produktion andererseits, ohne die die im BSP aufgeführten Sektoren zusammenbrechen würden.

Ein weitverbreiteter Mangel an Vertrauen auf makroökonomische Lenkung wird in Rufen nach einer Steuerreform und „Gerechtigkeit" und in der wachsenden Auseinandersetzung über die Prioritäten im Bundeshaushalt ersichtlich. Diese neuen Auseinandersetzungen spiegeln den zunehmenden Zynismus und Durckblick der Bürger wider sowie einen bedeutenden Wertewandel. So konzentrieren sich Friedensgruppen jetzt beispielsweise auf wirtschaftliche Umstellungspläne auf Orts- und Fabrikebene, weil sie bedenken, daß die Rüstungssenkung eine neue Mischung von binnenwirtschaftlicher Friedensproduktion, -investition und -arbeitsplatzgestalten erfordert.

4. Der Ruf der Dritten Welt nach einer Neuen Internationalen Wirtschaftsordnung (NIWO).

Diese Forderung, die seit Mitte der siebziger Jahre von der sogenannten „Gruppe 77“ der blockfreien Länder (die inzwischen über hundert Mitgliedstaaten zählt) erhoben wird, spiegelt die Erkenntnis bei den Führern dieser Länder wider, daß der Mechanismus der Weltwirtschaft in Bretton Woods weitestgehend von einer Handvoll Industriegesellschaften der nördlichen Erdhalbkugel bestimmt wurde. Daher der Ruf nach Vertretung der Dritten Welt in allen solchen internationalen Finanzinstitutionen von dem IWF und der Weltbank bis zur Bank für internationalen Zahlungsausgleich bzw. für ein neues „Bretton Woods der Dritten Welt“, um zu versuchen, regionale wirtschaftliche Handelsgruppen und andere Abkoppelungsstrategien zu entwickeln. Diese Länder der Dritten Welt erkennen auch die gegenseitige Abhängigkeit von Schuldner- und Gläubigernationen in dem globalen Schuldendilemma.

Sie wissen, daß sie die „Nichtbezahlungskarte“ nicht tatsächlich ausspielen brauchen – es hat bis jetzt ausgereicht, sie lediglich zu zeigen. Die Bankiers und Finanzminister der nördlichen Welt sind an den Uferrand getreten und haben nach drüben geschaut. Jetzt nehmen sie Teilabschreibungen vor, schieben Aktionären, staatlichen Versicherungsgesellschaften und Sparern Verluste zu, modifizieren Zinszahlungen, überziehen Darlehen – tun in der Tat alles, um den Anschein aufrechtzuerhalten, daß die Spielregeln noch gelten. Es besteht jedoch kaum ein Zweifel daran, daß die Welt bis jetzt eine „De-facto-Nichtbezahlung“ geschluckt hat, die niemand als solche beim Namen zu nennen wagt, weil es in niemandes Interesse liegt, in diesem Punkt offen zu sein. Auch diese Vorgänge haben beigetragen zu dem Mangel an Vertrauen auf die Ökonomie und das Geld als ihrem Hauptwertmesser, das heißt als einem zuverlässigen Bestimmungsinstrument für die wirkliche Produktion und Interaktion auf dem Weltmarkt.

5. Eine weitere Strömumg, die dazu beigetragen hat, die Ökonomie zu untergraben, sind die zuvor erwähnten Bürgerinitiativen, die während der letzten 15 Jahre in allen Industrieländern ein ständiges Anwachsen zu verzeichnen hatten, da sie sich vor allem um die Mängel der Wirtschaftsführung herum organisierten. Sie bildeten sich anläßlich der unvorhergesehenen Auswirkungen des raschen industriellen und technologischen Wandels und seiner unliebsamen Sozial- und Umweltkosten: Umweltverschmutzung, Ressourcenerschöpfung, Verschwinden des offenen Landes, über jedes Maß hinausgewachsene Riesenstädte, weitverbreitete Arbeitslosigkeit, Kriminalität, Sucht und Zusammenbruch traditioneller Gemeinden und Familien und ihrer Werte. Zu diesen Bewegungen gehören das organisierte Umweltbewußtsein und Verbraucherbewußtsein in der Mittelschicht, die Frauenbefreiungsbewegung, die Bewegungen für Schwulenrechte, holistische Gesundheit, menschliche Entfaltung (human potential) und erneuerbare Energie, gehören organischer Gartenbau, Farmermärkte, Co-ops, Tauschhandel, Hausgemeinschaften, neue gemeinschaftliche Lebensformen, neue religiöse Kulte wie auch die Bewegungen für Rechenschaftspflicht der Konzerne und der Regierung und für gesellschaftlich verantwortungsbewußtes Investieren. In manchen Fällen machten sich industriell vertriebene Produkte und Dienstleistungen wie im Gesundheitswesen und der Rechtshilfe durch Überteuerung unerschwinglich, was zu kreativen Gemeindelösungen wie Vermittlungs- und Konfliktschlichtungsstellen sowie häuslicher und vorsorgender Gesundheitspflege führte. Diese Bürger bringen sich gegenseitig und ihren Basispolitikern neue Systemerkenntnisse von Ökosystemen und soziotechnischen Interaktionen sowie neue Theorien der Psychologie, der Physik und anderer Bereiche bei, woraus sich neue Diskussionen über umfassende Veränderungen der Anschauungssysteme und der wissenschaftlichen Paradigmen, der Lebensweise und der Werte entspinnen. Diese Umwertungsvorgänge in einer einflußreichen, hochgebildeten, schrittmachenden Bevölkerungsgruppe in den Gesellschaften der Vereinigten Staaten und Europas (wie auch Japans, Australiens und Neuseelands) werden von Trendbeobachtern und Futurologen im Auge behalten, unter anderen von John Naisbitts *Trend Reports*, dem VALS-Programm des Stanford-Forschungsinstitutes, den Meinungsforscherinstituten Yankelovich, Harris und Roper und vielen Madison-Avenue-Werbestudien über wechselnde Verbraucherneigungen. Solche Gruppen von Schrittmacherkonsumenten tendieren zum wählerischen Einkauf; Teil ihres Lebensstils können beispielsweise außergewöhnlich viele und weite Reisen, Flugtickets, Hotels, Heimcomputer, Audio- und Videokassetten und andere Lehrmaterialien sowie Bücher sein, während sie gleichzeitig alte Autos fahren, gebrauchte oder selbstgefertigte Kleidung tragen und ihr eigenes Gemüse anbauen. Die meisten dieser neuen Schrittmacher glauben nicht an das Standardmodell der Ökonomie mit dem darin vorausgesetzten individuellen Wettbewerbsstreben, der Profitmaximierung, den zu befriedigenden Bedürfnissen und den Gleichgewichtsmechanismen des klassischen freien Marktes. Die meisten denken über die „externen Effekte" dieses traditionellen Modells und die schädlichen und nachteiligen Auswirkungen seiner Mißwirtschaft nach sowie über eine Neudefinition von Kosten und Nutzen, die über den ökonomischen Gesichtspunkt hinausgeht.

6. Das Anwachsen der Informationsgesellschaft.
Die heutigen erdumspannenden Technologien der Düsenflugzeuge, Nachrichtenverbindungen, Computernetzwerke, Satellitenforschung usw. haben nunmehr die „Hardware" einer unwiderruflichen globalen Interdependenz geschaffen. Die „Software" für den Umgang mit dieser Interdependenz bildet sich in neuartigen Querverbindungen heraus sowie in Systemkonzeption zur Konfliktsteuerung und -lösung, zur globalen Ressourcenteilung des „planetarischen Gemeineigentums" wie zum Beispiel der Meere, des Weltraums und des elektromagnetischen Spektrums und zum Überdenken des Systems der Nationalstaaten selbst. Die Gefahren des Rüstungswettlaufs, der militärischen Fehlkalkulation, des hochgezüchteten Kernwaffenarsenals und die ungeheuren Kosten des Planspiels einer Strategischen Verteidigunsinitiative (SDI) haben dazu beigetragen, das Bewußtsein der globalen Interdependenz zu verstärken. Dieses neue Bewußtsein der globalen Interdependenz hat neue Bewegungen für Planetenbürgertum und weltweite Solidarität über nationalistische Identitäten und Bindungen hinaus hervorbracht: zum Beispiel Greenpeace, Amnesty International, die Freunde der Erde, die miteinander verbundenen Friedensbewegungen der Vereinigten Staaten und Europas und

amerikanischen und japanischen Antikernkraftgruppen wie auch den Aufstieg „grüner" Politik, die jetzt von Deutschland aus auf alle Industriegesellschaften übergreift. Auch hier liegt wieder der Gedanke zugrunde, daß nationalistischer Wirtschaftswettstreit, Profitmaximierung und Ressourcenabhängigkeit unerträgliche „Begleiterscheinungen" mit sich bringen: ein chronisch instabiles, kriegsanfälliges internationales System, das dem Terrorismus, unabsichtlich ausgelösten Kriegen und Umweltkatastrophen ausgeliefert ist und von dem eine allgemeine Bedrohung der gesamten menschlichen Zivilisation ausgeht. Zu den neuen Bestrebungen, das konventionelle Denken und seinen „Realismus" zu durchbrechen, gehören die Vorschläge des Anderen Wirtschaftsgipfels, die jetzt für die Führer bei anderen Wirtschaftsgipfeltreffen wie dem Bonner Gipfel von 1985 eine Herausforderung darstellen, zumal diese Treffen selbst darin als abgeschmackte Propaganda und „Fotoanlässe" verspottet werden. Vorgebracht werden alternative Strategien zur wirtschaftlichen Umstellung auf Friedensproduktion, um den gefährlichen Ungleichheiten zwischen „Habenden" und „Habenichtsen" und den von ihnen ausgehenden Bedrohungen durch Terrorismus und Aufstände zu begegnen; desgleichen Vorschläge zur Reform der Wirtschafts- und Industriepolitik, um die Verwüstung der Umwelt, Hunger, Krankheit und Überbevölkerung in Angriff zu nehmen. Zusammen mit der wachsenden Anzahl gescheiter internationaler nichtstaatlicher Organisationen, diplomatischer Bürgergruppen und „globaler Bürgerversammlungen" mit Video- und Audiosatellitentechnik stellen solche selbstorganisierten Gruppen die herrschenden ökonomischen Modelle von den marxistischen und sozialistischen bis hin zu den marktorientierten, keynesianischen und fiskalistischen in Frage. Solche Gruppen erkennen und beleuchten die vielen Folgen veralteter und unverbrauchbarer Anschauungsweisen wie etwa den Gedanken, in einem nuklearen Zeitalter gegenseitiger Abhängigkeit ließen sich noch Kriege „gewinnen", oder solche Vorstellungen wie die vorgeschlagene „Nichtbefassung" mit Hungersnöten der Dritten Welt, solange diese Länder nicht unseren Erwartungen entsprechen. Heutzutage gehen diese Bewegungen nicht mehr bloß von der Angst vor Terrorismus, Krieg und Umweltzusammenbruch aus. Sie verfolgen positive Ziele und machen mit scharfem analytischen Blick und unter Verwendung der Medien positive Vorschläge im Weltmaßstab, wobei sie für einen Paradigmenwandel in der Modelldarstellung nachindustrieller Gesellschaften eintreten.

7. Die Entwicklung der ökonomischen Theorie und ihrer Indikatoren im Laufe des letzten Jahrzehnts ist eine Reaktion auf die neue Unruhe.

Die Indikatoren entfernen sich von den traditionellen Maßstäben des Bruttosozialprodukts (BSP) und bewegen sich auf solche neuen wie Japans „Nettosozialwohlstand“ (NSW) und den „Maßstab für wirtschaftlichen Wohlstand“ (MWW) und Berechnungen der Lebensqualität in den Vereinigten Staaten zu; in diesen Zusammenhang gehören auch der „Index der materiellen Lebensqualität“ (IML) und der Indikator „menschliche Grundbedürfnisse“ (MGB) der Vereinten Nationen. Wie ich andernorts beschrieben habe, schließt jeder dieser Indikatoren zusehends mehr Variablen und außerökonomische Daten ein. Im mikroökonomischen Management haben wir die Entwicklung der rein ökonomischen Sichtweise über die Ökonometrie und die zielgesteuerte Unternehmensführung bis hin zu den strategischen Planungsverfahren gesehen. Angesichts der Tatsache, daß Spitzenmanager von ökonomischen Modellen abrücken, gab sogar ein Fakultätsvorsitzender wie Abraham Gitlow von der New York University zu, daß „die Ökonomie Probleme hat“, während der Chefökonom der First Pennsylvania Bank, Kenneth Mayland, bemerkte, daß „der Bedarf an Ökonomen keinen großen Zuwachs zu verzeichnen hat“, und Alan Blinder von Princeton das Problem klar ins Auge faßte, indem er erklärte, „die Zukunft exakt vorauszusagen ist im Grunde sowieso nicht ihre Sache“.

8. Somit bezeugt die Entwicklung von nachökologischen Steuerungsinstrumenten im Lauf des vergangenen Jahrzehnts die Unfähigkeit der Ökonomie, mit den in der wirklichen Welt anfallenden Problemen Schritt zu halten.

Das Erstellen von Prognosen ist den Ökonomen weitgehend aus der Hand genommen worden, da sie gezwungen sind, ihre

„Prognosen“ nahezu jede Woche zu revidieren. Zu den nachökonomischen Managementinstrumenten gehören technologische Folgenabschätzung, Umweltbeeinflussungs-Bilanzen, Analysen der sozialen Auswirkungen, Bilanzen der Auswirkungen auf die Beschäftigungssituation, Zukunftsforschung, vergleichende Analysen der Auswirkungen, Gruppenbefragungen nach der Delphi-Methode und Erstellung von Szenarien sowie die neueren Berichte über *Die Weltlage*, wie sie etwa vom Worldwatch Institute in Washington, D.C. veröffentlicht werden, und *Gaia: An Atlas of Planet Management*, zusammengestellt von Norman Myres und einem 200 Personen umfassenden interdisziplinären Team (Doubleday, Garden Cita 1985). Wenden wir uns nun der Einschätzung der wahrscheinlichen Auswirkungen dieser Trends auf Bildungssystem, Regierung, Militär, Arbeitskräftepotential und Beschäftigungssituation, Religion, Familie und Gesellschaft im ganzen zu: Wahrscheinliche Auswirkungen dieser Trends.

1. Bildungssystem

Die Auswirkungen werden ein weiter anhaltendes Drängen auf Curriculumveränderung einschließen, nicht so sehr institutionelle Veränderungen, wie sie bereits stattfinden, sondern solche, die von unten nach oben wirken und zur Politisierung nicht nur der Ökonomie, sondern der meisten traditionellen Disziplinen führen – von Physik, Mathematik und den anderen Naturwissenschaften bis hin zur Psychologie, Anthropologie, Politikwissenschaft und Soziologie.

Eine weitere Folge wird in der Umverteilung der Bildungsmittel auf die Erwachsenenbildung und lebenslanges Lernen bestehen – ein Trend, der sich bereits mit dem Älterwerden der Jahrgänge des „Baby-Booms“ abzeichnet. Die traditionellen Universitäten werden aufgrund ihrer verhärteten Strukturen, hohen Unkosten und Ämterwirtschaft von diesen Veränderungen nicht erfaßt werden, und sie werden in zunehmendem Maße gegenüber firmeneigenen und sonstigen Formen häuslicher Fortbildungsprogramme zurückbleiben wie auch gegenüber dem ständigen Anwachsen von profitorientierten Lehrinstituten und Systemen, die mit Massenmedien arbeiten: „Fernstudienkanäle“ im Kabelfernsehen, selbst zu bedienende

Computernetzwerke zum Selbstunterricht, Audio- und Videokassetten, Videokassettenrecorder und all die anderen Formen selbstbestimmten, autonomen Lernens. In dem Maße, wie das neue, selbsterarbeitete Wissen die alten Strukturen und das überkommene Bildungsgut in Frage stellt, kann unter Umständen die organisatorische und nationalistische Indoktrination zunehmen. Wenn jedoch solch eine Indoktrination nicht sehr finstere Formen annimmt wie etwa offene Propaganda, Aushöhlung der Pressefreiheit, Zuschauer- und Zuhörerüberwachung „Big Brother" und unterschwellige Methoden oder ausgesprochenen Polizeiterror, so wird man ihr – wie ja auch den meisten Werbebotschaften heutzutage – kaum Glauben schenken oder sich ihr widersetzen, indem man öfter die Kanäle wechselt und die Werbung abschaltet und sich überhaupt die Vielfalt der verfügbaren Kanäle und Medien zunutze macht. Sogar Polizeiterror und Propaganda sind im Laufe der Geschichte in vielen Fällen an ihre Grenzen gestoßen, wie Gene Sharpe von Harvard dokumentiert hat. Zu den Beispielen aus jüngster Zeit gehört das heute in Polen erreichte Patt, zu dem es durch die Unterdrückung und die Gegenreaktion der Gewerkschaftsbewegung „Solidarität" und der Kirche gekommen ist.

2. Regierung

Die Regierungen werden entweder offener oder demokratischer werden oder zu verstärkter kurzfristiger Unterdrückung der Rechte des Einzelnen und der Pressefreiheit greifen müssen. Versteckte Regierungskontrollen durch besondere Interessengruppen und eine vom Politischen Aktionskomitee bestimmte, medienabhängige Politik werden den Wählern noch mehr zuwider werden (dies ist eine der „Botschaften" der letzten paar nationalen Wahlen, bei den ein massenhafter Zynismus angesichts zum Verwechseln ähnlicher Kandidaten bis zu 48% der stimmberechtigen Wähler von den Wahlurnen fernhielt).

Ein Maßstab für die gegenwärtige Unzufriedenheit mit der Parteipolitik ist das neue Interesse an Volksentscheiden, Gesetzesinitiativen, Basispolitik, Bürgerbewegungen, dritten Parteien und Vorschlägen für eine nach dem Zufallsprinzip durch

Losentscheid bestimmte Legislative. Mit dieser Legislative durch Losentscheid wird eine Idee der Griechen wiederbelebt, bei denen die Volksvertreter nicht gewählt, sondern als eine repräsentative Zufallsauslese aus der Wählerschaft als ganzer benannt wurden. Diese scheinbar drastische Reform zieht mehr Interesse auf sich, da man der Ansicht ist, daß sie weniger anfällig für Korruption durch Finanz- und Sonderinteressen wäre und die Kosten der Wahlkampagne für den Kongreß praktisch auf Null senken würde, während der Senat eine Körperschaft bliebe, bei der Wahlkampfkosten anfielen. Da es nicht mehr so leicht möglich sein dürfte, die Wähler mittels der Ökonomie hinters Licht zu führen, werden die Regierungen vielleicht versuchen, ihre politischen Programme in einem anderen, verstiegenen Politjargon zu formulieren, um zu verhindern, daß sie in klarem Englisch (bzw. Deutsch) und mit für Laien verständlichen Begriffen diskutiert werden.

3. Militär

Zu den Auswirkungen auf das Militär wird wahrscheinlich die Senkung des Militäretats, womöglich sogar in Realbeträgen, zählen. Die Beunruhigung nimmt zu, und selbst ehemals entschiedene Verfechter von Militärausgaben – von leitenden Angestellten bis zu früheren Verteidigungsstrategen, ganz zu schweigen von Kongreßabgeordneten und der allgemeinen Öffentlichkeit – werden nun angesichts der täglich Schlagzeilen machenden Meldungen von unglaublicher Vergeudung und Mißwirtschaft abtrünnig. Zunehmend exakte neuernde Analysen alternativer Ansätze und Grundprinzipien für Militärhaushalt und Waffensysteme werden sich schwerer bestreiten lassen, vor allem jene, die sich mit den üblichen Redensarten auseinandersetzen, nach denen Militärausgaben deshalb gerechtfertigt seien, weil sie „Arbeitsplätze schaffen". Die Bürger wissen inzwischen, daß buchstäblich jedes Gericht auf der Speisekarte öffentlicher und privater Investitionen „Arbeitsplätze schafft". Jetzt wollen sie wissen, wie hoch dafür die Investition pro Arbeitsplatz ist, ob die Arbeitsplätze vorübergehend oder dauerhaft sind, und welche anderen Finanzierungsprioritäten dadurch verdrängt werden; die meisten Untersuchungen widersprechen nämlich der herkömmlichen ökonomischen Sichtweise und zeigen, daß sich mit nahezu jeder anderen Investition mehr Arbeitsplätze schaffen lassen als mit einer in den äußert kapitalintensiven militärischen Bereich. Zusätzlich werden die heute weitverbreiteten Ängste vor globalen Katastrophen und unabsichtlich ausgelösten Kriegen anwachsen wie auch die vor einem wirtschaftlichen Zusammenbruch, durch den die Verbündeten der Vereinigten Staaten und unsere eigene Wirtschaft ebenso an den Bettelstab gebracht würden wie die Sowjets. Die Nöte der amerikanischen Kernindustrie bieten uns ein glaubhaftes Mikroszenarium für solch einen makroökonomischen Zusammenbruch, wie auch in der Zeitschrift *Forbes* berichtet wurde, die das Hinscheiden der amerikanischen Kernindustrie „das größte Managementdesaster in der amerikanischen Geschichte" nannte.

4. Arbeitskräftepotential und Beschäftigungssituation

Die Veränderungen des Arbeitskräftepotentials werden – wie ja wohlbekannt ist – rasch zur Bildung einer viel größeren Reservearmee älterer Arbeiter führen, da die Ansprüche des Staatshaushalts und der jüngeren Arbeiter stärker berücksichtigt werden. In dem Maße, wie neues Wissen und sich herausbildende Paradigmen für das Verständnis komplexer Systeme Verbreitung finden, wird das Führungspersonal wahrscheinlich noch selbständiger werden und mehr dezentralisierte Kontrolle und Autonomie fordern. Der Trend zur Unzufriedenheit mit der Bürokratie auf allen Ebenen, zu dessen Vorreitern sich die Präsidenten Carter und Reagan gleichermaßen gemacht haben, wird andauern und das Militär in Weisen beeinflussen, die sich an der heutzutage lauter werdenden Kritik an Ruhegehältern, frühzeitigem Ausscheiden aus dem Dienst und zu vielen hohen Offiziersrängen ablesen lassen. In der Welt der Konzerne wird dieser Trend in Form eines weiteren Abbaus von „Mittelmanagementspeck" andauern, desgleichen die Trends zu unabhängigem Unternehmertum, Kleingewerbe und Selbständigkeit. Die Arbeiter in den industriellen „Schornstein"-Sektoren werden wahrscheinlich ihre gewerkschaftlichen Strategien zur Erhaltung der Arbeitsplätze ebenso fortsetzen wie ihre von den Gewerkschaften nicht gebilligten Strategien zur Überführung in Gemeineigentum und wie das Eintreten für Arbeiterbesitz und Arbeiterkontrolle, Pläne für Aktienbesitz der Beschäftigten und Mitbestimmung im Management, im Aufsichtsrat (wie in Deutschland) und auf allen Produktionsstufen. Forderungen nach gleitender Arbeitszeit, Arbeitsumverteilung, kürzeren Arbeitswochen, Studienurlaub, Möglichkeiten zur Umschulung und Hochschulausbildung werden stärker werden.

Ähnliches gilt für die familiären Fragen: Kinderbetreuung, Mutterschafts- bzw. Elternurlaub für Männer und Frauen und gleichwertige Bezahlung, worin sich die neuen Eheschließungen auf der Grundlage wirtschaftlicher Partnerschaft ausdrükken. Es wird in den Vereinigten Staaten zu einer vermehrten Besorgnis über die Entqualifizierung der Arbeitsplätze durch die Mikroprozessorenrevolution, die computergestützte Planung, computergestützte Herstellung, Robotisierung usw. kommen, wie sie bereits in europäischen Gewerkschaften herrscht. Der jüngste Vorstoß der Automation in die Büro- und Verwaltungstätigkeiten, die Bank-, Börsen- und Ingenieursberufe, den Zahlungsverkehr, das Musikgeschäft und andere Dienstleistungssektoren zusammen mit den Kürzungen im Bereich des mittleren Managements wird neue Heere von hochgebildeten, früher zur Mittelschicht gehörigem „Überschuß" erzeugen, dessen Aufstiegs- und selbst Sicherheitserwartungen sich nicht erfüllen werden. Die Hochschulen werden ihren Teil zu dieser freischwebenden Bevölkerungsgruppe beitragen, indem sie weiterhin Millionen von nicht benötigten Rechtsanwälten, Ökonomen, graduierten Betriebswirten, Ärzten und anderen falsch ausgebildeten Hochschulabsolventen in veralteten Disziplinen und überlaufenen Berufen einen akamedischen Grad verleihen. Dieser massenhafte neue „Überschuß" wird noch zusätzlich durch das Erwachsenwerden der Jahrgänge des „Baby-Booms" anschwellen. Obwohl es also bei manchen Gruppen (Frauen und Minderheiten) weniger Arbeitslose geben mag, könnte es zu mehr Dissens und Unruhe kommen, da die Heere der Arbeitslosen und Unterbeschäftigten mehr gebildete, politisch aktive Leute enthalten werden, die die üblichen Sprüche nicht „abkaufen", sie seien persönlich untauglich oder hätten ganz einfach „Pech". Sie werden sich eher (wie in Großbritannien) für garantierte Mindestgehälter organisieren und ihre eigenen

Makroanalysen der sozialen Strukturen, wirtschaftlichen Unterstützungen und der ganzen tatsächlichen industriellen Planung, die in den Steuersätzen versteckt ist, erstellen. Sie werden auf einen neuartigen Wechsel der nationalen Prioritäten drängen, und die Kreativsten werden weiterhin den Aufschwung von unabhängigem Unternehmertum und eigenständiger Lebensführung (entrepreneurship and „intrapreneurship") anheizen. Der Trend zu periodischen Berufswechseln wird anhalten.

5. Familienleben

Angesichts der Zunahme von „Doppelfamilien" und der Suche von „Ehegeschädigten" nach neuen Gemeinschaftsformen dürfte die Neubestimmung des Familienlebens in dem Sinne weitergehen, daß der Begriff „Familie" letztlich jede über lange Zeit bestehende Gruppe sich gegenseitig verpflichteter Erwachsener und Kinder bezeichnet. Periodische Ehen werden wahrscheinlich auch weiterbestehen: zunächst die Universitätsheiraten, die nach zwei bis fünf Jahren zerbrechen; gefolgt von den Kinderheiraten mit einer Dauer von zehn bis fünfzehn Jahren; die dann von den „tollen" Heiraten abgelöst werden, bei denen ältere Männer und Frauen auf der Suche nach ihrer verblichenen Jugend sich jüngere Partner nehmen; und schließlich die reifen Heiraten, die auf gegenseitiger Unterstützung am Lebensabend beruhen. In dem Maße, wie die neuen Kenntnisse und Anschauungsweisen um sich greifen, werden sich all diese persönlichen Veränderungen weniger verwirrend oder bedrohlich ausnehmen, da Wandel und Unsicherheit die Kernprinzipien dieser neuen Paradigmen darstellen und das Verhalten sich herausbildender nachindustrieller Gemeinschaften und aller komplexen, soziotechnischen Systeme besser beschreiben. Ehen und andere periodische Partnerschaften sowie komplexere Beziehungen erzeugen umfassendere, komplexere Bindungsformen der „vielseitigen Treue" (polyfidelity) im Unterschied zu den früheren Modellen der Kleinfamilie und der strikten Monogamie, die nun auf etwa 12 % aller amerikanischen Familien zurückgegangen sind.

Dies wird auch dazu führen, daß Konzepte eines breiteren Gemeinschaftslebens mit stammesähnlichen Strukturen auftauchen werden. Diese früher bestürzenden Lebensübergänge, Arbeitswechsel und institutionellen Veränderungen werden geordneter erscheinen. Man wird in ihnen Phänomene der Wandlungen und Umstrukturierungen erblicken, die in allen komplexen, soziotechnischen Systemen in dem Maße stattfinden, wie die Nationalstaaten selbst einen Wandel in Richtung auf eine künftige Planetisierung von Rechtsprechung und Regierungsgewalt durchmachen.

6. Religionen

In religiösen Bewegungen – ob in den USA, im Iran oder anderswo – werden wir wahrscheinlich Zeugen eine Rückschlags durch die fundametalistischen Gegentrends zur Industrialisierung werden, womit traditionelle Gesellschaften versuchen, auf die Eingriffe in ihre Kultur und die Werte der technologischen Veränderung und Modernisierung zu antworten. Wir werden gleichfalls ein sich vertiefendes Verständnis des Aufeinanderangewiesenseins aller Menschen, ja aller Lebensformen sehen wie auch die Resakralisierung der Erde selbst. Dies wird ein positiver, überlebensorientierter Trend sein. Im Gegensatz dazu könnte der Trend zu apokalyptischen Prophezeiungen, der jetzt bei vielen christlichen Sekten herrscht, zu weiterer Trägheit führen sowie zur Unfähigkeit, sich dem gesellschaftlichen Wandel und den neuen Aufgaben zu stellen. Solche Sicherheitsbestrebungen könnten auch zu weiteren donquichottischen Formen von politischem Aktivismus und Auftreten sowie zu weiteren Rückzügen in simplifizierende Anschauungen wie etwa den Schöpfungsglauben führen und zum Grassieren von Kulten und Gurus.

7. Gesellschaft

Die nachindustriellen Gesellschaften werden sich zwangsläufig auf eine weitere Planetisierung zubewegen, das heißt, falls der nukleare Krieg und andere Katastrophen abgewendet werden. Der Dialog zwischen sachbezogenen und Basisgruppen wird bereits in zunehmendem Maße über nationale Grenzen hinweg und oberhalb wie unterhalb der nationalen Regierungen geführt. Diesen Dialog und den wachsenden Druck der öffentlichen Meinung werden Rüstungskontrollverträge, Abrüstung und neue Ansätze auf seiten der Nationen und der vielen mitbeteiligten Institutionen vorantreiben. Wir werden mehr Verträge über die gemeinsamen Ressourcen der Meere, des Weltraums, der Antarktis und des elektromagnetischen Spektrums erleben, desgleichen globale Vorschriften für multinationale Unternehmen über die Sicherheit der Arbeiter und den Umweltschutz, was seit der Katastrophe bei Union Carbide im indischen Bhopal und vielen anderen, die mehr in der Nähe stattgefunden haben, nicht mehr sehr umstritten ist.

Das traditionelle ökonomische Modell des „Eigeninteresses" tritt bereits hinter der weitsichtigeren Auffassung zurück, daß das individuelle Eigeninteresse jetzt mit dem Eigeninteresse der Art zusammenfällt, das heißt der gesamten Menschheitsfamilie auf einem interdependenten Planeten. Somit lassen sich alle angeführten Veränderungen zusammenfassend als eine Politik der konzeptionellen Neurorientierung bezeichnen. Diese neue Politik hat bereits begonnen und ist eifrig dabei, neue politische Trennungslinien in vielen industriellen und nachindustriellen Gesellschaften zu ziehen.

Schlußfolgerung – alternative Antworten

Wie können wir am besten mit solchen Veränderungen umgehen, wie ich sie beschrieben habe? Institutionen und Individuen, die mit solchen jähen Veränderungen konfrontiert sind, legen für gewöhnlich eine von zwei Reaktionsformen an den Tag: Entweder sie versteifen sich und verdoppeln ihre Bemühungen, bereits versagende Rezepte anzuwenden, was oft den Zustand des Patienten verschlimmert. Dies ist nur ein Signal dafür, daß die Veränderungen Systemcharakter besitzen, und führt dazu, daß diese Art von „Politik des letzten Gefechts" sich selbst vereitelt. Oder die Reaktion kann darin bestehen, die ganze Situation neu zu konzipieren und das veränderte Gebiet neu zu vermessen, wie es etwa bei einem Wechsel des gesamten Paradigmas geschieht. Wenn man sich solche Veränderungen in einer kreativen, erneuernden Weise zunutze macht, so können sie auch zu einer anspruchsvollen Neukonzipierung der herkömmlichen Rolle beitragen, die Armeen in der vornuklearen Geschichte gespielt haben. Wie Alvin Toffler durch die Veröffentlichung seiner vormals unterdrückten Untersuchung über die Amerikanische Telefon- und Telegrafengesellschaft (AT&AT) gezeigt hat, sind große Organisationen meist zu starr, um sich mit Tabuthemen wie etwa der ihnen drohend bevorstehenden Umstrukturierung zu befassen. Aber die Erfahrung lehrt, daß AT&AT trotz der damaligen Blindheit der Direktion in ihren vielen neuen Formen fortlebt und daß die durch einen Antitrust-Beschluß aufgezwungene Umstrukturierung gut und gern in ihrem eigenen Interesse gewesen sein dürfte.

Die Neukonzipierung der ganzen Rolle von Armeen und Nationalstaaten könnte durchaus zur Umgruppierung vieler Menschen und Ressourcen führen, aber sie könnte auch Kollisionskurse mit vielen neuen Realitäten einer sich wandelnden Welt vermeiden. Eine solche Neukonzipierung könnte es mit sich bringen, daß alle Alternativen untersucht werden, die jetzt im Zusammenhang mit der Politik der konzeptionellen Neurorientierung und dem globalen Bewußtsein auftreten, und daß „Siegbesiegungs"-Strategien (win-win strategies) in einem Ausmaß ersonnen werden, wie man es sich in den meisten Organisationen noch nicht vorstellt.

Die wachsende Kreativität der „Alternativen"bewegungen läßt sich heute an den neuen Scharen von daran beteiligten Investoren und Investmentfondsmanagern, Geschäftsleuten, Fachleuten, Bürgerdiplomaten, Akademikern wie auch an den gewaltlosen Widerstandsbewegungen und Friedensaktivisten ablesen. Wir müssen uns daran erinnern, daß in den sich rasch verändernden Gesellschaften von heute morphogenetische Modelle zur Erklärung und Voraussage des Wandels am besten taugen. Diese Modelle zeigen, daß sich sehr kleine Abweichungen am Anfang (zum Beispiel kleine gesellschaftliche Vorhutgruppen, die in der Gesamtheit der Bevölkerung nicht „von statistischer Bedeutung" sind) durch Prozesse wechselseitiger Beeinflussung und positive Rückkoppelungsschleifen schnell verstärken können, so daß eine sehr beträchtige Abweichung eintritt oder sogar, wenn Subsysteme über ihre Grenzen hinausgetrieben werden, eine Umwandlung der Gesamtstruktur eines Systems. Wir brauchen nicht zu befürchten, daß unsere Gesellschaften „willkürlich" oder chaotisch werden – wir müssen sie nur einfach unter einem neuen Blickwinkel betrachten. Diese Prozesse sind Modelle, die die Stufen bzw. die kritischen Massen bei der Abweichungsverstärkung darstellen, sowie Wandlungsmodelle für eine Ordnung durch Schwenkung und chaotische Umschichtung, mit denen alle Theoretiker lebendiger Systeme vertraut sind.

Wir sollten daher diese dynamischen Prozesse als die Regel ansehen und nicht als die Ausnahme, als welche sie in unseren alten Gleichgewichtsmodellen wie etwa in der Ökonomie erscheinen. Die Neukonzipierung der Streitkräfte für nationale Verteidigung und Friedenssicherung im nationalen, lokalen, regionalen und globalen Maßstab könnte durch das Studium der Programme dieser ganzen „Bewegungen für neue Paradigmen" erleichtert werden. Diese Bürgerbewegungen stellen eine lebenswichtige Rückkoppelung und Voranköppelung dar, sie enthalten die wesentlichen Elemente zum Verständnis des Verhaltens aller komplexen, nichtliniearen Systeme und Organisationen.

III. Die nachökonomischen Alternativen des Solarzeitalters

1. Der Übergang zu Gesellschaften mit „sanften" Energiequellen.
Atomkraft gegen Sonnenenergie als Symptom des Paradigmenwechsels

WÄHREND ALTERNDE INDUSTRIEGESELLSCHAFTEN IHRE BEMÜHUNGEN VERDOPPELTEN, ihren mittlerweile nicht mehr aufrechtzuerhaltenden, ressourcenintensiven Kurs weiterzugehen, zeigte sich das deutlichste Symptom ihrer pathologischen Überfülle und Verschwendung in den aufkommenden Kämpfen für die Kernenergie gegen eine ganz neue, in Solartechnologien verkörperte Energieproduktions- und -nutzungsmethode. Schon vor dem Schock, den der Zwischenfall im Kernkraftwerk von Three Mile Island in Pennsylvania im März 1979 auslöste, waren Regierungen in Österreich und Schweden aufgrund wachsenden Widerstandes der Bevölkerung gegen die Kernenergie und der zugegebenermaßen ungelösten Probleme bei der Atommüllbeseitigung gestürzt.

Sogar in Frankreich, wo eine starke Staatsmacht ihre Prioritäten beim Ausbau der Atomwirtschaft mit Polizeigewalt durchgesetzt hatte, deckten Gewerkschaften Ende 1979 auf, daß in zwei von Westinghouse konstruierten und von Frankreich gebauten Kernkraftwerken, Risse, sowohl in den Reaktorbehältern als auch in den Dampfgeneratorensystemen aufgetreten waren. Noch schlimmer war, daß der staatseigene Versorgungsbetrieb, Electricité de France, diesen Sachverhalt über ein Jahr lang geheimgehalten hatte und dann zugab, daß es in sechs weiteren, in Betrieb befindlichen Reaktoren ähnliche Defekte geben könnte. Trotz der Versicherungen des Versorgungsbetriebes – "Nach unserer Information sind die Risse klein und stellen keine Gefährdung der Sicherheit dar" - verweigerten die Gewerkschaften, in denen mehr als 20 % der

Belegschaft des staatlichen Versorgungsbetriebes organisiert waren, das Auffüllen der Reaktoren und drohten mit einem landesweiten Streik, falls man für diese Arbeit andere Techniker hinzuzöge. Zusammen mit 17 anderen Organisationen, einschließlich der Sozialistischen Partei und der französischen Umweltschützer, verurteilten die Gewerkschaftsgruppen die Geheimhaltung der Regierung aufs schärfste (*Business Week*, 29. Oktober 1979).

In den USA war die von Präsident Carter zur Untersuchung des Zwischenfalls von Three Mile Island eingesetzte Kemeny-Kommission zwar völlig uneins über die Notwendigkeit eines Moratoriums für alle neuen Kernkraftwerke, sie warf aber ernste Fragen nach deren Sicherheit auf und übte scharfe Kritik am Dilettantismus der Atomaufsichtsbehörde und an den Betriebsfehlern von Energiewirtschaftsunternehmen. Als vorläufige Maßnahme forderte die Kommission eine verschärfte Sicherheitsüberwachung und empfahl gleichzeitig,in den Staaten, in denen keine Notstands- und Evakuierungspläne ausgearbeitet worden waren, keine Betriebsgenehmigungen zu erteilen. Acht der elf Kommissionsmitglieder sprachen sich für einen völligen Baustopp von Kernkraftwerken aus; nur ihre Uneinigkeit über die Formulierung verhinderte, daß dies zu einer offiziellen Empfehlung wurde. Außerdem wurden die durch den Zwischenfall anfallenden Gesamtkosten auf zwischen 1,047 Milliarden und 1,858 Milliarden Dollar veranschlagt, was erneut meine Behauptung (und die vieler anderer) beweist, daß es unwirtschaftlich wäre, wenn man die Kernkraft sicherer machte. Welten liegen zwischen uns und den frühen Befürwortern, die behaupteten, aus Kernkraft gewonnener Strom wäre zu billig, als daß sich Stromzähler überhaupt noch lohnten (*International Herald Tribune,* 24. Oktober 1979).

Die Probleme der Atommüllbeseitigung nahmen im Hinblick auf die Sicherheit neue Dimensionen an, als man Gefahren beim Transport mit Lastkraftwagen und undichte Atommüllendlager entdeckte. Die 72 in den USA genehmigten Reaktoren produzierten 1979 zwischen 225 und 400 Kubikmeter Abfallstoffe im Jahr, von denen ein Teil mehrere tausend Jahre lang radioaktiv bleibt, wenn auch das amerikanische Energieministerium 1979 der Öffentlichkeit bei Anhörungen versicherte: „Kritisch sind die ersten tausend Jahre der Lagerung." (*The Christian Science Monitor,* 16. Oktober 1979). Trotzdem sah sich der die Kernkraft befürwortende frühere Gouverneur des Staates Washington, Dixy Lee Ray, gezwungen, die Mülldeponie von Hanford (eine von dreien im Lande) wegen defekter, leckender Container und der mit deren Transport auf Bundesautobahnen verbundenen Gefahren zu schließen. Die Wähler von Washington hatten auf die Nachricht reagiert, daß Hunderte von Wagenladungen radioaktiven Mülls von Three Mile Island in ihren Staat verfrachtet werden sollten. Ähnlich besorgt zeigte man sich um die Atommülldeponie in Barnwell, South Carolina, als Gouverneur Robert List von Nevada dem Beispiel Rays folgte und die Schließung der in seinem Staat gelegenen Atommülldeponie anordnete, wodurch dem Staat South Carolina die zweifelhafte Auszeichnung zuteil wurde, eine Zeit lang die einzige Lagerstätte für radioaktiven Müll im ganzen Land zu sein. Ähnliche Proteste gegen größere Anlagen für die Lagerung und Wiederaufbereitung verbrauchter Kernbrennstoffe in Großbritanniens Windscale-Projekt und in der für Gorleben in der BRD geplanten Anlage ließen immer mehr Zweifel an der politischen, wenn nicht schon technischen, Realisierbarkeit von Kernenergie aufkommen. Entsetzte Wähler in Großbritannien erfuhren, daß Atommüll aus Japan unter all den mit solchen langen Schiffsreisen verbundenen Gefahren auf Frachtschiffen zur Windscale-Anlage transportiert werden sollte. Inzwischen hatten die beim Abschalten der Reaktoren für Sicherheitsüberprüfungen anfallenden, sprunghaft ansteigenden Kosten, das Debakel von Three Mile Island und die Entsorgungsprobleme bereits zu einem effektiven Moratorium geführt, da die Investitionsfinanzierungen immer spärlicher wurden. Die Versorgungswerte verzeichneten einen starken Rückgang und einige, vor allem General Public Utilities, die Holding-Gesellschaft, zu der die Betriebsgesellschaft von Three Mile Island, Metropolitan Edison, gehörte, standen kurz vor dem finanziellen Ruin.

Statt den Zorn der Verbraucher auf sich zu laden, zogen es die Versorgungskommissionen in den einzelnen Staaten vor, den Unternehmen Gebührenerhöhungen zu verweigern. In einem Präzedenzfall von einschneidender Bedeutung verweigerte im Juli 1980 die Kommission des Öffentlichen Dienstes des Staates Missouri der Power and Light Company von Kansas City die Genehmigung, ihr neues Kraftwerk im Wert von 165 Millionen Dollar in ihren Berechnungssatz als Investition einzubeziehen. Die Kommission vertrat den Standpunkt, daß das Kraftwerk angesichts der gesunkenen Nachfrage nie gebaut hätte werden dürfen.

Da die Zukunftsaussichten für Öl pessimistischer wurden und es immer mehr Möglichkeiten gab, die Ölzufuhr abzuschneiden, mußten die Industriegesellschaften die einst vielversprechende Hoffnung der Kernenergie als einer Alternative begraben, ihre Energiesucht eingestehen und ihre Situation in neue Begriffe fassen. Entsprechend dem Verhalten von Ratten in einem Labyrinth war die erste Reaktion reiner Instinkt: statt mit Bedacht Ziele und Lebensweisen kritisch zu überprüfen, stürmten sie auf der Suche nach mehr Vorräten in alle Richtungen, als wäre Energie weniger ein Mittel zu anderen Zwekken, sondern vielmehr ein Selbstzweck. Vorwürfe und Anschuldigungen von seiten der Europäer, daß die Vereinigten Staaten, und in geringerem Maß Japan, aufgrund ihrer Energieunersättlichkeit schuld seien, häuften sich. Schließlich fingen sogar westliche Medien an, die OPEC zu verteidigen, indem sie darauf aufmerksam machten, daß die OPEC-Preiserhöhungen in bezug auf konstante, inflationsbereinigte Dollar nicht so hoch gewesen wären und daß einige OPEC-Mitgliedstaaten, vor allem Saudi-Arabien, weit mehr Öl gefördert hätten, als sie für ihre eigene „Entwicklung" gebraucht hätten, um damit die in den USA durch die Erhaltung entstandenen schmerzlichen Auswirkungen zu mildern. In Wirklichkeit trugen die Verbraucherländer, während sie scheinheilig der OPEC die Schuld gaben, zu dem Durchbruch der OPEC-Preise nach oben auf dem emporschnellenden „Spotmarkt" in Rotterdam dadurch bei, daß sie sich in ihrem verzweifelten Bemühen, Ölvorräte zu horten, gegenseitig überboten (*The Christian Science Monitor,* 9. November 1979). Inzwischen machte die von Chinas Erfolgen angespornte Dritte Welt Forschritte in der Technologie der erneuerbaren Energie, wie die Industriewelt auf der im September 1981 in Nairobi (Kenia) stattfindenden UNO-Konferenz über neue und erneuerbare Energie erfahren kann.

Wie die Umweltschützer bereits seit beinahe zwei Jahrzehnten gewarnt hatten, war die Energieerhaltung die einzige kurzfristige Möglichkeit. Ende 1979 erhielt Präsident Carter vom Kongreß endlich eine begrenzte Genehmigung für eine Benzinrationierung und er ließ den Gesetzgebern einen drei Alternativen umfassenden Plan für Ölimportquoten zukommen:

1) ein Ölimportauktionssystem, das Importhöchstgrenzen setzte und es den Importeuren ermöglichte, Lizenzen zu ersteigern,

2) ein Lizenzgebührensystem, wobei der Staat jedes Barrel (159 Liter) mit einem Zoll von zwei oder mehr Dollar belegte und

3) ein reines Zuteilungsprogramm, bei dem der Staat das Recht zuteilte, Rohöl zu importieren und es nach einer früheren Verwertungsformel zu raffinieren.

Dies führte zu einer Steuervorlage über eine Erhöhung des Benzinpreises um 50 Cent, die vom Kongreß prompt als verfassungswidrig abgelehnt wurde. Im Winter 1979/80 blieben die Ölimporte ungefähr um 400.000 Barrel pro Tag unter der von Präsident Carter festgesetzten Höchstgrenze von 8,2 Millionen Barrel am Tag, wodurch er der Öffentlichkeit melden konnte, daß 1979 eine Gesamtreduzierung des Ölverbrauchs um zwei Prozent erzielt worden war. Für die Europäer und die Japaner war diese Zahl der erste Anhaltspunkt für die von den Amerikanern bei der Erhaltung erzielten Ergebnisse. Einige Analytiker behaupteten, daß selbst die verminderte Import*rate* nicht auf reduzierten Energieverbrauch zurückzuführen war, sondern auf den Verzicht einer weiteren Lageraufstockung und auf eine Manipulation durch das zeitweilige Erdgasüberangebot, das nicht das Ergebnis erhöhter Produktion, sondern das Ergebnis größerer Einsparungen von seiten industrieller Gasabnehmer war. Folglich war die Reduzierung des Erdölverbrauchs auf Kosten der Steigerung des Erdgasverbrauchs eine drastische, kurzfristige Hilfsaktion, die thermodynamisch bessere und vernünftigere Programme für die Erhaltung dieses hochwertigen, sauberen Brennstoffs zur vorrangigen Vewendung außer Kraft setzte. Fabriken und andere, weniger wichtige Abnehmer wurden dazu ermuntert, wieder auf Gas umzusteigen. Kohle gibt zwar mehr Kohlendioxid an die Luft ab, aber sie ist reichlicher vorhanden, und der Schadstoffausstoß bei Kohlebefeuerung kann mit derzeitigen Umweltschutztechnologien erheblich reduziert werden.

Die absurde, von der Carter-Administration eingebrachte Gesetzesvorlage über ein Entwicklungsprogramm für synthetische Brennstoffe in Höhe von 88 Milliarden Dollar wurde vom Kongreß mit 20 Milliarden Dollar unterstützt, und obwohl es offenkundig war, daß eine solche enorme, inflationäre „Investition" bis Mitte der neunziger Jahre auch nicht einen einzigen Tropfen Brennstoff produzieren würde, wurde das Gesetz aufgrund immer stärkerer Einflußnahme seitens der Energiewirtschaft verabschiedet. Ein Umdenken wollte den Regierungschefs der Industrieländer und deren Energieberatern nicht in den Sinn kommen: Den Kurs der Energieangebotssteigerung weiterzuverfolgen, wurde rasch unmöglich, da man dadurch an die Grenzen der Gesetze der Thermodynamik stieß. Mitte 1980 gab Präsident Carter sein Engagement für Erhaltung und Solar- und regenerierbare Energie zugunsten einer größeren finanziellen Unterstützung von Kern-, Kohle- und Synthetikbrennstoffprogrammen auf. Schlimm dabei ist, daß selbst die Kohle, der letzte reichlich vorhandene Brennstoff in der Erdkruste, ihre eigene unerbittliche Grenze hat: Durch ihre Verbrennung wird heute der Anteil von Kohlendioxid in der Atmosphäre beträchtlich erhöht, was bisher noch nie dagewesene klimatische Veränderungen auslösen könnte. Die meisten Wissenschaftler rechnen damit, daß sich die jüngsten extremen Wetterschwankungen, die sich bereits jetzt auf die Ernten auswirken, weiter fortsetzen werden, ob in Form des „Treibhauseffekts" - bei dem die Sonnenwärme in der Atmosphäre aufgestaut wird (was zu einer Klimaerwärmung und zum Schmelzen der Polareiskappen führt, wodurch wahrscheinlich alle Küstenstädte der Erde überflutet würden) – oder in Form eines gegensätzlichen Effekts – eine zu einer Eiszeit führende Abkühlung. Da die Entscheidungsträger gedrängt wurden, die Kohleproduktion weltweit zu verdreifachen, was den Kohlendioxidanteil in der Atmosphäre noch weiter erhöhte, wurde es deutlich, daß man in Zukunft eine Klimaveränderung in energiewirtschaftliche Programme einkalkulieren muß. Dementsprechend verfügt das amerikanische Energieministerium jetzt über ein Office of Carbon Cycle Analysis (Amt für Kohlenstoffkreislaufanalysen).

Trotzdem fuhr das Energieministerium fleißig damit fort, den Kraftwerken, die noch Öl verfeuerten, Genehmigungen für die Umstellung auf Kohle zu erteilen, und die Administration brachte Gesetze ein, die unter Bereitstellung von Bundessubventionen in Höhe von 12 Milliarden Dollar den Energiegesellschaften dabei helfen sollten, die bei der Umstellung auf Kohle oder alternative Brennstoffe anfallenden Kosten zu tragen. Das Tragische daran ist, daß es so viele Alternativen gibt, angefangen von einer verbesserten Nutzung der bei der Verbrennung entstehenden Wärme durch den Einbau von zusätzlichen Erzeugungssystemen in derzeitigen, mit Kohle und Gas befeuerten Kraftwerken, wodurch der ununterbrochene, normalerweise ungenutzte Wärmestrom in Gas oder Kesselbrennstoff umgewandelt wird, über die Nachrüstung kleiner Staudämme mit leistungsfähigen Turbinen, die Nutzung der Windkraft in den Great Plains, und da wir solch enorme Summen für Behelfsprogramme ausgeben, wie zum Beispiel die 12 Milliarden Dollar für die Umstellung auf Kohle, wäre es vernünftig, diese kostspieligen Überbrückungsmaßnahmen auszulassen und direkt zu Solar- und regenerierbaren Alternativen überzugehen. Zum Beispiel führen jetzt Wissenschaftler an der Universität von Utah eine Studie, die einem bereits fortgeschrittenen Projekt im Salton Sea in Southern California entspricht, durch, um eine ähnliche Solarstromleistung zu erreichen wie die Israelis im Roten Meer, wo genug Strom für eine Stadt mit 10.000 Einwohnern (50.000 Kilowatt) erzeugt wird. Das Potential in dem ideal geeigneten Salzwasser des Great Salt Lakes entspricht 15.000 Megawatt Strom, verglichen mit der derzeitigen, ans Elektrizitätsnetz angeschlossenen Kapazität von 20.000 Megawatt der Gesellschaft Utah Power and Light, die gegenwärtig die gesamte Nachfrage des Staates deckt. Noch tragischer ist die Tatsache, daß es in den meisten Teilen des Landes vielleicht keinen Bedarf mehr gibt, die Stromerzeugungskapazität noch weiter auszubauen, da der Stromverbrauch in den vergangenen Jahren hauptsächich aufgrund seines emporschnellenden Preises stetig zurückgegangen ist. Der größte verschwiegene Skandal in der Stromversorgungswirtschaft ist die tatsächliche überschüssige *Reserve*kapazität, die 1979 durchschnittlich 33 % betrug, also weit über den von der Industrie als optimal angesehenen 20 %, und im Verlauf des Jahres 1980, als die Höchstnachfrage zurückging, weiter bis auf annähernd 40 % anstieg. In einem bei E. F. Hutton & Company, einer Investitionsbank an der Wall Street, abgehaltenen Seminar über Elektrizitätsauslastungsprognosen wies der Wissenschaftler Edward Kahn von der Universität von Kalifornien auf ein Beispiel für eine ungeeignete Entscheidungsfindung durch Versorungsbetriebsverwaltungen hin: Indem die Versorgungsunternehmen ihren Einfluß geltend gemacht hatten, war es ihnen gelungen, die 'Construction Work In Progress'-Zuschläge auf die Stromrechnungen ihrer Verbraucher aufzuschlagen, um damit neue Kraftwerke zu finanzieren. Anscheinend hatte aber genau dieser Erfolg der Versorgungsunternehmen, zusätzlich bedeutend zu Stromeinsparungen beigetragen, was folglich die Ungenauigkeit von Auslastungsprognosen erhöhte. Mit anderen Worten könnten die Zuschläge während der Bauphase des Kraftwerks dazu führen, daß sich die durch dieses Kraftwerk zu deckende „Nachfrage" bis zu seiner Fertigstellung in Luft auflöst!

Es ergaben sich weitere ausweglose Situationen, wie beispielsweise die der im Widerstreit miteinander liegenden Bedürfnisse nach Energie und nach Fischprotein, als Betreiber von Fischfangflotten mit Ölgesellschaften wegen des Verkaufs von Pachtverträgen für Ölprobebohrungen in den reichen Fischgewässern der Georges Bank vor der Küste Neuenglands in Streit gerieten (*The Christian Science Monitor*, 7. November 1979). Als sich dieses energiepolitische Debakel entwickelte, versuchten Umweltschützer und Biologen, Befürworter der „sanften Energie", „small is beautiful"-Bewegungen für eine ökologisch und menschlich angemessene Technologie, Verbraucher und eine wachsende Anzahl von Gewekrschaftlern verzweifelt, ihren Einfluß zu gunsten der Solarenergie und regenerierbarer Ressourcen, Recycling und diverser, kleiner angelegter Energiequellen geltend zu machen, die von Traditionalisten immer noch als ein Tropfen auf den heißen Stein oder als vor dem Jahr 2000 nicht realisierbar abgetan wurden. So fand die

Kontroverse zwischen dem Weg der kapitalintensiven Energie und dem aufkommenden Weg der arbeits- und ausbildungsintensiven, erneuerbaren Energie Aufnahme im politischen System, wo sie sich wahrscheinlich als eine andauernde wesentliche Diskussion der achtziger Jahre halten wird.

Die erste Salve in den Vereinigten Staaten wurde in dem 1980 geführten Kampf um die Nominierung des demokratischen Präsidentschaftskandidaten vom Bewerber Edward Kennedy abgefeuert, der Jimmy Carters Energievorlage sein eigenes Programm entgegensetze, das durch *Energy Future,* einem sich zum sofortigen Bestseller (Randam House, 1979) entwickelnden Bericht von Robert Stobaugh und Daniel Yergin von der Harvard Business School, untermauert wurde. Das Kennedy-Programm befaßte sich mit dem Energieproblem der Vereinigten Staaten aus der Sicht der „Nachfrage“ und sah vor, durch erhöhte Investitionen in die Energieerhaltung und in regenerierbare Ressourcen, durch die Nachrüstung kleiner Staudämme mit neuen, leistungsfähigen Turbinen und durch andere Maßnahmen dasselbe Energieangebotssoll wie die gesamte, mit einem Kostenaufwand von 143 Milliarden Dollar verbundene Energievorlage der Administration zu erfüllen, und zwar bei weniger als 50 % der Kosten: ungefähr 58 Milliarden Dollar, von denen der größte Teil nicht an Öl- und andere Energiegesellschaften ginge, sondern an Verbraucher, Steuerzahler, Wohnungseigentümer sowie an Unternehmen, damit sie durch den Einbau von Isolierungsmaterialien und Solaranlagen und durch die Verbesserung von Produktions- und Architekturplanung bessere thermodynamische Effizienzen erreichten. Kennedy behauptete, durch das Programm könnten bis 1990 pro Tag 4 Millionen Barrel importierten Öls eingespart werden, und zeigte, wie die Vereinigten Staaten bis zum Jahr 2000 ihren Energieverbrauch um 30 bis 40 % bei einem kaum verlangsamten Wirtschaftswachstum verringern könnten.

In *The Politics of Energy* (Knopf, 1978) spricht sich Barry Commoner zwar auch für die Realisierung eines raschen Übergangs zur Solarenergie aus, aber er vertritt eine andere Strategie. Eine 1979 erarbeitete Studie, Jobs and Energy (Council on Economic Priorities) bestätigte durch genaue Untersuchung der Möglichkeiten von sowohl Kern- als auch Solarenergie für Long Island im Staat New York, daß die Methode der regenerierbaren Ressourcen und der Energieerhaltung mehr als doppelt soviel Arbeitsplätze pro investierten Dollar schafft, als wenn wir unseren derzeitigen Energiekurs weiterverfolgen. Inzwischen versuchte Präsident Carter, den Gouverneuren der energiereichen Staaten im Westen der USA zu versichern, daß auf der verzweifelten Suche nach mehr Vorräten aus immer exoterischeren Plänen ihre Staatsrechte nicht beschnitten würden. So beabsichtigte man beispielsweise, Millionen Tonnen ölhaltigen Schiefers in den Rocky Mountains in der Retorte zu verarbeiten, wozu mehr Wasser benötigt würde, als die konkurrierende Landwirtschaft verkraften könnte. Jeden Tag vereitelten die einzelnen Staaten mit neuen Maßnahmen die Energiepläne der Bundesregierung, ob in Vorwürfen, die Regierung wolle die Rocky Mountains Staaten zu „Gebieten nationalen Opfers", wie Gouverneur Richard Lamm von Colorado es nannte, machen oder Forderungen nach einem Mitspracherecht bei der Lizenzvergabe für Ölbohrungen vor der Küste, wie sie aus Kalifornien, Alaska, Maine, Rhode Island und Massachusetts verlauteten. Mit der Zunahme all dieser technologischen, politischen und umweltrelevanten Probleme verschlimmerten sich auch gleichzeitig die wirtschaftlichen Auswirkungen der sich fortsetzenden damaligen energiepolitischen Programme, und *Business Week* sagte in ihrer Ausgabe vom 19. November 1979 die Situation in dem Artikel *„The Petro-Crash of the '82s"* vorher und lenkte dadurch weitere Aufmerksamkeit auf die wachsenden Handels- und Zahlungsbilanzgleichgewichte. So, wie Militärstrategen das Schachmatt im Rüstungswettlauf zwischen den USA und der UdSSR als „gegenseitig zugesicherte Vernichtung" bezeichneten, könnte man den Kampf der Industrieländer um Energievorräte, der sie einer Ausweitung der Kernenergie und wirtschaftlichem Ruin zutreibt, zusammenfassend als gegenseitig zugesicherte Selbstvernichtung beschreiben.

Inzwischen waren, wie das häufig der Fall ist, wenn Institutionen und Staaten das Dinosaurierstadium erreichen, einzelne Wähler und kleinere Städte und Staaten den Regierungs- und Unternehmensführungen voraus. Unvorbereitete öffentliche Verkehrsbetriebe verzeichneten einen ungeheuren Zulauf von

Fahrgästen, wie beispielsweise in Milwaukee, wo 1980 das Fahrgastaufkommen um 20 % in die Höhe schnellte. Umweltschützer und Bürgerinitiativen hatten ihren Einfluß geltend gemacht, damit öffentliche Verkehrssysteme in Carters Energieprogramm finanziell berücksichtigt wurden, und forderten Ausgaben in Höhe von 13 Milliarden Dollar für den Ausbau der Kapazität von öffentlichen Verkehrsmitteln um 50 %. Der Engpaß war Detroit, wo man Bussen schon vor langer Zeit keine Bedeutung mehr beigemessen hatte. (General Motors hatte übrigens in den zwanziger Jahren das Schnellbahnverkehrsnetz von Los Angeles aufgekauft, um es zu demontieren und so den Verkauf von Privatwagen zu steigern.) Bürger forderten, daß Chrysler als Gegenleistung dafür, daß sie durch Steuergelder vor dem finanziellen Ruin bewahrt worden war, Busse herstellen sollte, und Verkehrsuntersuchungen ergaben, daß die Amerikaner im großen und ganzen Fahrgemeinschaften ausprobierten, die Geschwindigkeitsbegrenzung von 90 Stundenkilometern einhielten sowie bedeutende Einsparungen beim Heizen erzielten. Die Stadt Easton im Staat Maryland hatte in ihrem kommuneeigenen Versorgungsbetrieb ein zusätzliches Fernwärmeerzeugungssystem einbauen lassen, wodurch die überschüssige, normalerweise mittels kostspieliger Kühltürme an die Luft abgegebene Wärme für den Antrieb von Dieselgeneratoren und somit für die Heizung von Wohnungen und Fabriken wiederverwendet werden kann.

Wie in *Energy-Efficient Community Planning* von James Ridgeway (J-G Press, Emmaus, Pennsylvania, 1979) belegt wird, konnte der Energieverbrauch durch ähnliche kommunale Bemühungen in den folgenden Städten drastisch reduziert werden: Seattle, Washington; Northglenn, Colorado; Hartford, Connecticut; Clayton, New Mexico; Ames, Iowa; Burlington, Vermont und Greendboro, North Carolina. Bürger bekämpften auch die von Unternehmen praktizierte Energieverschwendung in Form von Einwegbehältern und -flaschen, die 3,11-mal soviel Energie wie Mehrwegbehälter verbrauchen. Aufgrund neuer Gesetze in Maine und Michigan, die Einwegbehälter verbieten, konnten 5,5 Billionen BTUs im Jahr eingespart werden, was einem Gegenwert von 150 Millionen Litern Benzin entspricht. Verpackungsabfälle wurden um 82 % reduziert, und feste Abfallstoffe verringerten sich insgesamt um 4,5 %, während bei einer Einsparung in Höhe von 15 Millionen Dollar für die Steuerzahler 4000 neue Arbeitsplätze geschaffen wurden (The Christian Science Monitor, 5. November 1979). Als wenn all dies und vieles andere mehr nicht allein schon ein Menetekel für die Regierungschefs der Industrieländer wären, zeigten öffentliche Meinungsumfragen, wie zum Beispiel die von der New York Times/CBS durchgeführte und in der Ausgabe der Times vom 10. April 1979 abgedruckte Umfrage, daß der Widerstand gegen die Kernkraft seit 1977 stark gewachsen war, wobei sich 56 % gegen die Kernkraft aussprachen und nur 38 % noch bereit waren, in der näheren Umgebung eines Kraftwerks zu wohnen. Bezeichnenderweise sagten in derselben Umfrage nur 12 %, sie glaubten, der Staat könnte die Belastung höherer Ölpreise gerecht verteilen, während 78 % der Meinung waren, die Ölgesellschaften machten ganz einfach mehr Geld. Und 1979 zeigte eine von NBC/Associated Press durchgeführte Meinungsumfrage, daß die Amerikaner aus einer Liste verschiedener Energieträger der Solarenergie mit einer Mehrheit von 52 % den Vorzug gaben, vor Kohle, auf die 21 % entfielen; Kernenergie: 16 %; 4 % sprachen sich noch für Öl aus und 7 % waren unentschieden.

Die im Zusammenhang mit der Verwendung von Kernenergie oder Solarenergie auftauchenden Fragen – und die Auswirkungen der Entscheidung zwischen den beiden – symbolisieren die schärfsten Gegensätze zwischen den beiden vor uns liegenden Richtungen: in Richtung immer größerer Kapital-, Energie- und Rohstoffintensität oder in Richtung größerer Arbeitsintensität. Die derzeitige Richtung, die aus historischer Sicht vernünftig war, schoß über das Ziel hinaus. Eine durch Kapitalintensivierung eines Systems erzielte Arbeitseinsparung ist vernünftig, wenn billige Ressourcen vorhanden sind und es verhältnismäßig einfach ist, diese Ressourcen den Arbeitern zur Erhöhung der Produktivität des einzelnen zur Verfügung zu stellen, aber dieses System ist nun mit Ressourcenverknappungen kollidiert.

Die gesamte Wirtschaft, die ganze Betonlandschaft von Fabriken, Städten und Trabantenstädten treiben das System in der gegenwärtigen Richtung massiv voran – und die Ausbeutung der Kernenergie ist ein letzter barocker Schnörkel dieser alten, nicht länger aufrechtzuerhaltenden Richtung. Solar lautet das Schlüsselwort für den Weg, den wir einschlagen müssen. Die Situation polarisiert sich um diese beiden Technologieformen.

Ob es uns nun gelingt oder nicht, einige der größeren systemimmanenten Subventionsprogramme, die das System ständig noch kapitalintensiver machen, zu korrigieren, ob oder ob wir nun nicht einen gerechten Weg finden, damit die Energiepreise steigen, ohne daß dabei zu viele arme Menschen in Mitleidenschaft gezogen werden: Es gibt viele Faktoren, die uns auf den neuen Zustand zutreiben und die nicht das mindeste mit Menschen und unseren Bemühungen, politische Entscheidungen zu fällen, zu tun haben. Die Verfügbarkeit von Energie ist dabei natürlich die Triebfeder. Der Anpassungsprozeß des Systems selbst vollzieht sich in Form von Inflation. Ohne eine gezielte Politik wird die Inflation ansteigen und uns still und leise in eine stabilere Wirtschaftsform und eine weniger zentralisierte Struktur zurückversetzen. Diese Entwicklung wird einigen Gruppen sehr schwerfallen, und wenn man dem System einfach seinen Lauf läßt, wird man sehr schmerzliche Erfahrungen machen müssen, die sich durchaus hätten vermeiden lassen. Aber wenn sich eine Führungsinstanz herausbildet, dann kann der Ablauf der Ereignisse den Menschen so erkärt werden, daß sie ihn begreifen und sich darauf einstellen können.

An erster Stelle steht die Suvbentionsfrage. Wir haben alle anderen Energietechnologieformen subventioniert und uns dadurch selbst in eine Zwangslage manövriert: Wenn wir gerecht sein wollen, müssen wir entweder die Solarenergie genauso subventionieren oder die Subventionen für die anderen Technologien abbauen, damit die Solarenergie mit ihnen konkurrieren kann. Es wäre effizienter, die Subventionen zu beseitigen. Die im März 1980 vom Battelle-Institut veröffentlichte *Analysis of Federal Incentives to Stimulate Energy Production* spricht für sich. Acht verschiedene Arten von Anreizen wurden untersucht:

1) Gründung oder Verbot von Organisationen;

2) Besteuerung, Steuerbefreiung oder Reduzierung bestehender Steuern;

3) ein nicht direkt mit den Bereitstellungskosten in Zusam-

menhang stehender Gebühreneinzug für staatliche Dienstleistungen oder Güter;

4) bundesstaatliche Auszahlungen, für die keine Gegenleistungen gefordert werden;

5) staatliche Gebote, die durch straf- oder zivilrechtliche Sanktionen unterstützt werden;

6) traditionelle staatliche Dienstleistungen, die durch eine nichtstaatliche Körperschaft ohne direkte Gebührenerhebung angeboten werden (zum Beispiel Regelung des Handels zwischen den Einzelstaaten der USA und Regelung des Außenhandels, Bereithaltung von Binnenwasserstraßen, etc);

7) unkonventionelle staatliche Dienstleistungen (zum Beispiel Forschung, Entwicklung und Demonstration neuer Technologien);

und 8) Marktbelebung. In den vergangenen 30 Jahren kosteten solche bundesstaatlichen Anreize für die Kernenergie die Steuerzahler schätzungsweise 15 bis 17 Milliarden Dollar (worin die Verstaatlichung der Versicherungshaftung durch das Price-Anderson-Gesetz noch nicht enthalten ist). Anreize für die Kohleindustrie beinhalteten Abschreibungen für Substanzverringerung, die zwischen 1954 und 1976 drei Milliarden Dollar betrugen, und staatliche Dienstleistungen im Forschungs-, Entwicklungs- und Sicherheitsbereich beliefen sich auf weitere 3,5 Milliarden Dollar. Die Ölindustrie erhielt 60 % der gesamten Bundesanreize, wofür nach Schätzungen 77,2 Milliarden (von denen 40 Milliarden Dollar auf Abschreibungen für Substanzverringerung entfielen) Dollar an Steuergeldern aufgewendet wurden.

Der Rest bestand großenteils aus Subventionen für Öltanker, Pipelines, Untersuchungen und für Forschung und Entwicklung. Erdgasgesellschaften erhielten vom Staat zwischen 1954 und 1976 ungefähr 15,1 Milliarden Dollar (davon entfielen 11 Milliarden Dollar auf Abschreibungen für Substanzverringerung und auf immaterielle Bohrungskosten). Kein Wunder also, daß wir jetzt eine Steuerrevolte erleben!

Die Wirtschaftswissenschaftler argumentieren wie üblich damit, daß man höhre Preise als Anreiz für neue Forschungen braucht. Statt dessen erleben wir jedoch, wie Ölgesellschaften ihre Unternehmensstruktur diversifizieren, wie zum Beispiel

Mobil Oil durch den Erwerb von Marcor und den Einstieg in schwunghafte Immobiliengeschäfte in Kalifornien, Texas und im Ausland. Offensichtlich haben die Gasproduzenten mit der Vermarktung von Erdgas im zwischenstaatlichen Handel auf die derzeitige Aufhebung von Kontrollen und auf höhere Preise gewartet – normales Marktverhalten. Inzwischen erklärt der bekannte Erdölgeologe Earl Cook von der Texas A & M Universität mit aller Deutlichkeit, daß *etwas mehr,* aber nicht sehr viel mehr Öl und Gas produziert würde, wenn wir die Preise dafür um das Fünf- oder Zehnfache erhöhten: „Die Gesetze der Physik und die Gegebenheiten der geologischen Vorkommen übersteigen die Gesetze der Menschen. ... In den vergangenen sechs Jahren ist der Preis für Erdgas in Texas um mehr als das Zehnfache gestiegen – trotzdem sinkt die Auffindrate ständig weiter." So hat der Staat seit 1918 zwischen 123 und 133 Milliarden Dollar für die Förderung von Kohle-, Öl-, Gas-, Wasserkraft- und Kernenergieerzeugung ausgegeben. Dennoch sollen wir glauben, daß neue Energieformen wie Solar- oder Windenergie oder Biokonversion und andere mit all den traditionell subventionierten Energievorräten „auf dem freien Markt konkurrieren" müssen, von ihren politisch einflußreichen Unternehmensorganisationen und ihren wirtschaftlichen Interessengruppen, die ihre Investitionen geschützt sehen wollen, ganz zu schweigen.

So sieht sich das Land mit einer aus wirtschaftlicher Sicht absurden, ausweglosen Situation konfrontiert: Entweder muß man gleichwertige Subventionen für all die neueren Solartechnologien und erneuerbaren Energiequellen einführen, damit sie auf unserem manipulierten Energiemarkt „gleichrangig konkurrieren" können, oder man muß versuchen, trotz des hartnäckigen Widerstands, auf den bisher alle derartigen Versuche stießen, die Subventionen für die alten Energiequellen zu beseitigen. Dr. Ronald Doctor von der Energiekommission des Staates Kalifornien faßte in einer 1978 gehaltenen Rede, die sein Programm für eine rasche Kommerzialisierung der Solarenergie in Kalifornien konkretisierte, die Situation zusammen: „Wir dürfen keinen weiteren Verzug dulden, sondern wir müssen subventionieren. Wir dürfen keine Zeit mehr mit bedeutungslosen konventionellen Wirtschaftsanalysen vergeuden, die sich nicht mit den Realitäten des Energiewirtschaftswesens befassen können. Wenn die Solarenergie in eine gerechte Konkurrenz zu konventionellen Energieträgern treten soll, wird man sie subventionieren müssen. Diese Subventionen sollten nicht als Almosen betrachtet werden, sondern vielmehr als Ausgleichsmechanismen." Er fügte hinzu, daß die Battelle-Studie die Höhe der Subventionen wahrscheinlich zu niedrig veranschlagt, und schätzte den Gesamtbetrag auf annähernd 300 Milliarden Dollar. Es ist jedoch zwingend geboten, eindringlich darauf aufmerksam zu machen, daß die in den Programmen des Energieministeriums vorgesehenen Subventionen und Zuschüsse für Solartechnologien immer noch in starkem Maße jene Großunternehmen begünstigen, die sich vorher bereits auf konkurrierende, konventionelle Energiesysteme festgelegt hatten, einerlei, ob Kernkraft-, Öl- oder bestehenden Stromversorgungsbetriebe. Wie Ray Reece in *The Sun Betrayed* (1978) erklärte, muß dieser Sachverhalt, der auch Fragen im Hinblick auf Antitrustgesetze aufwirft, dazu führen, daß ein Großteil der Innovationen von vornherein im Keim erstickt oder verzerrt dargestellt wird. Die Solartechnologien stecken noch in den Kinderschuhen, und man sollte wirklich innovativen Methoden von unabhängigen Gesellschaften und Unternehmen, die bestehenden energiewirtschaftlichen Interessen nicht verpflichtet sind, den Vorzug geben.

Wir können das Problem auf einer oder auf beiden Seiten verfolgen und unser Möglichstes tun, die Situation zu erhellen. Wir müssen uns politisch so stark wie nur immer möglich engagieren, damit diese alten Subventionen allmählich abgebaut werden, ohne dabei unbeteiligten Individuen allzu großen Schaden zuzufügen – und gleichzeitig müssen wir versuchen, die Verbraucher zu subventionieren, damit sie die neueren Technologien verhältnismäßig schnell einbauen und ihnen dadurch eine sichere Ausgangsposition verschaffen. In Washington ist die Kontroverse zwischen alten und neuen Energiesystemen noch in vollem Gange, während jetzt die einzelnen Bundesstaaten die Führung übernehmen. Große Staaten wie Kalifornien und Florida, in denen große Teile der Gesamtbevölkerung leben, können den Innovationsprozeß wirklich beschleunigen. Die in Kalifornien ergriffenen Maßnahmen, durch die den Verbrauchern für den Einbau von Solaranlagen eine Steuerbefreiung in Höhe von 55 % gewährt wird, und weitere Maßnahmen, die Kalifornien jetzt einseitig ergreift, werden dazu beitragen, daß das ganze Land diesem neuen Vorbild folgt. Wenn man diesen enormen Markt wirklich für Solar- und erneuerbare Energie gerecht gestaltet, so wird er zu einem Prüfstein, auf dem die Unternehmen erneuerbare Energiequellen kommerzialisieren und Wirtschaftskraft entwickeln können, die sie dann in die Lage versetzt, ihren Einfluß in Washington geltend zu machen. Weil Kalifornien jeden Tag ein so großes Solarenergieeinkommen hat und weil die Landwirtschaft die wichtigste Industrie in Kalifornien ist – was bedeutet, daß die Menschen dort der wirkichen biologischen Effizienz des Systems sehr nahe sind – sehe ich vorher, daß Kalifornien zusammen mit Florida und anderen mit ähnlichen Gegebenheiten einer der Staaten wird, die uns in eine Wirtschaft der erneuerbaren Ressourcen führen werden: als Pilotprojekte dafür, wie dieser Übergang vor sich gehen wird.

Dieses gegenwärtige Tauziehen zwischen älteren und neueren Energiesystemen wird exemplifiziert durch die Gegenüberstellung der völlig verschiedenen Charakteristika von Nuklear- und Solartechniken und der gegensätzlichen sozialen, wirtschaftlichen, politischen und umweltrelevanten Auswirkungen, die diese Systeme haben. Wie wir gesehen haben, wird die Entscheidung nur wenig beeinflußt vom freien Spiel der Marktkräfte oder gar von Verbraucher- oder Wählerpräferenzen im Hinblick auf architektonischen Stil, größeren persönlichen Freiraum, verminderte Risiken und Auswirkungen auf die Umwelt oder dezentralisiertere politische und wirtschaftliche Institutionen. Das Problem liegt vielmehr darin, welche der bestehenden Interessen geopfert werden sollen, wie alteingewurzelte Energiesysteme und -technologien amortisiert oder abgeschrieben werden sollen, wie Kapitalinvestitionen am besten in die Entwicklung neuer Systeme, aus denen sich die zukünftigen Volkswirtschaften der erneuerbaren Ressourcen zusammensetzen werden, kanalisiert werden können. Ein deutliches Beispiel für den Konflikt wurde in *Canadian Renewable Energy News* (Juli 1978) berichtet, nämlich daß die Central Mortgage Housing Corporation, die kurz zuvor vom Parlament angewiesen worden war, den Verbrauchern Anreize für passive und Solarenergiesysteme in Form von günstigen Hypothekenkrediten anzubieten, eine „Studie“ veröffentlicht hatte, nach der das Potential an Sonnenenergie in Kanada zu gering war, als daß sich solche Anreize „gelohnt“ hätten. Eine ähnliche Studie von der kanadischen Atomaufsichtsbehörde wägte die Risiken von Kohle, Öl und Kernkraft gegen die von Sonne, Wind, Meereswärme und Methanol ab. Plump stellte sie fest, daß Kernkraft und Erdgas insgesamt mit den geringsten Risiken verbunden wären und daß die Risiken bei Sonne, Wind, Methanol, Meereswärme und anderen „unkonventionellen Energiequellen“ viel höher wären. Dabei nahm man jedoch an, daß die höheren Risiken bei solarthermalen und photogalvanischen Systemen auf deren „Energiehilfs“systeme zurückzuführen wären! Außerdem ließ die Studie die von Natur aus mit Erhaltung und passiver Konstruktion verbundenen niedrigeren Risiken unter den Tisch fallen, indem sie diese Energiesysteme ganz einfach nicht berücksichtigte. Heute wird dieser Studie in Kanada und in den USA kein Glauben mehr geschenkt. Ein noch schockierenderes Beispiel für eine offizielle, staatliche Geheimhaltungsaktion wurde von dem sowjetischen Dissidenten und Wissenschaftler Zhores Medvedev in seinem Buch *Nuclear Disaster in the Urals* (Norton, 1979) aufgedeckt, in dem er die verheerende Explosion von nuklearen Abfallstoffen in Kyshtym in der UdSSR im Jahre 1957 beschreibt, bei der es Tausende von Toten und Verletzten gab und ein ganzer Landstrich zerstört wurde.

Die Wirtschaftswissenschaftler, die an ihren Gleichgewichtsmodellen (die angeblich immer noch von einer unsichtbaren Hand gelenkt werden) festhalten, übersehen das Ausmaß, inwieweit sich die komplexen, interdependenten Wirtschaften der meisten reifen Industriegesellschaften in Wirklichkeit aus gesetzlich geregelten Märkten zusammensetzen. Zum Beispiel wurden ganze wirtschaftliche Abhandlungen geschrieben, die den Gedanken darlegen, daß Preise und „freie Märkte“ das Gegenteil von Regulierung seien. Sie sind es nicht. Das Preissystem ist ganz einfach eine sehr nützliche Form von Regulierung, die im Hinblick auf Anomalien in der Menschheitsgeschichte wirklich Seltenheitscharakter besitzt.

Es gibt natürlich viele andere Formen von Regulierung und Ressourcenzuteilung, die sich aufgrund von Sitten, Gesetzen und Tabus in allen menschlichen Gesellschaften eingebürgert haben, worunter auch die Diskriminierung aufgrund der Gesellschaftsschicht-, Rassen- und Geschlechtszugehörigkeit und andere Formen von „Hackordnung" fallen. Wir müssen erkennen, daß die Märkte ein raffinierter Regulierungsmechanismus sind, der gerecht sein kann, wenn Hersteller und Verbraucher auf den Märkten über die gleiche Macht und gleiche Information verfügen und wenn er nicht zu Lasten unbeteiligter Dritter geht (die von Adam Smith als notwendig bezeichneten Bedingungen, damit die Märkte die Ressourcen „effizient" zuteilen). Wir können auch sehen, wie selten diese Bedingungen in den komplexen Volkswirtschaften von heute erfüllt werden. Es ist zutreffender, das Marktsystem als „Rationierung durch Preise" zu bezeichnen, das heißt lediglich ein Weg, wie man das knappe Angebot unter solventen Abnehmern rationalisieren kann, bzw. die Nachfrage, die Wirtschaftswissenschaftler als „effektiv" bezeichnen, was die Frage der Bedürfnisse und Wünsche beiseite läßt.

Es ist vielleicht *notwendig,* den Energiepreis zu erhöhen, aber das allein wird nicht *ausreichen.* Andere größere Kräfte in der Gesellschaft treiben uns immer weiter in Richtung größerer Kapitalintensität; wenn wir diese Kräfte nicht berücksichtigen, werden wir unser Ziel nicht erreichen. Die größte zu berücksichtigende Wirtschaftskraft ist die Investitionssteuerbefreiung. Für sich allein genommen kann sie weiterhin die Konjunktur verzerren und den Effekt steigender Energiepreise lähmen. Eine früher erwähnte Studie vom Joint Economic Committee (Gemeinsamer Wirtschaftsausschuß) zeigte, daß die tausend größten Unternehmen (nach den Maßstäben von *Fortune-500*) 80 % der gesamten Steuerbefreiung und 50 % der Energie in der Industrieproduktion in Anspruch genommen und in einem Zeitraum von sieben Jahren nur 75.000 neue Arbeitsplätze geschaffen hatten. In derselben Zeit schufen die sechs Millionen Kleinunternehmen des Landes, die weit weniger Energie bei der Verarbeitung verbrauchten, neun Millionen neue Arbeitsplätze. Die Steuerbefreiung wurde ursprünglich als arbeitsplatzschaffende Maßnahme gerechtfertigt. Wir stellen fest, daß bei den größten und kapitalintensivsten Unternehmen Arbeitsplätze genauso oft durch Investitionen wie durch Automation oder Verlegungen ins Ausland vernichtet werden.

Wie wir in unserer immer noch festgefahrenen Energiediskussion sehen, stellen die meisten, wenn nicht sogar alle, Energiepläne von Analytikern jeglicher politischer Coleur und die jüngste amerikanische Energiegesetzgebung ganz einfach nur irgendeine Form von Rationierung durch Preise dar, ebenso wie die Pläne für die Freigabe von Gas und Öl, die Crude Oil Equalization Tax (COET = Rohölausgleichssteuer) bzw. Fördersteuer, die Ölimportgebühren, die Benzinsteuern, die verschiedenen Steuerbefreiungen und Rückvergütungen für Verbraucher und die Anreize. Daß das Preissystem als Hauptregulator unseres Energiesystems ausgedient hat, tritt anhand der inflationären Auswirkungen und der gravierenden Ungerechtigkeiten, die den unteren Einkommensgruppen dadurch aufgebürdet werden, klar zutage. Geld-, Steuer- und Preismechanismen können ihre Funktion als politisches Instrumentarium, das eine solche Last tragen soll, nicht mehr länger erfüllen.

Wir sollten zwar versuchen, die Subventionen für die alten Energiesysteme abzubauen – wodurch natürlich die Preise für Öl, Gas und Kernenergie steigen werden – mit Preiserhöhungen allein läßt sich die Energienachfrage aber nicht reduzieren. Das ist auf die Betonlandschaft unserer kleinen und großen Städte und der weit ausgedehnten, trabantisierten, automobilisierten Entwicklungsstrukturen zurückzuführen und darauf, daß ungefähr 19 % aller amerikanischen Familien kein Auto besitzen und bereits öffentliche Verkehrsmittel benutzen. Diese Familien brauchen vielleicht Energie, aber viele der übermäßig energieverbrauchenden Lebensweisen sind ihnen aufgrund der hohen Preise bereits jetzt versagt. Die Erhöhung der Energiepreise wird sich daher nicht auf ihren ohnehin sparsamen Energieverbrauch auswirken, und die mittleren und höheren Einkommensgruppen bezahlen einfach weiterhin steigende Energiepreise. Wie wir in Europa gesehen haben, wo Benzin im allgemeinen fast einen Dollar pro Liter kostet, verzichten die Verbraucher auf eine ganze Reihe anderer Konsumgüter, nur um ihre Autos und Haushaltsgeräte weiterhin benutzen zu können. Zum Beispiel kostet der Liter Benzin in Deutschland fast einen Dollar, und ab Juli 1980 verbrauchten die Deutschen mehr, und nicht weniger, Benzin. (In Großbritannien war eine Reduzierung der Energienachfrage erst erreicht worden, nachdem man eine massive Aufklärungskampagne für die Energieerhaltung lanciert hatte.) Inzwischen wird in den USA und in vielen anderen Industrieländern unvermindert weiterhin für Lebensweisen geworben, die mit einem hohen Energieverbrauch verbunden sind und zum Kauf von energieverschlingenden Autos und Haushaltsgeräten animieren. Folglich ist eine Rationierung von Energie selbst nicht nur aus moralischer Sicht vernünftig, sondern sie ist auch wirksamer, wenn man den Konsum reduzieren will, ohne dabei inflationäre Preissteigerungen auszulösen.

Noch ein weiterer Grund, warum wir nicht erwarten dürfen, daß höhere Preise allein eine Reduzierung der Energienachfrage und eine Verlagerung zu arbeitsintensiverer anstatt zu kapital- und energieintensiver Produktion in unserer Wirtschaft zuwege bringen können, liegt darin, daß in unserem Steuerrecht und in der Bundesgesetzgebung zu viele Kräfte am Werk sind, die uns in die entgegengesetzte Richtung treiben: in Richtung größerer Energie- und Kapitalintensität, einschließlich unseres Steuerbefreiungssystems für Kapitalinvestitionen, der von Immobilienspekulanten in Anspruch genommenen Freibeträge, der Erhöhung der Sozialversicherungsbeiträge sowie der beschleunigten Wertminderung und der verschiedenen „zeitlich begrenzten Steuerbefreiungen", von der konkurrierende Staaten Gebrauch machen, um Unternehmen zu einer Betriebsverlegung in ihren Staat zu animieren, etc. Präsident Reagans politische Programme verschärfen diese Tendenzen.

Schließlich können heute erdölproduzierende Länder in und außerhalb der OPEC unsere heimischen Bemühungen, unser Energiesystem zu regulieren und die Nachfrage zu senken, durch Preis- und Währungsmechanismen matt setzen, sowie dadurch, daß sie, wie sie mittlerweile gelernt haben, ihr Öl einfach in der Erde lassen. Wenn die Administration oder der Kongreß versucht, den heimischen Energieverbrauch durch Fördersteuern, Ölimportgebühren oder irgendwelcher anderer Preiserhöhungen zu reduzieren, so dient dies als klarer Beweis dafür, daß die OPEC-Preise zu niedrig sind.

So sehen wir weitere Anzeichen dafür, daß die ganze Bandbreite von Währungs- und Preismechanismen das Energieangebot und die Energienachfrage nicht mehr regulieren kann und auch nicht dazu beitragen wird, daß sich unser Energiesystem von den ausbeutbaren Energiequellen des Erdölzeitalters zu den erneuerbaren Ressourcen des Solarzeitalters verlagert. Endlich konzentriert sich jetzt die Aufmerksamkeit allmählich darauf, wie andere Industrieländer, die Schweiz, die BRD und Schweden durch Kombinationen aus Regulierung, Steuerpolitik, thermodynamisch effizienten Technologien und Kommunalplanung einen üppigen Lebensstandard bewältigen und dabei ungefähr nur zwischen 50 und 30 % des amerikanischen Energiekonsums verbrauchen.

Ganze Wirtschaften müssen auf ein neues System verlagert werden, das mehr Menschen mit weniger Kapital, Energie und Rohstoffen kombiniert. Wie läßt sich das erreichen? Howard Odum vom Energy Center an der Universität von Florida erklärt das Problem vortrefflich: die durch irgendein System fließende Energie erhält dessen Struktur aufrecht. Sobald man anfängt, Energie abzuziehen, findet eine spontane Rückentwicklung der Struktur auf ein Niveau statt, das dem neuen, geringeren Energiefluß entspricht. Heute können wir den Beweis dafür in der bereits in den Städten und in der Wirtschaft vor sich gehenden Dezentralisierung sehen. Die nachbarschaftliche Wirtschaftsentwicklung wird ebenso effizienter, wie jede kleinere, flachere Kapitalstruktur, die weniger Aktionäre und kleinere Bürogebäude bedienen muß und ohne gesellschaftseigene Flugzeuge auskommt. Es ist heute genausowenig sinnvoll, auf der einen Seite des Landes Plätzchen zu backen und sie auf der anderen zu verkaufen, wie damals, als Energie noch billig war. Ganze Industrien, die unter dem alten Paradigma arbeiten, treffen destruktive Entscheidungen, weil das Steuersystem sie noch immer in die falsche Richtung treibt. Außerdem sind die Statistiken des Energieministeriums, wie so viele andere in Washington, in einem heillosen Durcheinander.

Daß man dieser sich gegenseitig stark beeinflussenden, weltweit miteinander verketteten Wirtschaften auf nationaler Ebene nicht mehr Herr wird, zeigt sich jetzt deutlich, wie zum

Beispiel in der fehlenden Koordination von offiziellen, staatlichen Prognosemodellen, die im *Global 2000 Report* aufgedeckt wurde. Offensichtlich wurde dieser Kontrollverlust im Verfall des US-Dollars und in den Maßnahmen, die die Europäische Wirtschaftsgemeinschaft (EWG) traf, um seinem Status als internationaler Reservewährung ein Ende zu setzen, sowie in der alltäglichen Berg- und Talfahrt des internationalen Währungs„un“systems und der chronischen, durch weltweite Kapitalströme zwischen multinationalen Unternehmen und ihren Banken verursachten Destabilisierung (ausführlich in *Stateless Money, Business Week,* 21. August 1978). Die Wertpapierbörsen reflektieren keine immanenten Werte mehr, sondern können heftig schwanken, wie das auch Ende der siebziger Jahre der Fall war, als nervös gewordene ausländische Anleger und Banken sich dazu entschlossen, ihre Unmengen an Dollars nicht mehr in amerikanische Schatzwechsel, sondern in Aktien zu investieren. Ebenso machten Zinszahlungen an ausländische Gläubiger der USA den zweitgrößten Posten in unserem Zahlungsbilanzdefizit von 1979 aus.

Folglich sind die sich abzeichnenden Wirtschaften, die sich durch eine Produktivität mit gleichbleibenden Erträgen auszeichnen und auf erneuerbaren Ressourcen basieren, eine unausweichliche Form von evolutionärer Weiterentwicklung. Die wie ein Monopolispiel anmutende wahnsinnige Geldmengensteigerung kann nirgendwo sonst ihr Ende nehmen als in Steuerrevolten, Rezessionen, in der früher erwähnten aufstrebenden „Untergrund“wirtschaft, in verschärften sozialen Konflikten und in dem unvermeidlich bösen Erwachen und der Ernüchterung. Es gibt auch keinen *ideologischen Weg,* der zu Energieeinsparungen führte: Nur die Thermodynamik und eine bessere Wissenschaft können helfen. In Großbritannien diskutierte man zum Beispiel Vorschläge für die Nutzung der in den dortigen Kraftwerken anfallenden überschüssigen Wärme (die ausreichte, den gesamten Heizbedarf des Landes zweimal zu decken). Und ausgerechnet die den „freien Markt“ befürwortenden konservativen Mitglieder des Parlaments sprachen sich dafür aus, daß eine neue staatliche Behörde, das National Heat Board, das Fernwärmesystem entwickeln sollte, obwohl sie gleichzeitig einräumten, daß die ursprüngliche, unwirtschaftliche Konstruktion der Kraftwerke auf das staatliche Monopol, die Central Energy Board (Zentrale Energiebehörde), zurückzuführen war!

Der reine Hohn war dann schließlich der Bericht an den Kongreßausschuß für staatliche Unternehmungen, der Ende 1979 anmerkte, daß die Bundesregierung selbst der größte Energieverbraucher in den USA war und daß ihre bei der Energieerhaltung erzielten Ergebnisse hinter denen des Landes zurückblieben, wobei das Energieministerium zu denen gehörte, die am schwersten sündigten. Inzwischen übernehmen Bürger die Verantwortung für die Umerziehung der „ewig vorgestrigen" Wirtschaftswissenschaftler des sich im Niedergang befindlichen Industriezeitalters in den neuen Begriffen der langfristigen, sich durch stabile Erträge auszeichnenden Produktivität, der vollständigen Ressourceneffizienz von Ökosystemen, wo die Produktivität von erneuerbarer Biomasse genauso hoch eingestuft wird wie das Kapital der konventionellen Wirtschaftswissenschaftler. Außerdem werden sie dazu beitragen, den Horizont der Wirtschaftswissenschaftler zu erweitern, indem sie Lebenszykluskostenkalkulationen, Nettoenergiemodellierungen und die thermodynamische Ansicht von der Bedeutung, welche die im zweiten Gesetz der Thermodynamik definierte Effizienz (das heißt *Nettoenergie* bzw. Endverbrauchseffizienz) in Energiesystemen spielt, propagieren, um so auf die idealisierten „reibungslosen" Gleichgewichtsmodelle von Angebot und Nachfrage der Wirtschaftswissenschaftler zu antworten. Gewinne können beispielsweise durch übermäßig entropische Produktionsprozesse oder durch Auseinanderreißen von Familien und Gemeinschaften erzielt werden, weil viele dieser sozialen Umweltkosten, die uns dann später zu schaffen machen, nicht in den Preisen enthalten sind. Heute bemühen sich unsere besten Physiker, den Wirtschaftswissenschaftlern zu zeigen, daß wir die nukleare Technologie – ein unnützer Umweg, der wenig Nettoenergie produziert – überspringen und direkt zu solaren und regenerierbaren Technologien übergehen können. Dr. J. Benecke, ein Physiker am berühmten Max-Planck-Institut für Physik und Astrophysik in München, lieferte dafür solche überzeugende Argumente in seinem auf dem Zweiten Internationalen Symposium über die Hadron-

Struktur in Polen im Mai 1979 gehaltenen Vortrag, der den bescheidenen Titel *„Einige Überlegungen zur Kernenergiefrage“* trug.

Ob die Preise nun weiter steigen, oder ob direktere Zuteilungsformen notwendig werden, oder ob man eine Kombination aus beidem braucht, um den Verfall des Dollars aufzuhalten, die uns in Richtung einer erneuerbaren und solaren Energiewirtschaft bewegenden Verlagerungen und Substitutionen werden unvermeidlich sein. Eine Schlüsselfrage wird sein, in welchem Ausmaß der Wandel mit geringstmöglicher Ungerechtigkeit, Inflation und Verlagerung vollzogen werden kann. Das wiederum wird dadurch bestimmt werden, wie gut unsere Führungsspitzen die Kontroverse und die Optionen trotz der Verwirrung der Wirtschaftswissenschaftler klarstellen können, von denen die meisten einfach darauf vertrauen, daß Preiserhöhungen oder eine Rezession einen niedrigeren Energieverbrauch bewirken werden, wie in der inszenierten Rezession von 1980/81, die zwar tatsächlich zu einem Rückgang der Energienachfrage führte, aber sich dafür auf den Beschäftigungs- und Produktionsbereich katastrophal auswirkte. Diese Lektion zeigt vielleicht, daß es vieler zusätzlicher Maßnahmen, die nichts mit Wirtschaft zu tun haben, bedarf, damit dieser Wandel zu einer nachindustriellen Phase vollzogen werden kann. Die Wirtschaftswissenschaftler müssen jetzt zugeben, daß sie das ganze Ausmaß überblicken, wie sehr wir strukturelle Arbeitslosigkeit, soziale Verdrängung und die Zerstörung biologischer Produktivität als „externe Effekte“ abgetan haben. Tatsächlich stellen wir heute mit größter Besorgnis fest, daß es zu einer viel schwerwiegenderen Verlagerung in der Erdatmosphäre kommen könnte; auf der in Toronto im Juli 1978 abgehaltenen World Conference on Future Sources of Organic Materials stellten Wissenschaftler Spekulationen darüber an, daß sich die Biomasse des Planeten in ihrer Gesamtheit mittlerweile von einem Nettoproduzenten von Sauerstoff zu einem Nettoproduzenten von Kohlendioxid entwickelt haben könnte (während wir weiterhin im Klimaxstadium befindliche Ökosysteme zerstören und sie durch Monokulturen ersetzen). Die Möglichkeit einer solchen Situation ist weitaus bedeutender als die meisten von den weltweiten Medien großartig angekündigten Nachrichten, und dennoch schenkte man ihr überhaupt keine Beachtung.

Eindeutig geht jetzt eine wirtschaftliche Epoche ihrem Ende zu. Wir erleben heute nicht nur das Ende des Erdölzeitalters, sondern das Ende einer Weltwirtschaftsordnung, die auf der Maximierung des Welthandels und der anhand des alleinigen Koeffizienten von Preisen und des als Bruttosozialprodukt ausgedrückten Wachstums gemessenen globalen „Effizienz" basierte. Ein solches System erreicht sein logisches Endstadium erst dann bei irgendeinem unwirklichen, hypothetischen „globalen Gleichgewicht", wenn es jedes regionale Sozialsystem ins Chaos gestürzt und jedes regionale Ökosystem zerstört und ausgebeutet hat; in der Spieltheorie hieße das: Der Gewinner des gegenwärtigen Welthandelsspieles ist das Land, welches das höchste anhand des Bruttosozialprodukts gemessene Wachstum in seinem monetisierten Sektor dadurch erzielte, daß es die entropistischsten Produktions- und Konsumformen anwendet!

Seit 15 Jahren behaupte ich nun schon, daß die Evolution von Industriegesellschaften eine Verlagerung von den einfachen, „grobschlächtigen", auf billigen, zugänglichen Ressourcen und Energien basierenden Technologien zu einer zweiten Generation von subtileren, ausgereifteren Technologien bedingen würde, die sich auf ein viel größeres Verständnis für biologische und ökologische Realitäten gründeten. Um herauszufinden, ob diese Realitäten eine effizientere Nutzung des täglichen Solareinkommens der Erde notwendig machen, wird man viel differenziertere wissenschaftliche Kenntnisse von organischen und ökologischen Systemen brauchen, was also einer Konzentration auf anorganische, mechanische, physikalische und technische Systeme, so wichtig sie auch weiterhin sein werden, vorzuziehen ist.

Diese Verlagerung des Schwergewichts vom Inaktiven und Anorganischen auf gründlichere Kenntnisse der organischen Komplexität und Dynamik in bioökologischen Systemen ist meine Definition der nachindustriellen Revolution. Das neue wissenschaftliche Unternehmen wird auch zur Folge haben, daß wir unser Augenmerk von „Hardware" ab- und der „Software" zuwenden werden; zum Beispiel wird der Begriff

Produktion nicht mehr automatisch Bilder einer Fabrik, einer Maschine oder überhaupt irgendeiner „Hardware" heraufbeschwören. Wir werden das Problem der Produktion sorgfältiger in ihren größeren sozialen und ökologischen Dimensionen modellieren: sie definieren und neu definieren, verschiedene Optionen überprüfen, in ökologischen Systemen nach Anzeichen für produktives Potential suchen, das wir, bevor irgendwelche Investitionen getätigt werden, erschließen oder vergrößern könnten. Wie wir heute von den biologischen Wissenschaften erfahren, gibt es austauschbare organische Methoden, menschliche Bedürfnisse zu decken, die wir uns kaum hätten träumen lassen.

Informierte Bürger werden als Begründer des auf erneuerbaren Ressourcen basierenden Solarzeitalters dazu berufen sein, die Rolle der politischen Führung und der Erziehung und Ausbildung zu übernehmen. Während zum Beispiel Wissenschaftler Kohlendioxidkonzentrationen und das Klima diskutieren, wenden die Bürger bereits ein Mittel an, über das sich Wissenschaftler einig sind, nämlich die Pflanzung von Bäumen und die Wiederbegrünung des Planeten bei gleichzeitigem Widerstand gegen eine weitere Zerstörung von Wäldern und landwirtschaftlichen Nutzflächen. Die Menschen können die Wirtschaften der Welt auf ein gesundes Maß und auf die grundlegenden Realitäten zurückführen, in denen Wohlstand und Wohlergehen schon immer gewurzelt haben: die am wengisten entropischen Produktions- und Konsumformen, die mit gesunder Gestaltung und Einrichtung einhergehen, die differenzierteren Technologien, mit weniger mehr zu tun, die integrierte Verwaltung und Erhaltung von nichtregenerierbaren Ressourcen, verantwortungsvolle Verbesserung von Landwirtschaft und regenerierbaren Ressourcen, die Erkenntnis, daß der tägliche Solarfluß unser wirkliches Einkommen ist, und die sorgfältige Wahrung der Produktivität der planetaren Biomasse. Das sind auch die der Menschheit bevorstehenden Hauptaufgaben.

2. Wissenschaft und Technik: Von der Hardware zur Software

HEUTZUTAGE HABEN BEREITS ALLE REIFEN INDUSTRIEGESELLSCHAFTEN ihre geistig-ideologischen Wachstumsgrenzen erreicht, lange vor der eigentlichen Erschöpfung ihrer materiellen Ressourcen. Wir stehen vor allem vor einer metaphysischen Sackgasse, die nun unsere Bemühungen, alternative technologische Zukunftsformen zu erschaffen, erschwert. Gerade deswegen werden wir unseren Forschungsschwerpunkt auf die Entwicklung von *„Software"* statt von mehr *„Hardware"* legen müssen. Wenn Gesellschaften oder Individuen mit sich rasch verändernden Bedingungen konfrontiert werden, so sind die zwei wahrscheinlichsten Reaktionen darauf: 1) auf stur zu schalten und die Anstrengungen zu verdoppeln, um den gegenwärtigen Kurs beibehalten zu können, und 2) die Situation in neue Begriffe zu fassen und die Probleme neu zu definieren.

Unsere Aufgabe verlangt nun den zweiten Kurs, der seinerseits eine umfassende Definition der Technologie notwendig macht: das zur Lösung menschlicher Probleme angewandte menschliche Wissen – das heißt *sowohl Hardware als auch Software.* Das Programm der in den nächsten zehn Jahren und darüber hinaus in Wissenschaft und Technologie anstehenden Entscheidungen muß in einem völlig veränderten Zusammenhang gesehen werden. Dieses in allen reifen Industriegesellschaften entstehende Programm muß jetzt auch die Paradoxa berücksichtigen, die heute von der Entwicklung des industriellen Innovationsprozesses zusehends hervorgerufen werden. Dieser zweihundertjährige technologische Innovationsprozeß, den wir auch unter der Bezeichnung Industrielle Revolution kennen, gründete bisher auf Prämissen und Logismen, die nun ausgedient haben: auf der Maximierung der anhand enggefaßter „Effizienz"-Kriterien gemessenen materiellen Produktion (nach Untersuchung der sozialen und ökologischen Effizienz).

Folglich haben wir die drohenden Krisen bei der Verteilung der Produktionserträge sowie auch die wachsende Belastung der natürlichen Ressourcengrundlage unserer kapital-/energie-/materialintensiven technologischen Innovationsformen übersehen. Schlimmer noch: Der Löwenanteil an den finanziellen Mitteln für technologische Forschung und Entwicklung wird in die Rüstung gesteckt. Nach den Angaben der amerikanischen Behörde für Rüstungskontrolle und Abrüstung beliefen sich die Rüstungsausgaben weltweit auf insgesamt 900 Milliarden Dollar. Diese Summe übersteigt bei weitem die Mittel für soziale, medizinische und zivile Forschung und für landwirtschaftliche und ökologische Innovation, die heute die vorrangigsten Forschungsgebiete sein müssen, wenn wir unsere innenpolitische Sicherheit aufrechterhalten wollen. Gerechtfertigt wurde diese forcierte Aufrüstung damit, daß sich das militärische Gleichgewicht zur Sowjetunion angeblich verschlechterte. In Frage gestellt wird dies aber durch die Fehler in dem Bericht *The Military Balance,* 1980-1981, der von dem in Großbritannien beheimateten Internationalen Institut für Strategische Studien ausgearbeitet worden war und der nach Berichten des U.S. Center für Defense Information in Washington, D.C., das amerikanische Potential zu niedrig einschätzte und über hundert fehlerhafte Angaben enthielt (The Christian Science Monitor, 16. Dezember 1980). Der gesamte industrielle Innovationsprozeß und der gegenwärtig zur Messung seines Fortschritts eingesetzte statistische Apparat müssen erst einer Umstrukturierung unterzogen werden, bevor ein korrigierter Kurs in Richtung technologischer Innovation verfolgt werden kann. Unser derzeitiges Stadium der technologischen „Stagnation" in der Evolution von Industriegesellschaften stellt eine Sättigung ihrer besonderen Wachstumskurve dar, und unvorhergesehene soziale Auswirkungen und Kosten sind bereits dabei, die reale Produktivität der Wirtschaft zu übersteigen. Eine die gesamte Gesellschaft erfassende Korrelation ist erreicht worden zwischen 1) Spezialisierung, Zentralisierung und Arbeitsteilung, und 2) den entstandenen Sozial- und Transaktionskosten. Wir dürfen nicht vergessen, daß jeder Grad von technologischer Komplexität und unternehmerischer Machtkonzentration unweigerlich zu einem entsprechenden Grad von staatlicher Koordinierung und Kontrolle führt. Wie in einem physikalischen System verlangsamt sich die Gesellschaft aufgrund ihres eigenen Gewichtes, bis sie sich in einem Zustand von maximaler „Entropie" befindet, bei der keine nutzbringende Arbeit mehr geleistet wird. Wenn es nicht zu einer vollständigen begrifflichen Neuerfassung der Situation kommt, dann bricht das makroökonomische Management zusammen, und die Inflation wird allmählich die Lenkung des Systems übernehmen. Ähnliche Analysen des unvermeidlichen Schicksals großer soziotechnischer Systeme finden jetzt Anerkennung, zum Beispiel in der von Elgin und Bushnell für das Stanford-Forschungsinstitut erarbeiteten Studie, die in Kapitel X erläutert wurde. Ein Beispiel für die länger werdende Liste von „Dilemmas" im heutigen makroökonomischen Management tritt in dem vom Gemeinsamen Wirtschaftsausschuß des amerikanischen Kongresses veröffentlichten Bericht *Mid-Year Review of the Economy* (9. August 1979) klar zutage. Der Bericht beklagt zwar das Problem der Ungewißheit, die seitens des Federal Reserve Boards (= „Fed" = Zentralbankrat der USA) durch dessen geheime Festsetzung seiner Politik geschaffen wird, da die Planung dadurch erschwert werde, doch gleichzeitig wird in dem Bericht die Notwendigkeit anerkannt, daß der *Fed* seine nächsten Schritte vorerst immer geheimhalten muß, denn sonst könnten Anleger, Firmen und Entscheidungsträger versuchen, durch die Veränderung ihrer eigenen Strategien einen Ausgleich zu schaffen, so daß der *Fed* ins Hintertreffen geriete und somit seine Funktion verlöre. Dies ist lediglich ein weiteres Beispiel für das Problem der Anwendung linearer „Entweder-oder"-Logik auf nichtlineare Systeme, das jetzt von den Wirtschaftswissenschaftlern, die der an anderer Stelle erwähnten Lehre der „rationalen Erwartungen" anhängen, wenn schon nicht in Angriff genommen, so doch wenigstens diskutiert wird.

Ganz eindeutig ist die begriffliche Neufassung der dem Industrialisierungsprozeß zugrundeliegenden Prämissen in der Wirtschaftstheorie einer der dringlichsten Punkte auf unserem nationalen Forschungsprogramm. Bei der Veröffentlichung einer Studie des Gemeinsamen Wirtschaftsausschusses unter der Überschrit *U.S. Long-term Economic Growth Prospects: Entering a New Era* (1978) erklärte der Vorsitzende Richard Bolling sogar, daß die darin gezeichneten Szenarien eines niedrigeren Wachstums „die Wirtschaftspolitik wie nie zuvor in Frage stellten". Die Studie betonte, daß „soziale Wachstumsgrenzen ... für die Zügelung der Wirtschaftsentwicklung in den nächsten 25 Jahren vielleicht von größerer Bedeutung sind als die physikalischen Grenzen der Erde". Dieser neue Konzentrationsschwerpunkt auf „Software" ist begrüßenswert. Der Kern des Problems liegt darin, daß uns allen zwar die mit abnehmenden Erträgen assoziierten typischen S-Kurven und das Stagnationsstadium vieler spezifischer Technologien bekannt ist (zum Beispiel die Weiterentwicklung vom Radio und von der Vakuumröhre zum Transistor und schließlich zu integrierten Schaltkreisen und Mikroprozessoren), aber die Vorstellung eines Szenarios der abnehmenden Erträge und einer „Stagnierung" einer Konstellation von Technologien, die einen gesellschaftlichen Gesamttypus, nämlich den Industrialismus selbst, trägt, ist uns weniger bekannt. Wir müssen nun den Industrialismus als einen gesonderten Gesellschaftstypus untersuchen, seine eigenen Weltanschauungs- und Glaubensgrundsätze in bezug auf die Natur der Realität, seine eigenen auf sich selbst bezogenen Logismen, Paradigmen, Werte und Ziele und sein eigenes, ihn stützendes intellektuelles Brimborium und Wissenschafts- und Beweissystem. Es ist jetzt, um mit Thomas Kuhns Worten zu sprechen, notwendig, das Glaubenssystem, in dem sich der Erwerb von Wissen vollzieht, umzustrukturieren.

Die wesentlichen Glaubenssysteme des Industrialismus – permanente Expansion der Wirtschaft, technologischer Determinismus und die lineare Logik der Dominanz der linken Gehirnhälfte, des bornierten kartesianischen Reduktionismus – müssen jetzt einer ausgewogeneren, transdisziplinären, ganzheitlichen Weltanschauung und der Reintegrierung der Fähigkeiten der rechten Gehirnhälfte Platz machen. Die von Aristoteles und Descartes übernommene lineare, reduktionistische Logik war in ihren eigenen Termen sensationell erfolgreich: in der Konzentration auf die

Maximimierung spezifischer Variablen. Diese „Einschränkung des Horizonts" hat auch zu den mittlerweile bekannten, explosionsartigen negativen Reaktionen („feedback") des globalen ökologischen Systems geführt: klimatische Schwankungen, zunehmende Desertifikation, weltweite Luft-und Gewässerverschmutzung sowie der abnehmende Vorrat von Ressourcen, vor allem von Erdöl. Aus diesen und anderen Gründen läßt sich die globale Interdependenz heute nicht mehr wegdiskutieren.

Das neue, durch die übermäßige Abhängigkeit vom Erdöl erzwungene abendländische Bewußtsein für die islamische Kultur könnte für die Herbeiführung von notwendigen Veränderungen der Paradigmen hilfreich sein.

Wie es der pakistanische Physiker Ziauddin Sardar beschrieb, können wir vielleicht aus dem Gefühl der sozialen Verwurzelung und der Ehrfurcht vor dem Schöpfer der Moslems unser zusammenhangloses und reduktionistisches Erkenntnisvermögen besser erfassen. Sardar erläutert die im Islam angewandten variablen Zusammenstellungen von Methodologien und die Akzeptierung der Grenzen einer jeden sowie auch den ehrfurchtsvollen Ansatz zur Wissenschaft, der den Abendländern in den vergangenen 300 Jahren verlorengegangen ist.

Daher muß der zukünftige Kontext für unser Wissenschafts- und Technologieprogramm auch planetar sein. Der Übergang von kartesianischer, linearer Logik zu neuen Paradigmen, die die globale, systemische Natur unserer Situation in unsere Wissenssysteme integrieren, muß jetzt in all unseren Forschungs- und Entwicklungstätigkeiten umfassender erkannt werden. Wir haben mit unseren den Globus umspannenden Kommunikations-, Transport-, Rüstungs- und Weltraumtechnologien die „Hardware" der globalen Interdependenz geschaffen. Die größte vor uns liegende Aufgabe besteht darin, jetzt die für die Steuerung dieses globalen Systems notwendigen neuen „Software"-Programme auszuarbeiten: die monetären Vereinbarungen, die Mechanismen für die Lösung von Konflikten und die Erhaltung des Friedens, die Rechtssysteme für die Verwaltung unserer in gemeinsamen Eigentum befindlichen Ressourcen und die Aufzeichnungen der in den verschiedenen Kulturen herrschenden Wertsysteme, um daraus ersehen zu können, wo sich diese Wertsysteme einander annähern.

Es ist ermutigend, bereits beobachten zu können, wie sich in unseren Paradigmen ganz allmählich Verlagerungen weg von dem unreflektierten Vertrauen auf „Hardware“ und von den „technologie- und angebotsorientierten“ Ansätzen zu unseren Problemen hin zu dem „Software“-Ansatz vollziehen, bei dem wir anfangen, uns selbst und unsere sozialen und instrumentalen Rahmenbedingungen als veränderungsbedürftig zu betrachten. Nirgendwo läßt sich dieser Veränderungsprozeß deutlicher erkennen als in Energiesystemen, in denen die begrenzten Möglichkeiten der alten Paradigmen einfach nicht mehr zu übersehen sind, da sie auf die unerbittlichen Gesetze der Thermodynamik stoßen. Die Wirtschaftswissenschaftler behaupten, daß „es so etwas wie ein kostenloses Mittagessen nicht gibt“, aber heute „kostet jedes Mittagessen mehr als das vorherige“! Es bestehen Korrelationen zwischen der Ausbeutungsgeschwindigkeit einerseits und der Effizienz und anderen einschränkenden Faktoren, wie zum Beispiel dem verfügbaren Kapital, Kühlwasser und anderen Zufuhren, und instituionellen Barrieren andererseits. Unsere Energiepolitiker sind dazu gezwungen worden, sich den Software-Aspekten des Problems zuzuwenden: der Nachfrageseite, dem institutionellen Aufbau, den Verhaltens-, Einstellungs-, Soziologie- und Politikfragen. Auf eine *unsichtbare Hand* ist kein Verlaß mehr. In Wirklichkeit hindert uns die kurzfristige Anpassung des inzwischen nicht mehr freien Marktpreissystems jetzt sogar daran, uns mit den langfristigen Strukturveränderungen zu befassen (zum Beispiel kann die vorübergehende Ölschwemme infolge der Rezessionen in den Industrieländern die Preise auf kurze Sicht drücken und uns in dem selbstgefälligen Glauben wiegen, alles könne weitergehen wie bisher).

Diese Verlagerung des Schwerpunkts auf Software bedingt auch eine Überprüfung der Zusammensetzung unserer gesamten wissenschaftlichen Kommissionen und Beratungsausschüsse, damit die derzeitige Überrepräsentierung der an

Hardware orientierten, exakten Wissenschaftler und Techniker behoben wird und dafür mehr Sozial- und Verhaltenswissenschaftler vertreten sind. Der Übergang zur Software ist auch ein unvermeidlicher Aspekt des sich jetzt vollziehenden weitergehenden Paradigmenwandels: von materieller, empirischer, objektiver, instrumentaler Rationalität zu subjektiveren, an Werten orientierten Kulturen. Dieser Wandel läßt sich auch in den Naturwissenschaften verfolgen, zum Beispiel in den phantasiereichen neuen Hypothesen der Physiker Wheeler, Everett, Bohm, Wigner und anderer, die darum bemüht sind, „den Beobachter wieder in die Gleichung einzusetzen", und in einer solch neuartigen Epistemologie wie der von Fritjof Capra.

Auf ähnliche Weise kommen sich Wissenschaftler auf dem Gebiet der Neurologie und Psychologen bei der Erforschung des noch nicht ergründeten Innenlebens des Menschen einander näher: bei den Wirkungskräften des menschlichen Geistes. Diese subjektive Orientierung an Software bedingt auch eine Neuorientierung der wissenschaftlichen Ressourcen, damit wir unser Wissen zu einer angemessenen Grundlage für unsere nächste technologische Entwicklungsphase umstrukturieren können. Der Konzentrationspunkt auf exakten Wissenschaften und reduktionistischer Forschung wird zugunsten der bei weitem schwierigeren transdisziplinären Forschung aufgegeben werden müssen, bei der die einfacheren, Newtonschen, mechanistischen Modelle durch solche ersetzt werden, die dynamische, qualitative Veränderungsprozesse erfassen können.

Bevor das Getriebe unserer Gesellschaft wieder laufen kann, müssen zunächst die Hauptziele und -werte geklärt und umformuliert und neue Rahmenbedingungen entworfen werden, ein Prozeß, der in unserem politischem System bereits im Gang ist (zum Beispiel die Kontroverse über die bankrotte Logik eines über zehn Prozent des Bruttosozialprodukts verschlingenden Gesundheitswesens, das eher darauf gründet, daß immer mehr Technologie und Forschung Krankheiten „heilen" werden, statt auf einem prophylaktischen, gesundheitserhaltenden Weg, die zu „Krankheiten" führenden Streß- und Gefahrensituationen der Industriekultur abzubauen). Ebenso muß sich unser Wissenschafts- und Technologieunternehmen, bevor es einen neuen und nutzbringenderen Kurs einschlagen kann, mit dieser Aufgabe des metaphysischen Wiederaufbaus befassen. Folglich muß unser erster Programmpunkt vor allem anderen die Forschung auf dem Gebiet der Epistemologie sein. Wir können ganz einfach nicht weitermachen, ohne erläuternde Modelle davon zu entwerfen, wo wir jetzt stehen, ebenso Kausalitätsmodelle wie auch Modelle von nichtlinearen Systemen aus interagierenden Variablen, von der tieferen Struktur unserer soziotechnischen Systeme und von uns selbst.

Unsere umfassenderen neuen Forschungsmethoden – Technologiefolgenabschätzung, allgemeine Systemforschung, Umweltverträglichkeitsprüfungen und Zukunftsstudien – konfrontieren allesamt unsere Entscheidungsträger mit noch größerer Ungewißheit. Bezeichnenderweise werden unsere Entscheidungsträger unsicherer (wenn sie ehrlich sind). Sie geben zu, daß sie nicht wissen, was sie tun sollen, und können der Datenlawine aus Tausenden zusammenhanglosen Studien über aufeinander wirkende Probleme nicht mehr Herr werden. Politische Probleme werden mit intellektuellen Söldnern bekämpft, die dafür eingesetzt werden, zur Untermauerung gegensätzlicher Positionen und zur Stützung von Interessengruppen immer renommiertere Berichte zu erstellen. Die politische Arena hat sich zu einem Informationskrieg entwickelt, der mit Daten und Symbolen ausgetragen und oftmals durch die „Feuerkraft“ von Computern und das Forschungs“fußvolk“, das zu mobilisieren sich eine jede Gruppe leisten kann, entschieden wird. Aber heutzutage sind viele der uns überflutenden Daten praktisch unbrauchbar, da sie auf unzulängliche Weise erhoben werden und auf den überholten Paradigmen der Vergangenheit basieren. Es gibt eine qualitative Informationshierarchie. Durch die Verwendung von Modellen werden die unbearbeiteten, unschematisierten Daten, mit denen wir überschwemmt werden, zu einem bedeutungstragenden Muster verbunden. Die Modelle werden durch Annahmen, Begriffe und eine Weltanschauung bestimmt, die ihrerseits durch Ziele und Zwecke gesteuert werden, und alle zusammen werden durch Werte gesteuert. Folglich steuern Werte ganze Informationssysteme, Wissensgebäude und die wirtschaftlichen und technologischen Systeme einer jeden Kultur.

Die deutlichsten Anzeichen für die Notwendigkeiten eines metaphysischen Wiederaufbaus der Grundlagen unseres Wissens sind die in immer größerer Zahl auftretenden Paradoxa. Paradoxa deuten lediglich darauf hin, daß die Grenze eines bestimmten Logiksystems erreicht worden ist. Von höheren Systemstufen und aus großzügigeren Perspektiven betrachtet, sind Paradoxa Komplementaritäten. Heutzutage gibt es unendlich viele solcher „Paradoxa" in der Physik, Mathematik, Psychologie und am deutlichsten in den Wirtschaftswissenschaften, wo Fehler bei der Analyse von Produktionsfaktoren und bei den Messungen der Produktivität schon seit langem den technologischen Innovationsprozeß in Richtung auf exzessive Kapitalintensität und, statt auf verbraucherorientierte, auf die heutige vom Produzenten bestimmte Technologie manipuliert haben. Mit dem Zerbrechen der alten Einigkeit darüber, was einen „Beweis" ausmacht, erleben wir die längst überfällige Politisierung von Wissenschaft und Technologie. Zum Beispiel akzeptiert jetzt die amerikanische Kongreßbehörde für Technologiefolgenabschätzung die Rolle des „ehrlichen Maklers" zwischen kollidierenden Ansichten in technischen Fragen, – eine Einstellung, für die ich während meiner sechsjährigen Zugehörigkeit (1974-80) zu ihrem Beraterstab eingetreten war, – als realistischer als die mittlerweile fadenscheinigen Ansprüche auf „wissenschaftliche Objektivität".

Die übergreifenden Paradoxa unserer Industriegesellschaften liegen darin, daß der gegenwärtige Entwicklungsverlauf der technologischen Innovation Interdependenzen schafft, die die Voraussetzungen dafür, daß freie Märkte die Ressourcen effizienter zuteilen können, vernichten. Doch während dieses marktwirtschaftliche Entscheidungssystem versagt, haben wir noch immer kein soziales Entscheidungssystem, und wir wissen auch nicht, wie man solche komplexen Gesellschaften planen soll. Außerdem führt dieser kapitalintensive technologische Entwicklungsverlauf zu größeren, verwundbareren, gefährlichen Konfigurationen, deren Kosten und Risiken von der Gemeinschaft getragen werden sollen, während gleichzeitig gerade deren Komplexität und Zentralisierung die Steuerzahler und Verbraucher von der demokratischen Beteiligung an diesen technologischen Entscheidungen ausschließen. In der Tat sind viele dieser Technologien (zum Beispiel Atomenergie) von Natur aus totalitär und daher per definitionem *verfassungswidrig*. Das wachsende Bewußtsein, daß vielleicht ganze Wissenschafts-und Technologiebereiche schlicht und ergreifend nicht mit demokratischen Regierungsformen vereinbar sind, wird erkennbar in dem zunehmenden Widerstand der Öffentlichkeit gegen Atomenergie (unsere erste sozialistische Technologie), Genmanipulation durch die Forschung über Rekombinationsmöglichkeiten der DNS (Desoxyribonucleinsäure) und gegen die um sich greifenden elektronischen Datenverarbeitungs- und Geldüberweisungssysteme, die die Gefahr eines totalitären Überwachungsstaates in sich bergen. Auf solche Technologien, die man mit unwissenschaftlicher Propaganda über ihre angebliche „Produktivität" und größere „Effizienz" zu rechtfertigen versucht, reagiert die Öffentlichkeit vernünftigerweise mit Skepsis: „Effizient für wen" - für die Konsumenten oder die Produzenten, für die Wirtschaft oder die Gesellschaft?

Kluge Fragen zu stellen, ist die entscheidenste Funktion der Bürger in der Wissenschafts- und Technologiepolitik. Sie üben unbezahlbare Strenge und zeigen manchmal die notwendigen negativen Reaktionen auf die sinnlose Maximierung von Subsystemeffizienz, wenn dadurch andere Werte oder die Gesellschaft insgesamt bedroht sind. Wäre die Bürgermitbestimmung nicht zum Schlachtruf reifer Industriegesellschaften geworden, so hätte sie noch erfunden werden müssen! Diese technologischen Probleme greifen derart um sich und ihre Auswirkungen sind derart weitreichend, daß sie per se zu Wertproblemen geworden sind und nicht nur politische sondern auch epistemologische Fragen aufwerfen, mit denen wir uns nur dann beschäftigen können, wenn wir unser Forschungsprogramm umgestalten und unsere derzeitigen technologischen Engagements überdenken.

Was wir jetzt für unser wissenschaftliches und technologisches Unternehmen benötigen, ist nicht so sehr Mikro-Strenge und mehr Datensammlung, sondern paradigmatische Strenge, mit der wir die Modelle entwirren und deren tief verwurzelte Annahmen untersuchen. Das erfordert auch, daß wir intellektuelle wie finanzielle Investitionen aufdekken; daß beide voll und ganz ans Licht der Öffentlichkeit gebracht werden. Eine solche paradigmatische Strenge erfordert in Zukunft eine ausdauernde, mit ausreichenden finanziellen Mitteln unterstützte Forschung über die epistemologischen Grundlagen der Wirtschaftswissenschaften (am vordringlichsten, weil diese Disziplin die Kontroverse über die Ressourcenzuteilung für sich mit Beschlag belegt hat), der Physik, der Computermodelle sowie unseres hardwareorientierten Wissenschaftsunternehmens. Wir müssen auch neue sowie aus der Mode gekommene ältere Ansätze untersuchen und sie mit anderen, völlig verschiedenen Logik- und Wissenssystemen vergleichen, wie zum Beispiel mit denen östlicher Kulturen. Beispiele für solche paradigmatische Forschungen umfassen die gemeinsam von Karl Pribram, einem Wissenschaftler auf dem Gebiet der Neurologie, und dem Physiker David Bohm angestellten Untersuchungen holographischer Modelle von sowohl der Funktion des menschlichen Gehirns als auch von der Natur des Universums, und die Arbeiten von Pitirim Sorokin, Margaret Mead, Ian Mitroff, Murray Turoff, Ida Hoos, Marilyn Ferguson, Erich Jantsch, Jean Houston, Magoroh Maruyama, John Platt, Fritjof Capra, Willis Harman und anderen.

Eines der wichtigsten Gebiete der Software-Innovation wird weiterhin die Verschiebung unserer begrifflichen Grundlage von den traditionellen Gleichgewichtsmodellen, die zum Beispiel den Wirtschaftswissenschaften zugrunde liegen, hin zur Darstellung dynamischer Ungleichgewichtsmodelle, die irreversible, qualitative Veränderungen und strukturelle Transformationen erfahren (das heißt morphogenetische Systeme). Dieses scheinbar abstrakte Gebiet der morphogenetischen Modellforschung ist jedoch von unmittelbarer Bedeutung für pragmatische Probleme, die ganze Sektoren unserer derzeitigen Wirtschaft betreffen. So bringt zum Beispiel die unbemerkte Krise in unserem Versicherungswesen das Paradox von im wahrsten Sinne des Wortes unberechenbaren Risiken in unseren sich durch Instabilität und permanentes Ungleichgewicht auszeichnenden soziotechnischen Systemen mit sich, während die grundlegenden Modelle für die Wahrscheinlichkeitsberechnung noch immer zu einem großen Teil auf angenommenen Gleichgewichten und auf dem Paradigma gründen, das Maruyama als probabilistisch, einseitig und kausal bezeichnet. Bei einer solch scharfen Tendenz zu noch unsichereren Verhältnissen wird sich das privatwirtschaftliche Versicherungswesen nicht mehr von einem Glücksspiel unterscheiden lassen. Auf allen Seiten werden Forderungen laut, solche Risiken auf kommunaler und einzelstaatlicher Ebene (zum Beipsiel Kraftfahrzeugversicherungsmonopol) und auf bundesstaatlicher Ebene (für ärztliche Kunstfehler, Renten usw. oder in der staatlichen Übernahme der Atomenergierisiken im Price-Anderson Act) zu sozialisieren. Durch die Abwälzung solcher unversicherbarer Risiken gewinnt man lediglich etwas Zeit – aber auf Kosten größerer systematischer Verwundbarkeit und sich überstürzender Zusammenbrüche.

Ein weiteres entscheidendes Gebiet notwendiger Software-Forschung ist der Entwurf globaler Modelle, um die durch menschliches Tun in Gang gebrachten globalen Interaktionen, die jetzt dabei sind, unseren planetaren Lebensraum zu verändern, besser begreifen zu können. Anthony Fedanzo jr. untersucht die epistemologischen Grundlagen und Annahmen der derzeitigen Generation globaler Modelle darauf, ob sie zum Beispiel zyklische Theorien vom sozialpolitischen Wandel (Forrester, Lvy-Pascal), Theorien von hierarchischen, mehrstufigen Systemen (Mesarovic, Pestel) oder Theorien von sich selbst organisierenden, auf biologischen Prozessen basierenden Systemen aufstellen. Das größere Paradoxon, bemerkt Fedanzo, auf das man aus Globalmodellen schließen könnte, ist vielleicht die traurige Folgerung, daß sich die Oberflächenphänomene zwar erfassen und durch verschiedene quantitative Methodologien in Modellen darstellen lassen, das Problem aber darin besteht, daß statistische Korrelationen nicht die tiefer liegenden, kausalen Beziehungen erklären. Obwohl wir keine andere Wahl haben, als diese entscheidende Forschung über globale Interaktionen fortzusetzen, vergleicht Fedanzo ihre Entwicklungsphase mit dem Versuch, Psychologie zu praktizieren, indem man nur das Reflexverhalten des vegetativen Nervensystems untersucht. Beispiele für den Mißbrauch ökonometrischer Modelle sind Legion im politischen Prozeß, wo Modelle, die von privaten Beraterfirmen ausgearbeitet werden, zu deren Kundenkreis häufig die Großunternehmen gehören, deren Interessen bei diesen Entscheidungen auf dem Spiel stehen, für leichtgläubige Gesetzgeber am laufenden Band „Ergebnisse" produzieren, die „beweisen", daß irgendein Teil einer für die Interessen einzelner vorteilhaften Gesetzgebung auch „im Interesse der Öffentlichkeit" liegt.

Wie bereits früher erwähnt, werden die ergiebigsten Modelle und Analogien für die Darstellung der von uns geschaffenen außerordentlichen, komplexen soziotechnischen Systeme jene sein, die statt auf Newtonschen, mechanistischen Prozessen auf biologischen, organischen Modellen basieren. Wie Georgescu-Roegen hingewiesen hat, ist dies ja auch der grundlegendste Fehler der Wirtschaftswissenschaften und ihrer epistemologisch noch fehlerhaften Ökonometrie, Input-Output-Analysen und Berechnungen. Die Wirtschaftsprozesse sind nicht gleichgewichtsbildend und reversibel, sondern irreversibel und haben qualitative Energie-/Materialtransformationen, die gewöhnlich mit steigenden Entropiegraden assoziiert werden, zur Folge. Solche Prozesse lassen sich nicht durch die Anwendung reversibler arithmetischer Bewegungsmodelle erfassen. Die Ökonomie ist keine Wissenschaft, sondern ein auf Werten gründender Komplex von Annahmen, der nur allzuoft als Wissenschaft propagiert wurde.

Ich habe die Aufmerksamkeit auf dieses lange Programm von notwendiger Software-Innovation gelenkt, weil ich befürchte, daß sie in unserer objektivierten, hardware-orientierten Welt der Aspekt ist, der am ehesten übersehen wird. Unsere Situation zu überdenken, anstatt unsere Ressourcen in übereilte und möglicherweise irreversible oder verhängnisvolle Investitionen gemäß der alten, kapitalintensiven Praktik zu stecken ist der vernünftigste Weg, da wir uns in leichteren Zeiten ein „dickes Kapitalpolster" zugelegt haben, das jetzt unseren letzten Vorrat an billiger Flexibilität für künftige Anpassungsprozesse darstellt. Wir stehen dem ältesten Rätsel der Evolution gegenüber: „Nichts ist so trügerisch wie der Erfolg." Wachstum bedingt Struktur ... und Struktur erstickt nach und nach das Wachstum. Neue Entwicklungsbahnen für die technologische Innovation sind noch nicht festgelegt worden. Aber wir kennen einige der Parameter der entstehenden, auf regenerativen Ressourcen gründenden Gesellschaften, in denen sich unsere technologischen Innovationen – sowohl Hardware als auch Software – entwickeln werden: größere globale Gerechtigkeit beim Zugang zu Ressourcen im Rahmen ökologischer Verträglichkeit und im Bereich der psychologischen und sozialen Anpassungsfähigkeit des Menschen. Bei jeder spezifischen Technologie könnten wir danach fragen, ob sie eher arbeitsintensiv als kapital- und energieintensiv ist, und wieviel Kapital für die Schaffung eines jeden Arbeitsplatzes aufgebracht werden muß. Reißt sie etablierte Gemeinschaften und kulturelle Strukturen auseinander, und wenn ja, zu welchen sozialen Kosten? Basiert sie auf der Nutzung erneuerbarer oder erschöpfbarer Ressourcen? Erhöht oder vermindert sie die gesellschaftliche Flexibilität? Ist sie zentralisierend oder dezentralisierend? Vergrößert sie die menschliche Freiheit und weitet sie die Macht-, Wissens- und Vermögensverteilung in den Gesellschaften aus, oder konzentriert sie sie? Verkörpert sie multidisziplinäre Denkweisen und globale Interaktionen oder ist sie borniert und eindimensional? Begünstigt sie Selbständigkeit oder schafft sie weitere Abhängigkeit von großen Institutionen? Zieht sie größten Nutzen aus der vorhandenen Infrastruktur oder wird sie eine kostspielige zweite Infrastruktur nach sich ziehen? Werden ihre Kosten, Nutzen und Risiken gerecht auf alle Gruppen in der Gesellschaft verteilt, und wenn nicht, wer werden die Gewinner und Verlierer sein? Welche Risiken stellt sie für Arbeiter, Verbraucher, die Gesellschaft insgesamt und für zukünftige Generationen dar, und können sie durch die gegenwärtigen Wahrscheinlichkeitsberechnungen beurteilt werden? Ist sie irreversibel und stellt sie enorme Risiken für künftige Generationen dar (zum Beispiel Brutreaktor-Technologie), sollte davon ausgegangen werden, daß sie aus sozialer Sicht so lange unannehmbar ist, bis sich Gegenteiliges herausstellt. Allein schon die Verlagerung der Beweislast auf die Produzenten ist an sich bereits ein wichtiger Paradigmawechsel in Richtung auf größere menschliche Reife und Verantwortungsbewußtsein für die zukünftigen Generationen.

3. Die entstehende „Gegenökonomie"

ICH HABE IHNEN MEINE GEDANKEN ÜBER DIE VIELEN ANZEICHEN, sowohl physischer als auch metaphysischer Natur, dafür, daß die industriellen Kulturen zusammenbrechen, mitgeteilt. Aber ich möchte mit Nachdruck betonen, daß der Zusammenbruch einer alten Kultur auch einen notwendigen Durchbruch bedeuten kann. Krisenzeiten sind, wie die Chinesen sagen, sowohl gefahren- als auch chancenreiche Zeiten. Aus der ökologischen Theorie wissen wir, daß alle biologischen Systeme (einschließlich menschlicher Gesellschaften und jener Abstraktionen, die sie ihre „Wirtschaften" nennen) kontinuierliche Entropie- und Syntropiezyklen mit sich bringen: der Ab- und Wiederaufbau der Struktur und die konstante Wiederverwendung („recycling") der Ausscheidungsprodukte, welche die Nährstoffe für neues Wachstum, Synthese und Evolution freisetzen. Daher wollen wir nun einen Blick auf das werfen, was jetzt im Entstehen begriffen ist: die aufkommende regenerative „Gegenwirtschaft", die jetzt im Begriff ist, sich inmitten der alten Industriesysteme zu entwickeln.

Dieses grundlegende Modell des Entropie-Syntropiekreislaufs und die irreversible Evolution aller natürlichen und biologischen Systeme tragen entscheidend dazu bei, daß wir das spezielle Subsystem, das wir unsere „Wirtschaft" nennen, verstehen und die gegenwärtigen wirtschaftlichen Probleme in einem größeren zeitlichen Rahmen als den Anfang vom Niedergang des Industrialismus sehen. Dieser Niedergang wird bestimmt nicht problemlos verlaufen, wie Millionen von Arbeitslosen in reifen Industriegesellschaften bereits jetzt zu spüren bekommen haben. Wie ich zu zeigen versucht habe, wird der Niedergang nur die nicht mehr aufrechtzuerhaltenden Produktionsformen und die dadurch erzeugten Konsumformen betreffen, aber unter einer weitblickenden Führung lassen sich die Anpassungsprozesse noch ohne schwerwiegende Konsequenzen vollziehen, vorausgesetzt, die Strapazen werden auf alle Gruppen gerecht verteilt, und die Armen und Schwachen werden davor bewahrt, die Hauptlast der Verschiebungen tragen zu müssen. Inzwischen setzt das im Niedergang befindliche System bereits „Nährstoffe" frei: Kapital, Management und menschliche Energie und Initiative, welche die Entwicklung dieser schon sichtbaren Gegenwirtschaft, die sich jetzt in den Freiräumen zwischen unseren vorhandenen Institutionen zu entfalten beginnt, vorantreiben.

Ich werde versuchen, diese neue Gegenwirtschaft in Umrissen zu skizzieren, in der Hoffnung, daß jene, die Zugang zu Computern, finanziellen und wissenschaftlichen Mitteln haben, ein genaues Bild vom Potential dieser regenerativen Wirtschaft ausarbeiten und es in die Massenmedien zur öffentlichen Diskussion einbringen werden. Während die Wirtschaftswissenschaftler sich abmühen, sich selbst einem Recyclingsprozeß zu unterziehen, damit sie sich mit diesen neuen Gegebenheiten und ihnen nicht vertrauten Variablen befassen können, erscheint es jenen, die sich in ihren Ansichten nicht vom Blendwerk der Wirtschaftswissenschaftler beirren ließen, so, als ob dieser Übergang offensichtlich ist, als ob er sich aus ganz einfachen Metaphern schließen läßt, zum Beispiel: „So etwas wie ein kostenloses Mittagessen gibt es nicht"; „Nichts ist so trügerisch wie der Erfolg"; „Wachstum kann auch Krebs sein". Tatsächlich haben die Durchschnittsbürger in diesen Gesellschaften gelernt, nicht mehr auf ihre Führungsspitzen und Massenmedien zu hören, und sind nun trotz der Verschleierungstaktiken von unzähligen intellektuellen Tagelöhnern und der Prophezeiungen von „Experten" auf dem besten Wege, die wahre Situation zu begreifen.

Eigentlich versteht es sich von selbst, daß die reifen Industriegesellschaften nicht weiterhin zu bisherigen Raten expandieren konnten, weil solche Raten ganz einfach immer im Verhältnis zu der Größe einer *Basis* stehen. Ein jeder Bürger weiß, daß bei einer größer werdenden Basis deren *Expansionsrate* früher oder später abnehmen muß; ob man nun die Kurszuwachsrate der heutigen Aktien von IBM oder Xerox verglichen mit ihrem früheren spektakulären Abschneiden betrachtet oder die Wachstumsrate der Größe von Öltankern, Flugzeugen oder menschlichen Siedlungen. Tatsächlich sind Bürokratien anscheinend die einzige derzeitige Ausnahme dieser Regel, aber auch sie können verfallen, wie die überzentralisierten, nicht mehr aufrechtzuerhaltenden Technologien, aufgrund derer sie entstanden sind. Und trotzdem stelle ich fest, daß man heute in Washington wegen sinkender Wirtschaftswachstumsraten (definiert anhand des Bruttosozialprodukts) und sinkender Raten bei technologischer Innovation und „Produktivität" (unzulänglich definiert) immer noch viel Aufhebens macht und eine Menge Unsinn redet, wo doch die *Basis* für die Berechung solcher Raten – das gigantische soziotechnische System der USA – die größte auf dem ganzen Planeten ist"! Sicherlich wissen wir mittlerweile, daß menschliche Kulturen die Angewohnheit haben, sich hochzuentwickeln und dann zu verfallen, da sie irgendeine Ressourcengrenze überschreiten, nicht mehr über technologische Anpassungsfähigkeit verfügen oder ganz einfach an schöpferischem, kulturellem Elan verlieren.

Wie schon erwähnt, könnte Karl Polanyi durchaus Recht gehabt haben, als er 1944 in The *Great Transformation* den Industrialismus und das Sozialgesetzgebungspaket, die das „System der freien Marktwirtschaft" in England begründeten und die Industrielle Revolution auslösten, als eine Verirrung in der Menschheitsgeschichte von Seltenheitswert bezeichnete. Bis zu jener Zeit hatten die Menschen normalerweise zwei andere wesentliche Produktions- und Ressourcenzuteilungssysteme angewandt: Reziprozität und Redistribution. Wir müssen jetzt unter Umständen der Möglichkeit ins Auge sehen, daß die industrielle Kultur und unser eigenes Erdölzeitalter vielleicht nur ein kurzer Abschnitt in der Menschheitsgeschichte sind. Doch das muß nicht unbedingt eine totale Katastrophe sein, bzw. überhaupt eine Katastrophe. Daher bin ich nicht beeindruckt, wenn amerikanische Raten von technologischer Innovation und „Produktivität" unter offiziellen Verlautbarungen des Entsetzens mit den höheren Raten Japans (mit einer Nachkriegsbasis, die ungefähr eine ganze Größenordnung kleiner ist als unsere) verglichen werden. Ich bin nicht erschüttert, wenn ich darauf aufmerksam gemacht werde, daß neue „Wissenschafts- und Technologielücken" größer werden und der Kongreß von Gruppen, die die Naturwissenschaften und die Hochtechnologie fördern, dazu gedrängt wird, immer mehr Steuergelder bereitzustellen, damit wir vor diesem Schicksal bewahrt werden. All diesen Ermahnungen liegt die Annahme zugrunde, daß das Wohlergehen des wissenschaftlichen und technologischen Unternehmens nach dessen gegenwärtiger Definition und Struktur gleichbedeutend mit dem Wohlergehen des Landes in seiner Gesamtheit ist. Ich und viele andere weisen diese These zurück.

Deshalb behaupte ich, daß ein Großteil des intellektuellen Brimboriums von reifen Industrieländern, da sich ein solch einschneidender Strukturwandel in ihnen vollzieht, mittlerweile auch abgedroschen ist und ausgedient hat. Offensichtliche Widersprüche gibt es mehr als genug, welche gewöhnlich Anzeichen dafür sind, daß paradigmatische Verschiebungen vonnöten sind. Die andauernde Krise in den Wirtschaftswissenschaften, vor allem jene, die wir in der Makroökonomie gesehen haben, geht einher mit Krisen in der Soziologie, Psychologie und sogar in der Physik.

Wie bereits an früherer Stelle erörtert, lassen sich heute zwei beharrliche Widersprüche im Hinblick auf die fortschreitende technologische Komplexität kaum mehr auf irgendeinem wissenschaftlichen Gebiet, das für politische Entscheidungen in einer Industriegesellschaft von Bedeutung ist, vermeiden:

1. Eine solche Komplexität zerstört systematisch die Voraussetzungen für einen freien Markt und führt so dazu, daß sich die Praktiken des Laissez-faire immer weniger anwenden lassen, während wir Menschen zur selben Zeit noch immer nicht gelernt haben, wie man solche Gesellschaften plant;

2. Sie zerstört die für das Funktionieren demokratischer Staatsregierungen notwendigen Bedingungen, da die Gesetzgeber und selbst die Staatsoberhäupter, vom Durchschnittswähler ganz zu schweigen, sich nicht genügend Informatio-

nen zu eigen machen und diese so souverän beherrschen können, daß sie in der Lage wären, die Kontrolle über die technologische Innovation im Interesse des Volkes auszuüben, während die risikoreiche Natur neuer Technologien häufig die Reglementierung und Überwachung der Gesellschaft erfordert, wodurch die Grundrechte auf freie Entfaltung der Persönlichkeit ausgehöhlt und außer Kraft gesetzt werden, so daß komplexe Technologien wie beispielsweise die Atomkraft also von Natur aus totalitär sind.

Die menschlichen Gesellschaften machen sich erst jetzt daran, Strategien (von denen einige längst in Vergessenheit geraten waren oder in der kulturellen Tradition von solchen Subkulturen wie den 'Amish' – eine von den Mennoniten abgesplitterte Glaubensgemeinschaft – oder den sogenannten „primitiven" Gesellschaften) systematisch zu überprüfen, ob man mit ihnen den destabilisierenden sozialen Auswirkungen von technologischen Veränderungen und Innovationen beikommen kann.

Solche Komplexitäten gehen über menschliche Fähigkeiten und selbst über unsere gegenwärtigen fortgeschrittensten Modellierungsmethodologien hinaus, denn diese Entscheidungsprozesse haben mit der Evolution unserer Spezies zu tun. Die meisten Arten vollziehen solche Entscheidungsprozesse über unendlich viele Generationen hinweg und auch unbewußt durch ihre Gene und durch die Prozesse der natürlichen Selektion und der ökologischen Sukzession. Diese natürlichen, evolutionären Auswahlverfahren auf dem Entwicklungsweg der Spezies betreffen auch diese Metawechselwirkungen und die „Ökonomie der Flexibilität", das heißt heutiger „Verbrauch" von Flexibilität gegen „Speicherung" zukünftiger Flexibilität. Die von der Natur ausgewählte Form verlangt von einzelnen Mitgliedern einer Spezies große Opfer, bevor ein Komplex von Anpassungen für die genetische „harte Programmierung" des Genotyps selbst ausgewählt wird. Diese Begriffe werden von Gregory Bateson in seinem Buch *Steps to an Ecology of Mind* ausführlicher behandelt, in dem er auf brillante Weise aus solchen evolutionären, genetischen Begriffen allgemeine Schlüsse für menschliche und soziale Systeme zieht. Er bemerkt: „In allen homöostatischen Systemen müssen höhere Kontrollsysteme hinter der Abfolge von Ereignissen in den peripheren Bahnen zurückbleiben ... um es so zu ermöglichen, daß stochastische Versuch-und-Irrtum-Verfahren mit Anpassungen experimentieren können." Die Wahl des richtigen Zeitpunkts entscheidet alles. Wenn die genetische Anpassung an Veränderungen zu rasch vor sich geht, so würde dies nur dazu führen, daß die Spezies für die nächste Runde von Umweltstörungen fehlangepaßt wäre. Das Paradoxon ist superb: „Nichts ist so trügerisch wie der Erfolg." Daß die Menschen nun an dem Punkt in ihrer eigenen Evolution angelangt sind, wo diese einst genetischen, evolutionären Auswahlverfahren zu bewußten, kulturellen Entscheidungsprozessen werden, offenbart sich in der Natur all dieser auf einem Metaniveau befindlichen politischen Entscheidungen, denen die Industriegesellschaften, wie wir gesehen haben, heute gegenüberstehen. Die Gegenkultur- und Bürgerprotestbewegungen der letzten zehn Jahre, die den Kern der entstehenden, auf selbständigen, dezentralisierten und ökologisch harmonischen Lebensweisen basierenden Gegenwirtschaften bilden, sind alles andere als kurzlebige Modeerscheinungen, sondern meinen es todernst, und sie müssen mit allen zur Verfügung stehenden Mitteln unterstützt werden, da sie während des jetzt in vielen reifen Industrieländern vor sich gehenden Niedergangs und der darauffolgenden Schrumpfung des Welthandelssystems den besten Grundstock für soziale und kulturelle Flexibilität darstellen.

Das durch den Aphorismus „Nichts ist trügerischer wie der Erfolg" zusammengefaßte evolutionäre Dilemma läßt sich mit Hilfe der Anthropologie zum Gesetz der Retardierenden Führung umformulieren, nach dem die angepaßtesten und erfolgreichsten Länder die größten Schwierigkeiten haben sich anzupassen und ihre Führungsposition in Weltfragen zu halten, und daß umgekehrt die rückständigen und weniger erfolgreichen Gesellschaften größere Aussichten haben, sich unter wechselnden Bedingungen anzupassen und weiterzuentwickeln. L. S. Stavrianos verwendet diese Prinzipien für die in seinem Buch *The Promise of the Coming Dark Age* aufgestellte Behauptung, daß sich die westlichen

Gesellschaften wegen des überbevölkerten, ökologisch ausgebeuteten Planeten von heute mächtig ins Zeug legen müssen, andererseits besteht die Möglichkeit, daß diese Gesellschaften ihre eigenen einzigartigen Entwicklungsstrategien ergänzen, indem sie von den Chinesen das Kommunalmodell der selbständigen Entwicklung und Massenbeteiligung übernehmen, von den Jugoslawen das Modell der Arbeiterselbstverwaltung und von den sich jetzt in den westlichen Industrieländern entstehenden Gegenwirtschaften eine Auswahl von Gegenkultur-, Bürgeraktions- und Kommunalkontrollmodellen. Stavrianos, Forrester, Goldsmith, Illich, ich und andere mehr haben den Standpunkt vertreten, daß die westlichen Gesellschaften, sollen sie regenerativ und aufrechterhaltbar werden, vielleicht wirklich von diesen sogenannten Entwicklungsländern lernen sowie sich viele traditionelle Erfahrungen und Fähigkeiten aus ihrer eigenen Vergangenheit wiederaneignen müssen, um die mitten unter ihnen entstehenden Gegenwirtschaften zu unterstützen, auszubauen und kulturell lohnend zu machen.

Angesichts des gegenwärtigen Übergangs von industriellen Gesellschaften und der Bemühungen, die neue Situation in neue Begriffe zu fassen, überrascht es nicht, daß die kognitive Dissonanz immer größere Ausmaße annimmt. In den Vereinigten Staaten sehen wir trotz dem seit zehn Jahren vorhergesagten Ende vielmehr die Beständigkeit der Gegenkultur, der Umweltschutzbewegung, die nach dem Meinungsforschungsinstitut Harris and Opinion Research heute stärker ist denn je, des Eintretens für Verbraucher und die Interessen der Allgemeinheit, der Bewegungen für die Gleichberechtigung von Frauen und Minderheiten sowie der Verbreitung der durch diese Entwicklungen bedingten neuen Werte und neuen möglichen Lebensweisen, während die Statistiken die in umgekehrter Richtung verlaufende Abwanderung von den Städten zurück aufs Land dokumentieren.

In jeder kulturellen Übergangsphase verstärken die in einer Gesellschaft herrschenden Organe häufig ihre Bemühungen, der Öffentlichkeit das Gefühl der Sicherheit zu geben, während gleichzeitig ihre Führer persönlich Zweifel und

Furcht zum Ausdruck bringen. Das überrascht nicht, da sich doch gerade diese Regierungs-, Wirtschafts-, Wissenschafts-, Gewerkschafts- und Glaubensinstitutionen sowie deren Führer im Niedergang befinden und ihre Macht bedroht und untergraben wird. Die informationssammelnden und -verarbeitenden Medien, die Statistiken und Indikatoren sind allesamt darauf ausgerichtet, das Wohlergehen der Gesellschaft anhand des Wohlergehens dieser bestehenden Institutionen zu messen. Deshalb bleiben die stärker werdenden neuen Strömungen der Gesellschaft unberücksichtigt und werden als mögliche neue Sozialmodelle weiterhin unzureichend untersucht werden. Wir können es uns nicht leisten, so lange zu warten, bis aus den begrifflichen Trümmern des Industrialismus die Spreu vom Weizen getrennt wird. Während wir unsere mittlerweile unzulänglichen Statistiken überprüfen, müssen wir gleichzeitig die Gegenwirtschaft untersuchen. Da wir mit nutzlosen Daten überschwemmt werden, dürfen wir nicht vergessen, daß es in Informationssystemen eine natürliche Hierarchie gibt: von den kleinsten unbearbeiteten Dateneinheiten zu den Modellen, die sie zu einem Schema verbinden, zu den Vorstellungen, nach denen die Modelle entworfen werden – zu den Zielen, die den Vorstellungen einen Sinn geben – und schließlich die Werte, aus denen sich der Sinn ergibt und die das *gesamte Informationssystem und die Kultur selbst antreiben.* Neue Erkenntnisse und Paradigmen können realistischere Modelle hervorbringen und geeignetere Statistiken schaffen, und die neuen Anstrengungen auf diesem Gebiet sollten unterstützt werden.

Es wäre verfrüht, sich bereits jetzt ein Bild von einer planetaren Gegenwirtschaft zu machen, da viele pragmatische Experimente notwendig sein werden, bevor die althergebrachten und heute irrelevanten Dogmen und Kontroversen im Zusammenhang mit der Kapitalismus-gegen-Kommunismus-Thematik überwunden werden können. Beide Lehren basieren auf technologischem Determinismus, unzulänglichen Vorstellungen von industrieller „Effizienz" und „Fortschritt" und sind gegenüber ökologischen Dimensionen mit anthropozentrischer Blindheit geschlagen und bringen das menschliche Potential um seinen wahren Wert. Die Wirtschaftswissenschaften selbst sind zu einer ineffektiven Kategorie geworden, zu einem akademischen Relikt, das sich noch für die Buchhaltung bei Mikrotransaktionen eignet und dessen Terminologie nur dafür notwendig ist, um sich mit jenen zu verständigen, die mit seinen begrifflichen Gepflogenheiten konform gehen und die leider noch immer ein kolossal gefährliches Maß an Einfluß in unseren Ressourcenzuteilungssystemen ausüben. Einige der interessantesten und bedeutendsten Manifestierungen der Gegenwirtschaften in den Vereinigten Staaten, Kanada, Großbritannien, den skandinavischen Ländern, den Niederlanden, Japan, Australien und Neuseeland umfassen:

– Die Zunahme der Gegenmedien und der alternativen Publikationen (ein Maßstab für die Gegenwirtschaft): In den USA zum Beispiel: *Prevention* (mit einer Auflage von fast 2 Millionen), *Organic Gardening* (1 Million), *Rolling Stone* (ungefähr 1,5 Millionen), *Mother Earth News* (300.000), *The Whole Earth Catalogue* und *Epilogue;* der große Zuwachs von regionalen Zeitschriften, deren Schwerpunkt auf ökologischen Lebensweisen und geeigneten Technologien liegt; die ca. 80 von Feministinnen betriebenen Verlagsprojekte; das Aufkommen der schwarzen Presse; und die Aberhunderte kleiner, häufig auf Genossenschaftsbasis betriebener Buchverlage und -großhändler.

– Die alternativen Absatzorganisationen: zum Beispiel der *Alternative Christmas Catalogue,* der statt materialistischer Güter und Plunders eine große Auswahl an „bewußtseinsfördernden Geschenken“ anbietet, wie beispielsweise Abonnements von Gegenkulturzeitschriften und -rundschreiben und Mitgliedschaften in verschiedenen Gegenkulturorganisationen und Bürgerinitiativen; die immer größer werdenden Absatzorganisationen für das auf dem Land ansässige Kunstgewerbe, wie beispielsweise Bettdecken, Stickereien, Bekleidung und Spielwaren, deren Vertrieb an städtische Warenhäuser häufig auf rein kostendeckender Basis übernommen wird; die alternativen Werbeträger, die jetzt kleinen ländlichen Betrieben und Handwerks- und Kunstgewerben von den florierenden Gegenkulturmedien und deren billigen Anzeigenpreisen und eindeutig bestimmten Rezipienten angeboten werden; ganz professionell betriebene alternative Meinungsforschungsinstitute wie zum Beispiel American Research Corporation und Hart Associates; im Interesse der Allgemeinheit arbeitende Werbeagenturen, von denen das bekannteste in den USA das Public Media Center von San Francisco ist, das keine gewöhnlichen kommerziellen Kundenaufträge entgegennimmt, sondern für Bürgerorganisationen und deren soziale Anliegen wirbt.

– Eine weitere neue Methode ist die Entwicklung alternativer Absatzgruppen wie Oxfams „Bridge" (Oxfam = Oxford Commitee for Farnine Relief = Dritte-Welt-Läden) in Großbritannien, die kleine ländliche Hersteller von handwerklich gefertigten Waren und Kunstgegenständen in der Dritten Welt mit wohlhabenden, verantwortungsbewußten Verbrauchern in Großbritannien katalogisieren und miteinander verbinden, wodurch neue Handelsbeziehungen errichtet werden, die nicht auf Profit abzielen, die betroffene Menschen einander näher bringen und profitorientierte Handelswege und multinationale Unternehmen umgehen. Ein weiterer im Wachstum begriffener Modus operandi ist die Veranstaltung von sowohl ländlichen als auch städtischen „Messen", wo sich verschiedene Sektoren der Gegenwirtschaft zusammenballen und gegenseitig Impulse geben können; dort gibt es Redner für neue Lebensweisen, Bücherstände, Stände für örtliche Bürgerorganisationen, vom ortsansässigen Kunst- und Handwerksgewerbe gefertigte Gegenstände. Ein Beispiel dafür ist die Toward Tomorrow Fair in Amherst im Staat Massachusetts, eine jährlich abgehaltene Veranstaltung, bei der Kleingewerbetreibende, die sich mit Solar-, Wind- und Biokonversionsenergie, Klosetts ohne Wasserspülung, Heimwerkerbedarf und Heim- und Gartengeräten ihr Brot verdienen, auf einem zwei Hektar großen Areal alternative Technologie anhand von Ausstellungsstücken demonstrieren; die Messe, die ungefähr 30.000 Besucher anzieht, ist zu einer Institution geworden. Ähnliche Messen und Veranstaltungen, wie die von der Cousteau-Gesellschaft veranstalteten „Aktionstage" und die vielen für die Verbesserung der Ernährungs- und holistischer gesunder Lebensweisen eintretenden Ausstellungen, verzeichnen einen ähnlich großen Zulauf. Sie verheißen neue Querverbindungen und Vertriebsnetze, die gegen die traditionelle Absatzpolitik der Industrie abgeschirmt sind und auf den entstehenden Wertsystemen basieren, die von der alten, materialistischen „aggressiven Verkaufspolitik" der Madison Avenue (= Zentrum der amerikanischen Werbeindustrie) unberührt bleiben.

– Das wachsende Interesse an der wirtschaftlichen Seite des Haushalts, das heißt weniger die Ökonomie des *Markt*werts, sondern vielmehr die des *Gebrauchs*werts. Professor Sol Tax hat in dem Bericht *The Center Report* vorgeschlagen, daß wir damit anfangen sollten, durch das andere Ende des Teleskops auf die Möglichkeiten der Familie als dem unternehmerischen Grundbaustein zu schauen und, wo notwendig, unsere Steuerstruktur und -gesetze so zu ändern, daß sie diese kleinste Einheit wirtschaftlicher und sozialer Organisation begünstigen, und nicht wie gegenwärtig die Großunternehmen. Im Jahr 1780 waren über 80 % aller Amerikaner selbständig, viele davon im eigenen Haushalt. Das Vanier-Institut für die Familie in Kanada widmet sich dem Begriff der Haushaltsökonomie und der Förderung lokaler Selbständigkeit, der Dezentralisierung der Wirtschaftskapazität und der Offenlegung der Absurditäten in den volkswirtschaftlichen Statistiken, die die gewaltige Produktivität von Haushalten nur deswegen nicht anerkennen wollen, weil sie nicht ein Teil der auf Geld basierenden Wirtschaften sind und wahrscheinlich auch nie sein sollten. In *Home, Inc.* schätzt Scott Burns, daß die Gesamtsumme, wenn unsere volkswirtschaftlichen Statistiken den Wert der Haushalte und der in ihnen von Männern und Frauen geleisteten Arbeit einschließen würden, dem von allen amerikanischen Unternehmen in Form von Löhnen und Gehältern ausgezahlten Gesamtbetrag gleichkäme. Burns bemerkt, daß die vom Staat beschäftigten Statistiker den Wert des Haushalts erst dann festsetzen, wenn er zusammenbricht, das heißt sie kennen die Kosten der Sozialfürsorge, der Unterstützung für abhängige Kinder und der sozialen Dienstleistungen und können folglich den Wert von existenzfähigen Haushalten mit negativem Vorzeichen berechnen. Außerdem stellt er fest, daß zwar die Unternehmen aufgrund der Einkommenssteuergesetze ihre Ausrüstungsinvestitionen von der Steuer absetzen und abschreiben können, aber die Haus- und Wohnungsinhaber gezwungen sind, ihre eigenen Produktionsmittel, zum Beispiel Nähmaschinen, Kochherde, Gefrierschränke, Joghurtmaschinen, Werkzeuge für den Hausgebrauch so zu behandeln, als wären sie Verbrauchsgüter! Nach einer 1969 von Ismail Sirageldin durchgeführten Untersuchung belief sich der Gesamtwert aller vom Haushaltssektor im Jahr 1965 erzeugten Güter und Dienstleistungen auf ungefähr 300 Milliarden Dollar. Der wachsende Protest gegen die seit langem währende statistische Nichtbeachtung der Haushaltsökonomie wird heute natürlich von Frauen angeführt, die von den Definitionen der Wirtschaftswissenschaftler von „Produktivität" und „Wert" konsequent nicht berücksichtigt sowie vom Bruttosozialprodukt und von der ihnen rechtmäßig zustehenden Altersversorgung ausgeschlossen worden sind. Viele Frauen setzen sich gegen diese schrecklichen Ungerechtigkeiten dadurch zur Wehr, daß sie ihr Hausfrauendasein aufgeben und sich erfolgreich am Konkurrenzkampf in der Marktwirtschaft beteiligen, während sich andere Frauen zusammen mit verantwortungsbewußten Männern dafür einsetzen, daß der Familie wieder der richtige Platz in unserem Wirtschaftsleben zukommt und daß ihre Funktion bei der allesentscheidenden Erziehung und Sozialisierung der Heranwachsenden und bei der Verhinderung des Generationskonflikts gestärkt wird. Viele andere in der Gegenkultur verwenden sich dafür, daß die Definition der Familie dahingehend ausgeweitet wird, daß sie auch Gemeinschaften und alle möglichen, bewußt eingegangenen familienähnlichen Verbindungen, die nicht allein auf Geschlechterrollen sondern auch auf Arbeit und Freundschaft basieren, umfaßt. Die meisten unserer Wirtschaftsstatistiken sind so angelegt, daß sie das Marktsystem nachzeichnen, statt die ganzen und wahren Ausmaße unseres gesamten Wirtschaftssystems aufzuzeigen. Bisher handelte es ich bei den spärlichen wissenschaftlichen Bemühungen, das Bruttosozialprodukt zu revidieren, damit der Wert der Haushaltsökonomie erfaßt wird und die durch marktwirtschaftliche Aktivitäten verursachten emporschnellenden sozialen Kosten subtrahiert werden –

wie zum Beispiel Tobins und Nordhaus' „Wirtschaftlicher-Wohlfahrts-Indikator" und der neuere „Netto-Wohlfahrts-Indikator" von Samuelson – um kleinere Veränderungen, die aber von den Wirtschaftswissenschaftlern trotz der generell eingestandenen groben Fehler bei der Bruttosozialproduktberechnung des Wirtschaftswachstums zu keinem Zeitpunkt unterstützt wurden.

– Die größer werdenden verschiedenen Bewegungen für alternative Technologie: Diese Bewegungen verzeichnen in allen reifen Industriegesellschaften eine schwunghafte Entwicklung, vor allem in Großbritannien, den skandinavischen Ländern, den USA und Kanada. Es gibt schon beinahe wieder zuviel Studien und Statistiken über die für die vorherrschenden wissenschaftlichen und technologischen Entwicklungsformen der Industrie typischen Merkmale, da technologische „Produktivität" und Technologietransfer in nationalen und internationalen Handel Fragen von besonderem Interesse sind. Die auf kulturell und ökologisch geeigneterer Technologie basierenden entstehenden Wirtschaften wurden aber von den meisten Regierungsbehörden in den Ländern, in denen es diese Bewegungen gibt, so gut wie gar nicht berücksichtigt. Die Größe dieses Sektors läßt sich nur aus dem Werbeaufkommen in alternativen Medien und aus den Bestsellern seiner Gurus schließen, wie beispielsweise Schumacher, dessen postum veröffentlichtes Buch *A Guide for the Perplexed* voll Ungeduld erwartet worden war. Während Nachrufe in der vorherrschenden Presse Respekt bekundeten, kam es in vielen Ländern zu einer Welle von Trauer- und Gedenkfeiern. Auch Zeitschriften verzeichnen einen großen Zuwachs auf diesem Gebiet, wie bespielsweise *Alternatives* in Kanada; *The Ecologist, Undercurrents, Resurgence, Appropriate Technology* in Großbritannien; und in Australien *Earth Garden, Grass Roots* und *The Powder Magazine*. In den USA erscheinen *Foxfire, Journal of the New Alchemists, Co-Evolution Quarterly, Rain, Science for the People, Workforce, Shelter, Self-Reliance* und unzählige andere Magazine, deren Ansichten dann häufig mit mehrjähriger Verspätung schließlich auch in der vorsichtigeren, in Washington ansässigen Zeitschrift *The Futurist* auftauchen.

– Die Wiedergeburt des Populismus und die genossenschaftliche Bewegung, Ausbau der zwischenmenschlichen Beziehungen in den Stadtvierteln und Nachbarschaften, Stadterneuerung unter gemeinsamer Anstrengung aller, treuhänderisch verwalteter Grund und Boden und der zunehmende Tauschhandel mit handwerklichen Fähigkeiten und eigenproduzierten Gütern und Dienstleistungen: Der Genossenschaftsverband der USA stellte schon in seiner 1975 durchgeführten Erhebung fest, daß mehr als 50 Millionen Amerikaner zu Genossenschaften gehörten; diese umfaßten Genossenschaftsbanken, die Kredite vergaben, die von kommerziellen Banken nicht bewilligt wurden, 22.879 Kreditvereine, 2034 Versicherungsgenossenschaften mit über sieben Millionen Mitgliedern, ungefähr 1700 Kindergärten, rund 8000 Absatzgenossenschaften für landwirtschaftliche Produkte, 999 ländliche Elektrizitätsgenossenschaften, die 6,5 Millionen Kunden versorgen, 258 Studentenwohnheimgenossenschaften, 241 ländliche Telefongenossenschaften mit 750.000 Teilnehmern, 102 Fischereigenossenschaften mit 7098 Mitgliedern, 125 Bestattungsgenossenschaften, in deren Einzugsbereich ca. 500.000 Menschen fallen und die würdige Begräbnisfeiern anbieten, und (die jüngste Form) 223 Lebensmittelgenossenschaften, die ungefähr 577.000 Verbraucher bedienen. Ein Gesetz für die Gründung einer nationalen Genossenschaftsbank wäre am 94. Kongreß beinahe verabschiedet worden und wird jetzt wahrscheinlich während der Amtszeit Carters verabschiedet werden; es wird der Diskriminierung, die viele Genossenschaften von seiten kommerzieller, multinationaler Banken bisher zu spüren bekommen haben, entgegenwirken helfen. Viele örtliche Organisationen setzen sich sehr dafür ein, daß in allen Einzelstaaten der USA Entwicklungsbanken nach dem Vorbild der erfolgreichen Bank des Staates North Dakota errichtet werden, die sich im Besitz des jeweiligen Staates befinden und Kredite für landwirtschaftliche Kleinbetriebe (die das amerikanische Landwirtschaftsministerium gerne der Vergessenheit anheimfallen lassen wollte, indem es sie in seinen Statistiken nicht mehr berücksichtigte) und für Unternehmen und Genossenschaften zur Entwicklung örtlicher

Gemeinschaften bereitstellen sollen. Die Finanzierungsgesellschaft zur Gemeinschaftsentwicklung in Massachusetts gehört vielleicht zu den ersten auf diesem Gebiet; die bereits genehmigte und mit einem Startkapital von 10 Millionen Dollar ausgestattete Gesellschaft wird Aktien von Unternehmen, die sich im gemeinschaftlichen Besitz der Bewohner irgendeines in Massachusetts liegenden Gebietes befinden, aufkaufen. Inzwischen schießen Gemeinschaftsorganisationen an der Basis aus dem Boden; viele basieren auf dem sensationell erfolgreichen Modell von Acorn im Staat Arkansas, einer Koalition aus mittellosen Eigenheimbesitzern, Landwirten, Teilpächtern, Arbeitern und Stadtbewohnern aller Rassen, deren Solidarität gezeigt hat, wie entschlossene Wähler, die sich eingehend mit ihren eigenen kommunalpolitischen Systemen befassen, lokale Satrapien, die Steuergelder in Millionenhöhe verwalten, erobern können und wie man gegen Preiserhöhungen der Versorgungsunternehmen angehen kann (und auch Preissenkungen erwirken kann, wie das Lebenshilfe-Koalitionen in Kalifornien und anderen Staaten bewiesen haben). Die über die erfolgreichen Bemühungen an der Basis entsetzten Versorgungsunternehmen haben in ihrer Not Gegenangriffe in Form von verstärkter Einflußnahme und Werbung (deren Kosten zu Lasten ihrer Verbraucher gehen) gestartet, während entmachtete politische Schreiberlinge in Arkansas und Leitartikel in den Zeitungen von Little Rock von „den Liliputanern, die sich zusammenschlossen und Gulliver in Fesseln legten“ sprachen. Die Ausarbeitung neuer Statistiken über diese genossenschaftlichen, auf nachbarschaftlichen Gemeinschaften basierenden politischen und wirtschaftlichen Unternehmungen ist nicht nur kostspielig, sondern erfordert auch intellektuelle Kreativität, da nur wenig offizielles Zahlenmaterial verfügbar ist und da es den Status-quo-Institutionen und -medien häufig gelingt, solche Unternehmungen zu bagatellisieren oder ihre Berichterstattung in kommerziell kontrollierten Medien zu verhindern.

– Die aufstrebenden Arbeiterbeteiligungs- und Selbstverwaltungsbewegungen: Diese Bewegungen sind in Westeuropa und Kanada aktiver als in den USA oder Japan. Die politischen Traditionen Westeuropas bieten günstige Voraussetzungen für eine unkomplizierte Verbreitung und Geschlossenheit der Bemühungen, mehr Einfluß auf die Qualität des Arbeitslebens zu gewinnen. In den Vereinigten Staaten hat die Arbeiterbewegung bei den traditionellen Tarifverhandlungen für höhere Löhne eher materiell profitiert. Diese Haltung ändert sich jetzt, da die realen Einkommen aufgrund der Inflation über länger Zeiträume hinweg gleichgeblieben sind und ein unbeständiges Wachstum den Arbeitern nicht mehr ihren festen Arbeitsplatz garantieren kann, von einem größeren Stück eines wachsenden Kuchens ganz zu schweigen. In Japan konnten die Forderungen der Arbeiter nach Selbstverwaltung bisher dadurch abgewehrt werden, daß sich das Management verpflichtete, sie auf Lebenszeit zu beschäftigen und ihnen allumfassende Sozialleistungen anzubieten. Aber mit zunehmender Schwächung der japanischen Wirtschaft durch ihre Abhängigkeit von Rohstoffen, Energie und unrealistischen Exportniveaus greifen die Unternehmensleitungen zu den von westlichen Ländern praktizierten Massenentlassungen; daraus wird sich die Radikalisierung der japanischen Arbeiterschaft mit bisher noch nicht abzusehenden Folgen ergeben. Die westeuropäischen Länder, wie beispielsweise Schweden, Norwegen, Deutschland, Frankreich und Großbritannien, machen fast täglich Zugeständnisse an den von Gewerkschaften ausgeübten Druck; Beispiele dafür umfassen Schwedens Meidner-Plan für eine wesentliche Beteiligung der Arbeiter am Eigentum der schwedischen Industrien, Deutschlands paritätisches Mitbestimmungsgesetz für die Zusammensetzung der Aufsichtsräte in Betrieben der Montanindustrie und die gemäßigteren Formen der Aufwertung von Arbeitsplätzen, die allgemeinüblich werden. Das amerikanische Management ist sich der radikalen Auswirkungen dieser Experimente sehr wohl bewußt. In einigen Fällen, wo Arbeiter die Produktion erfolgreich organisiert, Produktionssteigerungen erzielt und Gehaltsunterschiede in ihren eigenen Ausschüssen ausgearbeitet haben, wächst ihre Selbstsicherheit, die Tabufrage zu stellen: „Was tun denn all diese Manager, sind sie nicht lediglich unnötige Staffage?“ An diesem Punkt werden viele Experimente still und leise abgebrochen, da die Arbeiter das „göttliche Recht des Managements“ in Frage stellen. In Großbritannien hat sich dieses Problem, das dem uralten Konflikt zwischen Arbeit und Kapital zugrunde liegt, zu einem Klassenkampf entwikkelt. Wie erwähnt ist das Modell für eine großangelegte Erprobung der Arbeiterselbstverwaltung Jugoslawien, wo der Begriff des Privateigentums mit dem unserer eigenen Väter vergleichbar ist.

Das Wiedererstarken ethnischer und eingeborener Völker auf dem ganzen Planeten: Dieses Phänomen bedarf weiterer Untersuchungen. Solche Völker erkennen heute allmählich, daß die weltstädtischen Zentren ihren Bedürfnissen nicht gerecht werden können, und kommen zu dem Entschluß, daß sie sich gegen die ausbeuterischen Beziehungen, unter denen sie leiden, offen zur Wehr setzen und sie abbrechen müssen. Diese Manifestationen sind weitverbreitet: angefangen von dem zuvor beschriebenen außerordentlichen geheimen „Gipfel“treffen, das 1975 in Triest von den unterdrückten Minderheiten Europas abgehalten wurde und die Vorstellung eines „Europas der Völker“ propagierte, über die Indianerbewegung in den USA, bis hin zu den Forderungen der kanandischen Ureinwohner des Yukon und der Nordwestlichen Territorien nach der Rückgabe ihres Landes. Wegbereitende Forschungen auf diesem Gebiet werden heute von Elise Boulding angestellt, deren Buch *The Underside of History* man unbedingt gelesen haben sollte, während *The New Internationalist* über diese globalen Auseinandersetzungen in der Ausgabe vom Dezember 1976 berichtete. Wenn diese ethnischen Völker imstande sind, was als durchaus möglich erscheint, stärkere Verbindungen zu der wachsenden Weltfrauenbewegung und zu Bürgerinitiativen anzuknüpfen, dann sind die Aussichten auf ihren Beitrag zu einem heileren, gerechteren Weltsystem äußerst interessant. Viele der Ziele dieser ethnischen Völker ähneln denen der Gegenkultur- und Bürgerbewegungen: die Maßlosigkeiten des Profitsystems einzuschränken, neuen Gleichgewichts- und Verantwortlichkeitsprinzipien für unternehmerische wie auch bürokratische Macht- und Vermögensverhältnisse zu schaffen, Wissenschaft und Technologie in den Dienst demokratisch beschlossener sozialer und menschlicher Ziele zu stellen, die Entscheidungsfindung und den Zugang der Allgemeinheit zu Informationen und Regierungsfunktionen zu dezentralisieren, der Diskriminierung aufgrund von Rassen- und Geschlechtszugehörigkeit ein Ende zu setzen und auf den Erfahrungsschatz traditioneller Kulturen zurückzugreifen, um die Lebensweisen so umzugestalten, daß sie miteinander und mit der natürlichen Umwelt in Einklang stehen.

- Die weltweite Ökologiebewegung und die Frauenrechtsbewegung: Beide können einzigartige Funktionen im sozialen Wandel übernehmen, da sie in den Zentren aller Industriegesellschaften agieren. Die von Männern beherrschten Industriegesellschaften können nicht umhin, sich mit beiden Bewegungen zu befassen, da die Ehefrauen der von Unternehmen und vom Staat beschäftigten Bürokraten zu ihrem unbequemen sozialen „Gewissen“ werden, während viele männliche leitende Angestellte ihren eigenen Söhnen und Töchtern gegenübertreten und die aus ökologischer und sozialer Sicht destruktiven täglichen Entscheidungen rechtfertigen müssen.
- Der Aufbau neuer Koalitionen in Industrieländern zwischen früher aufgesplitterten Bürgergruppierungen: In vorangegangenen Beiträgen habe ich berichtet, wie die damals nicht miteinander in Verbindung stehenden örtlichen Gruppen in den USA in den sechziger Jahren arbeiteten. Einige bekämpften die Luftverschmutzung in New York und Kalifornien, einige versuchten, Flüsse in ihrer näheren Umgebung zu säubern oder den Bau von neuen Straßen oder Flughäfen zu verhindern, aber jede Gruppe wußte nur wenig von den Aktivitäten der anderen. Nach dem Tag der Erde im Jahr 1970 kam es zu einer gegenseitigen Annäherung, indem sie einen großen Sprung nach vorn taten und ihre bis dahin unzusammenhängenden „Verschmutzungs“-probleme begrifflich als Schutz der Umwelt und der planetaren Biosphäre auf einen gemeinsamen Nenner brachten. Bei dem Begriff der unternehmerischen Verantwortlichkeit kam es zu ähnlichen Annäherungen. Verbraucher- und

Umweltschützer und Mitglieder von Bürgerrechts-, Frauen- und Studentenbewegungen schlossen sich mit Antikriegsgruppen und mit den Kräften zusammen, die sich für freien Zugang zu den Medien, Informationsfreiheit und Gegenkultur einsetzten; sie alle hatten festgestellt, daß zu ihren Kritikpunkten unter anderem die Praktiken von Großunternehmen gehörten. Viele dieser vorhandenen Kräfte werden von den heutigen Koalitionen mit neuen und älteren Elementen der Arbeiterbewegung, auf dem Land lebenden Wählern, Betreibern von kleinen Geschäfts- und Landwirtschaftsbetrieben, Bürgerinitiativen und Nachbarschaftsgruppen und Befürwortern geeigneter Technologien zu einer neuen holistischen Begriffsbildung im Hinblick auf den Niedergang des Industriesystems vereint. Ein Beispiel für die Arbeitsweisen solcher neuen Koalitionen war die Konferenz *Working for Environmental and Economic Justice and Jobs,* an deren Vorbereitung ich beteiligt war. Sie wurde im Mai 1976 abgehalten und von 300 Führern von Arbeiter-, Umweltschutz- und Sozialgerechtigkeitsorganisationen besucht, die sich für arbeitsintensive staatliche Projekte und private Investitionen stark machten und die Ziele einer Vollbeschäftigungswirtschaft und neugeordneter unternehmerischer und staatlicher Prioritäten unterstützten. Seither fanden ähnliche Konferenzen in Ohio, Colorado, Kalifornien, New York und anderen Staaten statt. Die Organisation Environmentalists for Full Employment (= Umweltschützer für Vollbeschäftigung) dokumentiert in ihrem Bericht *Jobs and Energy* die vielen weiteren Arbeitsplätze, die sich in der alternativen Wirtschaftsform der regenerierbaren Ressourcen verwirklichen ließen. Eine internationale Koalition aus Umweltschützern, Arbeitern, Inhabern von Kleinbetrieben, Solartechnologen, Architekten, Konstrukteuren, Künstlern, Schriftstellern, Vertretern von Glaubensgemeinschaften und anderen, die für die aufstrebenden nachindustriellen Werte Partei ergreifen, setzen sich jetzt mit Rat und Tat für den Tag der Sonne ein, eine planetare Feier der Sonne, die alljährlich am 3. Mai stattfinden soll. Diese Koalitionen stellen nichts anderes dar als die gebündelte Nachfrage von Verbrauchern (die sich in der Wirtschaft nicht zum Ausdruck bringen läßt) nach öffentlichen Verkehrsmitteln, Solar- und Windenergie, Recyclings- und Biokonversionsindustrien – der größer werdende Unterbau der regenerativen, stabilen Wirtschaft. Ihre politischen Bemühungen werden die Investitionsstruktur so verändern, daß diese neuen Wirtschaftssektoren unterstützt werden, genauso, wie sie auch den Anstoß für die Schaffung der Umweltschutzindustrien und der derzeit in den USA mit einem Etat von 50 Millionen Dollar arbeitenden Solarindustrie gaben.

– Schließlich die bisher überzeugendsten Statistiken über die Dimension der in den USA entstehenden Gegenwirtschaft: Diese sind in dem 1976 vom Stanford-Forschungsinstitut veröffentlichten Bericht (*Business Intelligence Program, Guidelines No. 100*) enthalten, nach dessen Schätzungen zwischen vier und fünf Millionen erwachsener Amerikaner, die zunächst ihre Einkommen drastisch reduziert hatten und aus ihrem früheren Alltagstrott in der herrschenden industriellen Verbraucherwirtschaft ausgebrochen waren, mittlerweile ihre persönliche Lebensweise so verändert haben, daß sie sich ein Prinzip zu eigen machen, das der Forscher Duane Elgin vom Stanford-Institut als „freiwillige Einfachheit" bezeichnet. Nach Schätzungen des Stanford-Instituts halten sich weitere 8 bis 10 Millionen erwachsener Amerikaner strikt an einige, wenn auch nicht an alle Grundsätze der „Freiwilligen-Einfachheit"-Philosophie, die sparsamen Verbrauch, ökologisches Bewußtsein und ein beherrschendes Interesse an persönlichem, inneren Wachstum in sich begreift. Das Stanford-Institut behauptet, daß diese Statistiken über die Aneignung materieller Genügsamkeit und „immaterieller Reichtümer" von Bedeutung sind, weil sie die Vorboten eines größeren Wandels in den Zielen und Werten der Amerikaner im kommenden Jahrzehnt sein könnten.

Eine im Mai 1977 vom Harris-Institut durchgeführte Umfrage scheint die vom Stanford-Team ausgemachte Wertverschiebung zu bestätigen. Die Umfrage ergab, daß 79 % der Bevölkerung größeren Nachdruck darauf legen würden, die Menschen zu lehren, wie man mehr mit Grundlegendem leben kann, gegenüber 17 %, die sich für einen höheren Lebensstandard aussprachen. Mit 76 % gegen 17 % entscheidet sich eine beträchtliche Mehrheit eher dafür, „zu lernen, wie wir unsere Lebenslust aus immateriellen Erfahrungen gewinnen können", statt „daß wir unsere Bedürfnisse nach mehr Gütern und Dienstleistungen befriedigen". Mit 59 % gegen 33 % zöge es eine Mehrheit vor, „sich ernsthaft darum zu bemühen, die Dinge zu vermeiden, die die Umweltverschmutzung verursachen", statt „Wege zu finden, die Umwelt in Ordnung zu bringen, während die Wirtschaft expandiert". Eine überragende Mehrheit von 82 % gegenüber 11 % würde sich lieber darauf konzentrieren, „die bereits vorhandenen Reisemöglichkeiten zu verbessern"; nur 11 % würden den Schwerpunkt darauf legen, „Wege zu entwickeln, um an noch mehr Orte schneller zu gelangen". Mit 77 % gegen 15 % entscheidet sich die Öffentlichkeit dafür, „mehr Zeit damit zu verbringen, sich als Menschen besser kennenzulernen", statt „unsere Fähigkeit, miteinander mittels besserer Technologie zu kommunizieren, auszubauen und voranzutreiben". Mit 63 % gegenüber 22 % glaubt eine Mehrheit, daß unserem Land besser gedient wäre, wenn man sich mehr darauf konzentrierte, „zu lernen, die menschlichen Werte höher einzuschätzen als materielle Werte", als darauf, „Wege zu finden, um mehr Arbeitsplätze für die Produktion von noch mehr Gütern schaffen zu können". Mit 66 % gegenüber 22 % entschied sich die Öffentlichkeit eher dafür, „große Objekte aufzulösen und zu einer menschlicheren Lebensweise zurückzukehren", als dafür, „größere und effizientere Mittel und Wege für die Erfüllung von Aufgaben zu entwickeln". Und mit 64 % gegen 26 % sind die meisten Amerikaner der Meinung, daß es wichtiger ist, „die Arbeit, die die Menschen verrichten, innerlich und persönlich mehr als lohnende Aufgaben zu empfinden", als „die Produktivität unserer Arbeiter zu erhöhen".

In anderen Ländern wie zum Beispiel in Kanada, wo die Führungsrolle der Regierung (statt der in den USA vorherrschenden Ansicht von der Regierung als „Verkehrspolizist", der reagiert, aber nicht regiert) in der Verfassung festgelegt ist, taucht das Thema der freiwilligen Einfachheit offiziell auf. Die kanadische Regierung unterstützt durch solche Behörden wie die Science Council of Canada und die Advanced Concepts

Group of Environment Canada seit Jahren die Forschung über die sich verändernden Ziele und Werte der Kanadier und über deren Auswirkungen auf wissenschaftliche Entscheidungen und soziale und wirtschaftliche Strategien. Zum Beispiel arbeitete Environment Canada mit dem New-Alchemy-Institute bei der Entwicklung alternativer Strategien und Funktionsmodellen von energiesparenden, regenerativen Technologien für Prince Edward Island und Neuschottland zusammen; die Behörde Science Council of Canada hat unter der Überschrift „die Spargesellschaft" Studien über einen alternativen Kurs für Kanada durchgeführt und einen umfassenden Bericht, *Human Goals and Science Policy,* veröffentlicht, der 1976 von Dr. Ray Jackson verfaßt wurde; während im selben Jahr eine umfassende, von der Wirtschaftswissenschaftlerin Cathy Starrs ausgearbeitete Erhebung über die Einstellung der Kanadier von Environment Canada unter dem Titel Canadians in *Conversation About the Future* herausgegeben wurde.

Außerdem gab die kanadische Regierung eine großangelegte Studie in Auftrag, die im Dezember 1976 von der McGill Universität und der Universität von Montreal unter dem Titel *The Conserver Society: A Blueprint for the Future?* veröffentlicht wurde. Sie geht speziell gegen die derzeit vertretene Auffassung an, daß Kanada als eine verschwenderische Massenkonsumgesellschaft fortbestehen kann, und untersucht fünf verschiedene Szenarien für die Zukunft:

1. Das Status-quo-Szenario (Mehr tun mit mehr)
2. Das Wachstum-mit-Einsparung-Szenario (Mehr tun mit weniger)
3. Dasauf-hohem-Niveau-in-stabilem-Zustand-befindlicheSzenario (Dasselbe tun mit weniger)
4. Das „buddhistische" Szenario (Weniger tun mit weniger – den Massenkonsum ablehnen)
5. Das Verschweundungsgesellschafts-Szenario (Weniger mit mehr tun – Verschwendung und übersteigerter Konsum).

Das letzte dieser Szenarien karikiert die schlimmsten Ausprägungen der amerikanischen Gesellschaft: Verschwendung, manipulative Werbung, geplanter Verschleiß und sich selbst zerstörende Güter. Szenario zwei, drei und vier verlangen die Sanktionierung spezifischer staatlicher Programme: Einsparung,

Haltbarkeit von Produkten, Recycling, Verwendung erneuerbarer Ressourcen, Eliminierung jeglicher Werbung mit Ausnahme der rein informativen Zwecken dienenden Werbung (das heißt Verbot aller übertriebenen, manipulativen und zum Konsum animierenden Werbesendungen) sowie Preisfestsetzung unter Einbeziehung aller wirklichen Kosten (das heißt alle sozialen Kosten, die wir besprochen haben, zumindest all jene, die sich in Zahlen ausdrücken lassen, in der Produktion zu berücksichtigen und in die Preise miteinzukalkulieren). Andere in dem Bericht behandelte spezifische Veränderungen umfassen mehr Teilzeit- und Gleitzeitarbeitsplätze und Arbeitszeit, die zur Entlastung einzelner Personen sowie der Verkehrsdichte in den Innenstädten beitragen sollen; und viele andere Wege, unsere vorhandenen Kapital- und Produktionsmittel und andere Aktiva intensiver zu nutzen, wie beispielsweise Ferienheime, die, genauso wie Autos, Wasch- und Trockenautomaten, Garten- und Haushaltsgeräte, etc. unter neuen Regelungen gemeinsam benutzt werden könnten.

Einer der interessantesten Aspekte der Gegenwirtschaft – und einer der größten derzeit von ihr geleisteten Dienste – ist die Schaffung neuer Zukunftbilder, neuer Alternativen für Technologie, Arbeit, Lebensweisen, Familienordnungen und gesellschaftliche Rollen. Wie Elise Boulding bemerkte, wird eine Nation, die sich ihre Zukunft nicht mehr vorzustellen vermag, ihre Orientierung verlieren und immer instabiler werden. Die verschwommenen Umrisse möglicher, erreichbarer und realisierbarer alternativer Zukunftsformen lassen sich heute in vielen Industrieländern erkennen. Auch hier kann die Literatur von Hilfe sein; zum Beispiel zeichnet Ernest Callenbachs Underground-Bestseller *Ecotopia* eine solche realisierbare, kohärente alternative Zukunft, die auf einigen dieser neuen Werte basiert, und dieses Buch hat sogar tatsächlich eine politische Bewegung in Kalifornien und Oregon ausgelöst.

Jene, denen der Status quo noch ein angenehmes und sinnvolles Leben bietet, haben natürlich nicht viel übrig für die Bürgerbewegungen, die Fürsprecher für das Wohl der Allgemeinheit und für die unbeholfenen Bemühungen der Gegenwirtschaft, ihre Zukunftsvorstellungen geschlossen darzulegen, die Technologie zu erneuern, sich Zugang zu Medien, Märkten, Kreditquellen und Regierungsaufträgen zu verschaffen. Auch die Szenarienerstellung, das Durchspielen und die Erforschung von Werten durch Futuristen werden von Akademikern, die ihr Schäfchen im trockenen haben und für ihre Orthodoxie reichlich entlohnt werden, wegen der mangelnden „strikten Gründlichkeit“ verspottet. Doch selbst das Lernen wird in der Zukunft weniger institutionalisiert und dafür unternehmerischer sein, ob in dem wiedererwachten Interesse, in die Lehre zu gehen und durch die Praxis zu lernen, oder in dem Lernprozeß, der sich infolge der Entwicklung von gemeinschaftlicheren und lohnenderen Produktionsformen sich häufiger am Arbeitsplatz vollziehen wird.

Der Umdenkungsprozeß ist eine wenn schon nicht lohnende, so doch eine lebenswichtige Aktivität, und da er es erfordert, daß derzeitige Modelle kritisiert und konventionelle Erkenntnisse entmythologisiert werden, wird er recht häufig geahndet. Meine hypothetische Argumentation in diesem Buch bezüglich der entstehenden Gegenwirtschaft, die wegen unserer begrifflich bedingten Scheuklappen und statistischen Konventionen übersehen werden könnte, läßt sich ebenso kritisieren. Ich habe wenige Fakten ausfindig gemacht, die meine Hypothese stützen – ja, hätte ich viele stichhaltige Daten gefunden, so wäre ich wohl eher eine Historikerin als eine Futuristin! Ich gestehe, daß ich selbst ein Mitglied der Gegenwirtschaft bin. Die vergangenen 15 Jahre meines Lebens habe ich mich in Bürgerbewegungen, Gruppen zur Förderung des Allgemeinwohls und im sozialen Wandel engagiert. Ich bin selbständig und betreibe ein Familienunternehmen. Wir haben unsere materiellen Erwartungen zurückgeschraubt und unser unternehmerisches Einkommen reduziert, um nicht jenen Unternehmen in die Hände zu arbeiten, deren Werte wir ablehnen. Wir haben keine Einkommensgarantie oder Kollektivrentenversorgung; aber auf der Habenseite können wir für uns verbuchen, daß wir nicht zur Arbeit fahren müssen, sondern vom natürlichen Kreislauf der Sonne und vom Wechsel der Jahreszeiten leben, und, was das Beste daran ist, wir haben die Freiheit, ohne institutionelle Zwänge das zu denken und zu schreiben, was uns gefällt. Der Niedergang des Industrialismus wird zwar für jene, die die Macht in Händen haben, bestimmt nicht einfach sein, für viele von uns aber eine euphorische, wenn auch unsichere Zeit bedeuten. Wenn wir unser Bewußtsein des Erwachens und der Wiedergeburt mit anderen gemeinsam teilen wollen, dann werden wir auf die alten intellektuellen, emotionellen und finanziellen Investitionen verzichten und im Gegenzug persönliche Risiken auf uns nehmen müssen. Doch selbst jene, die lieber Manager des Industrialismus bzw. lieber Diener des alten Systems bleiben wollen, werden sich zweifellos mit niedriger gesteckten Zielen, geringerem materiellen Erwerb und instabileren Beschäftigungsverhältnissen und Sozialleistungen abfinden müssen. Es besteht schließlich die sehr zweckmäßige Möglichkeit, sich persönlich entweder dafür zu entscheiden, größere weltliche Macht, Wohlstand und Selbstbestätigung anzustreben, oder dafür, den Weg des erweiterten Bewußtseins zu gehen. Wir in der Gegenwirtschaft haben uns für das zweite entschieden – und sehen es als einen guten Handel an.

4. Global denken – lokal handeln: Die Ethik des Solarzeitalters

HALTEN WIR ÜBERSCHAU: Wir sehen, wie die alternden Industriegesellschaften einen einschneidenden Übergang vollziehen, in dem in Wirkichkeit wenigstens sechs historische Übergänge von unterschiedlicher Periodizität zusammenfließen:

1. Der Übergang vom Erdölzeitalter zum jetzt heraufziehenden Sonnenzeitalter (ein sehr rascher Zyklus, der sich weitgehend in diesem Jahrhundert abspielt).

2. Der Übergang vom Zeitalter mineralischer Brenn- und Kraftstoffe (Kohle, Gas und Öl), das im frühen 18. Jahrhundert in England begann und, nach den nicht länger strittigen Schätzungen des Geologen M. King Hubbert, irgendwann um das Jahr 2100 seinen Gipfelpunkt erreichen und um das Jahr 2300 abgelaufen sein wird.

Dieser Übergang von menschlichen Gesellschaften, die vom aufgespeicherten mineralischen „Kapital" der Erde zehren, zu solchen, die nur ihr tägliches „Einkommen" aufbrauchen, das heißt die nutzbar gemachte Sonnenenergie, wird für alle Gesellschaften einen wirtschaftlichen Wandel bedeuten. Der Übergang ist bereits im Gange: von Volkswirtschaften, die die materielle Produktion, den Massenkonsum und das künstliche Veralten auf der Grundlage nicht erneuerbarer Ressourcen und Energieträger maximiert haben, zu solchen, die ihre Abfälle durch Recycling und Wiederverwendung minimieren sowie durch ein schonendes Wirtschaften auf der Grundlage erneuerbarer Ressourcen und Energieträger, die im Hinblick auf Dauererträge und Langzeitproduktivität gepflegt werden.

3. Der Übergang vom Industrialismus selbst, der diesen schmerzhaften Wechsel der Ressourcenbasis im Zuge seines Reifungsprozesses vollzieht – ob in Großbritannien (wo er begann), Westeuropa, Nordamerika, Japan (wo der Prozeß ungemein beschleunigt wurde) oder der Sowjetunion, deren jüngste industrielle Volkswirtschaft genau die gleichen Anzei-

Der Übergang vom Zeitalter der fossilen Brennstoffe zum Solarzeitalter

nach M. King Hubbert

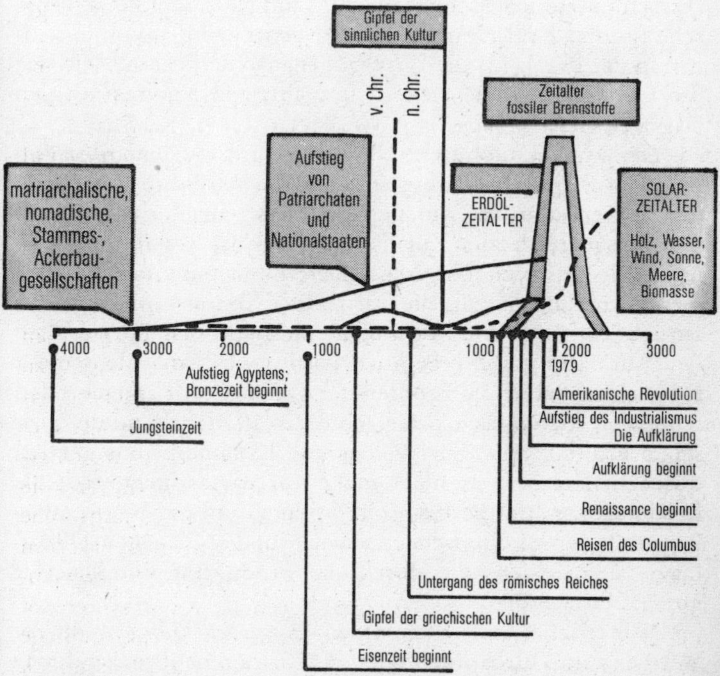

chen der „Festgefahrenheit“ aufweist, da sie in die gleiche unerbittliche Energiezwickmühle hineingerät und die gleichen gesellschaftlichen Engpässe bei der Bewältigung jener Komplexität erfährt, die einer der charakeristischsten Züge des Industrialismus ist. Die Situation, vor der die Sowjetwirtschaft heute steht, wurde in *Fortune* vom 29. Januar 1979 (S. 90-95) skizziert, und in *Fortune* vom 28. Juli 1980 (S. 43-44) wurde ihre Ressourcenzwickmühle der jüngsten Zeit untersucht. Und obwohl der Sozialismus theoretisch Umweltkosten und -verschmutzung ausschließen soll, kann natürlich die ökologische Ignoranz der Kommissare und zentralen Plankommissionen in der Praxis für die Umwelt genauso verheerend sein wie die von Unternehmensleitern und ihren Ökonomen an den Tag gelegte.

4. Der sozioökonomische Übergang wird von einem *konzeptionellen Übergang* begleitet sein, denn die 300 Jahre alte Logik, die das Gerüst für den Aufstieg des Industrialismus abgab, liegt ebenfalls in den letzten Zügen. Die Logik des Reduktionismus, Materialismus, technologischen Determinismus und der instrumentellen Rationalität, die auf Galilei, Bacon und Descartes zurückgeht und von Newton, Leibniz und den Philosophen der Aufklärung weitergeführt wurde, wird uns nicht mehr ausreichen. Selbst die Fronten der nach wie vor andauernden wütenden ideologischen Gefechte des 19. Jahrhunderts zwischen Kapitalismus, Sozialismus und Kommunismus geraten durcheinander, da es nicht mehr nur darum geht, wer die Produktionsmittel besitzt, sondern auch um die Notwendigkeit, sich den ökologischen, sozialen und spirituellen Dilemmata zuzuwenden, die durch die Produktionsmittel selbst geschaffen werden.

5. Wir machen außerdem einen *kulturellen Übergang* durch. Wird er zum Durchbruch oder zum Zusammenbruch führen? Druck ist eines der Mittel, mit denen die Evolution arbeitet. Die menschlichen Gesellschaftssysteme und Individuen müssen wie die jeder anderen Art unter Druck stehen, damit sie sich ändern. Daher teile ich die verzagende Einstellung derjenigen politischen Entscheidungsträger nicht, die sagen: „Die menschliche Natur läßt sich nicht ändern.“ Erstens wissen wir, wie es die feministische Forschung so trefflich aufgezeigt hat,

gar nicht wirklich, was die „menschliche Natur“ eigentlich ausmacht. Zweitens sind Wertewechsel unter Menschen üblich und für alle Kulturen bezeugt. Tatsächlich sind Wertänderungen, wechselnde kulturelle Haltungen und die Auseinandersetzungen zwischen metaphysischen und materialistischen Philosophien der Stoff, aus dem alle menschliche Geschichte ist.

Außerdem begreifen wir in den Massenkonsumgesellschaften sehr bald, daß eine Überbewertung materieller Dinge uns davon abhält, zu einer vollen menschlichen Reife zu gelangen. Es ist in diesem Zusammenhang interessant, die Ansichten, die Ökonomen und Psychologen von menschlichen Bedürfnissen haben, einander gegenüberzustellen. Während die Ökonomen die menschlichen Bedürfnisse materiell begreifen und nicht nur diese auf Nahrung, Kleidung und Wohnung begrenzen, sondern tatsächlich behaupten, materielle Bedürfnisse und Wünsche seien im Prinzip unersättlich, halten die Psychologen dagegen die meisten menschlichen Bedürfnisse für *nichtmateriell:* Anerkennung durch andere, Selbstachtung, liebevolle zwischenmenschliche Beziehungen, die Beanspruchung durch eine nützliche und interessante Arbeit, den Wunsch nach Sinn, Zweck und Harmonie sowie den Drang, unsere Erfahrung zu ordnen und zu deuten, wie es von Abraham Maslow in *Toward a Psychology of Being* (deutsch: *Psychologie des Seins. Ein Entwurf.* Fischer Tb, Frankfurt/M. 1978) beschrieben wurde. Charakteristisch für diesen fortschreitenden Reifungsprozeß ist ein weiter gefaßter Begriff von Eigennutz, wonach dieser sich mehr und mehr mit dem „Eigennutz“ von Gruppen bzw. der ganzen Gattung Mensch deckt und in der holistischen Erkenntnis der Einheit mit dem globalen Ökosystem gipfelt. Diese Entwicklung der menschlichen Persönlichkeit bildet das theoretische Fundament der humanistischen Psychologie. Sie liefert auch das Rezept, mit dem die Entweder-oder-Widersprüchlichkeiten der Newtonschen Weltanschauung und der kraß individualistischen Ökonomie überwunden werden können, wenn die Erkenntnis der Realitäten globaler Interdependenz zunimmt. Wir erblicken die Zeichen dieser neuen Wirklichkeitsauffassung in der Flut der daraus hervorgehenden Manifeste und Grundsatzerklärungen aus jüngerer Zeit. Zu ihnen gehören beispielsweise die Erklärung über die menschliche Umwelt, die Erklärung der Rechte des Kindes, die Charta der wirtschaftlichen Rechte und Pflichten der Staaten und die vielen anderen Initiativen der Vereinten Nationen, die in *Building the Infrastructure of World Order: a Survey of Global Policy Development from 1945-1977* von Robert H. Manley erörtert werden. Wir beginnen zu erkennen, welche Funktion die Vereinten Nationen im Stillen erfüllen, wenn sie jeden ihrer Mitgliedstaaten dazu anhalten, diese Richtlinien zur Zusammenarbeit, globalen Verwaltung des Ökosystems und friedlichen Nutzung der Meere und des Weltraums zu bedenken, und wenn sie darüber hinaus solche Fragen wie die menschlichen Grundbedürfnisse nach Nahrung, Wohnung, Beschäftigung, Bildung und größerer sozialer Gerechtigkeit auf die innenpolitischen Tagesordnungen dieser Mitgliedstaaten setzen. Ähnliche Grundsatzerklärungen, die aus der neuen Anerkennung der Realität eines Planeten, wo jeder auf jeden angewiesen ist, entstehen, reichen von den Grundsätzen des gemeinsamen Erbes, die aus den Bestrebungen solcher Pioniere wie des Maltesen Arvid Pardo und Elizabeth Mann Borghese zur Schaffung eines neuen Seerechts hervorgegangen sind, über die vom Internationalen Genossenschaftsbund mit Sitz in London auf seinem Kongreß von 1966 verabschiedeten genossenschaftlichen Grundsätzen der Wirtschaftsführung bis zu den mehr persönlichen Verhaltensgrundsätzen des Shakertown-Gelübdes, das verfaßt wurde von einer kleinen Gruppe von Vertretern des religiösen Rückzugs, denen es um die unauflösbar miteinander verflochtenen Probleme von Armut, Überkonsumtion und ökologischem Raubbau zu tun ist. Dieser Prozeß persönlicher Bewußtseins- und Gewissensentwicklung hat sogar zu einer Grundsatzerklärung für den bewußten internationalen Experten geführt, die das peinliche Gewahrwerden solcher abartigen Situationen bezeugt, in denen akademische Jet-Set-Eliten in Luxushotels Tagungen mit dem erklärten Ziel abhalten, gegen Hunger und Armut vorzugehen.

Die pragmatischen Folgerungen, die sich aus der globalen Interdependenz der Menschen auf einem überbevölkerten Planeten ergeben, führen auch in den einzelnen Ländern zu neuen Szenarien, wie sie etwa vom schwedischen Sekretariat für Zukunftsstudien über das Umsatteln auf genügsamere Weisen der Lebensführung *(How Much Is Enough? Sweden in a New International Ecomomic Order)* oder vom kanadischen Wissenschaftsrat in seiner Untersuchungsserie *(The Conserver Society: a Blueprint for Canada's Future?)* erstellt wurden. Wir erleben, daß „sture" Regierungsbehörden in vielen Ländern in zunehmendem Maße von Szenarien anstelle von Trendprognosen Gebrauch machen, um solche (natürlich zwangsläufig eintretenden!) „Eventualitäten" wie Rohstoff- und Energieverknappungen und den mittlerweile offensichtlichen Verlust innenpolitischer Entscheidungsfreiheit aufgrund einander global beeinflussender Ereignisse (ob im Iran, in Afghanistan oder verursacht durch blinden Terrorismus) besser angehen zu können.

Mehr und mehr werden wir Zeugen einer Auflösung des Nationalstaates als einer regierbaren Einheit; für die kleinen Probleme seiner eigenen lokalen Bevölkerungsgruppen wird er zu groß und dabei gleichzeitig zu klein für die großen Probleme weltweiter Beziehungen und Ökosysteme, wie es der Bericht der Brandt-Kommission von 1980 dokumentiert hat. Dieses Material wurde von James Reston in der *New York Times* vom 12. Januar 1980 in einem Leitartikel mit dem Titel „Die heimlichen Führer der Welt" zusammengefaßt. Er zitierte den französischen Präsidenten Giscard d'Estaing: „Wir durchleben eine jener Perioden, in denen das Gleichgewicht der Welt von dem klaren Kopf weniger Männer abhängt", und fügte hinzu, daß wir nicht einmal wissen, wer diese Männer sind. Reston führte die iranisch-amerikanische Konfrontation über die in der amerikanischen Botschaft genommenen Geiseln an, bei der es keinem je ganz klar war, wer eigentlich für die Verhandlungsführung zuständig war, und den sowjetischen Einmarsch in Afghanistan, bei dem von geheimdienstlicher Seite Vermutungen dahingehend angestellt wurden, Präsident Carter sei durch die innenpolitischen Manöver von „Nach-Breschnew"-Fraktionen getäuscht worden, die im Widerspruch zu den offiziellen Verlautbarungen Breschnews selbst handelten. Ebenso wenig wissen wir, fügt Reston hinzu, wer in Peking am Ruder ist, und in der Tat schwankt die politische Linie Washingtons je nach dem Stand des fortwährenden Tauziehens zwischen dem Präsidenten und dem Kongreß gleichermaßen. Was Reston jedoch nicht in Frage stellt, ist das Grundparadigma: daß es einem einzelnen Menschen tatsächlich möglich sein könnte, „das Ruder“ in irgendeiner dieser komplexen, multidimensionalen Gesellschaften und sich ständig gegenseitig hochschaukelnden globalen Situationen „in der Hand“ zu haben. Unser gesunder Menschenverstand sagt uns, daß die ganze Vorstellung unhaltbar und illusorisch ist. Aber die meisten „Führer“ und „Entscheidungsträger“ klammern sich unvernünftigerweise an die Illusion: an die hübsch ordentliche Welt der geopolitischen Strategen, der Kriegspielenden mit ihrer irrigen Vorstellung, „rational Handelnde“ lenkten die Geschicke der Welt, wie das erschreckend vereinfachte Bild aussieht, das sich Spitzenvertreter des US-Verteidigungsministeriums machen.

Die Anerkennung der Tatsache, daß der Planet nicht von Menschen „gelenkt“ wird, verlangt neue Organisations-, Regierungs- und Dezentralisierungsmodelle und – überall, wo das möglich ist – die Lokalisierung von Produktion, Konsumtion und Bürgerbeteiligung zusammen mit der demokratischen Aufsetzung von planetarischen Abkommen, Grundsatzerklärungen sowie Rechten und Verantwortlichkeiten aller Menschen. Mit der Formel „global denken, lokal handeln“, dem Motto der ersten Globalen Konferenz über die Zukunft, die im Juli 1980 in Toronto stattfand, läßt sich dem lokalen Handeln das Verständnis für die Anforderungen planetarischer Interdependenz und Grenzen nahebringen. Ebenso kann man mit ihr Denken und Handeln verschmelzen – für integrierte Persönlichkeiten (das heißt ganze Menschen), die sich in integrierten, ganzen Systemen bewegen, eine Vorbedingung, die von Psychologen, Anthropologen, Revolutionären und Theologen erkannt (Renee Marie Croose Parry weist uns in *„Menschliche Bedürfnisse und die neue Gesellschaft“* darauf hin) und von Margaret Mead, Kurt Lewin, Mao Tse-tung und Teilhard de Chardin vertreten wurde.

6. Ein wesentliches Kennzeichen des heutigen Übergangs ist auch der *Niedergang der Patriarchatssysteme,* die in den meisten Nationalstaaten der Welt etwa 3000 Jahre lang vorherrschend waren, nachdem sie die früheren matrilinearen Gesellschaften und matriarchalischen Religionen verdrängt hatten. Der Natio-

nalstaat ist, wie alle patriarchalischen Systeme, hierarchisch aufgebaut; er beruht auf starrer Arbeitsteilung (bei Polarisierung der Geschlechterrollen), Machbarkeitstechnologie, instrumentalistischen, reduktionistischen Philosophien, Kontrolle der Information und der, sowohl inner- als auch zwischenstaatlichen, Konkurrenz. Anders als die früheren, kleineren Stadtstaaten und Lehnsordnungen haben sich diese Nationalstaaten, wie Toynbee zeigte, als höchst ungefestigt erwiesen, vielleicht in etwa instabilen Makromolekülen ähnlich. In der Tat sind Nationalstaaten reinste Ausdrucksformen patriarchalischer Herrschaftssysteme, und zwar von der Familie über den Arbeitsplatz, die Gemeinde, den Universitätsbetrieb, die Kirche bis zur Regierung auf allen Ebenen. Kennzeichnend für sie ist die extreme Ballung der planerischen, bürokratischen, akademischen, intellektuellen Arbeit in zentralisierten, urbanisierten, metropolisierten Komplexen. Diese werden funktionsfähig gemacht durch die inzwischen versagende makroökonomische Steuerung und zentralisierte politische Entscheidungen auf der Grundlage großer statistischer Gesamtwerte der formellen, monetarisierten BSP-Wirtschaft. Am anderen Ende der Stufenleiter stehen die unterbewerteten Handarbeiten, die landwirtschaftlichen Tätigkeiten und die unbezahlte Arbeit der nichtmonetarisierten, „informellen" Wirtschaft: hauswirtschaftliche Erzeugung, Gartenbau, Einmachen, häusliche Reparaturen, Kinderversorgung und -aufzucht, freiwillige Gemeindedienstleistungen und all die anderen kooperativen Tätigkeiten, die den zu hoch veranschlagten Konkurrenztätigkeiten den Anschein des „Gelingens" geben.

Die patriarchalischen Lebensformen stoßen also auch auf logische Grenzen. Die Hierarchien werden zu Hemmschuhen der Entwicklung, ein Führungsstil mit konzeptionellem Übergewicht löst sich von der Wirklichkeit ab, sei es in Washington, Brüssel oder Moskau, wo Bürokraten versuchen, durch die Handhabung statistischer Illusionen zu regieren, indem sie stark zusammengesetzte Mittelwerte benutzen, die für keine einzige Gegebenheit oder Situation in der wirklichen Welt stimmen. Unternehmensleiter treffen folgenschwere technologische und wirtschaftliche Entscheidungen unter Verwendung von ungemein selektiven Marketingstudien, in denen die „Effektivnachfrage" von den Bedürfnissen in der wirklichen Welt wie auch den gesellschaftlichen und ökologischen Auswirkungen abgetrennt wird. In ähnlicher Weise sind patriarchalische akademische Hierarchien in Wissenschaft und Technologie mittlerweile überspezialisiert und abstrakt, vielleicht auch deswegen, weil sie Frauen und Minderheiten mit provozierenden, alternativen Ansichten systematisch ausgeschlossen haben.

Im Kernwaffenwettrüsten ist es am allerdeutlichsten, daß sich konkurrierende patriarchalische Staaten mit ihren entsetzlichen Militärmaschinen nicht mehr „Sicherheit" einkaufen, sondern nationalen Bankrott und Ruin. Weit entfernt von den Forderungen des Verteidigungsministeriums und Ronald Reagans nach noch höheren Militärhaushalten stellte das Washingtoner Zentrum für Verteidigungsinformation fest, daß die Vereinigten Staaten und ihre Verbündeten der Sowjetunion bereits an nationaler Schlagkraft in jedem Punkt überlegen sind. Wie Lester Brown in *Redefining National Security* (Worldwatch Institute 1977) darlegt, quetschen diese Staaten die Gesellschafts- wie auch die Ökosysteme aus. Das jüngste Beipsiel für diesen militärischen Irrsinn ist die Forderung nach 30 Milliarden Dollar, 57.835 km' Land, 340 Milliarden Liter Wasser, 83 Millionen Liter Erdöl im Jahr, 16.000 km Straße und 3500 km Schiene für die MX-Rakete. Die MX ist in weiten Kreisen Utahs und Nevadas auf Widerstand gestoßen und hat die „Beifuß"-Rebellion gegen staatliche Eingriffe in die lokale Bodennutzung ausgelöst. Seit Charlotte Perkins Gilmans *Women and Economics* (1898; deutsch: Mann und Frau. Dresden 1913) ist die patriarchalische Herrschaft Gegenstand eines nicht abreißenden Stroms von Sozialkritik gewesen, dessen Höhepunkt die allseits emporsprießende Literatur heutiger feministischer Wissenschaftlerinnen darstellt. Wie peinlich es den Männern, die in den meisten Nationen, Konzernen, Universitäten und sonstigen Institutionen „am Ruder" sitzen auch sein mag, so gibt es doch reichlich Belege für den Zusammenhang von patriarchalischen Gesellschaften mit Unterdrückung, Gewalt und Militarismus. Der große britische Ökonom Stuart Mill wies in seinem Essay *The Subjection of Women* (1869; deutsche Übers. in: *Die Hörigkeit der Frau und andere Schriften zur Frauenemanzipation* von John Stuart Mill, Harriet Taylor

Mill, Helen Taylor. Syndikat, Frankfurt/M. 1976) auf die „allgemeine Untauglichkeit der Männer zur Macht" hin, aber diese Untauglichkeit betrifft vielmehr die Überbetonung und Verherrlichung von Eigenschaften, die im Laufe der Zeit mit „Männlichkeit" gleichgesetzt wurden. Gleichzeitig erzeugen solche patriarchalischen Wertsysteme eine verächtliche Einstellung gegenüber Zusammenarbeit, Bescheidenheit, Sorgen und Nähren sowie der Anerkennung der Rhythmen des Lebens und der Natur – sie wurden samt und sonders als „weibisch" verschrien.

Beide Geschlechter sind durchaus in der Lage, die ganze Bandbreite dieser Seins- und Verhaltensweisen zu leben, und es sind vielmehr die ausschließliche Institutionalisierung des „männlichen" Wertesystems im sozialen, institutionellen und politischen Bereich sowie das Abschieben des sorgenden, kooperativen Wertesystems ins Familiengetto und auf die Frauen, die jetzt verhängnisvolle Unausgeglichenheiten verursachen. Tatsächlich hat diese verrückte Spezialisierung und Arbeitsteilung, bei der den Männern das Denken, Handeln und Wetteifern zufällt und den Frauen das ganze Empfinden und Zusammenarbeiten, sowohl den Männern als auch den Frauen schwere persönliche Probleme beschert.

Es ist uns also um das *Institutionalisieren* dieser sogenannten „männlichen" Wertesysteme in patriarchalischen Gesellschaften zu tun. Tatsächlich zeichnen sich patriarchalische Gesellschaften auch durch die Vorherrschaft der alten Männer und Eliten mit ihren allgegenwärtigen Klüngeln „alter Kameraden" aus, die die jüngeren, untergeordneten Männer fortwährend unterdrücken, indem sie sie beispielsweise in den Krieg schicken. Friedrich Engels, der zusammen mit Karl Marx das *Kommunistische Manifest* verfaßte, schrieb 1884 in *Der Ursprung der Familie, des Privateigentums und des Staates über diese Herrschaftsausübung.* Als ersten Fall von Klassenunterdrückung betrachtete Engels die des weiblichen Geschlechts durch das männliche, und er wies darauf hin, daß das lateinische Wort familia ursprünglich „die Gesamtheit der einem Mann gehörenden Sklaven" bedeutete, der zudem das „Recht über Tod und Leben aller" besaß (*Marx Engels Werke 21.* Dietz, Berlin 1962. S. 61). James Robertson erläutert in *Power, Money, and*

Sex (London 1976, S. 89-90) die Zusammenhänge zwischen extremem Nationalismus und männlichem Chauvinismus und zitiert dazu als Stimme Nazideutschlands Goebbels: „Die nationalsozialistische Bewegung ist ihrem Wesen nach eine männliche Bewegung"; sowie Adolf Hitler (der für die extreme Unausgewogenheit zwischen Männer- und Frauenrollen im Nazismus noch entlarvender ist): „Wir finden es nicht richtig, wenn sich die Frau in die Welt der Männer vordrängt. Zu jener gehört die Macht des Gefühls, die Macht der Seele ..., zu diesem gehört die Kraft des Weitblicks, die Kraft der Härte."

In eine ähnliche Richtung weist die Bemerkung des Politologen Ali A. Mazrui aus Kenia in *„Die Kriegertradition und die Männlichkeit des Krieges" (Journal of Asian and African Studies XII, 1-4, S. 70-81):* „In Kulturen, die ansonsten hochgradig verschieden sind, ist die Rolle des Kriegers den Männern vorbehalten gewesen, ... Gewaltverbrechen wurden in unverhältnismäßig hohem Maße von Männern verübt. Die Gefängnisse der Welt bezeugen eindringlich die grundlegende Männlichkeit von gewalttätigen Verbrechen." Mazrui stellt dieser Orientierung die militante Gewaltlosigkeit von Mohandas Gandhi gegenüber, seine androgynen Eigenschaften und sein Bemühen um mütterliche, sorgende Lebensweisen, die eng mit dem Haus, dem Dorf und dem Land verbunden sind. John Lennon übernahm in den letzten paar Jahren seines kurzen Lebens eine sorgende, häusliche Rolle und machte damit eine wichtige Lernerfahrung. Der Ökonom Thorstein Veblen sah in seinem Buch *The Theory of the Leisure Class* (1899; deutsch: *Theorie der feinen Leute*. dtv, München 1981) eine Zukunft voraus, in der alle Menschen eine generellere, weniger differenzierte Ausdrucksweise der menschlichen Natur an den Tag legen würden, und behauptete, „daß der normale gesunde Menschenverstand einer modernen industriellen Gesellschaft jenen menschlichen Charakter für ideal hält, der nicht in selbstsüchtiger Weise nach Gewalt, Betrug und Macht strebt, sondern der den Frieden, den guten Willen und die wirtschaftliche Leistungsfähigkeit zu fördern sucht" (S. 267). Und Frederick Douglass, der als Sklave geboren wurde, schrieb in seiner Autobiographie *My Bondage and My Freedom* (deutsch: *Ein Stern weist nach Norden*. Rütten & Loenig, Berlin 1965) zur

Erklärung seines standhaften Eintretens für die Rechte der Frauen: „Wenn eine wahre Geschichte der Bewegung gegen die Sklaverei geschrieben wird, so werden die Frauen auf ihren Seiten einen großen Raum einnehmen, denn die Sache des Sklaven ist in besonderer Weise eine Sache der Frauen gewesen." Im vergangenen Jahrhundert standen Frauen aus vielen Ländern an der Spitze der Weltfriedensbewegung und gründeten eine große Anzahl von nichtstaatlichen Organisationen, die heute für globale humanitäre Belange wirken. Diese freiwilligen, von Bürgern getragenen Bündnisse haben eine Fülle alternativer, neuartiger organisatorischer Formen hervorgebracht; kooperative, Informationen austauschende Netzwerke, politische Aktionsmodelle auf der Grundlage dezentralisierter „Zellen", heterarchische (im Gegensatz zu hierarchischen) Selbstorganisationen zur Bewußtseinshebung sowie die Strategien des gewaltlosen Protestes und der Gewissenssensibilisierung bei Führern bestehender Machtstrukturen. Beispielsweise stellt selbst in der Sowjetunion die Frauenzeitschrift *Die Frau und Rußland* männliche Genossen dafür zur Rede, daß sie sich um den von ihnen zu leistenden Arbeitsanteil herumdrücken, und sie hat die Männer bestürmt, nicht in Afghanistan zu kämpfen. Sogar im männerbeherrschten Japan setzt sich der „Kongreß asiatischer Frauen zur Bekämpfung von Diskriminierung und Aggression" gegen wirtschaftliche Aggression und Ausbeutung in Asien durch japanische Geschäftsleute ein, während die Parole der europäischen Internationale Féministe lautet: „Kein Feminismus ohne die Befreiung aller Unterdrückten. Keine Befreiung der Unterdrückten ohne Feminismus."

Das Streben nach wirtschaftlichem Wachstum läßt sich jetzt als ein wesentliches Vehikel zur Unterdrückung, Beherrschung und Ausbeutung der Frauen durch die Männer erkennen, indem diese jenen die unbezahlte, unterbezahlte oder minderwertige Arbeit in der Gesellschaft zuschanzen; darüber hinaus tritt aber im gleichen Zuge auch das damit einhergehende ökonomische Kalkül zutage, das der Unterwerfung der Minderheiten in allen Ländern Vorschub leistet, indem es hochwichtige, aber nichtspezialisierte, nichtakademische und nichtbürokratische Arbeiten als „weniger produktiv" einstuft. In ähnlicher Weise können die wirtschaftlichen mächtigen Länder die sogenannten „weniger entwickelten Länder“ beherrschen und ihre Rolle in der Weltwirtschaft herabsetzen sowie die Rolle der multinationalen Konzerne und der Kapitalinvestition rechtfertigen, desgleichen das Welthandelsspiel, das sie sich, bemäntelt als „System des freien Marktes“ ausgedacht haben. Wie es Professor Joseph Huber von der Freien Universität Berlin ausdrückt: „Bis jetzt hat die Entwicklung der (monetarisierten) Marktwirtschaft und des industriellen Systems nur zunehmenden Raubbau an den natürlichen Ressourcen und zunehmenden Ausstoß von Gütern und Dienstleistungen gebracht. Sie hat auch einen Verfall der lokalen Subsistenzwirtschaft gezeitigt, das heißt der sowohl kollektiven wie individuellen Selbstversorgungswirtschaft“ (rückübersetzt nach *„Social Ecology and the Dual Economy“*, einem englischen Exzerpt von „Anders arbeiten – anders wirtschaften. Die Zukunft zwischen Dienst- und Dualwirtschaft“ in: Joseph Huber (Hrsg.): *Anders arbeiten – anders wirtschaften.* Fischer Tb, Frankfurt/M. 1979). Huber fordert eine Rebalancierung dieser „Dualwirtschaft“ und eine gleichzeitige strikte Begrenzung des monetarisierten, institutionalisierten Sektors, damit dieser daran gehindert werde, die empfindliche soziale Ökologie des informellen Sektors parasitär zu zerstören; dieser wird von ihm als unvermarktete Arbeit definiert: Hausarbeit, Nachbarschaftshilfe sowie unbezahlte Beschäftigungen und „Freizeittätigkeiten“, die nicht im BSP auftauchen, wobei dies alles zusammengehalten wird vom sozialen Leben der Mitglieder einer Gemeinschaft, ihren Werten und Normen.

Im Gegensatz zu den Auffassungen der Ökonomen überwiegen alles in allem die informellen Sektoren in den Volkswirtschaften der Welt, während die institutionalisierten, monetarisierten Sektoren aus ihnen hervorgehen und sich auf sie stützen und nicht umgekehrt. Selbst in den industrialisierten Staaten läßt sich diese unterdrückte und überraschende Wirklichkeit belegen – obwohl die Tendenz der Wirtschaftsstatistiken diese Art von Analyse regelrecht ausschließt. In Frankreich zum Beispiel kam eine Untersuchung aus dem Jahre 1975 zu der Schätzung, daß im Gegensatz zu den 43 Prozent der Gesamtarbeitsstunden, die die französische Bevölkerung mit formellen Tätigkeiten zubrachte, 57 Prozent der Arbeitsstunden im informellen Sektor abgeleistet wurden (Adret: *Travailler deux heures par jour.* Paris 1977). Obgleich es für jede Gesellschft zweifellos notwendig ist, in ihrer Gesamtwirtschaft sowohl über einen institutionellen als auch über einen informellen Sektor zu verfügen, ist durch die Konzentration des Industrialismus auf wirtschaftliche Effizienz (die in Geld gemessen wird), und die davon abgeleiteten Ziele und Werte die Gefahr entstanden, daß die durch das übermäßige Anwachsen des institutionalisierten Sektors geschaffenen riesigen Unausgewogenheiten jetzt den informellen Sektor zu zerstören drohen, der der Grundstein aller Gesellschaften ist. Dieses Ausschlachten der informellen Sektoren, auf die die Sozialkosten der monetarisierten Sektoren abgewälzt werden, ist natürlich in den „fortgeschrittensten" industriellen Gesellschaften am deutlichsten und stellt glücklicherweise ein wichtiges Lehrbeispiel für andere Länder dar, die die gleiche Falle vermeiden wollen. Somit besteht die Aufgabe darin, die Gesellschaften in einer solchen Weise zu rebalancieren, daß die Werte und Funktionen des informellen Sektros neu belebt und wiederhergestellt werden, während man die institutionalisierte Wirtschaft und ihre Geldwerte beschränkt und wieder auf ihren Platz verweist. Huber sieht für die Zukunft mögliche *negative* und *positive* Szenarien der Dualwirtschaft. Im *negativen* Szenario würden sich die zwei Sektoren zusehends auseinander entwikkeln, so daß zwei Gesellschaften oder zwei Klassen von Menschen parallel existierten: eine im institutionalisierten Sektor beschäftigte Klasse, die die Vorteile sicherer Stellungen und einen gewissen Grad an Einfluß und Achtbarkeit genösse, und die Angehörigen der anderen Klasse, die mehr oder weniger „arbeitslos" wären und ohne Sozialversicherung als Jobber und Sozialhilfeempfänger ein Randgruppendasein im informellen Sektor führten. Im *positiven* Szenario der Dualwirtschaft haben alle Mitglieder der Gesellschaft einen Beruf im institutionalisierten Sektor und arbeiten gleichzeitig einen Teil des Tages oder in anderem Wechsel im informellen Sektor; alle betätigen sich auf beiden Seiten der Dualwirtschaft und haben teil an der gleichen sozialen Sicherheit. Huber fügt hinzu: „Das *negative* Szenario ist patriarchalisch. Lohnarbeiten werden von Männern bevorzugt, während die Hausarbeit im informellen Sektor meistens von Frauen (als „Hausfrauen“) geleistet wird. Im *positiven* Szenario stehen die Geschlechter sozial auf gleichem Fuß. Männer und Frauen teilen sich die bezahlten Stellungen ebenso wie die Aufgaben im Haushalt, Kinderhüten und andere soziale Tätigkeiten. Das Modell ist einfach: Anstelle eines männlichen Verdieners in einer Kleinfamilie mit einer Vierzigstundenwoche und einem Monatseinkommen von DM 4000,- arbeiten zwei Personen zwanzig Stunden in der Woche und verdienen DM 2000,-. Anstelle einer unbezahlten, ganztägigen „Hausfrau“ gibt es zwei halbtags tätige unbezahlte „Hausarbeiter“. Im *negativen* Szenario gibt es ungleiche Löhne, hohe steuerliche Belastungen und einen hohen Bedarf an staatlicher Bürokratie. Im *positiven* Szenario gibt es eine ausgeglichene Einkommensverteilung, niedrige Steuern und eine verminderte Notwendigkeit zu staatlichen Eingriffen, da die Leute für sich selbst Gemeinschaftsdienste leisten, die heute von den Regierungsbürokratien mit Steuergeldern erledigt werden“ (*„Social Ecology and the Dual Economy“*). Kommt man den Erfordernissen der informellen Wirtschaft nicht gebührend nach, so führt dies ironischerweise nur zum Anwachsen noch eines dritten Sektors von halböffentlichen und unabhängigen Organisationen mit dem Ziel, diese Sozialkostenfaktoren zu verbessern und die Kluft zwischen den sogenannten „öffentlichen“ und „privaten“ Sektoren zu überbrücken. In den Vereinigten Staaten beschäftigt dieser „dritte Sektor“ inzwischen fünf Millionen Menschen bei Lohnzahlungen von 36 Millionen Dollar und Ausgaben von 80 Milliarden Dollar jährlich.

Ein Rebalancieren der Dualwirtschaft in den Gesellschaften ist wirklich der einzige Weg zur Reduzierung von Zentralismus, Big-Brother-Tendenzen, Bürokratien, gedankenlosen Hierarchien und Engpässen wie auch der durch diese stets erzeugten Anhäufungen von Macht und Reichtum- die ihrerseits immer zu Expansionsimus, institutioneller Vergrößerung, militärischen Eskapaden, technologischen Schäden, Allmachts- und Kontrollphantasien und der zwangsläufigen Ausbeutung von untergeordneten Gruppen und der Umwelt geführt haben. Eine solche einwandfrei durchführbare Umstrukturierung der patriarchalischen Gesellschaftsordnung, wodurch diese gefährlichen Unausgewogenheiten entschärft werden könnten, wird beschrieben von Huber, James Robertson, Scott Burns, Amory Lovins, E. F. Schumacher, Leopold Kohr und den folgenden Vertretern einer langen dezentralistischen, libertären Tradition, die von den utopistischen Theoretikern des 19. Jahrhunderts: Proudon, Kropotkin, Bakunin, Robert Owen, Saint-Simon und anderen in Europa zu der amerikanischen Tradition reicht, die verkörpert wird von Jefferson, Ezra Heywood, William B. Greene, J. K. Ingalls, Henry George, Josiah Warren, Benjamin Tucker und den zeitgenössischen libertären Reformern Ralph Borsodi, Mildred Loomis, Stuart Chase, Helen und Scott Nearing und Agnes Inglis, der Direktorin der einzigartigen Dezentralismus-Bibliothek, die in der Universität von Michigan, Ann Arbor, untergebracht ist.

Mildred Loomis, die ehrwürdige Großmutter der dezentralistischen Bewegung in den Vereinigten Staaten, ist die Verlegerin von *The Green Revolution,* ihrer im Jahre 1946 gegründeten Zeitschrift. Loomis verfaßte das Buch *Decentralism: Where It Came From. Where Is It Going?* (York 1980), eine maßgebliche Geschichte der dezentralistischen Bewegung. Die libertär-anarchistisch-utopistische Tradition birgt viel Weisheit, und obwohl ihre Thesen fast ausnahmslos auf der Beibehaltung der unbezahlten Anjochung der Frauen an Haushalt, Kinderaufzucht und Unterhaltstätigkeiten fußten, läßt sich aus dieser Literatur immer noch viel herausziehen. Daß sich die feministische Theorie viel von dieser Tradition zu eigen gemacht hat, hat eine fruchtbare Synthese hervorgebracht, in die viele frühere anthropologische und archäologische Untersuchungen matrilinearer, matriarchalischer und polyandrischer Traditionen eingegangen sind und die Neuentwürfe von gesellschaftlichen Organisationsformen zeugte, die sich durch eine Androgynisierung des menschlichen Verhaltens und der sozialen Rollen auszeichnen sowie durch die Befreiung beider Geschlechter von ihrer gegenwärtigen Fesselung durch die Formen des grammatischen Geschlechts.

Die faszinierende Geschichte des dezentralistischen Denkens und Handelns stellt das unerläßliche Fundament für die heutigen Futurologen und New-Age-Aktivisten in Amerika dar. Sie verschafft wichtige Aufschlüsse über die Philosphien des Anarchismus und der gegenseitigen Hilfe und über deren Auffassungen von Eigentum. Es wird uns gezeigt, wie die Pervertierung der Privateigentumsrechte für das *Individuum* zu monströsen Ungerechtigkeiten führte, die multinationalen Konzernen erlaubten, sich unter diesem Schutz als „Einzelpersonen" vor dem Gesetz auszugeben. Dies hat zur heutigen Verwirrung über die Eigentumsrechte geführt, wo nicht mehr unterschieden wird zwischen der notwendigen Unverletzlichkeit individueller Eigentumsrechte, die zur Wahrung von persönlicher Unabhängigkeit und Eigenständigkeit, von Selbstachtung und Eigenantrieb erforderlich sind, und der endlosen Anhäufung von Besitz durch Konzerne und Institutionen, die so weit geht, daß diese über die Macht verfügen, Individuen und kleinere Gruppen zu unterdrücken und zu entrechten. Mildred Loomis verhilft uns in *Decentralism* dazu, das heutige Wiederaufleben von Coops, Nachbarschaftlichkeit, wirtschaftlicher Gemeindesanierung und Landkooperativen im Zusammenhang der früheren Bestrebungen zu sehen. Dadurch wird die Belanglosigkeit der alten politischen Etiketten deutlich, ob sie nun republikanisch oder demokratisch, liberal oder konservativ, kapitalistisch oder sozialistisch sind. Dezentralismus ist einer der Schlüssel zum Verständnis der neuen Politik unserer Zeit und zeigt, wie einige seiner zeitgenössischen Vertreter, etwa Jerry Brown, zu deuten sind. Denn wer die Politik der konzeptionellen Neuorientierung verstehen will, der muß frühere Experimente und Theorien des Dezentralismus untersuchen, um zu erkennen, wie diese von der steigenden Flut des Industrialismus überrollt wurden. Dessen brüchige Logik wurde verdeckt durch den Überschuß an Ressourcen, die ältere, kleinere Volksgruppen zwei Jahrhunderte lang ausbeuten konnten, bevor die Sozialkostenrechnungen fällig wurden. Die frühen Dezentralisten mit ihrer tiefer gehenden ökologischen und sozialen Logik stemmten sich gegen die Flut und hinterließen uns ihr kostbares Vermächtnis – das darauf wartet, von den heutigen New-Age-Dezentralisten in der einsetzenden Rückströmung der inzwischen erschöpften industriellen Ära erfolgreich angewandt zu werden. Wir müssen ihre hart erkämpften Erfahrungen in der *heutigen* Situation des gesellschaftlichen Zusammenbruchs, der Umweltzerstörung und der Ressourcenerschöpfung neu bewerten, um zu erkennen, daß ihre Ideen von humanistischer und ökologisch harmonischer gesellschaftlicher Produktivität zum Fruchten gebracht werden können. Es wird sichtbar, wie die neue Politik mit dem Motto „Klein ist schön" den ältesten Traditionen unserer nationalen Geschichte entspringt, und dies läßt uns die heutige Annäherung von scheinbar polaren Gegensätzen und die neuen Paarungen eigenartiger Partner verstehen: von Libertären und Steuerverweigerern, Vertretern einer neuen, angemessenen Technologie, Kleingewerbetreibenden, ökologischen Aktivisten, Befürwortern holistischer Gesundheitsfürsorge, Verfechtern von staatlichen Rechten und Verbraucherschutz, denen sich neue Gewerkschaften für Land- und Hausarbeiter und Fürsprecher von Arbeitsbesitz der Betriebe und von Wirtschaftsentwicklung auf Nachbarschaftsebene zugesellen.

Wir können sogar sehen, wie die extreme Laissez-faire-Tradition der „Freien Marktwirtschaft", typisch vertreten von Friedrich von Hayek und der österreichischen Schule, gemeinsame Wurzeln aufweist mit dem Gedankengut libertär-anarchistischer ökonomischer Vorschläge zur „Privatisierung" des Geldes, das heißt zur Schaffung eines freien Marktes, auf dem viele konkurrierende Währungssysteme existieren und keiner Institution, vor allem nicht dem Staat, ein Monopol dieser wesentlichen Funktion gewährt wird. Dies gestattet eine angemessen begrenzte Ausweitung des Tauschsystems, ohne die heutige totalitäre Überbetonung der monetarisierten, institutionalisierten Sektoren der Big-Brother-Wirtschaft.

Es ist jedoch offensichtlich, daß die dezentralistische, libertäre, „matrianarchistische" Umstrukturierung patriarchalischer Institutionen, vom Nationalstaat bis zur herkömmlichen Arbeitsteilung in der Familie, auf alle diejenigen zutiefst bedrohlich wirkt, deren Identität mit den bestehenden Strukturen verflochten ist und die ökonomisch und politisch von ihnen profitieren. Sie alle sehen, wie ihre traditionellen Positionen, sie mögen am Totempfahl noch so relativ weit unten sein, ohne besonderes eigenes Verschulden unterhöhlt werden – man denke etwa an die Empörung des Medizinstudenten Alan Bakke darüber, daß er bei dem gerechteren Zulassungssystem zur Universität von Kalifornien aufgrund der Anzahl von gleich qualifizierten Studienplatzbewerbern, die aber Minderheiten angehörten oder Frauen waren, durchfiel. Insofern, wie diese sozialen Prozesse sich über Generationen erstrecken und die ständige Notwendigkeit ausdrücken, daß Unausgewogenheiten und Ungerechtigkeiten der Vergangenheit ausgetragen werden, scheinen Kinder immer für die Sünden ihrer Väter büßen zu müssen (siehe zum Beispiel die historische Diskriminierung der Schwarzen, die Ray Marshall, Sektretär im Arbeitsministerium der Regierung Carter, in *„Schwarze Arbeitslosigkeit im Süden"* dokumentiert hat). Dieses fast karmische Element in Gesellschaftssystemen scheint unvermeidlich zu sein und reicht vom fortgesetzten Austragen der Unterdrükkungen und Mißstände von Sklaverei und Hexenjagd, bei welcher Millionen von Frauen ermordet wurden, bis zu den Milliardenbeträgen, die heutige Generation der Deutschen zur Wiedergutmachung an die jüdischen Opfer des nationalsozialistischen Massenmords gezahlt haben. In ähnlicher Weise sehen wir dieses Prinzip am Werk in den jetzt fällig werdenden Sozialkostenrechnungen für die Ausplünderung der Umwelt in der Vergangenheit, das gewissenlose Auspumpen der 60 Millionen Jahre alten Erdöllager, ganz zu schweigen von dem schrecklichen Vermächtnis radioaktiver Abfälle. Auf unsere Kinder und Enkel kommt es zu, diese Rechnungen zu bezahlen und die gesellschaftlichen, physischen und genetischen Konsequenzen zu tragen. Typisch für die Politik der konzeptionellen Neuorientierung ist in diesem Zusammenhang der Wahlspruch der neuseeländischen Wertepartei: „Wir erben die Welt nicht von unseren Eltern, wir *borgen* sie von unseren Kindern."

Das tiefere Dilemma bei der Veränderung unserer unhaltbar unausgeglichenen patriarchalischen Gesellschaften liegt in ihrer überaus langen Herkunft sowie darin, daß sie als Systeme positiver Rückkoppelung und Selbstverstärkung gewirkt haben, die die allseitige Ausdehnung männlicher Erfahrung und Identität bis zu dem Punkt getrieben haben, wo sich diese „männliche" Seite aller Menschen in Institutionen, Technologien und Über- bzw. Unterordnungsbeziehungen fast ausschließlich durchsetzte und von „falsch-positiver" Rückkoppelung und Akkulturation noch verstärkt wurde. Diese ganze Reihe „vermännlichter" Werte wird inzwischen weitgehend mit der männlichen Identität gleichgesetzt, und dadurch wird jeder Versuch, tiefer zu gehen und zu dieser grundlegenderen Ebene der gesellschaftlichen Analyse vorzustoßen, persönlich äußerst bedrohlich und wird für gewöhnlich mit all den klassischen Abwehrmechanismen, die die Psychologen beschrieben haben, energisch bekämpft, abgelehnt, umgedreht oder unterdrückt. Beispielsweise untersucht Philip Slater in *Earthwalk* (1974) die Wurzeln des Individualismus und führt Faktoren an, die für die üblichen Ratioanlisierungen und Theorien politischer Legitimität samt und sonders höchst unangenehm sind: die infantilen Phantasien von technischer Befriedigung auf Knopfdruck, den Kontrollwahn sowie den Zusammenhang von Autismus, Autarkie und Autorität *als verschiedenen Aspekten von Ängsten vor dem Sterben und von Verlust an Verbundenheitsbewußtsein seitens der Männer*. Slater warnt: „Das Resultat der männlichen Befürchtung, Sterben sei die äußerste Einsamkeit, ist eine gesteigerte Wahrscheinlichkeit, daß die ganze Menschheit gemeinsam stirbt ... Der Drang zur Technisierung wird stark durch das Bedürfnis beeinflußt, die menschliche Sterblichkeit zu leugnen ... Die Vorstellung einer 'Kontrolle auf Knopfdruck' schmeichelt den Phantasien des infantilen Narzißmus, ... der Wahn, Lust ließe sich durch Gewalt erzielen, ... hat einen inneren Widerspruch: ... Kontrolle und Lust zerstören sich gegenseitig ... So führt die Kontrolle auf Knopfdruck zu Phantasien darüber, den nuklearen Knopf zu drücken" (S. 9-24). Nach der Beschreibung, die Erich Fromm in *The Sane Society* (1955; deutsch: *Wege aus einer kranken Gesellschaft*. Europäische Verlagsanstalt, Frankfurt/M. 1980) gibt, ist die patriarchalische Gesellschaft durch das hohe Ansehen charakterisiert, in dem sie ein von Menschen gemachtes Recht, rationales Denken und anhaltende Bestrebungen zur Kontrolle und Veränderung der Welt für natürlich hält; charakteristisch für die matriarchalische Gesellschaft seien dagegen die Bedeutung der Blutsbande, enge Verbindungen zum Boden und die Hinnahme der Abhängigkeit des Menschen von der Natur, wobei Liebe, Einheit und Harmonie wertgehalten würden.

Es mag hier die Bemerkung genügen, daß im vergangenen Jahrzehnt eine gewaltige Masse an Literatur erschienen ist und wiederentdeckt wurde, die sich mit der Arbeitsteilung, der Spezialisierung, den sozialen Geschlechterrollen und dem Ausmaß, in dem diese biologisch und kulturell gestützt und verstärkt werden, befaßt. Die Parallele zur ökonomischen Theorie liegt auf der Hand, da die ökonomische Theoriebildung seit der industriellen Revolution und Adam Smith zum größten Teil auf Gedankengänge über verschiedene Formen von „Effizienz" *durch Spezialisierung und Arbeitsteilung* beruhte und die meisten Theorien ausgehend von unterschiedlichen Mutmaßungen über die „menschliche Natur" sowie über die Neigungen gewisser Menschentypen zu verschiedenen Arbeitsrollen und ihre Tauglichkeit für diese entwickelt wurden. Diese Mutmaßungen wurden sogar (mit der Theorie vom komparativen Vorteil) auf die Idee ausgedehnt, daß manche Länder für spezialisierte Aufgaben in der Weltproduktion „geeigneter" wären, während andere einfach ihre Rohstoffe exportierten. Es sind genau diese bevormundenden Formeln, die von den Ländern der Dritten Welt zurückgewiesen werden. Eine solche Neuuntersuchung dieser ganzen ökonomischen Theoriebildung wurde etwa von James Robertson vorgenommen, der in *Power, Money, and Sex* die Auffassung vertritt: „Der Mensch könnte in eine Falle gehen, die er sich im Laufe der Jahrtausende und Jahrhunderte selbst gestellt hat. Die Falle ist seine eigene Natur. Das – biologisch und kulturell ererbte – eingewurzelte Programm, das jetzt die Wünsche und das Verhalten der Gattung Mensch beherrscht, könnte uns eisern auf einem Selbstmordkurs halten." In *The Imperial Animal* (1971; deutsch: *Das Herrentier. Steinzeitjäger im Spätkapitalismus.* dtv, München 1976) äußern Lionel Tiger und Robin Fox die folgende Ansicht über die Männer: „In ihnen allen steckt noch die Jagdleidenschaft des steinzeitlichen Jägers, aber in ihrer Umwelt kann sich diese Realität kaum noch ausdrücken. Deshalb erschaffen sie sich ihre eigenen Realitäten: Sie tun sich in Mannschaften zusammen; sie gründen Geschäfte und politische Parteien; sie bilden Geheimbünde und zetteln Intrigen für oder gegen die Regierungen an; sie stellen Regimenter auf; sie ergehen sich in Phantasien über Ehre und Würde; sie verwandeln ihre Feinde in 'Un-Menschen', in Beute. Sie bringen Formen automatisch wirksamer Loyalität und völliger Ergebenheit hervor, die den Zweck haben, die jesuitische Botschaft der streitbaren Kirchen zu verbreiten oder Düsenjäger in fremde Länder zu entsenden" (S. 282). Eine ähnliche Auffassung davon, wie die Männer die Jagd ritualisierten und dadurch Krieg und Handel erfanden, steht in *The Time Falling Bodies Take To Light* (1981) von dem Metahistoriker William Irwin Thompson, einer umwerfenden neuen Synthese der Geschichte vom Menschen. Aber die Frauen sind auch nicht schuldlos gewesen. In ihrer Unterwürfigkeit haben die meisten von ihnen ihre Männer angestachelt und aufgebaut, haben ihnen als Spiegel zur Verherrlichung ihrer „heroischen" Taten gedient, haben ihren Ehrgeiz und ihre Gier nach Macht und Reichtum genährt und haben ihre Reflektionen geteilt oder sich darin gesonnt. Auch hier gilt es, ein verwikkeltes Netz von Ursachen und Wirkungen, das sich über Generationen spannt, zu entwirren und der Tragödie von Generationen machtloser, wirtschaftlich ungesicherter Frauen, die ihre Söhne durch Schuld und Verpflichtung und die überwältigende Macht des Sorgens und Nährens gängelten, ins Auge zu sehen. In der Tat: *Das mächtigste menschliche Vermögen ist die Fähigkeit zu nähren,* da es buchstäblich das Vermögen ist, Leben zu spenden, und folglich, wenn es zurückgenommen wird, *den Tod selbst* heraufbeschwört. Da außerdem das Nähren der Kinder zum größten Teil von Frauen geleistet wurde, halten viele Psycholog(inn)en und Feministinnen dieses frühe Nähren durch einen einzigen Elternteil für eine Quelle so mancher nachfolgenden sozialen Pathologie. Männliche Kinder können sich mit der Kraft dieses Nährens nicht identifizieren und behalten daher eine unterbewußte Furcht vor Frauen und tiefe Ängste vor der erinnerten Abhängigkeit zurück, für die sie ständig durch Anstrengungen, zu beherrschen, zu kontrollieren und die Welt ringsum auf absehbaren Nutzen hin zu ordnen, überkompensieren müssen. Elizabeth Dogdson-Gray erforscht in *Why the Green Nigger?* (1979) diesen kulturellen Drang der Männer und den Ausdruck, den er sich sowohl in dem Bedürfnis, über Frauen zu herrschen (die Ehefrau als „Mutter in Ketten"), als auch in der Ausbeutung der natürlichen Ressourcen und dem Wuchern der Kontroll- und Manipulationstechniken (die „Mutter" Natur muß ebenfalls vergewaltigt, unterworfen und dienstbar gemacht werden) verschafft. Dodgson-Gray verbindet dies dann mit religiösen Kosmologien und verschiedenen Schöpfungsgeschichten, von denen die meisten männliche Götter zur Voraussetzung haben, die in einer klassischen Leugnung und Umkehrung der biologischen Wirklichkeit in irgendeiner Weise die Frau zur Welt bringen (beispielsweise erschafft Gott Eva aus Adams Rippe). Dodgson-Gray behauptet zusammen mit vielen anderen feministischen Theologinnen, darunter Rosemary Reuther und Mary Daly, daß hierarchische Paradigmen in letzter Analyse in diesen hierarchischen Kosmologien und anthropomorphen Bildern vom Schöpfer wurzeln. Es ginge bei weitem über den Rahmen dieses Buches hinaus, wollte ich gründlicher auf diese Fragen eingehen als mit der einfachen Erklärung meiner Überzeugung, daß wir das gegenwärtige menschliche Dilemma nicht auflösen können, ohne solche grundlegenden Ebenen unseres Wesens furchtlos zu erforschen. In eben diesem psychologischen Bereich ist der Marxismus wie die meisten ökonomischen und sozialen Theorien gestrandet. Der französische Marxist Roger Garaudy erkundet dieses Terrain mutig und gestand mir in einem unlängst geführten Gespräch, daß die feministische Kritik am Industrialismus sozialistischer und kapitalistischer Prägung die einzige von Grund auf neue Analyse sei, auf die man zurückgreifen könne. Diese Ansicht hat viel gemein mit den „Dualwirtschafts“-Analysen und ihrer Enthüllung des Unterdrückungscharakters aller auf Geld basierenden Wirtschaftssektoren mit ihrem abstrakten, quantitativen, symbolischen „Ökonomismus“ und ihren Tendenzen zur wachsenden Dominanz über Land-, Haus-und Subsistenzwirtschaftssektoren mit ihren eingefleischten kooperativen, bindenden Werten und ihrer althergebrachten kulturellen Weisheit, die in Anpassung an spezifische Umwelt- und Ressourcenbedingungen erlernt wurde. Solche Neueinschätzungen zeitigen die Flut neuer Zeitschriften und Konferenzen über regionale Ansätze zu einer Neuen Internationalen Wirtschaftsordnung und alternative Entwicklungsstrategien.

Wir kommen zu der Einsicht, daß letztlich alle gesellschaftlichen Kontrollsysteme auf der Ebene von Sprache und symbolischer Ordnung wirken, indem sie ihre Werte in die Codes der verschiedenen Kulturen umsetzen und so bestimmen, was wertvoll ist und wer wertvoll ist. Dann werden die hochbewerteten Menschen und Tätigkeiten in den magischen Kreis der Monetarisierung hineingezogen, während die entwerteten ausgeschlossen werden. Dadurch kann sich jedes Wirtschaftssystem den Anschein des Erfolgs geben, je nachdem, wo es die entsprechenden Grenzen zieht. Es bestehen also (oft bestritten und rationalisiert) wesentliche Beziehungen zwischen Kultur und Ethik und allen ökonomisch-technischen Systemen. *Wertsysteme und Ethik sind alles andere als peripher, sondern vielmehr die beherrschenden, treibenden Variablen in allen ökonomischen und technologischen Systemen.* In genau diesem Sinne behaupten Marxisten, und zu Recht, daß alles Wissen politisch ist. In entsprechender Weise gründet alle Wissenschaft auf Wertungen.

Die Aufgabe, vor der also die Industriegesellschaften bei ihrem Eintritt in die achtziger und neunziger Jahre und angesichts der kommenden „Entropieprobe“ stehen, wird sein, der *Unhaltbarkeit ihrer Wertesysteme* ins Auge zu sehen – anstatt ihre „Probleme“ der *Natur als Mängel* anzukreiden. Eine solche „Gesamtumstellung“ weg von unseren infantilen, anthropozentrischen Vorurteilen ist jetzt die Grundbedingung für das Überleben unserer Art. Die Neufassung und der Neuentwurf menschlicher Symbolsysteme in diesem Sinne ist unser hauptsächliches Mittel, um der Entropiefalle (stets nur einstweilig!) zu entgehen, die wir uns in der mit mineralischen Kraftstoffen betreibenen industriellen Ära selbst bereitet haben. Es handelt sich dabei also um die gleiche Art eines Negentropiebeginns, wie ihn nach der Beschreibung von Ilya Prigogine lebende Systeme zeigen. Professor Bartek Kaminski von der Universität Warschau hat diese Probleme und Aufgaben, die sich dadurch für die ökonomische Theorie stellen, in *„Entropie und Ökonomie“* (Oeconomica Polona, 1980, Nr. 1. Polnische Akademie der Wissenschaften zu Warschau) zusammengefaßt. Gleichzeitig müssen wir das Bild der unteilbaren Menschenfamilie, die wir biologisch und genetisch sind, verinnerlichen: Wir sind eine Gattung Mensch, und die abergläubische und engstirnige Trennung nach solchen untergeordneten Gesichtspunkten wie Hautfarbe, Rassetypus, Geschlecht und gesellschaftlicher Funktion entbehrt jeder wissenschaftlichen Grundlage. Dieser nächste Evolutionssprung, auf den die Erweiterung unseres Bewußtseins, unserer Phantasie und unseres Einfühlungsvermögens hinausläuft, ist unser einziges Potential, mit dem wir hoffen können, der zunehmenden Entropie, die wir im planetarischen Maßstab schaffen, zu begegnen. Wir wissen, daß in einigen Milliarden Jahren die Zeit kommen wird, da alle Lebensformen auf diesem Planeten mit dem Tod der Sonne, unseres Mutterplaneten, ausgelöscht werden. Aber die uns zwischen jetzt und diesem Ereignis zur Verfügung stehenden Äonen geben uns allen Spielraum, den wir brauchen, um uns und unser Planetenhaus in Ordnung zu bringen, denn es gibt keinen Grund zu der Annahme, daß wir eine unwiderruflich zur „Selbstvernichtung" programmierte Art wären.

Dieses gemeinsame Bestreben verlangt, daß wir unsere Wertesysteme von psychologischen, anthropologischen, biologischen, thermodynamischen und ökologischen Gesichtspunkten aus so nüchtern wie möglich untersuchen und dann diejenigen Verhaltensresultanten und Formen von „Hardware" gestalten, die diese Bündel „kultureller Software" hervorbringen. Manche Kulturen wie etwa die Balinesen, die afrikanischen Buschmänner und die amerikanischen Eingeborenenvölker produzieren sehr wenig „Hardware", aber besitzen eine äußerst kunstvolle, erfinderische, verhaltensregulierende „Software", die auf die Anforderungen ihrer ökologischen Nischen abgestimmt ist. Angepaßt wie diese Kulturen den natürlichen Kreisläufen von Entropie und Regeneration sind, hinterlassen sie natürlich kaum Spuren auf der Welt. Aus diesem Grund halten wir sie mit der Arroganz unserer abendländischen Bildung für „primitiv". Am anderen Ende der Hardware-Software-Skala stehen die Amerikaner, die pro Kopf fast doppelt soviel Energie verbrauchen wie selbst die Europäer und, gemessen am Weltdurchschnitt, den vierfachen Bedarf an Erzen haben (laut *Technical Options for Conservation of Metals* vom Amt für Technologiefolgenabschätzung der US-Regierung, Washington 1979). Das amerikanische Wertesystem hat in einer kurzen Zeit mehr Hardware erzeugt und mehr Entropie geschaffen als irgendeine andere Kultur in der Geschichte des Planeten.

Die Aufwendungen für die Militärmaschinerie beanspruchen 43 % von jedem Dollar, den die US-Regierung ausgibt, während es das Pentagon fertigbringt, ihren Druck auf den Steuerzahler mit frisierten Bilanzen als minimal darzustellen (nach einer Analyse im *Scientific American,* Vol. 242, No. 1, Januar 1980). Der Militärhaushalt für 1980 betrug 138 Milliarden Dollar; die neuen Waffenverkäufe der Rüstungskonzerne beliefen sich 1979 auf 13 Milliarden Dollar (mit einem Auftragsüberhang von 48 Milliarden Dollar); und fünf Millionen Bürger verdienten ihren Lebensunterhalt beim Pentagon. Der Militarismus ist die energieintensivste, entropischste Beschäftigung der Menschen, da er gespeicherte Energie und Materialien direkt in Abfall und Vernichtungswirkung umsetzt, ohne dazwischen irgendeine nützliche Befriedigung menschlicher Grundbedürfnisse zu leisten. Ironischerweise besteht der Endeffekt von militärischen im Gegensatz zu zivilen Ausgaben darin, Arbeitslosigkeit und Inflation zu steigern, wie es die Berichte *The Empty Porkbarrel* (1980) und *Bankrupting America* (1980) der Employment Research Associates (Beauftragte für Beschäftigungsforschung) aus Lansing, Michigan, belegen. Es ist nur das aberwitzige, abstrakte Dazwischentreten des Geldes, das für uns den Anschein erweckt, als würde der „Tauschwert" produziert, mit dem die im Militärbereich Tätigen solche Grundnotwendigkeiten kaufen können. Aber auch hier ist das verrückte Spiel mit dem Geld bankrott, denn wir sehen jetzt, daß die leichtfertigen Behauptungen, man müsse angesichts der instabilen Situationen im Iran und in Afghanistan mehr Gelder für militärische Zwecke bewilligen, auf einer fehlerhaften Logik beruhen. Es gibt keine automatische Verbindung zwischen Mehrausgaben für die „Verteidigung" und unserer Fähigkeit, mit den neuen Guerilla- und anarchistisch-terroristischen Kampfformen solcher neuen Szenarien fertigzuwerden. Diese liegen jenseits der alten, berechenbaren Modelle der Militärstrategen, die immer noch von „Großmächten" und „rational Handelnden" ausgehen und in Gedanken die übersichtlicheren, hierarchischen Kriege der Vergangenheit führen. Diese Situationen sind nicht mehr statisch und linear, sondern dynamisch, nichtlinear und morphogenetsich. Edmund Muskie war es, der als Staatssekretär die neuartige Auffassung entwickelte, daß Entwicklungshilfe für die Dritte Welt die beste Strategie der Vereinigten Staaten zur nationalen Sicherung sei.

Um eine brauchbare Ethik für das Sonnenzeitalter zu entwerfen, wird es erforderlich sein, daß wir die kooperative, globale Aufgabe in Angriff nehmen, eine Aufstellung aller Wertesysteme, religiösen Glaubenslehren und vergangenen und gegenwärtigen Kulturformen der Welt zu machen und diese Verhaltensresultanten sowie die Hardware-Konfigurationen, die sie produzieren, zu beurteilen. Es sind in dieser Richtung manche einseitigen Bemühungen unternommen worden, die als Modelle dienen können, etwa die Berichte das Club of Rome; *Goals for Mankind,* herausgegeben von Ervin Laszlo (1977); *No Limits To Learning* (deutsch: *Das menschliche Dilemma.* Zukunft und Lernen. Molden, Wien 1979), erarbeitet von Teams aus den USA, Marokko und Rumänien unter der Leitung von James Botkin, Mahdi Elmandjra und Mircea Malitza; und *Grenzen des Elends – das Bariloche-Modell. So kann die Menschheit überleben.* S. Fischer, Frankfurt/M. 1977 vom Amilcar O. Herrera und Hugo D. Scolnik, die Studie eines Szenarios einer globalen Wirtschaft mit einer Schwerpunktverschiebung hin zur Erfüllung menschlicher Grundbedürfnisse nach Nahrung, Kleidung, Bildung und Wohnung in allen Ländern, was einhergeht mit Werteverschiebungen in Richtung auf eine Maximierung der lokalen Eigenständigkeit und der Einkommensgleichstellung. Diese bevorstehende Bestandsaufnahme ist ein durchführbares Projekt, das sich der heutigen Computertechnik mit ihren durch die Neuerung der Mikroprozessoren ungemein reduzierten Kosten bedienen kann. Dann wird es notwendig sein einzuschätzen, welche Wertsysteme zwischenmenschlich am harmonischsten und gerechtesten sowie am besten auf die Umwelt abgestimmt und am langfristigsten unterhaltbar waren, und sämtliche historischen Unterlagen über die Ursachen irgendwelcher Fehlschläge auszuwerten. Hierbei müssen wir uns über die gefährliche Falle im klaren sein, die uns die Geschichte immer stellt: daß sich unvermeidliche Verzerrungen nicht nur bei der Aufzeichnung der Ereignisse, sondern auch bei ihrer Überlieferung einstellen, je nachdem, was dem Geschichtsschreiber gerade „wichtig“ vorkommt. Die meiste herkömmliche Geschichtsschreibung geht also vom menschlichen Ich, seinem Stolz, seiner Macht und seinen Siegen aus und ignoriert, von wenigen Bruchstücken abgesehen, die Geschichte des unscheinbaren Schaffens und Treibens der einfachen Leute. Außerdem könnten die Umstände, die man gewöhnlich für die historischen „Mängel" mancher Kulturen gehalten hat, weil sie vielleicht von einer „mächtigeren" oder reicheren Kultur entworfen wurden, ganz einfach die bloße Gunst der geographischen Lage oder das Vorhandensein reicher Erzadern und Energieressourcen ausgedrückt haben. Aber diese Bedenken sollten uns in keiner Weise davon abhalten, solche Aufgaben anzupacken, da alle menschliche Gelehrsamkeit von solchem Modellbauen, Probieren und Experimentieren seinen Ausgang nimmt. Hier bestehen in der Tat *angemessene* Anwendungsmöglichkeiten für die Computertechnologie, ähnlich den nützlichen, *beschreibenden* Modellen vergangener Klimaänderungen oder der Konstruktion von Modellen des Wasserverbrauchs über das ökologisch Zulässige hinaus, bei denen es darum geht, *das menschliche Verhalten modifizieren* und den natürlichen Kreisläufen *angleichen zu lernen,* anstatt die natürlichen Syseme im Hinblick auf kurzfristige Ziele gegenwärtig lebender Generationen zu manipulieren.

Wenn wir ihre Prinzipien und die Bereiche ihrer lokalen Anwendung, wie sie dem kommenden Sonnenzeitalter angemessen sind, entwickeln, müssen wir die Erschöpfung der natürlichen und geologischen Ressourcen des Ökosystems berücksichtigen und uns unter diesen neuen Mangelbedingungen neue Kriterien für das „Gelingen" oder „Versagen" von Kulturen und Wertesystemen überlegen, das heißt für die Frage, ob sie alles in allem entropisch oder negentropisch gewesen sind. Dieser „Rückblick" wird auch von Bedeutung sein für die Entwicklung alternativer Gesamtheiten von Wertesystemen, gesellschaftlichen Interaktionsprinzipien, Gesetzen und Schätz- und Meßinstrumenten, die benötigt werden, um die Verhaltensresultanten und institutionellen und technologischen Konfigurationen dieser Alternativen zu überwachen. Diese quantitativen und qualitativen Schätzungen und Messungen von Gesellschaften und ihrem Funktionieren sind immer wichtig und werden es auch bleiben, da sie zusammen mit Wahlen, lokaler Beteiligung sowie regionalen und globalen

Informations- und Repräsentationssystemen eine Form unerläßlicher Rückkoppelung darstellen. Alle gesellschaftlichen Rückkoppelungsmechanismen, von den Normen und Sanktionen unmittelbaren Gemeinschaftsverhaltens bis zu den globalen Körperschaften, Grundsätzen, Verträgen und Gesetzen für die Weltmeere, die Erdatmosphäre und den Weltraum, müssen selbst ständig überwacht, verbessert und verändert werden. Mit den Begriffen der Computer- und Systemtheorie lassen sich das Wertsystem, die Grundsätze und die Regeln gesellschaftlicher Interaktionen und Ressourcenverteilungen als „Software-Programme" bezeichnen, während die Überwachungs-, Meß- und Schätzmechanismen und die sozialen Rückkoppelungen als „Vergleicher"-Funktionen dienen und ein ständiges Justieren wie im Falle kybernetischer Systeme mit Thermostatkontrolle zulassen.

Interessanterweise haben genau die irrigen Beschreibungen sogar solcher komplexen, nichtlinearen, kybernetischen Systeme als „Hierarchien" so viele Mißverständnisse entstehen lassen. Wir sind von der hierarchischen, dichotomisierenden Entweder-oder-Logik derart geblendet, daß selbst unsere besten Systemtheoretiker davon sprechen, solche multidimensionalen, heterarchischen, durch Rückkoppelung geregelten Systeme würden „Kontrollhierarchien" verkörpern, und andere Organisationsformen lediglich als „nichthierarchisch" und mit weniger „Kontrollebenen" ausgestattet betrachten. Stillschweigend geht man davon aus, daß Organisation unmöglich sei ohne Hierarchie: ohne Herrscher und Beherrschte, ohne Kontrollebenen und -kreise. Diese Sprache verrät einen starren Gesichtspunkt und somit eine verengte, einseitige Blickrichtung. Ich bin dankbar, daß ich die Gelegenheit hatte, mit Erich Jantsch vor seinem Tode im Dezember 1980 eine Klärung darüber zu erzielen, daß Hierarchie kein grundlegendes Charakteristikum in der Natur ist – ein Eindruck, den man aus seinem ansonsten monumentalen Werk *The Self-Organizing Universe* (1980; deutsch: *Die Selbstorganisation des Universums.* dtv, München 1982) gewinnt. Der Begriff „Hierarchie" unterstellt, daß alle solche Systeme eindeutige Grenzen hätten, während die Wirklichkeit so aussieht, daß sie, wie alle biologischen Systeme, offen sind und „undichte" Grenzen haben. Ja,

„Grenzen“ werden oft durch die Absicht des Beobachters gezogen, einige der Eigenschaften eines Systems zu isolieren und zu untersuchen, anstatt ihre in Wirklichkeit nahtlosen, allseitigen und multidimensionalen Interaktionen mit anderen Systemen und ihrer jeweiligen Umwelt ins Auge zu fassen. Ein gutes Anschauungsbeispiel für diesen letzteren, realistischeren Ansatz gibt Lewis Thomas in seinem Buch *The Lives of a Cell* (1973; deutsch: *Das Leben überlebt. Geheimnis der Zellen.* Kiepenheuer & Witsch, Köln 1976), wo er den menschlichen Organismus als ein komplexes Ökosystem symbiotischer Unterarten beschreibt, ob es sich nun um unsere Darmbakterien oder die ganzen anderen Kolonien einzelliger Organismen handelt, die sich von selbst zu einem Orchester zusammenfinden, um jene großartige Symphonie aufzuführen, die wir einen Menschen nennen.

Die Verwirrung, die das hierarchische Denken erfaßt, wenn es mit den kybernetischen Systemen der wirklichen Welt zusammenstößt, tritt zum Beispiel in der Terminologie der Kybernetiker selbst zutage, wenn sie von der „Thermostatfunktion“ als dem „Regler“ sprechen, der das „System“ kontrolliert. Die Ambivalenz ist offenkundig, aber der Fehler einer solchen Taxonomie ist hintergründiger. Der Begriff „Kontrolle“ stimmt nicht, der Sachverhalt könnte beser als „Wechselseitigkeit“ oder „gegenseitige Verursachung“ (wie Maruyama es ausdrückt) beschrieben werden oder analog zu dem Verhältnis von Streck- und Adduktormuskel, wie es Buckminster Fuller hinsichtlich der Stabilität von Strukturen tut – vergleiche die entsprechende Zusammenfassung in *Critical Path* (1981). Jedenfalls stellen beim Funktionieren eines Thermostats die Rückkoppelungen *vom* restlichen System „Regler“ dar, was in Wirklichkeit eine *Umkehrung* unseres hierarchischen Begriffs von Regelung als „vom Zentrum aus“ oder „von oben nach unten“ wirkend ist! Sogar Kenneth Boulding, einer der Begründer der allgemeinen Systemtheorie, begeht in *Ecodynamics* (1979) den Fehler dieser Art bei seiner Erörterung der Allometrie (Erforschung der optimalen Größe biologischer Organismen), des Wirtschaftens in zu großem Maßstab (*diseconomies of scale*) und der Begrenzung der Größe von Strukturen. Denn wir können durchaus bei jedem offenen, nichtlinearen, kybernetischen System die Frage stellen, wer der „Regler" ist: die Struktur, das Programm, die Rückkoppelungen oder die Umwelt? Die Antwort lautet, daß sie alle es in ihrem Zusammenwirken sind. Wie wir gesehen haben, ist Unbestimmtheit der Grundzug dieser offenen, durchaus nicht im Gleichgewicht befindlichen, morphogenetischen Systeme, in denen Prozesse der Abweichungsverstärkung und der gegenseitigen Verursachung wirken. Daher mag sich meine frühere Behauptung, daß nur *das System das System darstellen und nur das System das System lenken kann,* für ordentliche Gehirne unbestimmt, unsauber und enttäuschend anhören – aber so sieht die wirkliche Welt nun einmal aus. Wenn diese Realitäten einmal anerkannt sind, so versetzen sie unserer hierarchischen, dichotomisierenden, verobjektivierenden, standortabhängigen westlichen Entweder-oder-Logik den Todesstoß und machen den Weg frei für eine subtilere, „unscharfe", intuitive, gleichzeitige Denkweise, deren typische Beispiele die orientalische Weltanschauung, die Volksweisheit und die mystischen Traditionen sind. „Der Name, der nennbar, ist nicht der beständige Name" (Lao-tse) ist eine brauchbare Aussage über den Unterschied zwischen dem „linsenartig" gebündelten Bewußtsein und dem „holographischen" Feldbewußtsein. Ein anderer orientalischer Ausspruch kommt einem in den Sinn: „Wer spricht, weiß nicht – wer weiß, spricht nicht." Zu Harmonie und innerem Frieden gelangt man, wenn man das geschäftige, zwanghaft unterscheidende westliche Denken die von ihm erzeugten Widersprüche auflösen läßt, indem es über sie hinausgeht und sie in die intuitive, meditative Betrachtung des Ganzen hineinnimmt: die große, geheimnisvolle Einheit der Schöpfung. Kein Wunder, daß Meditieren, Entspannen-Reagieren und andere Beruhigungstechniken eine neue „Wachstumsindustrie" sind, die die Industriegesellschaften und ihre Chefetagen mitreißt!

Die Umrisse der Ethik für das Sonnenzeitalter, die in der Verlautbarung „global denken, lokal handeln" zusammengefaßt sind, zeichnen sich heute nicht nur in den erwähnten Grundsätzen und Erklärungen ab, sondern auch in den Aktionen von Bürgern in Tausenden von Gruppen und Netzwerken mit eigenen Berichten und Zeitschriften. Viele sind jetzt in gedeihende planetarische Vereinigungen eingegliedert, zum Beispiel Amnesty International mit ihrem spektakulär erfolgreichen Feldzug für Menschenrechte, und haben teil an der Bildung eines weltweiten Bündnisses gegen den Ausbau von Atomwaffen und für friedliche, sichere, erneuerbare Energie. Diese neuen, schlagkräftigen Organisationen sind auch nichthierarchische Modelle dafür, wie sich eine planetarische Koordination lebenswichtiger Aufgaben wie Umweltschutz und verständige Pflege von Meeren, Boden und Erzvorkommen durch nichtbürokratische, demokratische Mittel und durch die Koordination lokaler und regionaler Aktivitäten auf der Grundlage vereinbarter Grundsätze und allgemeiner Zurückhaltung bewerkstelligen läßt. Modelle gibt es in Hülle und Fülle, vom Weltpostverein, der von einem kleinen braunen Sandsteingebäude in der Schweiz aus gelenkt wird, bis zu den weltweiten Telefonverbindungen. Wenn auch nur ein kleiner Bruchteil der Rüstungsausgaben einer ernsthaften Erforschung und Entwicklung solcher globalen Organisationsformen und -funktionen zufließen würde, so würde dies mit Sicherheit spektakuläre neue Erfolge zeitigen. Und endlich beginnt, angespornt durch den zuvor erwähnten Brandt-Bericht, eine ernsthafte Diskussion über die globale Besteuerung von Rüstungsverkäufen für solche Zwecke. Allgemeine Richtlinien, die sich an dem Motto „Global denken, lokal handeln“ orientieren, würden wohl darauf hinauslaufen, daß Produktion, Konsumtion und Beteiligung an den Institutionen des wirtschaftlichen und politischen Lebens der lokalen Ebene so nahe wie möglich gehalten werden. Globale Informations- und lateral angelegte Kommunikationssysteme aller Art auf der Grundlage von Benutzerkontrollen, freiem Zugang, beiderseitiger Repräsentation, Wechselseitigkeit, Austausch von Erfahrungen und Ideen sowie planetarischer Bildung zusammen mit demokratischen globalen Veränderungen und funktionalen Körperschaften könnten dann planetarische Abkommen und Verträge erfüllen und überwachen.

Ein Großteil dieses neuen globalen Apparats bildet sich langsam und informell in den von Bürgern getragenen nichtstaatlichen Netzwerken heraus, die oftmals die Vorarbeit für die Organisation leisten, die ihnen folgen und die neuen Werte ratifizieren. Viele Beispiele für diese Bürgernetzwerke und

Aktions- und Forschungsgruppen sowie für ihre Entwicklung eines planetarischen Gewissens sind in diesem Buch dargestellt und sprechen beredt für sich selbst. Manche davon stehen für Konzepte, die aus früheren Traditionen wieder auftauchen (wie etwa der *„Aufruf zur Bewußtwerdung“* seitens einer Gruppe von sechs amerikanischen Eingeborenenvölkern auf einer UN-Konferenz von 1977 in Genf), manche sind Mischformen, und manche sind echte Neuerungen. Eine solche Neuerung war 1979 die Kampagne von Bürgergruppen in Kalifornien mit dem Ziel, die Gesetzesvorlage A. B. 23 rechtskräftig werden zu lassen und eine Bundeskommission zur Verbrechenseindämmung und Gewaltverhütung mit dem Auftrag einzurichten, die möglichen Verbrechensursachen zu untersuchen, die in mangelhafter Ernährung, gefühllosen Geburtspraktiken, Zärtlichkeitsentzug, repressiven Einstellungen zu Sex und zum menschlichen Körper, Einimpfen von Geschlechterklischees, Gewalt im Fernsehen, Armut, Vorurteilen und Ohnmacht liegen könnten. Zur Annahme der Gesetzesvorlage kam es durch ein Bündnis von Gruppen für humanistische Psychologie; dem New Age Caucus, einer bundesweiten Gruppe politischer Aktivisten; und dem Abgeordneten John Vasconcellos, dem Verfasser von *A Liberating Vision: Politics for Growing Humans* (1979). Es wirkt geradezu lachhaft, wenn man dieses schlichte, vernünftige Gesetz mit der schon fast paranoiden Auflistung von Fakten und Zahlen über das objektive Vorhandensein von Gewalt vergleicht, der Frucht der Nationalen Kommission über Ursachen und Verhinderung von Gewalt, die im Jahre 1969 von Präsident Johnson im Gefolge der schwarzen Proteste von 1968 eingerichtet wurde. Die Kommission drückte sich unter Berufung auf traditionelle Werte, Gewohnheiten und Machtbefugnisse um die Probleme der Unterdrückung und der strukturellen Gewalt herum und stellte fest, die Amerikaner seien schon immer ein gewalttätiger Menschenschlag gewesen. Mit klassischer Untertreibung zog sie den Schluß: „Wir können nicht davon ausgehen, daß die Modernisierung politische Stabilität nach sich ziehen wird“ (Hugh Davis Graham – Ted Robert Gurr: *The History of Violence in America, a Report to the National Commission on the Causes and Prevention of Violence*. 1969. S. 664) – eine Binsenwahrheit, die im Iran lebhafte Bestätigung erfuhr. Ein weiteres Beispiel, das sich von der bürokratischen Vorgehensweise abhob, war die von 61 Prozent der Wähler von San Francisco im November 1978 angenommene Grundsatzerklärung: „Die Bürger der Stadt und des Landkreises von San Francisco fordern, daß die Bundesregierung aufhört, unsere Steuergelder für kostspielige militärische Zwecke auszugeben, und sie stattdessen dazu verwendet, Arbeitsplätze und Dienstleistungen bereitzustellen, die unser Volk so dringend braucht, und mit dieser Senkung des Militärhaushalts Arbeitsplätze durch Frieden schafft."

Ein weiterer Gedanke, um die Meinungen der Bürger verstärkt zur Geltung zu bringen, schälte sich als Hauptergebnis der ersten Globalen Konferenz über die Zukunft von 1980 in Toronto heraus, nämlich der einer globalen öffentlichen Meinungsumfrage, die von dem neuen Global Futures Network (Netzwerk „Globale Zukunft"), zu dessen Gründern ich gehöre, durchgeführt werden soll. Mit diesen Umfragen verbindet sich die Hoffung, in allen Ländern über die Köpfe der Regierungen und der offiziellen Sprecher hinweg Erhebungen von Bürgermeinungen über globale Fragen vorzunehmen, und zwar in dem Glauben, daß die durchschnittlichen Bürger keinen Nutzen aus Waffenverkäufen, Absprachen multinationaler Konzerne, Ressourcenausplünderung und Kriegen ziehen.

Die neue Logik, von der sich die Ethik des Sonnenzeitalters herleiten wird, ist eine Synthese aus orientalischer, westlicher und „Volks"weisheit, die den Anwendungsbereich und die Beschränkungen einer jeden anerkennt. Das so geartete allumfassende Bild eines holographischen Universums, das von einem analog funktionierenden holographischen menschlichen Bewußtsein erfaßt wird, kommt in einer Fülle erregender neuer wissenschaftlicher Spekulationen zum Ausdruck, auf die bereits eingegangen wurde. Es hat bei den frühen, prototypischen Schriften von Buckminster Fuller und Marshall McLuhan mit ihren nichtlinearen, dichten, mit endlosen Nebensätzen vollgestopften Sätzen – nicht zu vergessen auch James Joyces Darstellung der gegenseitigen Durchdringung von Subjektivem und Objektivem in dem gleichzeitigen, multidimensionalen, überbordenden Fluß seiner Wahrnehmungen. Zu den Beispielen für den sich herausbildenden Stil „offener Systeme" gehörten Fritjof Capra mit *The Tao of Physics* (1975; deutsch: *Das Tao der Physik*. Scherz – O.W. Barth, Bern-München-Wien, Neuausg. 1984), Gary Zukav mit *The Dancing Wu Li Masters* (1979: deutsch: *Die tanzenden Wu Li Meister*. Rowohlt, Reinbek 1981), Kenneth Boulding mit *Ecodynamics* (1979), Erich Jantsch mit *The Self-Organizing Universe* (1980; deutsch: *Die Selbstorganisation des Universums*. dtv, München 1982), Mary Daly mit *Gyn/Ecology* (1979; deutsch: *Gyn/Ökologie. Die Metaphysik des Radikalen Feminismus*. Frauenoffensive, München 1981), Marilyn Ferguson mit *The Aquarian Conspiracy* (1980: deutsch: *Die sanfte Verschwörung*. Knaur Tb, München 1984), William Irwin Thompson mit *Passages About Earth* (1973; deutsch: *Am Tor der Zukunft. Raumzeitpassagen*. Aurum, Freiburg 1975) und Evil and World Order (1976) sowie seinem letzten und besten Buch *The Time Falling Bodies Take To Light* (1981), Gregory Bateson mit *Mind and Nature* (1979; deutsch: *Geist und Natur. Eine notwendige Einheit*. Suhrkamp, Frankfurt/M. 1984) und *Gödel, Escher, Bach* (1979; deutsch: Klett-Cotta, Stuttgart 1985), eine poetische Integration des Computerwissenschaftlers Hofstadter, worin Prinzipien der Musik, Kunst, Mathematik und Biologie zu einer glänzenden metalogischen Synthese verbunden und dadurch die Verwendungen und Begrenzungen aller logischen und sonstigen Symbolsysteme veranschaulicht werden. Viele dieser Autoren brechen sogar mit dem linearen Stil und numerieren ihre Kapitel nicht, womit sie dem Umstand Rechnung tragen, daß es bei Ausführungen multidimensionaler Art nicht darauf ankommt, ob der Leser in der „Mitte", am „Schluß" oder am „Anfang" des Buches beginnt, da jedes Kapitel, manchmal jeder Abschnitt oder jeder Satz, ein versuchtes Hologramm ist. Somit bewegt sich die wissenschaftliche Darstellungsweise weg vom Reduktionismus und von der beschränkten, statischen Exaktheit hin zu jener fließenden Denkungsart, die die neue, unbestimmte Natur der Wirklichkeit anerkennt. Damit bewegt sie sich auch unweigerlich auf die Dichtung und auf solche Perlen gleichzeitiger, intuitiver Wahrnehmung wie das Haiku und das Zen-Koan zu, bewegt sich über Worte und Symbole hinaus und führt den Leser zur Erfahrung der voll erweckenden Entdeckung des ewigen Jetzt.

Die Logik und Ethik des Sonnenzeitalters werden von einem grundlegenden Prinzip ausgehen, das jetzt von der westlichen Wissenschaft wiederentdeckt wird: dem Prinzip der *gegenseitigen Verbundenheit.* Dieses Prinzip stand am Anfang aller großen religiösen Traditionen (denn das Wort „Religion" selbst kommt vom lateinischen *religio,* was „Rückbindung" bedeutet) und tritt auch im persönlichen Erleben als „Gipfelerfahrung" undifferenzierter Einheiten auf, die von dem Psychologen Abraham Maslow beschrieben wurde. Zwischen diesen beiden Seiten bahnt sich eine Synthese an, die ein mächtiges neues Richtmaß für die Forderungen und Bestrebungen nach einer gerechteren Weltordnung und die Anstrenungen, Szenarien ihres Funktionierens zu erstellen, abgeben wird. Alte Ordnungen brechen zusammen, weil ihre allometrischen Dimensionen überzogen werden und sie keine neuen Energieformen mehr fassen oder einplanen können. Auch „Ordnung" und „Chaos" sind in Wahrheit zwei Seiten derselben Medaille und erschienen so oder so je nach dem Standpunkt des Betrachters. Im Lichte der jüngsten internationalen Ereignisse wird es zusehends deutlich, daß die Welt sich von Grund auf gewandelt hat und daß sich eine neue Weltordnung zwangsläufig herausbildet. Wie Marilyn Ferguson in *The Aquarian Conspiracy* bemerkt: „Wenn die Gesellschaft zerfällt, wie es zur Zeit der Fall ist, reorganisiert sie sich auf einer höheren Ebene." Der gleiche Schluß läßt sich aus der Arbeit des Nobelpreisträgers Ilya Prigogine ziehen, der die von ihm untersuchten biologischen Systeme als dissipative Strukturen bezeichnet, die durch das Überschreiten von Schwellen und das Verstärken von Ungleichgewichtszuständen Transformationen durchmachen. Aber auch hier müssen wir uns vor der Falle des hierarchischen Denkens hüten. Ich ziehe es vor, diese Transformationen nicht so aufzufassen, daß sie auf „höhere Ebenen" führen, sondern daß ihnen eine größere Dimensionalität und Offenheit gegenüber der ewigen, allgegenwärtigen Gesamtpotentialität des Universums eigen ist, ob sie sich darstellt in Form von Lewis Thomas' Einzeller, Jean Houstons Körper-Geist-Kontinuum, James Lovelocks und Lyn Margulis' planetarischem Einzelorganismus „Gaia" oder Karl Pribrams und David Bohms holographischem Kontinuum von Universum und menschlichem Bewußtsein, in dem es kein „höher“ oder „tiefer“, „oben“ oder „unten“ gibt – wie es uns Buckminster Fuller ja schon seit langem erzählt. Somit wird der Rest dieses Jahrhunderts tatsächlich eine Zeit des Chaos sein – erschreckend für diejenigen, die mit der alten Ordnung verwachsen sind, aber erhebend für diejenigen, die wenig Interesse an ihrer Aufrechterhaltung haben und neue Möglichkeiten erblicken. Wir sehen, wie sich die Bänder der technokratischen Industriegesellschaft auflösen, und sind Zeugen des Entstehens einer neuen Weltordnung. Die neuen Paradigmen werden uns helfen, unser Gleichgewicht, unsere Fassung und unser Mitleid zu bewahren.

In einem allgemeinen Sinne sind wir uns also über die elementaren Grundlagen, auf denen die neue Weltordnung errichtet werden muß, durchaus im klaren. Im wesentlichen handelt es sich um folgende Prinzipien:

- der Wert aller Menschen;
- das Recht auf Befriedigung der (physischen, psychischen und metaphysischen) Grundbedürfnisse aller Menschen;
- gleiche Chancen zur Selbstentfaltung aller Menschen, wie sie zum Beispiel in den neuen Maßstäben menschlicher Entwicklung zum Ausdruck kommen: dem vom Umweltprogramm der Vereinten Nationen vorgeschlagenen Maßstab „menschliche Grundbedürfnisse“ (MGB); dem umfassenden „Indikator der materiellen Lebensqualität“ (IMLQ) des Überseeischen Entwicklungsrats (siehe X); dem „Maßstab für wirtschaftlichen Wohlstand“ (MWW) der Ökonomen James Tobin und William Nordhaus, der gegenüber dem BSP eine leichte Verbesserung darstellt; dem japanischen „Nettosozialwohlstand“ (NSW); und der „Lebensqualität“ (LQ) des amerikanischen Midwest Research Institute – wobei allerdings die letzteren drei Ansätze nur geringfügig besser sind als das BSP;
- die Erkenntnis, daß diese Prinzipien und Ziele im Rahmen des für Böden, Meere, Luft und Wälder Zulässigen und der Gesamtbelastbarkeit der Biosphäre verwirklicht werden müssen;
- die Erkenntnis, daß alle diese Prinzipien mit gleichem Nachdruck für künftige Menschengenerationen und deren biosphärische Lebensunterhaltssysteme gelten und somit die

Achtung aller anderen Lebensformen und der Erde selbst einzuschließen.

Historisch läßt sich die menschliche Entwicklung als eine Folge vieler lokaler Experimente zur Schaffung von Gesellschaftsordnungen unterschiedlichster Art, aber gewöhnlich auf der Grundlage von Teilgesichtspunkten, betrachten, das heißt, die Gesellschaftsordnungen dienten *einigen* Leuten auf Kosten *anderer* Leute und beruhten auf der Ausbeutung der Natur. Außerdem funktionierten sie *kurzfristig*, scheinen aber *langfristig* fehlgeschlagen zu sein.

Heute haben sich alle Experimente einer lokalen und teilweisen menschlichen Entwicklung auf der Grundlage dieser kurzsichtigen Raubbaupraktiken, planetarisch gesehen, in der einen oder anderen Weise als Fehlschläge erwiesen. Wir wissen heute, daß sich solche Gesellschaften unmöglich aufrechterhalten lassen und daß die Destabilisierung, auf der sie aufbauten, jetzt die Stabilität ihres internen Regelsystems und die globale Stabilität des Planeten in Mitleidenschaft zieht. Interessanterweise lassen sich diese Instabilitäten samt und sonders wissenschaftlich formulieren:

1. In der klassischen Gleichgewichtsthermodynamik als deren erstes und zweites Gesetz – das der Energieerhaltung und das der Entropie. Demnach machen sich alle menschlichen Gesellschaften (und alle lebenden Systeme) Negentropie (verfügbare Energieformen und konzentrierte Rohstoffvorkommen) zunutze und setzen sie mit unterschiedlichen Geschwindigkeiten in entropischen Müll um, wobei wir den Umfang dieser Ordnungstätigkeiten und der dadurch andernorts geschaffenen Unordnung messen können. Ein Verständnis dieses Prozesses führt zu der Einsicht, daß das Energieministerium der Vereinigten Staaten (oder jedes anderen Staates) eigentlich Entropieministerium heißen müßte. Ein weiteres Beispiel für das Wirken der thermodynamischen Gesetze in menschlichen Gesellschaften ist das Verhältnis von Ordnung und Unordnung, das wir in und zwischen diesen Gesellschaften feststellen – man denke zum Beispiel an den Aufbau der europäischen Ländern in ihrer Kolonialzeit auf Kosten der damit gleichzeitig angerichteten Unordnung in ihren Kolonien, und zwar sowohl in kultureller Hinsicht als auch in bezug auf die einheimischen Ressourcen.

2. Vom Standpunkt der Biologie und des Evolutionsprinzips aus, das sich zusammenfassen läßt in dem Wort: »Nichts läßt so sehr nach wie der Erfolg«; dies betrifft die Ausgleichsprozesse zwischen kurzfristiger und langfristiger Stabilität und Struktur, zwischen Anpassung und Angepaßtheit.

3. Vom Standpunkt der allgemeinen Systemtheorie aus als Phänomen der Suboptimierung, das heißt der Optimierung einiger Systeme auf Kosten der sie umfassenden Systeme.

4. Vom Standpunkt der Ökologie aus als Verletzungen des allgemeinen Prinzips der gegenseitigen Verbundenheit von Ökosystemen und der gesamten Biosphäre, das heißt der ständigen Kreislaufbewegungen aller Ressourcen, Elemente, Stoffe, Energieformen und Strukturen. Diese gegenseitige Verbundenheit aller Subsysteme auf dem Planeten Erde geht tiefer als die gegenseitige Abhängigkeit von Menschen, Staaten, Kulturen, Technologien usw.

Die Bestrebungen zu einer neuen Weltordnung stützen sich also nicht nur auf ethische und moralische Prinzipien, so wichtig diese sich herausbildenden planetarischen Werte für das Überleben unserer Art auch sein werden.

Die Notwendigkeit einer neuen Weltordnung kann jetzt auch *wissenschaftlich* bewiesen werden. Wir sehen, daß das Prinzip der gegenseitigen Verbundenheit aus der reduktionistischen Wissenschaft selbst, die somit eine seiner Grundlagen abgibt, hervorgeht, und sehen die damit einhergehende ökologische Wirklichkeit, daß auch *Umverteilung ein Grundprinzip der Natur ist.*

Alle Ökosysteme verteilen periodisch Energie, Stoffe und Strukturen durch biochemische und geophysikalische Prozesse und Zyklen um; daher müssen auch alle Gesellschaftssysteme der Gattung Mensch Prinzipien der Umverteilung dieser selben Ressourcen, die die Menschen benutzen und umwandeln, gehorchen, ob es sich nun um elementare Energie und Rohstoffe handelt oder um daraus gewonnene »Reichtümer« (Kapital, Geld, Bauten, Produktionsmittel und »Macht«).

Das wissenschaftliche Verständnis der *gegenseitigen Verbundenheit,* das sich in den letzten Jahrzehnten gebildet hat, und die fundamentalen Prozesse der *Umverteilung* werden begleitet von aufkommenden Paradigmen der *Unbestimmtheit, Komplementarität* und *Veränderung* als Grundbeschreibungen der Natur. Die fünf Prinzipien gelten nicht nur auf der Erscheinungsebene unserer alltäglichen Oberflächenrealitäten und bei unserer Naturbeobachtung (im „Mittelstreckenbereich" der klassischen Physik), sondern auch auf der subatomaren Ebene quantenmechanischer Phänomene. Im Grenzbereich der Quantenmechanik geht man von der von Einstein aufgeworfenen letzten Frage aus, die dieser in seinem 1935 zusammen mit Podolsky und Rosen verfaßten Aufsatz formulierte: „Kann die quantenmechanische Beschreibung der physikalischen Wirklichkeit als vollständig angesehen werden?" Es geht dabei darum, daß die Quantenmechanik auf der Voraussetzung fußt, Kausalität wirke *lokal* (das heißt Ereignisse finden voneinander getrennt an bestimmten Raum-Zeit-Punkten statt) und Ereignisse und Phänomene könnten einander nicht ohne ein dazwischentetendes Medium oder eine konkrete Verbindung über eine Entfernung beeinflussen. Die Physik geht bei ihrem Forschem nach Verhalten und Interaktionen von immer kleineren, zahlreicheren Teilchen, Wellen und Quarks sowie nach unwahrscheinlichen Phänomenen, Eigenschaften, Tendenzen und dergleichen größtenteils weiterhin von dieser Annahme aus. Im Jahre 1964 jedoch entwickelte J. S. Bell, ein in den Schweizer CERN-Laboren tätiger Physiker, ein Theorem, das die Grenzen der in der Quantenmechanik verwandten Mathematik aufzeigte und den Physikern ein überaus fruchtbares Paradox vorsetzte, womit er diese lokale Kausalität und Getrenntheit, auf der alle Physik beruht, in Frage stellte und zu der neuen Hypothese gelangte, daß subatomare Ereignisse und Phänomene ebenfalls im Grunde miteinander verbunden seien. In ähnlicher Weise haben wir gesehen, wie die Prinzipien der Unbestimmtheit, Komplementarität und Veränderung nicht nur auf Quantenebene zutreffen, sondern auch auf biologische, ökologische und soziale Prozesse und Phänomene. Folglich implizieren diese sich in der westlichen Wissenschaft herausschälenden fünf Prinzipien eine Anpassung menschlichen Verhaltens und Lernens und sozialer Prinzipien:

- *Verbundenheit* (planetarische Zusammenarbeit menschlicher Gesellschaften),
- *Umverteilung* (Gerechtigkeit, Gleichheit, Ausgewogenheit, Wechselseitigkeit),

- *Veränderung* (Umstellung der Institutionen, Vervollkommnung der Produktionsmittel, Wandel der Paradigmen und Werte),
- *Komplementarität* (Einheit und Verschiedenheit, von der Entweder-oder zur Sowohl-als-auch-Logik),
- *Unbestimmtheit* (viele Modelle und Gesichtspunkte, Kompromißlösungen, Bescheidenheit, Offenheit, Entwicklung, „Lerngesellschaften").

Die neue Weltordnung kann *sowohl* auf wissenschaftliche *als auch* auf ethische Prinzipien gegründet werden. Wir *entdecken* die neue Weltordnung in der Wissenschaft und *erinnern uns,* daß wir sie bereits kennen, da sich diese selben fünf Prinzipien in allen religiösen und spirituellen Traditionen finden. Ethische Prinzipien sind zu Grenzwerten der wissenschaftlichen Forschung geworden. Die Moral ist zuletzt pragmatisch geworden und der sogenannte Idealismus realistisch.

Aber es ist gleichfalls klar, daß die notwendige globale Transformation entweder unter wachsendem menschlichen Widerstand und bei gesellschaftlicher Verhärtung vonstatten gehen wird oder durch einsichtigere und flexiblere gesellschaftspolitische Orientierungen und Veränderungen menschlicher Werte und Verhaltensweisen aufgegangen und gefördert wird. Folglich verlangt die globale Politik der konzeptionellen Neuorientierung die Entwicklung pragmatischer Strategien, neuer Bündnisse und eines, wie man sagen könnte, „neuen Proletariats", dem nicht nur, wie Marx es predigte, Arbeiter angehören, sondern alle Menschen, die durch willkürliche Symbolsysteme und soziale Rollenzuweisungen tyrannisiert werden. Dazu gehören beispielsweise alle Menschen in der Welt, deren Arbeit nicht monetarisiert ist und daher nicht wertgeschätzt wird, wie zum Beispiel für den Eigenbedarf produzierende Dörfler und Bauern; die indischen Harijans und alle Arbeiter der sogenannten niederen Kasten; Eingeborenenvölker in allen Nationalstaaten, die in irgendeiner Weise in Gettos gepfercht wurden, wie etwa die amerikanischen Eingeborenen, die Ureinwohner Australiens und die Ainu in Japan; und alle Menschen, die aufgrund von Hautfarbe, Geschlecht, Rasse oder Religion diskriminiert und geringgeschätzt werden. In gleicher

Weise wurden Länder und Regionen der Tyrannei der globalen Geldwirtschaft unterworfen, und ihr Beitrag zur Weltentwicklung und zur menschlichen Kultur wurde dadurch abgewertet. Wir ersehen jetzt aus den in der Wissenschaft entstehenden Paradigmen, *daß alle diese Tatbestände aus dem Irrtum hervorgehen, abstrakte Grenzen dort zu ziehen, wo in der Natur keine existieren.* Um jedoch der politischen Aufgabe nachzukommen, in bezug auf diese Irrtümer das Gewissen der Menschen in den verschiedenen Gesellschaften aufzurühren, ist es erforderlich, daß man diese Tatbestände und die bestehenden Machtzentren ins Auge faßt. Dies ist die schöpferische Rolle der Dritten Welt und aller untergeordneten Gruppen.

Diese Bewußtseinshebung im planetarischen Maßstab muß militant, überzeugt und gewaltlos vor sich gehen, wie es zum Beispiel die wichtige Auseinandersetzung über das begrenzte elektromagnetische Spektrum ist. Es ist inzwischen deutlich, daß die Industrienationen über ein schreiend ungerechtes Monopol dieser überaus wichtigen globalen Ressourcen verfügen, nämlich der Kommunikationsmedien von Radio, Fernsehen und Telefon bis zu Luft- und Seeortung, Mikrowellenübertragung, Radar, Satelliten und anderen strategischen Systemen. In bezug auf diese planetarische Ressource sieht die Aufteilung zwischen den Nationen so aus, daß beispielsweise 90 Prozent des Radiowellenspektrums von 10 Prozent der Weltbevölkerung monopolisiert werden. Das Schlachtfeld für den Kampf um das elektromagnetsiche Spektrum wurde auf der Weltrundfunkkonferenz abgesteckt, und seine Auswirkungen auf die Entwicklung eines ausgewogeneren planetarischen gemeinsamen Informationsaustauschs sind einschneidend. Die lange Reihe von Fragen, die bei einer neuen, gerechten Verteilung der Informations- und Kommunikationssysteme des Planeten anstehen, werden eine weitere wichtige Arena für die Politik der konzeptionellen Neuorientierung sein, denn nur, wenn alle Kulturen über die Mittel verfügen, gleichberechtigt am Weltgespräch teilzunehmen, können wir auf ein hinreichend großes Forum zur Konfliktlösung und Schaffung neuer kultureller Alternativen hoffen. Ein solcher gemeinsamer Informationsaustausch kann auch einen Ausgleich zur derzeitigen Tyrannei der Paradigmen, Symbolsysteme und Werte *einiger* Kulturen über die *anderer* Kulturen schaffen. Sinnvollerweise ist die UNESCO zu einem bewegten Forum für das Gespräch über diese Fragen geworden.

Ein weiteres entscheidendes Anliegen, das dazu beiträgt, unsere Sicht der neuen planetarischen Realitäten zu klären, schält sich als Quintessenz aus den hauptsächlichen ideologischen Auffassungen von „Entwicklung" heraus, die seit der industriellen Revolution vor allem im Kommunismus, Sozialismus und Kapitalismus und ihren verschiedenen Ausdrucksformen bestanden: die wachsende Sorge um die Bedürfnisse *wirklicher* Menschen und die allgemeinen Fragen der *Ungerechtigkeit* und *Ungleichheit*. Die zuvor erwähnten Konzepte alternativer Formen von Entwicklung werden in drei wichtigen Ansichten über sozialen Fortschritt aus neuerer Zeit deutlich:

1. Die Definition von „Entwicklung" durch die Erklärung von Cocoyoc, nämlich als „die Entwicklung von Menschen, nicht die Entwicklung von Ländern, die Produktion von Sachen, ihre Verteilung innerhalb von Gesellschaftssystemen oder die Transformation gesellschaftlicher Strukturen, was eine Neudefinition des ganzen Ziels von 'Entwicklung' nach sich zieht, bei dem Mittel mit Zwecken verwechselt wurden" (Dokument A/C. 2/292 der Vollversammlung der Vereinten Nationen).
2. Die sozialistische Auffassung, die auf dem Vermächtnis von Karl Marx basiert und der es um die Unterdrückung von Gruppen in den Gesellschaften durch andere Gruppen geht, sowie Marx' historisches Aufzeigen der Unterdrückung der arbeitenden Klassen durch Kapitalisten und Grundbesitzer als ein Hauptbeispiel für diese Willkür.
3. Das liberale Vermächtnis der Aufklärung: politische Demokratie (die oftmals immer noch mit dem Satz „Ein Mann, eine Stimme" die Sprache der Willkür erklärt), die immerhin in den USA zwangsläufig zu der Konzentration der Regierung Carter auf „Menschenrechte" als einem politischen Hauptanliegen geführt hat.

Es werden jetzt also allgemein wenigstens Lippenbekenntnisse zu dieser Konzentration auf die Rechte des Menschen abgelegt, und in unserer an Kommunikationsmitteln reichen Welt können nur wenige Staaten die Sanktionen der öffentlichen Meinung gegen krasse Verletzungen dieser Menschenrechte ignorieren. Die Führer von heute haben viel Erfahrung mit diesem zweischneidigen Schwert der Menschenrechte, das paradoxe Tatbestände der Ungerechtigkeit und Unterdrükkung von Minderheiten innerhalb der eigenen Staatsgrenzen aufdeckt und beispielsweise solche innenpolitischen Klagen wie die der amerikanischen Eingeborenen und der Schwarzen in den USA sowie der sowjetischen Feministinnen und anderer Dissidenten in der UdSSR vor das Weltforum der Vereinten Nationen und einer zunehmend einflußreichen öffentlichen Weltmeinung bringt. Somit tritt das allgemeine Thema von Willkür und Unterdrückung in allen Formen in den Vordergrund, wie wir es besonders deutlich im Wiederaufleben des ethnischen Separatismus und Forderungen nach kultureller und religiöser Autonomie gesehen haben, ob in der machtvollen Erhebung im Iran oder den Guerilla-Aktionen, die den Basken in Spanien zu mehr Autonomie verhalfen, oder in den neuen Protesten vieler blockfreier Staaten gegen den Einmarsch der sowjetischen Truppen in Afghanistan. Ein planetarisches Bündnis neuer Art muß entstehen, um die allseitigen Bestrebungen für die neue Weltordnung in Industrie- und Dritte-Welt-Ländern politisch zu stützen – ein Bündnis aller durch die Monetarisierung und andere Willkürbestimmungen und politische Grenzen tyrannisierten Menschen. Solche neuen Gruppierungen zeichnen sich bereits in den mittlerweile häufigen Treffen der kulturell entrechteten Völker und Stämme des Planeten ab, wie sie zuvor erwähnt wurden. Dieses siegreiche Bündnis wird nicht nur Arbeiter umfassen, wie es etwa in der Absicht der früheren Industriearbeiter der Welt (IWW) lag, da sich die Arbeiter in den Industriestaaten jetzt in vielen Fällen abnormerweise auf Kosten unterdrückterer Gruppen wie der Schwarzen in den USA oder der Pakistanis in Großbritannien besserer Bedingungen erfreuen bzw. dies unwissentlich aufgrund der Ausbeutung billigerer Arbeitskräfte in vielen Ländern der südlichen Erdhalbkugel durch ihre Arbeitgeberfirmen tun. In ähnlicher Weise ist die letzte „Entwicklungsnation", die der Frauen der Welt, übersehen worden und blieb ihre grundlegende Rolle in Produktion, Betreuung und Landwirtschaft in den ökonomischen Definitionen von Kapitalismus und Sozialismus und in buchstäblich allen ökonomischen Daten über deren monetarisierte Sektoren unberücksichtigt. Das siegreiche planetarische Bündnis muß jetzt die Frauen miteinschließen, wenn es umfassend genug sein soll, um eine politisch tragfähige Mehrheit zu bilden. Es ist ebenfalls deutlich, daß unsere chaotischen Gesellschaften nunmehr der „Mütterlichkeit" wie der „Väterlichkeit" bedürfen, damit es zu einem ausgewogeneren Teilen der Führungsverantwortlichkeiten kommen kann. Somit läßt sich den Metathemen der menschlichen Bedürfnisse, der Menschenrechte und der Beendigung aller Willkür und Unterdrückung (wie der Tyrannei der Monetarisierung), die sämtlich auf entstehenden sicheren wissenschaftlichen Kenntnissen beruhen, die Handlungsanweisung entnehmen, um die Ethik des Sonnenzeitalter praktizierbar zu machen und ihre gesellschaftlichen Ausdrucksformen in einer ausgewogenen, harmonischen, ökologisch abgestimmten neuen Weltordnung zu verwirklichen. Falls wir in den Industriestaaten den Veränderungen, die wir vornehmen müssen, nicht entschlossen ins Auge sehen können, so erwarten uns nur eine kurze Wegstrecke weiter andere Ressourcenkrisen, die uns noch härter treffen werden als der Energieengpaß: beispielsweise unsere Abhängigkeit von fremden Rohstoffen und Metallen sowie eine weitere Ressourcenkrise, die sich in den Vereinigten Staaten aufgrund der Mißwirtschaft, die wir mit den Wasservorräten unseres Landes getrieben haben, im Stillen zusammenbraut. Wie viele Signale brauchen wir noch – Signale sowohl von der Natur als auch von anderen Ländern, die über unsere Vergeudung zunehmend die Geduld verlieren und nun mit Recht eine Neue Internationale Wirtschaftsordnung fordern? Außerdem erstrecken sich diese Umverteilungsprobleme über Generationen: Auch künftige Generationen verdienen ihren Anteil. In dem medienreichen globalen Dorf, das die Industriestaaten ironischerweise durch ihre eigene Technologie geschaffen haben, werden diese unter Druck stehen, sich an diese Grundsätze der generationsübergreifenden Gerechtigkeit zu halten und für einen gerechteren Zugang zu den Ressourcen für alle *heute Lebenden* zu sorgen, wie dies von John Rawls in seinem Buch *A Theory of Justice* (1971; deutsch: *Eine Theorie der Gerechtigkeit*. Suhrkamp, Frankfurt/M. 1979) umrissen wurde.

Diese dreidimensionale Auffassung von Recht und Gerechtigkeit ist nicht widersprüchlich, sondern komplementär. Denn wenn in und unter den Nationen der Zugang zu den Ressourcen, Macht und Reichtum gleichermaßen offensteht, so reduziert dies an sich schon die Gefahren einer Konzentration von Macht und Reichtum, die zu unmäßiger Ausplünderung der Ressourcen und Unterdrückung der Menschen führt und die Zukunftsmöglichkeiten zunichte macht. Nur Gesellschaftssysteme, die lernen, von den heutigen Ressourcen sparsamen und gerechten Gebrauch zu machen, können Produktionssysteme auf der Grundlage ständig erneuerbarer Ressourcen schaffen, die auf langfristige Unterhaltbarkeit abgestellt sind, und dies aus dem Verständnis heraus, daß in Harmonie miteinander und mit der Natur zu leben, nicht bloß ein moralischer Imperativ ist – es ist der einzige Kurs, den ein pragmatisches Handeln jetzt einschlagen kann.

Können wir die gefährlich instabile Zentralisation politischer und ökonomischer Macht in den Nationalstaaten auflösen, das Wettrüsten und die Kernwaffen eindämmen, die Ressourcenausplünderung durch multinationale Konzerne unter die Kontrolle des Weltrechts bringen, die Macho-Technologien umorientieren, bevor es zu spät ist? Wir müssen unter der Voraussetzung weitermachen, daß es möglich sei, diese Aufgabe zu bewältigen – nichts anderes kann für Menschen sinnvoll sein. Beispielsweise waren die Friedensinitiativen von Ägyptens Anwar el-Sadat und Israels Menachem Begin, für die sie den Friedensnobelpreis erhielten, in erster Linie pragmatisch, da nur ein Frieden zwischen ihren beiden Ländern ausreichende Ressourcen freisetzen konnte, um eine Verbesserung ihrer inneren, zivilen Bedingungen zu erzielen (*Fortune* vom 28. Januar 1980, S. 68-75). In den kommenden Jahrzehnten des Überwechselns zu Volkswirtschaften auf der Grundlage erneuerbarer Ressourcen werden die Nationen beginnen, klarer denn je die nackte Entscheidung zwischen Kanonen und Butter zu erkennen sowie den Umstand, daß der Militarismus von der heutigen Größenordnung nur zum Staatsbankrott führt. Die gleichen Neubeurteilungen werden innenpolitisch in solchen aufgeschlossenen Industriegesellschaften wie Schweden vorgenommen, wo die Ansicht der Bürger über den Begriff des „Lebensstandards" einen Wandel durchmacht. In einer Studie von 1979, *„Kann Schweden eine Schrumpfung vertragen?"*, zeigt Nordal Ackerman anhand von Meinungsumfragen diese sich verändernden Wertungen deutlich auf. An oberster Stelle steht der sichere Arbeitsplatz, aber danach werden nichtmaterielle Bedürfnisse *höher* veranschlagt als Hebungen des „Lebensstandards": weniger gefährliche Arbeitsbedingungen, abwechslungsreichere Wohngegenden, lohnendere Freizeit- und Kulturtätigkeiten. Natürlich konnten diese weniger grundlegenden Bedürfnisse nur auftauchen, nachdem für die grundlegenden gesorgt war, aber dennoch sind sie bezeichnend für eine Abkehr von der Gleichsetzung wirtschaftlichen Wachstums mit „produktivistischen" Zielen. Die Studie stellt fest: „Im Jahre 1974 waren 81 % bereits der Meinung, daß der Lebensstandard und der Energieverbrauch nicht weiter gesteigert werden sollten. Drei Jahre später war nur ein Prozent der Öffentlichkeit der Ansicht, der Standard sei zu niedrig, während 60 % ihn für zu hoch hielten. Konkret nach ihrem eigenen Standard gefragt, meinten nur acht Prozent, daß dieser höher sein sollte – 70 % waren so, wie er war, mit ihm zufrieden."

Wie Mustafa Tolba, leitender Direktor des Umweltprogramms der Vereinten Nationen, in seinem Vorwort zu *Basic Human Needs: Framework for Action* (1979) von John und Magda McHale erklärte: „Die Welt verfügt über die Fähigkeit, eine dauerhafte Befriedigung der menschlichen Grundbedürfnisse für die ganze Menschheit zu erreichen." Dies stellt eine Herausforderung für viele Umweltschützer dar, die der Meinung sind, die menschliche Bevölkerung des Planeten habe bereits dessen „Belastbarkeit" überschritten (wenn dieser Begriff auch noch einer Formalisierung bedarf). Eine wachsende Anzahl von Weltorganisationen und Weltbürgern gelangt jedoch zu dem Schluß, daß wir zumindest jene Möglichkeiten voll ausschöpfen müßten, die der berühmte Satz von Mohandas Gandhi nennt, die Welt habe genug für unsere Bedürfnisse, aber nicht für unsere Begierden.

Beispielsweise hat immerhin eine angesehene politische Partei, die neuseeländische Wertepartei, sich den Gandhischen Ansatz als außenpolitisches Credo zu eigen gemacht und es geschafft, in den Wahlen von 1975 fünf Prozent der Wählerstimmen des Landes auf sich zu vereinigen. Der gleiche Gedanke wird von Buckminster Fuller als Grundausrichtung dieses Weltspiels ausgegeben, nämlich „die Welt hundertprozentig für die Menschheit in Betrieb zu nehmen". Dieser Formel fehlt eine Dimension des Zukünftigen, wohingegen sich Bevölkerungsbiologen ernstlich und überzeugend für die Wichtigkeit dieser Dimension verwendet und sogar in Zweifel gezogen haben, daß sich in einer gebührenden Art und Weise für die derzeitigen vier Milliarden Bewohner des Planeten aufkommen ließe, ganz zu schweigen von der anstehenden Verdoppelung der Menschenzahl. Aber pragmatische politische Analytiker sehen nicht, wie man um den Versuch herumkommen könnte, diese ungeheure Aufgabe, den menschlichen Bedürfnissen gerecht zu werden, anzugehen, obwohl es dazu erforderlich sein wird, daß wir alle unsere traditionellen Vorstellungen von Entwicklungsökonomie von Grund auf revidieren. Die entscheidende (und so oft von den Theoretikern, die bequem in den Industrieländern der nördlichen Erdhalbkugel leben, übersehene) Variable in der Gleichung Bevölkerung-Ressourcen ist die des Pro-Kopf-Verbrauchs.

Das Buch *Basic Human Needs* ist einer der besten neueren Versuche, den Begriff „wirtschaftliche Entwicklung" neu zu bestimmen, und weist dabei die traditionellen Ideen von Kuznets und, aus jüngster Zeit, von Walter Rostow, der in seinen *Stages of Economic Growth* (1960; deutsch: *Stadien wirtschaftlichen Wachstums*. Vandenhoeck & Ruprecht, Göttingen 1960) „Entwicklung" für einen Tröpfelprozeß hält, zurück. Kurzum, ein solches Welthandelssystem kommt nicht nur seinen eigenen Bedingungen nicht nach, sondern bewirkt, indem es weiterhin an seinem simplen preis- und BSP-bestimmten Ziel festhält, nichts anderes, als jedes lokale Gesellschaftssystem und jedes lokale Ökosystem auf dem Planeten zu zerrütten und dabei einen absurden globalen Gleichgewichtszustand herzustellen, indem es den ganzen Planeten in einen globalen „Mißwirtschaftssumpf" verwandelt! Zusammen mit vielen anderen habe ich versucht, das Kauderwelsch und die Spiegelfechterei, womit sich die traditionelle Entwicklungsökonomie umgibt, aufzulösen. Die Aufgabe läßt sich jedoch nicht nur mit logischen Argumenten bewältigen. In einem politischen Milieu, wo man auf Quantifikation fixiert ist, muß die Sache durch neue Statistiken unterstützt werden, die unter diametral entgegengesetzten Voraussetzungen erstellt wurden. Zusätzliches Beweismaterial wurde unabsichtlich von David Smith in der konservativen britischen Zeitschrift *Now* vom 30. Mai 1980 geliefert. In seinem Artikel „die unsichtbare Bedrohung von Großbritanniens Wohlstand" stellte er fest, daß Großbritannien bei seinen Zahlungsbilanzen nicht mehr deren übliche Polsterung durch „unsichtbare Exporte" (das heißt Versicherungen, Profite aus Übersee usw.) zu erwarten hätte. Nachdem man hundert Jahre lang bei diesen „unsichtbaren Faktoren" ständig Überschüsse erwirtschaftet hatte, würden sie 1980 ins Defizit abrutschen, und zwar großenteils deshalb, weil Großbritannien selbst damit würde anfangen müssen, seine Nordseeölprofite an die investierenden amerikanischen Ölgesellschaften zurückfließen zu lassen. Mit anderen Worten, es ist besser, wenn man selbst in eine *andere* Volkswirtschaft investiert, als wenn andere in die *eigene* investieren! Die Briten sollten das wissen, denn ihre Prosperität in ihrer Kolonialzeit beruhte weitgehend auf ihren Auslandsinvestitionen – ein Argument, das Dritte-Welt-Ökonomen benutzen, wenn sie in ihren Untersuchungen zeigen, daß ausländische Investitionen ihre Länder eher schädigen, als daß sie ihnen helfen. Solche Pionierarbeiten wie *Economic Growth and Social Equity in Developing Countries* (1973) von Irma Adelman und Cynthia Taft Morris, *Reshaping the International Order* (1976; deutsch: *Wir haben nur eine Zukunft.* Westdeutscher Verlag, Opladen 1977) von Jan Tinbergen, *Food First* (1977; deutsch: *Vom Mythos des Hungers.* S. Fischer, Frankfurt/M. 1978) von Joseph Collings und Frances Moore Lappé und die zuvor erwähnten neuen Indices sind Beispiele für diese Bestrebungen.

Die McHales haben diese überaus wichtige Arbeit noch viel weiter getrieben, indem sie einen quantitativen Bezugsrahmen für menschliche Grunderfordernisse entwickelten sowie zweckmäßige Defintionen, die, so hofft man, neue Grundlagen zur Beurteilung dessen abgeben, was von Regierungen in der ganzen Welt zur vorrangigen Befriedigung dieser Grundbedürfnisse geleistet wird. Endlich hat man den alten „Tröpfel"-ansatz herumgedreht. Bedürfnisse wie die nach Nahrung, Kleidung, Wohnung, Gesundheit, Bildung, Gleichheit von Minderheiten und Frauen, Menschenrechten, Beschäftigung und Beteiligung an den Regierungsaufgaben sollten und können die Meßpunkte für eine Neubestimmung von Entwicklung sein. Nur wenn wir imstande sind, die Weltentwicklung anhand der Richtwerte zu erörtern, die angegeben werden durch solche neuen Indikatoren wie die „menschlichen Grundbedürfnisse" (MGB), den „Indikator der materiellen Lebensqualität" (IMlQ) und den „Nettosozialwohlstand" (NSW) oder schließlich einen subjektiv erfragten „allgemeinen Befriedigungsindex" (ABI), den ich an anderer Stelle anregte, können wir damit anfangen, eine ausschließlich durch das BSP gemessene „Entwicklung" in Verruf zu bringen.

Gut zusammengefaßt wurden die neuen Anschauungen der Dritten Welt in dem für die Stockholmer Konferenz von 1972 angefertigten *Founex-Bericht*, der die Grundlage für das Umweltprogramm der Vereinten Nationen abgab: „Es hat in der Vergangenheit eine Tendenz dazu gegeben, das Entwicklungsziel mit dem enger gefaßten Ziel wirtschaftlichen Wachstums, wie es durch den Anstieg des Bruttosozialprodukts gemessen wird, gleichzusetzen. Es wird heute für gewöhnlich zugegeben, daß hohe wirtschaftliche Wachstumsraten das Lindern dringender sozialer Probleme keineswegs gewährleisten. Ja, in vielen Ländern waren hohe Wachstumsraten von steigender Arbeitslosigkeit, zunehmenden Einkommensunterschieden – sowohl zwischen Gruppen als auch zwischen Regionen – und der Verschlechterung sozialer und kultureller Bedingungen begleitet. Folglich wird neuerdings Nachdruck auf die Erreichung sozialer und kultureller Ziele als Teil des Entwicklungsprozesses gelegt."

Mit einer ironischen Wendung weisen jetzt die Nationen der südlichen Erdhalbkugel den Industrieländern, die in der „Konsumfalle" sitzen und krank vor Überfluß sind, moralisch den Weg. Die Erklärung von Cocoyoc faßte diese neuartige „Unterstützung" für die „geistig Armen" folgendermaßen zusammen: „Die Welt ist heute nicht nur mit der Anomalie der Unterentwicklung konfrontiert. Wir können auch von überkonsumierenden Entwicklungstypen sprechen, die die inneren Grenzen der Menschen und die äußeren Grenzen der Natur verletzen ... Wenn auch der Sicherstellung der Minima erste Priorität eingeräumt werden muß, so werden wir doch nach solchen Entwicklungsstrategien Ausschau halten, die auch den Überflußländern in ihrem eigenen wohlverstandenen Interesse dabei helfen können, menschlichere Lebensformen zu finden, die der Natur, anderen und ihnen selbst gegenüber nicht so ausbeuterisch sind."

Erklärung der Rechte des Kindes
Präambel
In Anbetracht dessen
Daß die Völker der Vereinten Nationen in der Charta ihren Glauben an die fundamentalen Menschenrechte und an die Würde und den Wert der menschlichen Person bekräftigt und beschlossen haben, gesellschaftlichen Fortschritt und bessere Lebensstandards bei größerer Freiheit zu fördern;
Daß die Vereinten Nationen in der Allgmeinen Erklärung der Menschenrechte verkündet haben, daß ein jeder Anspruch auf alle darin enthaltenen Rechte und Freiheiten hat, ohne Unterschied irgendwelcher Art, sei es nach Rasse, Hautfarbe, Geschlecht, Sprache, Religion, politischer oder sonstiger Überzeugung, nationaler oder sozialer Herkunft, Eigentum, Geburt oder sonstigen Umständen;
Daß das Kind aufgrund seiner körperlichen und geistigen Unreife besonderer Sicherungen und Fürsorge bedarf, einschließlich eines geeigneten Rechtsschutzes vor wie auch nach der Geburt;
Daß die Notwendigkeit solcher besonderen Sicherungen in der Genfer Erklärung der Rechte des Kindes von 1924 festgestellt und in der Allgemeinen Erklärung der Menschenrechte und in den Statuten von Sondereinrichtungen und internationalen Organisationen, die mit dem Wohl der Kinder befaßt sind, anerkannt wurde;
Daß die Menschheit dem Kinde das Beste schuldet, das sie zu geben hat;
Verkündet daher nunmehr
Die Vollversammlung

Diese Erklärung der Rechte des Kindes zu dem Zweck, daß dieses eine glückliche Kindheit haben und sich zu seinem eigenen Wohl und zum Wohl der Gesellschaft der darin enthaltenen Rechte und Freiheiten erfreuen möge, und ruft Eltern, ruft Männer und Frauen als einzelne und ruft unabhängige Organisationen, örtliche Behörden und nationale Regierungen dazu auf, diese Rechte anzuerkennen und mit legislativen und anderen Maßnahmen, die schrittweise in Übereinstimmung mit den folgenden Grundsätzen zu ergreifen sind, für ihre Einhaltung zu sorgen:

Grundsatz 1

Das Kind erfreut sich aller in dieser Erklärung enthaltenen Rechte. Ohne jede Ausnahme und ohne Unterscheidung oder Benachteiligung durch Rasse, Hautfarbe, Geschlecht, Sprache, Religion, politische oder sonstige Überzeugung, nationale oder soziale Herkunft, Eigentum, Geburt oder sonstige Umstände, sowohl hinsichtlich seiner selbst wie seiner Familie, hat das Kind auf diese Rechte Anspruch.

Grundsatz 2

Das Kind genießt besonderen Schutz. Ihm werden Gelegenheiten und Erleichterungen durch Gesetz und auf andere Weise gegeben, sich gesund und natürlich in Freiheit und Würde körperlich, geistig, moralisch, seelisch und sozial zu entwickeln. Das Beste des Kindes ist für diese Gesetzgebung bestimmend.

Grundsatz 3 Das Kind hat Anspruch auf einen Namen und eine Staatsangehörigkeit von Geburt an.

Grundsatz 4 Das Kind erfreut sich der Wohltaten der sozialen Sicherheit. Es ist berechtigt, in Gesundheit heranzuwachsen und zu reifen. Deshalb werden ihm und seiner Mutter besondere Fürsorge und Schutz gewährt, einschließlich angemessener Pflege vor und nach der Geburt. Das Kind hat das Recht auf ausreichende Ernährung, Wohnung, Erholung und ärztliche Betreuung.

Grundsatz 5 Das Kind, das körperlich, geistig oder sozial behindert ist, erhält diejenige besondere Behandlung, Erziehung und Fürsorge, die sein Zustand und seine Lage erfordern.

Grundsatz 6 Das Kind bedarf zur vollen und harmonischen

Entwicklung seiner Person der Liebe und der Verständnisses. Es wächst, soweit irgend möglich, in der Obhut und der Verantworung seiner Eltern, immer aber in der Umgebung der Zuneigung und moralischer und materieller Sicherheit auf; in zartem Alter wird das Kind nicht von seiner Mutter getrennt, außer durch ungewöhnliche Umstände. Gesellschaft und öffentliche Stellen haben die Pflicht, alleinstehenden und mittellosen Kindern verstärkte Fürsorge angedeihen zu lassen. Staatliche und anderweitige finanzielle Unterstützung kinderreicher Familien ist wünschenswert.

Grundsatz 7 Das Kind hat Anspruch auf unentgeltlichen Pflichtunterricht, wenigstens in der Volksschule. Ihm wird eine Erziehung zuteil, die seine allgemeine Bildung fördert und es auf der Grundlage gleicher Möglichkeiten in den Stand setzt, seine Anlagen, seine Urteilskraft, sein Verständnis für moralische und soziale Verantwortung zu entwickeln und zu einem nützlichen Glied der menschlichen Gemeinschaft zu werden. Das Beste des Kindes ist der Leitgedanke für alle, die für seine Erziehung und Führung Verantwortung tragen; diese liegt zu allererst bei den Eltern. Das Kind hat volle Gelegenheit zu Spiel und Erholung, die den gleichen Erziehungszielen dienen sollen; Gesellschaft und Behörden fördern die Durchsetzung dieses Rechtes.

Grundsatz 8 Das Kind ist in allen Notlagen bei den Ersten, die Schutz und Hilfe erhalten.

Grundsatz 9 Das Kind wird vor Vernachlässigung, Grausamkeit und Ausnutzung jeder Art geschützt. Es ist in keinem Fall Gegenstand eines Handels. Das Kind wird erst nach Erreichung eines geeigneten Mindestalters zur Arbeit zugelassen. Nie wird es gezwungen oder wird ihm erlaubt, einen Beruf oder eine Tätigkeit auszuüben, die seiner Gesundheit oder Erziehung schaden oder seine körperliche, geistige und moralische Entwicklung hemmen.

Grundsatz 10 Das Kind wird vor Handlungen bewahrt, die rassische, religiöse oder andere Herabsetzung fördern. Es wird erzogen in einem Geist des Verstehens, der Duldsamkeit, der Freundschaft zwischen den Völkern, des Friedens, weltumspannender Brüderlichkeit und in der Vorstellung, daß seine Kraft und Fähigkeiten dem Dienst an seinen Mitmenschen zu widmen sind. Allgemeine Bekanntmachung der Erklärung der Rechte des Kindes angesichts dessen, daß die Erklärung der Rechte des Kindes Eltern, Männer und Frauen als einzelne und unabhängige Organisation, örtliche Behörden und nationale Regierungen dazu aufruft, die darin enthaltenen Rechte anzuerkennen und für ihre Einhaltung zu sorgen;

1.

Empfiehlt die Vollversammlung den Regierungen der Mitgliedstaaten, den betroffenen Sondereinrichtungen und den entsprechenden nichtstaatlichen Organisationen, den Text dieser Erklärung so weit wie möglich bekannt zu machen;

2.

Ersucht die Vollversammlung den Generalsekretär, für eine weite Verbreitung dieser Erklärung zu sorgen und zu diesem Zweck jedes ihm zur Verfüfung stehende Mittel zu gebauchen, um Textabdrucke in allen möglichen Sprachen zu veröffentlichen und zu verteilen.

Das gemeinsame Erbe der Menschen

Das Vordringen der technologisch-industriellen Revolution in den Meeresraum hat das traditionelle Seerecht untergraben. Weder die Souveränität der Küstenstaaten noch die Freiheit der Meere – die zwei Grundsätze, auf denen das traditionelle Seerecht beruhte – können die Probleme lösen, die geschaffen werden durch die sich intensivierende Ausbeutung und vielfältige Nutzung des Meeresraums, wie sie die moderne Technologie möglich gemacht hat. Der Meeresraum kann nicht länger ein globales Gemeingut bleiben. Die Geltung einer anerkannten Autorität ist eine notwendige Bedingung für eine intensive Meeresraumentwicklung, um Investitionen zu sichern, lebende Ressourcen zu erhalten, die Meeresverschmutzung einzudämmen, konkurrierende Nutzungen auszugleichen und, was am wichtigsten ist, die gleichberechtigte Beteiligung armer und technologisch nicht so weit fortgeschrittener Länder in der kommenden Ära der Meeresentwicklung zu erleichtern. Gleichzeitig verschärft die übermäßige Ausdehnung der unzureichend eingeschränkten Souveränität von Küstenstaaten über den Meeesraum die Ungleichheiten zwischen den Staaten und könnte überaus wichtige transnationale Nutzungen der Meeresumwelt, von der Schiffahrt bis zu wissenschaftlichen Forschung und Schmutzbekämpfung, hemmen. Im Jahre 1967 machte die Regierung von Malta den Vorschlag, die traditionelle Freiheit der Hohen See solle ersetzt werden durch den Grundsatz, daß der Meeresraum und seine außerhalb der nationalen Zuständigkeit liegenden Ressourcen das gemeinsame Erbe der Menschheit seien. Ursprünglich auf den Meeresboden bezogen, wurde dieser Vorschlag 1971 auf die Hohe See ausgedehnt. Aus diesem Gedanken ergaben sich fünf Hauptfolgerungen:

a) das gemeinsame Erbe kann man sich nicht aneignen. Man kann es benutzen, aber nicht besitzen;
b) das gemeinsame Erbe erfordert ein Verwaltungssystem, an dem alle Benutzer beteiligt sind;
c) die Nutzung des gemeinsamen Erbes erfordert ein Teilen sowohl der finanziellen Gewinne als auch der Gewinne, die aus der gemeinsamen Verwaltung und Technologie stammen, und zwar auf einer noch näher zu bestimmenden Basis (die zwei letzteren Folgerungen – gemeinsame Verwaltung und geteilte Gewinne – verändern die strukturelle Beziehung zwischen reichen und armen Ländern und das traditionelle Konzept der Entwicklungshilfe);
d) das gemeinsame Erbe darf nur zu friedlichen Zwecken genutzt werden (Abrüstungsfolgerungen); und
e) das gemeinsame Erbe muß für zukünftige Generationen erhalten werden (Umweltfolgerungen). Vom Meeresraum aus läßt sich das Konzept des gemeinsamen Erbes der Menschheit auch auf andere Bereiche ausdehnen. Manche Rechtsexperten beispielsweise erachten mittlerweile den Weltraum und die Ressourcen des Mondes und anderer Himmelskörper für ein gemeinsames Erbe der Menschheit. Allgemeiner noch haben viele Befürworter einer neuen Internationalen Wirtschaftsordnung betont, daß die Neue Internationale Wirtschaftsordnung im ganzen auf dem Grundsatz des gemeinsamen Erbes errichtet werden muß.

Die Genossenschaftsgrundsätze

Der Kongreß des Internationalen Genossenschaftsbundes (International Cooperative Alliance) von 1966 hat dieser Formulierung von sechs Genossenschaftsgrundsätzen zugestimmt:

1. Die Mitgliedschaft in einem Genossenschaftsverein sollte freiwillig sein und ohne künstliche Beschränkung oder irgendeine soziale, politische, rassische oder religiöse Diskriminierung allen Personen freistehen, die sich seine Dienste zunutze machen können und willens sind, die Verantwortlichkeiten der Mitgliedschaft zu tragen.
2. Genossenschaftsvereine sind demokratische Organisationen. Ihre Geschäfte sollten durch Personen geführt werden, die gewählt oder auf eine von dem Mitgliedern gutgeheißene Weise ernannt wuwrden und die diesen rechenschaftspflichtig sind. Mitglieder von Hauptvereinen sollten gleiches Stimmrecht (ein Mitglied, eine Stimme) besitzen und in gleicher Weise an den ihre Vereine betreffenden Entscheidungen beteiligt sein. In anderen als Hauptvereinen sollte die Geschäftsführung in angemessener Form auf einer demokratischen Basis erfolgen.
3. Für Kapitaleinlagen sollte nur ein strikt begrenzter Zinssatz gewährt werden.
4. Die wirtschaftlichen Erträge, die aus dem Wirken eines Vereins erwachsen, gehören den Mitgliedern dieses Vereins und sollten so verteilt werden, daß nicht ein Mitglied auf Kosten anderer gewinnt. Dies kann durch Beschluß der Mitglieder folgendermaßen geschehen: a) durch Rücklagen für die Unternehmensentwicklung der Genossenschaft; b) durch Einrichtung von Gemeinschaftsdiensten; oder c) durch Verteilung unter die Mitglieder nach Maßgabe ihrer Transaktionen mit dem Verein.
5. Alle Genossenschaftsvereine sollten Vorkehrungen treffen für die Unterrichtung ihrer Mitglieder, Funktionäre und Angestellten sowie der allgemeinen Öffentlichkeit in den Grundsätzen und Techniken des Genossenschaftswesens, und zwar den wirtschaftlichen wie den demokratischen.
6. Um den Interessen ihrer Mitglieder und ihrer Gemeinwesen am besten zu dienen, sollten alle Genossenschaftsorganisationen mit anderen Genossenschaften auf lokaler, nationaler und internationaler Ebene in jeder praktischen Weise aktiv zusammenzuarbeiten.

International Cooperative Alliance, 11 Upper Grosvenor Street, London, England W1X 9PA

Das Shakertown-Gelübde

In der Erkenntnis, daß die Erde samt ihrer Fülle ein Geschenk unseres gütigen Gottes ist und daß wir aufgerufen sind, den Ressourcen der Erde liebevolle Hege und Pflege angedeihen zu lassen; Und in der Erkenntnis, daß das Leben selbst ein Geschenk und ein Ruf zu Verantwortung, Freude und Feier ist; Gebe ich die folgenden Erklärungen ab:

1. Ich erkläre, daß ich ein Bürger der Welt bin.
2. Ich verpflichte mich, ein ökologisch vernünftiges leben zu führen.
3. Ich verpflichte mich, ein Leben schöpferischer Einfachheit zu führen und meinen persönlichen Reichtum mit den Armen der Welt zu teilen.
4. Ich verpflichte mich dazu, mich mit anderen zur Umgestaltung der Institutionen zusammenzutun, um eine gerechtere globale Gesellschaft herbeizuführen, in der jede Person vollen Zugang zu den für ihr leibliches, emotionales, intellektuelles und spirituelles Wachstum benötigten Ressourcen hat.
5. Ich verpflichte mich, über mein berufliches Tun Rechenschaft abzulegen, und ich werde dabei bemüht sein, die Schaffung von Produkten zu vermeiden, die anderen Schaden bereiten.
6. Ich bejahe das Geschenk meines Leibes und verpflichte mich, für seine gehörige Ernährung und sein physisches Wohlergehen zu sorgen.
7. Ich verpflichte mich, meine Beziehungen zu anderen ständig zu überprüfen und bestrebt zu sein, mich gegenüber den Menschen in meiner Umgebung ehrlich, moralisch und liebevoll zu verhalten.
8. Ich verpflichte mich zu persönlicher Erneuerung durch Gebet, Meditation und Lernen.
9. Ich verpflichte mich zu verantwortungsbewußter Teilnahme an einer Glaubensgemeinde.

5. Und im Nu kann sich alles ändern!

ALS DAS JAHR 1980, DAS ERSTE JAHR EINES FÜR DIE MENSCHHEIT ENTSCHEIDENDEN JAHRZEHNTS, zu Ende ging, wurden die sich weltweit verschärfenden Krisen in dem mittlerweile berühmten Bericht *Global 2000 (Global 2000. Der Bericht an den Präsidenten.* Zweitausendeins, Frankfurt/M. 1981), den die Regierung Carter im Juli 1980 herausgab, zusammengefaßt. Der Bericht unterzog all die Probleme abnehmender, versiegender Ressourcen, ansteigender Bevölkerung und ökologischer Zerstörung, die in diesem Buch aufgeführt werden, einer Prüfung – und stellte fest, daß sie sich verschlechterten. Obwohl sich das Wachstum der Bevölkerung verlangsamt (von 1,8 % auf 1,7 % im Jahr) wird sie – dem Bericht zufolge – bis zum Jahr 2000 doch 6,35 Milliarden erreichen. Die Kluft zwischen den überkonsumierenden Industrienationen und der unterkonsumierenden Dritten Welt verbreitert sich nach wie vor. Die Weltnahrungsvorräte werden bis zum Jahr 2000 nur um 15 % pro Kopf ansteigen und tragischerweise in zunehmendem Maße ungleich verteilt werden, wodurch Millionen mehr Menschen als heute in Afrika und Asien Hunger Leiden müssen. Ackerland wird nur um vier Prozent zunehmen, und regionale Wasserverknappungen werden aufgrund der Entwaldung und Verschmutzung ernsthafte Ausmaße annehmen. Die Wälder der Erde verschwinden in einem Umfang von 18 bis 20 Millionen Hektar im jahr (ein Gebiet halb so groß wie West-Deutschland), und die Ackerböden werden ausgewaschen und zerstört, wodurch jedes Jahr zuvor fruchtbarste Gebiete von der Größe in Wüsten verwandelt werden, während 20 % aller Pflanzen- und Tierarten auf dem Planeten im Laufe der nächsten 19 Jahre aussterben könnten. Die Weltölproduktion wird 1990 ihren Gipfelpunkt erreichen, wobei sie jedoch in zunehmendem Maße durch höhere Preise den überkonsumierenden Industrieländern zufließt – wodurch die Dritte Welt nicht nur allen Öls beraubt, sondern ihr auch ein Defizit von 25 % ihres Bedarfs an herkömmlichem Holzbrennstof beschert wird. Ein Viertel der Weltbevölkerung, nämlich der in den Industrieländern lebende Teil, kann weiterhin drei Viertel der Erzgewinnung der Welt für sich beanspruchen. Unterdessen machen industrielle Herstellungsverfahren und die Abgase mineralischer Brennstoffe den Regen in vielen Gegenden zu sauer zum Anbau und töten die Fische in den Seen, während sie der Erdatmosphäre in ständig steigenden Ausmaßen unerbittlich Kohlendioxyd zusetzen. Viele Klimatologen bringen inzwischen die besorgniserregende Witterungsunbeständigkeit, die sich während der vergangenen Jahre in Orkanen, Tornados, Überschwemmungen, Trockenheiten, Frosteinbrüchen und Hitzewellen ausgedrückt hat, mit diesem zunehmenden Kohlendioxydgehalt in Verbindung. Wissenschaftler erörtern die Frage, ob dieser allgemeine Trend von einer globalen Erwärmung oder einer nahenden neuen Eiszeit kommt, und manche glauben, daß uns nicht 50, sondern weniger als 20 Jahre bleiben, um das Umsteigen auf die erneuerbaren Ressourcen des Sonnenzeitalters zu vollziehen, bevor diese Klimaveränderungen beginnen, die Nahrungsproduktion der Welt drastisch zu beschneiden. Das noch immer ungelöste Problem der Lagerung von radioaktiven Abfällen und anderen gefährlichen Chemikalien wirft jetzt in vielen Ländern Gesundheitsprobleme auf. Eine wesentliche Erkenntnis des Berichts *Global 2000* bestätigt eine andere zentrale These dieses Buches, daß nämlich die Industrieländer die Kontrolle über ihre Geschicke verloren haben. Sie können diese komplexen soziotechnischen Gesellschaften nicht mehr beherrschen, ja sie können sie und ihr Geflecht multinationaler Interaktionen nicht einmal modellhaft darstellen. Ihr fast völliges Angewiesensein auf mittlerweile verwirrende Finanzstatistiken und ökonomische Voraussagen verschärft das Dilemma dieser Regierungen und destabilisiert die Währungs- und Handelssysteme der Welt. Gleichzeitig kommen die Industrieländer in dem Maße, wie sie sich zusehends mit ihren inneren Organisationsproblemen herumschlagen müssen, ihren Zusagen auf Auslands- und Entwicklungshilfe an die Dritte Welt nicht nach. Wir sehen also in allen diesen Krisen des Industrialismus sein Versagen: den Zusammenbruch seiner Gesellschaftsordnung, der Familien und des gemeinschaftlichen Zusammenhalts sowie seine den aufstrebenden Völkern der Welt gegebenen leeren Versprechungen, die sich jetzt darin entlarven, daß nunmehr Krisen, Abfälle und Rüstungsgüter exportiert werden, was im Wahnsinn des Kernwaffenwettrüstens und der zunehmenden Streitigkeiten um schwindende Ressourcen seinen Höhepunkt erreicht. Wir blicken auf das Ende einer zweihundertjährigen Epoche. Wie sollen wir diese bestürzende Weltlage verstehen – mit welchen Begriffswerkzeugen können wir diese Geschehnisse fassen, um so unser Gleichgewicht zu bewahren? Wir können daraus schließen, daß wir vor einer allgemeinen Systemkrise stehen, da es eines der wichtigsten Anzeichen einer solchen Krise ist, daß die Anwendung herkömmlicher Mittel die Sache nur noch schlimmer macht. Die Verdoppelung der früheren Anstrengungen, die technologischen Engpässe, das Flicken und Zurechtbügeln seitens der Ökonomen – all dies, worum es in diesem Buch geht, hat die Industrieländer schlicht und einfach an den Punkt gebracht, wo sie, wie Fritz Schumacher zu sagen pflegte, „täglich einen Durchbruch brauchen, um die Krisen in Schach zu halten". Die Besessenheit von dem Gedanken, die Natur zu kontrollieren und zu manpipulieren, und die Ausbeutung der Ressourcen auf der vergeblichen Suche nach „Sicherheit" und „Gleichgewicht" durch das Bestreben, immer mehr Variablen des menschlichen Daseins in den Griff zu bekommen, verbunden mit den zwanghaften Bemühungen, Voraussagen zu treffen und die Angst vor der Unsicherheit zu bannen – dies alles, und damit das Unterfangen des Industrialismus selbst, hat in einem Paradox geendet: Sicherheit und Gleichgewicht sind exakte Beschreibungen des Todes! Demnach hat das Streben nach Sicherheit, Ordnung und Gleichgewicht selbst die Industriegesellschaften in ihre Entwicklungssackgasse gebracht und ihnen ihre derzeitige „Heimsuchung durch Entropie" beschert. Aber wenn sie zu lernen vermögen, die vielfältigen Krisen, die ihnen ins Haus stehen, als Signale und rückwirkende Impulse zum Lernen und Umstruktureiren zu begreifen, kann ihnen die Umwandlung in einen tragbaren Zustand gelingen und kann im Zuge einer Neugestaltung der Weltordnung das Gleichgewicht nach und nach wiederhergestellt werden. Um es mit einem schon zuvor erörterten Modell morphogenetischen Wandels zu sagen: Es steht zu erwarten, daß die Subsysteme des Planeten gleichzeitig in Krisenstadien eintreten, was ein Anzeichen dafür wäre, daß eine solche Metamorphose des Gesamtorganismus stattfindet. Bei einem solchen morphogenetischen Wandlungsprozeß, in dem sich die Bänder der alten Ordnung lösen, rechnen wir damit, daß auch etwas entsteht – wie wenn sich zum Beispiel die Puppe in einen Schmettering verwandelt. Das Gebären ist ein schmerzvoller Prozeß, wie Frauen wissen, und die neue Weltordnung wird geboren. Beispielsweise besteht eigentlich bereits eine Neue Internationale Wirtschaftsordnung, was nicht nur in der Macht der Schuldnerländer aus der Dritten Welt deutlich wird, das herrschende Währungssystem ganz einfach für illegitim zu erklären (was stimmt) und die Banken der nördlichen Hemisphäre durch massenhafte Bankrotterklärungen zu zwingen, Farbe zu bekennen, sondern auch in ihrer Kontrolle über wesentliche Ressourcen und ihrer wachsenden Fähigkeit, regionale Handelsblöcke zu bilden und Verträge über gegenseitige Unterstützung abzuschließen. Die Kontrolle über das Öl ist bereits an die Dritte Welt übergegangen, und viele der wesentlichen Erze, die von den Industrieländern importiert werden, kommen aus solchen Dritte-Welt-Ländern wie Brasilien, Thailand, Nigeria, der Türke, Simbabwe, Jamaika und Surinam, während andere aus der UdSSR und Südafrika bezogen werden. So sind die Vereinigten Staaten etwa für 80 bis 100 Prozent ihres Bedarfs an Niobium, Glimmer, Strontium, Mangan, Kobalt, Chrom, Aluminium und Platin auf Importe angewiesen. Hinzu komme, daß die Vorräte an Phosphaten für Kunstdünger, die zur Zeit aus Florida bezogen werden, bis zum Jahre 1995 erschöpft sein werden und daß sich die Vereinigten Staaten (mit einem erstaunlichen Mangel an Weitblick) vor einigen Jahren vertraglich verpflichtet haben, mehr als die Hälfte dieses verbleibenden Phosphats an die UdSSR zu verkaufen. Obwohl der Preis von acht Dollar die Tonne im Jahre 1972 auf zur Zeit (das heißt im Jahre 1985, Anm. d. Hrsg.) vierhundert Dollar die Tonne hochgeschnellt ist, kann der Wert des Phosphats kaum allein in Geld bemessen werden. Auch in diesem Falle befinden sich die einzigen anderen größeren Phosphatvorkommen auf der Erde in Ländern der Dritten Welt, nämlich in Nordafrika, so daß die dortigen Staaten nicht nur einen Großteil der Erdölproduktion kontrollieren werden, sondern auch alles Phosphat der Welt. Diese Dritte-Welt-Länder verfügen also über beträchtliche Mittel, um die Industrienationen vor deren eigenen Krisen und Torheiten zu retten. Sie könnten beispielsweise dazu beitragen, das Kernwaffenwettrüsten und den Welthandel mit Rüstungsgütern zu entschärfen, indem sie sich für viele der neuen Vorschläge zur Umstrukturierung der internationalen Ordnung stark machten: für internationale Besteuerung der Rüstungsverkäufe, des Abbaus erschöpfbarer Ressourcen auf der Welt, des gemeinsamen Erbguts der ganzen Menschheit. So wurde zum Beispiel eine einprozentige Steuer auf die 450 Milliarden Dollar, die jährlich im Militärhaushalt ausgegeben werden, alle anderen Bezüge aus Auslands- und Entwicklungshilfe in den Schatten stellen. Solchen Vorschlägen, einschließlich des von den Franzosen angeregten Internationalen Abrüstungsfonds für Entwicklungszwecke, wird jetzt die ernsthafte Diskussion und Analyse zuteil, die sie verdienen; desgleichen den vielen anderen Vorschlägen zur Umstrukturierung im Interesse einer sicheren, tragbareren Weltordnung. Heute sehen wir auch, daß die Anerkennung des Prinzips der Unsicherheit und der Unvermeidbarkeit des Wandels eine angenehme Seite hat: Die ganzen in dem Bericht *Global 2000* behandelten unheilvollen Trends sind keine Voraussagen und uns nicht als Geschick vorherbestimmt, sondern nur wichtige Warnungen vor dem, was geschieht, wenn man zuläßt, daß die darin dokumentierten Trends andauern. Das Crescendo von Signalen der Natur, das nunmehr täglich von solchen Berichten und von Meldungen der Massenmedien verstärkt wird – ganz zu schweigen von Bürgerinitiativen, die den Staat aufrütteln, damit er sich mit diesen Gefahren befaßt -, erzeugt auch das Crescendo eines neuen Engagements, einer politischen Aktivität und einer konzeptionellen Neuorientierung. Die vielen Beispiele für diese zunehmende Engagiertheit und Aktivität der Menschen, auf die ich noch zu sprechen komme, vermehren sich täglich um neue, die Zyniker für unmöglich gehalten haben; man denke etwa an die erfolgreichen Bemühungen des Umweltprogramms der Vereinigten Nationen, jene 18 Staaten, die einen Küstenteil am sterbenden Mittelmeer haben, dazu zu bringen, einen umfassenden Vertrag zu seiner Säuberung zu unterzeichnen. Die Rechnung wird sich auf zehn Millionen Dollar belaufen, die hauptsächlich von den Ländern bezahlt werden, die für seine Verschmutzung am meisten verantwortlich sind: Frankreich, Spanien und Italien (*The Christian Science Monitor*, 18. Juli, 1980). Die Rolle der Bürgerinitiativen als die wesentlichen Hebel zur Durchsetzung solcher heilsamen Veränderungen wird in zunehmendem Maße von den Regierungen anerkannt, die ansonsten von mächtigen Interessengruppen in ihrer eigenen politischen Handlungsfreiheit beschränkt sind. Wie der Center Report des Umweltprogramms der Vereinten Nationen vom Dezember 1979 bemerkte, tragen die Anstrengungen dieser nichtstaatlichen Organisationen maßgebend zum erfolgreichen Übergang zu tragbaren Formen der Entwicklung bei. Sie erfüllen bestimmte Funktionen, die nicht von Regierungen, Konzernen oder UN-Behörden wahrgenommen werden können. Es wird mittlerweile von offizieller Seite anerkannt, daß Bürgerinitiativen und nichtstaatliche Organisationen die Energiekrise bereits im Jahre 1969 vorausgesagt haben; daß sie Vorreiter von alternativer, solarer Energie und von Strategien für eine tragbare Entwicklung waren; und daß sie die Fragen der Abrüstung und des Friedens, der Menschenrechte und der sozialen Gerechtigkeit mit Nachdruck auf die nationalen und internationalen Tagesordnungen gesetzt haben. Die Bürgerforen, die im Umkreis der UN-Konferenzen über Umwelt im Jahre 1972 und danach über Bevölkerung, Ernährung, Heimat und Beschäftigung organisiert wurden, wie auch die im Umkreis der Debatte vom August 1980 über das Dritte Entwicklungsjahrzehnt organisierten – sie alle sorgten für eine triebkräftige neue Hefe alternativer Strategien und Konzepte, die entschieden ins Feld geführt wurden, um die eingefleischte Bürokratenschläue in Frage zu stellen. Der dramatische Erfolg des Verbraucherboykotts von Konzernen, die Fertigpulver als Säuglingsnahrung an Länder der Dritten Welt verkauften, führte auf dem Gemeinschaftstreffen von UNICEF und Weltgesundheitsorganisation von 1979 in Genf zu einem strikten Katalog von Empfehlungen sowie zu einer Bestimmung, die Werbung für solche Fertignahrung zu verbieten und ihren Verkauf und ihre Verkaufsförderung zu drosseln. In *„The Case for Another Relationship between NGOs and the United Systems“* („Plädoyer für ein anderes Verhältnis zwischen nichtstaatichen Organisationen und dem System der Vereinten Nationen“ - Development Dialogue 1, 1980) beurteilte der UN-Analytiker Thierry Lemaresquier die wachsende Schlagkraft der Bürgerinitiativen und aller nichtstaatlichen Organisationen sowie ihr ungeheures unangezapftes Potential zur Bildung einer neuen Kraft, um auf nationale Regierungen und internationale Beratungen Druck auszuüben. Wie hätten wir in der Tat erwarten könne, daß die nötigen Alternativen aus der herrschenden Kultur und bestehenden Kontrollzentren kommen würden, da doch Individuen schneller lernen als Institutionen und es immer das Dinosauriergehirn ist, das die neuen Botschaften als letztes mitkriegt! Wenn es einen dritten Weg geben wird, so wird ihn die Dritte Welt zusammen mit den benachteiligten Bevölkerungsgruppen in den Industrieländern weisen: den Schwarzen, den Eingeborenenvölkern, den ethnischen Minderheiten und all denen, die die von der Geldherrschaft tyrannisiert werden, wie es den Frauen der Welt seit so vielen Generationen widerfahren ist. Es ist lediglich das älteste Gesetz der Evolution, das wieder zur Geltung kommt: Nichts läßt so sehr nach wie Erfolg bzw. wie das ständige Ausgleichen zwischen Anpassung und Anpaßbarkeit. Anthropologen nennen es das Gesetz der zurückbleibenden Spitze, wonach Kulturen, die an frühere Bedingungen am besten angepaßt waren, hinter diejenigen zurückfallen, die flexibler und weniger spezialisiert sind und sich somit an neue Bedingungen am besten anpassen können. Die Theologen bringen das mit dem Wort auf den Begriff: „Die Letzten werden die Ersten sein.“ Wenn wir anerkennen können, daß Wandel und Unsicherheit grundlegende Prinzipien sind, können wir die Zukunft und die Wandlung, die wir durchmachen, eingedenk dessen willkommen heißen, daß wir nicht genug wissen, um pessimistisch zu sein. Die Lebenskraft in jedem von uns kann sich dann auf das Mögliche und die Potentialitäten konzentrieren. Man kann es als ein Vertrauen auf die Zukunft bezeichnen oder als das Eingeständnis, daß wir nicht am Ruder sitzen und daß der Planet kein Raumschiff ist, das wir Menschen „steuern" oder „beherrschen". Dieses altmodische Bild hat seinem Zweck entsprochen, aber es hat unsere kindische Faszination für Fahrzeuge, Verkehr, Geschwindigkeit und Energie angestachelt. Das reifende Verständnis, das uns sowohl aus der wissenschaftlichen Forschung als auch aus der Volksweisheit erwächst und von uralten religiösen und mythischen Überlieferungen bestätigt wird, erkennt, daß wir ein bewußter Teil der Erde sind und daß diese kein mechanisches Raumschiff, sondern ein lebendiger Planet ist, ein ganzer, wimmelnder, pulsierender, lebendiger Organismus: Gaia, die geheimnisvolle, sich selbst gestaltende Erdmutter, die uns nährt – und alles Leben.

Epilog

ES IST AUFREGEND, dabei zuzusehen, wie in unseren in die Hardware verliebten Industriekulturen neue „Software" entsteht. Diese lebenswichtigen Software-Technologien beinhalten institutionelle Umstrukturierung, transparentere politische Prozesse, Konfliktlösungsmechanismen, Entwurf von Modellen für die Weltordnung, kühne wissenschaftliche Spekulationen und neue Hypothesen. Außerdem brauchen wir ein neues Bewußtsein für die Bedeutung der spirituellen Strukturen, Mythen, Tabus und anderen integrierten Methoden für die Harmonisierung der Verhaltensweisen und die Selbstregulierung sowie ein neues Verständnis für die Rolle der Selbstdarstellung in Kunst, Handwerk und Produktion als der besten Wege zu innerem, persönlichem Wachstum und zur Entwicklung evolutionärer Phantasie. Also wollen wir nicht auf unsere ausgedienten, verworrenen Kulturen zurückschauen, sondern lernen, sie mit neuen Augen und Phantasie auf all ihre Anzeichen dafür zu untersuchen, daß sich das alte instrumentale „Yang" jetzt in ein aufstrebendes subtileres „Yin" verwandelt, in ein intuitives Bewußtsein, das das Gleichgewicht wiederherstellt. Wie L. S. Stavrianos in *The Promise of the Coming Dark Age* erklärt: „Das auf den Zusammenbruch Roms folgende finstere Mittelalter war alles andere als finster. Vielmehr war es ein Zeitalter epochaler Kreativität, in dem Werte und Institutionen entwickelt wurden, die das Fundament für die moderne Zivilisation schufen. Es ist wahr, daß dieser Kreativität der Zerfall eines Kaiserreiches vorausgegangen war – der Rückgang des Handels und der Städte, das Verschwinden von Bürokratien und stehende Heeren und der Verfall von Straßen, Aquädukten und Palästen. Diese Trümmer des Kaiserreiches erklären zwar, aber rechtfertigen kaum die traditionelle Charakterisierung des frühen Mittelalters als „finster". Es war ein Zeitalter der Geburt wie auch des Todes, und sich auf das zweite zu versteifen heißt, die Dynamik und Bedeutung einer fruchtbaren Phase in der Menschheitsgeschichte nicht zu erkennen." Stavrianos weist darauf hin, daß der Zerfall der Ordnung des Kaiserreichs zu einem großen Teil auf deren besondere Form der technologischen Stagnation zurückzuführen war, da die Sklaverei den Begriff der Arbeit abwertete und dem Impuls zu Einfallsreichtum und Innovation die Spitze nahm. Die Rückentwicklung dieses sich auf Sklaverei und Eroberungen gründenden Imperismus schuf die Voraussetzungen für einen völligen Neubeginn, die wiederum zur Erfindung arbeitssparender Geräte anregten und der körperlichen Arbeit wieder den Respekt verschafften, der ihr verlorengegangen war. So, fügt Stavrianos hinzu, umfaßten die im finsteren Mittelalter erzielten Fortschritte das „Dreifelder"-System der Fruchtwechselwirtschaft, den Räder-Pflug, ein neues Geschirr, das die Zugleistung des Pferdes verfünffachte, und die außerordentlich wichtigen Wind- und Wassermühlen. Diese Mühlentechniken waren bereits zu griechisch-römischen Zeiten bekannt, wurden aber wegen der ungeheuer vielen Sklaven kaum angewandt. In Englands *Domesday Book* aus dem Jahr 1086 waren bereits 5000 Mühlen verzeichnet, also eine für je 50 Haushalte, was ausreichte, den Lebensstandard erheblich zu steigern. Nun dreht sich das Rad der Zeit aufs neue. Es heißt, daß die Eule Minervas nur bei Nacht fliegt, und wir sehen das Zeitalter, in dem wir gelebt haben, nur an dessen Abend. Wir sind jetzt dabei, das kurze zweihundertjährige Industriezeitalter, seine Mythen, Ideologien, intellektuellen Staffagen und emotionsgeladenen Leitmotive deutlicher zu sehen. Um unsere industriellen Anschauungen transzendieren und die neuen für unser Überleben notwendigen Umstellungs- und Umdenkungsfähigkeiten erlernen zu könne, müssen wir daran denken, daß sich alle Menschen, einschließlich unserer „striktesten" Wissenschaftler, in gewisser Hinsicht ihre eigene Wirklichkeit schaffen. Um eine poetische Metapher, die auf der Interpretation der Quantenmechanik anhand der „vielen Welten" des Physikers John Everett Wheeler basiert, zu verwenden: Wir alle eröffnen uns unseren Weg durch den Universalcomputer mittels Eingabe von Kennwörtern. Gleich einem „Tarzan der Rationalität", wie der Dichter Ira Einhorn geschrieben hat,

„hangeln wir uns weiter und erschaffen auf unserem Weg unser eigenes Universum." Wir dürfen die Macht des menschlichen Geistes und unsere unerforschten Fähigkeiten nie unterschätzen. Während ich vom Zusammenbruch und von der Entkräftung der in Industriekulturen gepflegten Metaphysik des „Fortschritts", des Reduktionismus', des Quantifizierungszwangs und dessen profaner, manipulativer Naturanschauung gesprochen habe, war ich gleichzeitig darum bemüht, das herauszustellen, was jezt im Entstehen begriffen ist: die unbeachteten Ansätze einer besser gearteten Technologie, weniger materialistische Ziele, eine behutsamere Metaphysik, eine bescheidenere, realistischere Selbsteinschätzung von uns selbst und eine Akzeptierung unserer eigenen Endlichkeit und unseres physischen Todes. Aber bei unseren neuen Bestrebungen müssen wir uns bemühen, nicht das Gleichgewicht zu verlieren, wenn wir mit unumgänglichen Frustrationen konfrontiert werden. Wir müssen einer doppelten Gefahr ausweichen und dürfen uns weder in den Eskapismus noch in eine destruktiv-apokalyptische Scheinwelt flüchten. Die heutigen Eskapisten träumen von unberührten, neuen Paradiesen im Weltraum, wo die „neue Front" von Weltraumkolonien unserem Expansionsdrang und Kampfgeist Rechnung trägt. Ich habe zu diesen wirklichkeitsfremden, blühenden Phantastereien in der im Frühjahr 1976 erschienenen Ausgabe des Magazins *Co-Evolution Quarterly* Stellung bezogen: Wir leben bereits auf einem Raumschiff, das wundersamer ist, als wir ermessen können, und unsere gegenwärtige Aufgabe liegt darin, daß wir zunächst unser Verhalten nach seinen Funktionsprinzipien ausrichten, die Friedensliebe, Bescheidenheit, Ehrlichkeit, Zusammenareit und Liebe heißen. Nur dann werden wir eine Spezies sein, die es verdient, sich frei im Universum bewegen zu dürfen. Die zweite Gefahr ist die der Apokalypse. In unserer Frustration liegt eine Tendenz (wie ein Kind, das beim Schachspiel verliert und die Figuren vom Brett fegt), die furchtbare Katharsis der Apokalypse beinahe als Wohltat zu empfinden – bei der der Gordische Knoten mit einem flinken Hieb zerschlagen und klar Schiff gemacht wird, wie durch die gewaltige, reinigende Flutwelle in Lawrence Ferlinghettis ergreifendem, wunderschönem Gedicht *Wild Dreams of a New Beginning.* Diese beiden Gefahren sind ein Schritt von dem Weg, den wir, wie ich glaube, lange und ergeben beschreiten müssen, unter der Voraussetzung, daß ein jeder von uns, Träger eines kleinen, einzigartigen Pakets von evolutionärem Potential sind und daß wir dabei die ganze Zeit bescheidene Akteure bleiben, die wir uns stets die unseres kurzen, kleinen Auftritts im großen Drama der menschichen Entstehungsgeschichte bewußt sind. Die ursprüngliche Erwartung, die ich bei der Geburt des planetaren Bewußtseins hege, geht dahin, daß es die Möglichkeit eines weiteren Schrittes in der menschlichen Evolution in Richtung auf die ewige Vision unserer Spezies ankündigt: Eine planetare Kultur, in der wir Menschen miteinander und mit unseren Ökosystemen in Einklang stehen. Diese Vorstellung setzt sich jetzt allmählich wieder durch, trägt dazu bei, daß alte festgefahrene, quantitative Auffassungen in vielen Disziplinen nicht mehr ganz so stur vertreten werden, und führt zu großartigen neuen Synthesen, wie beispielsweise zu jener der beiden Wissenschaftler Lynn Margulis und James Lovelock und ihrer gewagten „Gaia“-Hypothese: daß die gesamte Biosphäre ein einziger lebender Orgnaismus sein könnte. Diese Vorstellung eines planetaren „Gartens“ ist so alt wie Eden und wird mit jeder Generation neu erschaffen. Mein persönliches Engagement, das, wie ich weiß, viele unter uns teilen, besteht darin, das zu tun, wozu wir imstande sind. Zu arbeiten, wo immer wir sein mögen, in welche Institutionen wir uns auch immer verstrickt finden, andere ausfindig zu machen und den Weg zu einem erweiterten Bewußtsein und zu der kulturellen Mutation, die jetzt erfolgen muß, weiterzuverfolgen. In gewisser Hinsicht müssen wir alle zu Erziehern und Aubildern werden. Mehr denn je müssen wir allesamt Werte für menschliche Entwicklung, Gerechtigkeit und ökologische Harmonie lehren, statt bedeutungsloser, wissenschaftlicher und reduktionistischer Methoden. Vor allem anderen aber müssen Bürger und Erzieher eine weitergehende, realistischere Definition des Eigennutzes lehren: nämlich als gleichbedeutend mit dem Nutzen und Wohl der Gruppe und der gesamten Spezies Mensch. Garrett Hardins *Tragedy of the Commons* (Die Tragödie der Allmenden) ist das Schlüsselrätsel unseres neuen, interdependenten Zeitalters. Und Kenneth Boulding weist uns darauf hin, daß die Allmenden nicht verwaltet werden können, wenn man nicht auch gleichzeitig die Gemeinschaft pflegt und sehr viele Konfliktlösungsmethoden beherrscht. Wir Menschen sind Systeme, die sich selbst organisieren, wir brauchen unserem Herz nicht erst zu sagen, wann es schlagen soll. In unserer kollektiven Geschichte haben wir auch viele Beispiele für stabile, sich selbst organisierende Gemeinschaften entwickelt, die auf spirituellen Strukturen, Begriffen der Ehrfurcht, der Transzendenz und des Heiligen basierten und die eine freiwillige Integrierung der Selbstbeschränkung in unser Verhalten zum wohle anderer und zum Wohle der ganzen Gemeinschaft ermöglichten. Diese Fähigkeit, sich selbst organisieren zu können, ist als kodierte Information in unserer Desoxyribonucleinsäure (DNS) enthalten. Wir wissen, wie es sein könnte – wir haben es schon immer gewußt: die Vision der Empathie zwischen den Menschen und ihrer Harmonie mit dem Ökosystem. Diese Vision ist unser weitverbreitetster Mythos: der Garten Eden, das Himmelreich, Nirvana, das Elysium, die Goße Einheit. Wir kennen den Spruch: „Was du nicht willst, das man dir tu', das füg' auch keinem andern zu", die goldene Regel. Wir können jetzt, zum ersten Mal in unserer Geschichte, die Lehren unserer großen geistigen Führer (die schon immer die wahren Futurologen gewesen sind), das Gebot, den Menschen zu dienen, die Werte der Liebe, Fürsorge, Wohltätigkeit, Nachsicht und Demut begreifen. Denn nun erkennen wir schließlich unsere wirkliche Situation auf diesem interdependenten Planeten. Es wurde einmal gesagt, die „Ethik sei lediglich die Akzeptierung menschlicher Interdependenz". Die Moral ist nun endlich doch pragmatisch geworden.

Nachwort

WIE VORAUSZUSEHEN, HAT SICH DIE WELT IN DEN FÜNF JAHREN seit der ersten Auflage dieses Buches in den USA verändert. Die von der Reagan-Administration betriebene „Politik des letzten Aufgebots" brachte eine labile „Wirtschaftserholung", die in Form von enormen Staats- und Handelsdefiziten, noch größeren Einkommensunterschieden zwischen Arm und Reich, laxerer Handhabung der Menschenrechte, Dauerarbeitslosigkeit und Gefahren für die Umwelt bezahlt werden mußte. Dadurch, daß Reagan die Zeit zurückdrehte, gingen die innenpolitischen Programme der Deregulierung und des Laissez-faire einher mit einer simplen Rückkehr zu einem von Cowboy-Mentalität geprägten militaristischen Kurs in der Außenpolitik und zu einer Eskalation des Kalten Krieges, wobei die Ausgaben für das Wettrüsten explosionsartig anstiegen. Der marktschreierisch angepriesene „Reagan-Wohlstand", dem Reagan seinen Sieg bei der Präsidentschaftswahl von 1984 zu verdanken hat, beruhte auf einem Zusammenwirken struktureller und zeitlich bedingter Faktoren. Von der Struktur her haben die USA kein Verhältniswahlsystem wie zum Beispiel die BRD, sondern vielmehr ein Wahlsystem, bei dem der Sieger zunächst für jeden Einzelstaat gesondert festgestellt wird, was darauf hinausläuft, daß dem Sieger alles in die Hände fällt. Zudem liegt die Wahlbeteiligung wesentlich niedriger als in den meisten repräsentativen Demokratien. Zum Beispiel konnte Reagan bei der Präsidentschaftswahl von 1980, die vom Presseamt des Weißen Hauses als Erdrutschsieg ausgegeben wurde, nur 26 % aller Wähler auf sich vereinen, und 48 % der Wahlberechtigten blieben der Wahl fern.

In vielen Ländern würde man das wohl eher für einen „Coup d'Etat" halten als für einen Erdrutsch. In den USA müssen die Kandidaten für ein politisches Amt unter anderem auch immense Geldsummen aufbringen, um Wahlsendungen im Fernsehen und Radio finanzieren zu können, damit ihre Botschaft den Wähler erreicht. Dadurch werden natürlich die Kandidaten favorisiert, die gerade das Amt innehaben und von betuchten Interessengruppen und Unternehmen finanziert werden. Schließlich darf man nicht vergessen, daß ein ganzes Drittel aller erwachsener Amerikaner praktisch Analphabeten sind, was vielleicht erklärt, warum die USA für Wahlkampfparolen und seichte „Medienpolitik“ anfällig sind und sich die Bürger dort leichter von einer „durch eine Public-Relations-Maschinerie betriebene Regierung“ und von Politikern à la Hollywood beeindrucken lassen. Trotzdem sind aber Millionen amerikanischer Bürger und die ca. 48 %, die sich nicht an den Präsidentschaftswahlen beteiligen, keineswegs apathisch. Gewiß sind sie in vielerlei Hinsicht entfremdet, einige aufgrund von Arbeitslosigkeit, andere fühlen sich wegen ihres Reichtums ausgegrenzt und schließen sich gesellschaftlich verantwortungsbewußten Anlegerbewegungen an, des weiteren diejenigen, die zu gebildet und zu zynisch sind, um für Republikaner oder Demokraten zu stimmen, die in ihren Augen zwei Fußballmannschaften sind, die demselben Besitzer gehören. Wieder andere gehören zur „Vietnam-Generation“, die durch den Krieg und dessen Folgen radikalisiert wurden oder die ebenso entfremdet sind, wie die 40 Millionen Amerikaner, die Marihuana rauchen. Eine vor kurzem von Frances Fox Piven und Richard Cloward erstellte Studie (*Political Science*, Sommer 1985) unterstrich, daß der Hauptgrund für die Nichtteilnahme an Wahlen noch immer in den Schwierigkeiten liege, die sich aufgrund der einzelstaatlichen Registrierungsvorschriften ergeben, die sich von den europäischen Systemen der allgemeinen Registrierung völlig unterschieden. Trotz dieser Hindernisse für die Wahlbeteiligung stimmten viele Millionen amerikanischer Bürger bei allen Wahlen, vor allem aber bei Kommunalwahlen, für Kandidaten kleiner Parteien oder für unabhängige Bewerber.

Außerdem gehören Millionen von ihnen Bürgerbewegungen an: für den Frieden, soziale Gerechtigkeit, Menschenrechte, unternehmerische Verantwortlichkeit, alternative Technologie/Erhaltung und Umweltschutz sowie organischen Gartenbau, holistische Gesundheit und andere weniger politische Belange. Die um sich greifende Natur dieser Bürgerbewegungen, sowohl in progressiven als auch reaktionären Interessensbereichen, wie beispielsweise die gegen die Abtreibung gerichtete Bewegung und die Fundamentalisten, sind ein Beweis für den in den USA herrschenden Mangel an befriedigenderen politischen Prozessen. Bisher konnte sich angesichts dieser und anderer struktureller, politischer Hindernisse keine dieser Bewegungen zu einer dritten Partei zusammenschließen, und folglich betätigen sie sich weiterhin politisch mit Hilfe anderer Mittel.

Zum Beispiel hat die sozial verantwortungsbewußte Investitionsbewegung, die durch den von ihr organisierten Druck die amerikanische Wirtschaft zu einem Rückzug aus Südafrika bewegen konnte, von den früheren und mittlerweile sehr erfolgreichen Investmentfonds (Calvert Social Investment Fund, dessen Beratungsausschuß ich angehöre, Dreyfuß Third Century Fund, Working Assets, Pax World Fund, New Alternatives und andere, die jetzt zusammengenommen ungefähr eine Milliarde an Aktiva verwalten) auf Pensionsfonds unter staatlicher Trägerschaft übergegriffen, und zwar in Californien, Connecticut (3,4 Milliarden Dollar), Michigan (8 Miliarden Dollar), Maryland (3,8 Milliarden Dollar) und in Städten wie Los Angeles (4 Milliarden Dollar) (New York Times, 17. August 1985). Einige der zeitlich bedingten Umstände, die sich für die Reagan-Administration vorteilhaft auswirkten, betrafen eine vorherzusehende Gegenreaktion von besorgten und fundamentalistischen Gruppen, die durch den rasch voranschreitenden Wandel und durch die Zersetzung der Familie und der traditionellen Werte verwirrt worden waren. Viele dieser Gruppen sind an sich nicht reaktionär, sondern erwarten sich vielmehr eine politische Führung, die die Zustände, mit denen sie konfrontiert sind, präziser diagnostiziert und therapiert: wie vernachlässigte ältere Menschen, einsame und bindungslose Alleinstehende, gefährdete weiße Männer, die in einem schrumpfenden Arbeitsmarkt gegeneinander konkurrieren, und ländliche Traditionalisten.

Die vorübergehende Ölschwemme, die auf bedeutende Einsparungsbemühungen in allen Industrieländern und auf die abnehmende Macht der OPEC zurückzuführen war, wirkte sich auf die amerikanische Volkswirtschaft wesentlich vorteilhafter aus als in anderen Ländern. Da die Erdölpreise auf Dollar lauten, konnte die Reagan-Administration aufgrund eines durch eine Hochzinspolitik erreichten starken Dollars die Erdölpreise niedriger halten als in den meisten anderen Ländern (seit 1981 ist der Ölpreis in Dollar ausgedrückt um 23 % zurückgegangen, in Japan hingegen nur um 11 %, während der reale Ölpreis in der BRD um sieben Prozent, in Indien um 11 % und in Frankreich um 38 % gestiegen ist. *World Oil: Coping with the Dangers of Success*, Worldwatch Institute, Washington, D.C., Juli 1985). Der starke Dollar trug nicht nur wesentlich dazu bei, die amerikanische Inflationsrate zu senken und die Konjunktur anzuheizen, sondern er verringerte auch die Zahlungen für Ölimporte. Die negative Handelsbilanz der USA wäre wesentlich schlechter ausgefallen, wenn es nicht zu dem starken Rückgang der Zahlungen für Ölimporte gekommen wäre: von 61 Milliarden Dollar im Jahr 1981 auf geschätzte 32 Milliarden Dollar im Jahr 1985. In dem Maße, wie die sinkenden Ölpreise die „Reagan-Erholung“ ankurbelten, beschleunigten sie den Verfall der Volkswirtschaften in der Dritten Welt und verschärften die katastrophale Lage der dort lebenden Menschen noch weiter, während sie gleichzeitig die Wahrscheinlichkeit erhöhen, daß diese Länder nicht mehr ihren Zahlungsverpflichtungen nachkommen können.

Die amerikanische Wirtschaft ist jedoch in ihrer derzeitigen Struktur offensichtlich genauso anfällig wie die augenblickliche Struktur des Weltwirtschaftsscheinsystems, das sich noch immer am Rande der Schuldenkrise, schwankender Wechselkurse, immer schneller zirkulierender globaler „funny money“-Ströme (inflatorische Geldmengen) und steigender Arbeitslosigkeit in den Industrieländern bewegt, wie ich bereits an früherer Stelle erörtere. Heute zeigt es sich sogar noch deutlicher, daß der durch Konsum angeführte „Brosamenindustrialismus“ nicht einmal mehr in den USA funktioniert, da er mittlerweile durch die Ersparnisse von Menschen aus aller Welt finanziert wird. Ebenso werden heutzutage die amerikanische Aufrüstung und die Starwars-Forschungsprogramme mit den Ersparnissen von Deutschen, Franzosen, Briten und anderen Europäern finanziert, selbst von jenen, die gegen eine solche absurde, destabilisierende Politik sind.

In den USA selbst führen diese militaristischen, hochtechnologischen Alpträume jetzt in eine Sackgasse, wie beispielsweise zum Unvermögen des amerikanischen Kongresses, sich auf einen Staatshaushalt zu einigen oder darauf, wie sich die Defizite unter Kontrolle bringen ließen. Washington kommt noch immer nicht von der wirtschaftlichen Ideologie des Entweder-Oder los: Entweder Laissez-faire oder Kommunismus. Entweder links oder rechts, und Interventionen in den „freien Markt" gelten immer noch als suspekt oder als Teil der „kommunistischen Verschwörung". Es überrascht nicht, daß dieses Machtvakuum überkommener Wirtschaftsideologie von einzelstaatlichen und kommunalen Regierungen, Privatunternehmern und unabhängigen Aktivisten gefüllt wird, die pragmatisch postökonomische Strategien im Hinblick auf reale technologische Entscheidungsmöglichkeiten in realen Gemeinschaften mit realen Menschen und realen Ressourcen in jedem Gebiet und Ökosystem verfolgen.

Einzelstaaten und Städte sind eifrig dabei, ihre eigene Außenpolitik, Handelspolitik und Handelsbeziehungen und „Partnerstadt"-Programme mit Städten in der Sowjetunion und anderen Ländern aufzubauen. Reisebüros, Kleinunternehmen und Bürger arrangieren Reisen und eine Bürgerdiplomatie mit der UdSSR, und Veranstalter im Mediengeschäft produzieren alles, angefangen von Rockkonzerten nach dem Vorbild des erfolgreichen „Live-Aid"-Konzerts für die Unterstützung der afrikanischen Opfer der Hungersnot bis zu Videokonferenzen und „globalen Städtetreffen", durch die Bürger aus aller Welt im Hinblick auf globale Probleme miteinander verbunden werden. Ein derartiger postökonomischer, den kalten Krieg überwindender Pragmatismus macht sich auch bei unabhängigen Politikern auf kommunaler, einzelstaatlicher und nationaler Ebene immer bemerkbarer, unter anderem bei LEO (The League of Elected Officials = der Verband der gewählten Beamten), der direkte Diplomatie und innovative Außenpolitik erforscht, wie beispielsweise die 370 Stadträte und 70 Bezirksräte, die dem Einfrieren des atomaren Potentials zustimmten, und die 120 Städte, die sich weigerten, mit dem Federal Emergency Management bei der Ausarbeitung von Evakuierungsplänen für den atomaren Ernstfall zusammenzuarbeiten.

Der Pragmatismus entfaltet sich überall in den USA: angefangen von diesen rasch um sich greifenden Initiativen kommunaler Regierungen über den Aufschwung kleiner, alternativer Unternehmen (von Frauen betriebene Unternehmen sind von 700.000 im Jahr 1976 auf drei Millionen im Jahr 1985 angestiegen) bis zu Tauschhandelsvereinen, dem Austausch von Fertigkeiten und dem internationalen Tauschhandel, wobei 1985 bereits ein Viertel des gesamten Welthandels in Form von Tauschhandel getätigt wird. Eine neue Weltordnung bildet sich nun langsam aus der absterbenden Logik des Industriezeitalters heraus, die jetzt in einem kaum mehr kaschierten globalen Wirtschafts- und Technologiekrieg gipfelt. Es ist inzwischen vielen Politikern klargeworden, daß sich das expansionistische, am Wachstum des Bruttosozialprodukts orientierte, ressourcenintensive Industriesystem überall auf diesem Planeten destabilisierend auswirkt und auf katastrophale Weise kriegsanfällig ist. Während sich ein politischer Willensbildungsprozeß vollzieht und ein neues Welthandels- und Finanzsystem ausgehandelt wird, was notwendig ist, wenn die Katastrophe verhindert werden soll, stehen die Politiker vor der schwierigen Aufgabe, ihre Verantwortung gegenüber ihren eigenen Bürgern gegen die Notwendigkeit, auf der Berg- und Talbahn des Welthandels mitzufahren, abzuwägen. Politische Führer erkennen heute, daß ihr Schicksal in den Händen der Wähler liegt und nicht von den ungebundenen Investoren und Finanziers abhängt, die in der Vergangenheit die Kosten für viele ihrer Kampagnen übernommen haben. Gerade der Politiker wird der Dumme sein, wenn die Berg- und Talbahn des Welthandels seinen Wahlkreis ins Chaos stürzt und seine Wähler um ihre Arbeitsplätze bringt, oder aber er wird seinen Wählern die schlechte Nachricht beizubringen haben, daß alles, was die Zukunft auf der globalen „Überholspur" zu bieten haben wird, die Aussicht darauf ist, bei immer niedrigeren Lohnsätzen mit taiwanischen und asiatischen Arbeitern um Arbeitsplätze zu konkurrieren, während lokale Ressourcen und die unmittelbare Umwelt weiterhin ausgeblutet werden. Nur wenige Politiker werden sich aufgrund solcher Wahlprogramme noch zur Wahl stellen wollen, während zur selben Zeit weniger von ihren rosigen Versprechen hinsichtlich der Hochleistungstechnologie den

Wählern noch glaubhaft erscheinen werden. Viele mit dieser Krise der politischen Entscheidungen konfrontierte Politiker entwickeln nun realistischere, ausgewogene Szenarios, die lokale und regionale Selbständigkeit und einheimische Entwicklung mit durchdachteren, exakt koordinierten Strategien für das Spiel auf der Überholspur des Welthandels verbinden. Diese Szenarios streben keinen Rückzug vom Weltgeschehen und keine Rückgängigmachung von Technologien oder von Geld an, sondern sollen vielmehr dazu anregen, angestrengter darüber nachzudenken, welcher Kombination aus globalen und lokalen Strategien es bedarf, um die Existenzfähigkeit regionaler Betriebe, Ressourcen und Unternehmer aufrechtzuerhalten, die Fähigkeiten der Menschen zu verbessern und die Traditionen und die charakteristischen Eigenschaften der jeweiligen Kulturen zu pflegen.

Es ist nicht mehr zweckmäßig, direkt mit jedem anderen Land und Gebiet konkurrieren zu wollen, um in die drei modernsten, neuen Industriezweige einsteigen zu können: Mikroelektronik, Biotechnik und Robotertechnik – da bereits viele Spieler, vor allem die USA und Japan, auf diesen Gebieten so weit voraus sind und der Gesundschrumpfungsprozeß, selbst im amerikanischen Silicon Valley, mittlerweile voll im Gang ist. Das häufig angeführte Allheilmittel für die resultierende Zerrüttung und Arbeitslosigkeit, die Umschulung, ist eine gewaltige und kostspielige Aufgabe und kann vielleicht mit der Geschwindigkeit des durch diese „Überholspurindustrien" in Gang gesetzten technologischen Wandels nicht Schritt halten. Es bedarf sowohl defensiver Strategien, um ihre weltweiten Auswirkungen abzuschwächen, als auch offensiver Strategien, um die meisten multinationalen Unternehmen und Investoren bei ihrem eigenen Spiel schlagen zu können. Der dem Staat verpflichteten Politiker fällt es nicht leicht, gegen die multinationalen Akteure in solchen mit hohen Risiken verbundenen Spielen anzutreten, da er mit langfristigen Prozessen fertigzuwerden hat, während die multinationalen Unternehmen mit der Geschwindigkeit der elektronischen Geldüberweisungen vorgehen können. Nur wenn die Politiker anfangen, den Wählern realistischere und attraktivere Szenarios anzubieten, die lokale und regionale Entwicklung mit Hochleistungstechnologien in Einklang bringen, welche die Lebenssituation verbessern – kooperative Weltraumforschung, Videokonferenzen via Satellit, lokales und globales Fernmeldewesen, die fortgeschrittenen ressourcenerhaltenden, unterhaltbaren Technologien und Unternehmen, die Menschen und deren Fähigkeiten intensiv nutzen – können sie erwarten, die Aufmerksamkeit der Wähler zurückzugewinnen.

Selbst reaktionäre Entwicklungswirtschaftswissenschaftler geben heute zu, daß ihr Rat verhängisvoll war, wie immer mehr Länder aus dem Elend Afrikas ersehen könne, denn vom Industrialismus konnten wir lernen, daß gerade die Landwirtschaft und die Verbesserungen der lokalen Ressourcen die Grundvoraussetzungen für eine gesunde Entwicklung sind. Wie Duane Elgin in einem Vortrag zusammenfassend erklärte, brauchen wir jetzt weder die gegeneitig zugesicherte Vernichtung noch die gegenseitig zugesicherte Abrüstung, die beide unsicher sind, da jede Seite der anderen ihre Absicht zusichern muß, die Waffen entweder einzusetzen oder zu beseitigen. Elgin schlägt eine gegenseitig zugesicherte Entwicklung vor, bei der beide, früher am kalten Krieg beteiligten Seiten ihre siegessichere Haltung aufgeben, indem sie ihren Nachrichtenaustausch auf noch nicht dagewesene Weise verstärken. Da die Phase der gegenseitig zugesicherten Vernichtung seit dem Zweiten Weltkrieg andauert, haben wir einen Nachweis für die Koexistenz, und somit ist ein Durchbruch zu einer gegenseitig zugesicherten Entwicklung nicht unmöglich. Nun bedarf es einer neuen Basis, von der aus man sich alternative Zukunftsformen vorstellen kann und die den Millionen von Menschen überall auf der Welt eine Richtung gibt.

Die Bewegungen dieser Menschen für den Frieden, die Menschenrechte und die ökologische Vernunft bezeugen ihre Bereitschaft für eine neue Führung. Solche Vorstellungen werden über die Links- und Rechtskategorien der alten, reaktionären, auf Wirtschaftsmodellen basierenden Politik hinausgehen. Ein Beispiel dafür vollzieht sich jetzt gerade in meinem Heimatstaat Florida, wo man sich auf staatlicher wie auf kommunaler Ebene sehr darum bemüht, attraktive Zukunftsszenarios zu schaffen. Derartige Prozesse werden durch die auf dem Gebiet der Zukunftsforschung tätigen Denkfabriken und Berater erleichtert werden und die „Forschungskonferenz"-Techniken, für die Eric Trist und Fred Emery vom berühmten Tavistock Institut in Großbritannien die Pionierarbeit geleistet haben, und die von dem Futurologen Alvin Toffler geförderten Projekte der „vorwegnehmenden Demokratie" übernehmen, die von zahlreichen Staaten und Städten in den USA im Verlauf der vergangenen zehn Jahre durchgeführt und von mir an früherer Stelle bereits erörtert wurden. Kleine Länder und Staaten wie Florida tun gut daran, an eine solche Revision ihrer Politik nicht im Rahmen und mit den Instrumenten der Makroökonomie heranzugehen. Wie ich in meinen Aussagen auf den alternativen Wirtschaftsgipfeltreffen in London und Bonn im April und Mai 1985 bemerkte, gibt es ein wachsendes Bewußtsein für die Überkommenheit wirtschaftlicher Modelle und Instrumente, und die politischen Entscheidungsträger gehen bereits zu postökonomischen Politikinstrumenten über, wie zum Beispiel technologische Folgenabschätzungen, Umweltbeeinflussungsbilanzen, Einschätzungen der sozialen Auswirkungen, soziale Indikatoren, Einschätzungen der Beschäftigungsauswirkungen, Zukunftsstudien, Studien über Wechselwirkungen, die Erstellung von Szenarios. Sogar die Wirtschaftswissenschaftler bemühen sich jetzt stärker darum, die Bruttosozialprodukt-Indikatoren umzuformulieren, und viele der von mir beschriebenen Indikatoren werden allmählich übernommen.

Wie ich auf dem *Anderen Wirtschaftsgipfel* im April 1985 in London erklärte, bedarf es unkonventioneller Denkweisen, wie beispielsweise der Erkenntnis, daß Großbritannien seit dem Zweiten Weltkrieg einen sehr erfolgreichen neuen Exportartikel entwickelt hat: die Exzentrizität (die die bloße Kreativität der jüngeren und sozial schwachen Bürger vermarktet hat, angefangen von den Beatles und Boy George bis zu Punkmode, Boutiquen und Kosmetikartikeln).

Ebenso könnte Florida, anstatt weiterhin phosphathaltiges Gestein im Wettbewerb mit Marokko (das größere Vorräte davon hat) zu exportieren und eine zunehmende Umweltschädigung hinnehmen zu müssen, in einen der Welt größten neuen Exportmärkte einsteigen: in die Wiederbegrünung der Wüstengebiete. An der über 3000 Kilometer langen Küste

Floridas wachsen ungefähr 2000 verschiedene Halophytenarten, und an den größeren Universitäten in Florida gibt es hochmoderne Einrichtungen und Biotechnikergruppen. Diese Pflanzen können, wenn sie wissenschftlich für verschiedene Klimaregionen gekreuzt worden sind, in Gegenden angepflanzt werden, wo die Böden infolge von Überdüngung, Übernutzung und Überbewässerung ruiniert wurden. Die Pflanzen tragen eine Frucht, die dem Weizen zwar sehr ähnlich, aber nahrhafter ist und die sich für die Mehl- und Brotherstellung verkaufen läßt, während die Wurzeln und Stiele der Pflanze Salz und andere überschüssige Mineralien aus dem Boden aufsaugen, so daß er wiederverwendbar wird. Wir dürfen nicht vergessen, daß die Pflanzen jedes Jahr Millionen von Tonnen an Mineralien mehr abbauen, als alle Abbaukapazitäten der Menschen zusammengenommen.

Es gibt viele ähnliche Bioentwicklungsformen, die auf der ganzen Welt benötigt werden, und die Natur ist, wie die CHEMRAWN-Konferenz (Chemical Research Applied to World Needs) in Toronto klarmachte, die elementare Ressource. Die Biowissenschaftler auf dieser Konferenz erklärten, daß es für sämtliche derzeit in industriellen Produktionsprozessen eingesetzte Produktionsmittel Analogien und Substitute in der natürlichen Pflanzenwelt gäbe und daß das einzige Hindernis, das diesen erneuerbaren und unterhaltbasren Produktionsformen im Wege stünde, eine Änderung unserer mechanistischen, industriellen Geisteshaltung und eine Richtungsänderung in der Forschung wäre, in der sich heute ein Großteil der Forscher auf der Welt hauptsächlich mit der Anwendbarkeit für militärische Zwecke und für die Weltraumforschung beschäftigt.

Die Welt wieder in ihrer wahren organischen Gesamtheit zu sehen, ist ein historischer Paradigmawechsel, der sich heute bereits in Deutschland und ganz Europa, in Nordamerika und der ganzen Welt vollzieht. Notwendigerweise bedeutet dies das Ende der Wirtschaftswissenschaften als Hauptinstrument der Politik, aber in der Zwischenzeit gibt es vieles, das voraussehende, junge Wirtschaftswissenschaftler im Rahmen ihrer Disziplin für die Förderung des Paradigmenwechsels tun können, und dieses Buch bietet hoffentlich Richtlinien dafür.

Inzwischen können wir übrigen Nichtwirtschaftswissenschaftler aus allen Schichten und Berufen zum Vollzug des Paradigmawechsels dadurch beitragen, daß wir die engstirnigen Wirtschaftsargumentationen und den gesamten damit verbundenen stastistischen und politischen Apparat in Frage stellen, sobald dadurch unsere Vision gesunder, möglicher, erreichbarer alternativen Zukunftsformen – lokal wie global – verschleiert wird.

Bibliographie

Adelman, Irma und Taft Morris, Cynthia: Economic Growth and Social Equity in Developing Countries. Stanford University Press, 1973.

Aronson, Jonathan David: Debt and the Less Developed Countries. Westview Press, 1979.

Aronson, Jonathan David, ed.: Debt and the Developed Countries. Westview Press, Boulder, Colorado, 1979.

Arrow, Kenneth J.: Social Choice and Individual Values, 2. Edition. New York, John Wiley, 1963.

Barnet, Richard: The Lean Years: Politics in the Age of Scarcity. Simon & Schuster, 1980.

Bateson, Gregory: Steps to an Ecology of Mind. New York, Ballantine, 1973.

Becker, Ernest: The Denial of Death. Free Press, Paperback Ausgabe, 1975.

Bell, Daniel: The Coming of Post-Industrial Society, Basic Books, 1973.

Bell, Daniel: The End of Ideology und The Coming of Post-Industrial Society

Bennis, Warren: Changing Organizations. McGraw-Hill, New York, 1966.

Bentov, Iztak: Stalking the Wild Pendulum. E.P. Dutton, 1977.

Berle, A.A. und G.C. Means: The Modern Corporation and Private Property. New York Commerce Clearinghouse, 1932.

Bezold, Clement: Anticipatory Democracy: People in the Politics of the Future, Vintage, 1978.

Boffey, Philip: The Brain Bank of America. McGraw-Hill, New York, 1975.

Bohm, David: s. Prioram, Karl.

Bookchin, Murray: Our Synthetic Environment. Knopf, 1962.

Boulding, Elise: The Underside of History. Westview Press, San Francisco, 1977.

Boulding, Elise: Women in the Twentieth Century World. Halsted Press, Sage Publications, Inc. 1977.

Boulding, Kenneth: The Image. Ann Arbor Paperback University of Michigan Press, 1956.

Boulding, Kenneth E.: The Economy of Love and Fear: A Preface to Grants Economies. Wadsworth Publishing Co., Belmont, California, 1973

Boulding, Kenneth E.: Ecodynamics. Sage Publications, 1979.

Boulding, Kenneth E.: Beyond Economics. Ann Arbor, University of Michigan Press, 1968.

Brandt, Willy: North-South: a Program for Survival, released in February 1980.

Brown, Lester R.: The Twenty-ninth Day. W.W. Norton 1978.

Brown, Lester: In the Human Interest. W.W. Norton 1974.

Bruckmann, G.; Swoboda, H.: Auswege in die Zukunft. Molden Verlag, Wien–München–Zürich, 1974, S. 236.

Callenbach, Ernest: Ecotopia. Banyan Tree Books, Berkeley, Calif. 1975.

Capra, Fritjof: The Tao of Physics. Shambala Press, Berkeley, Calif. 1975

Carnoy, Martin und Shearer, Derek: Economic Democracy. M.E. Sharpe 1980.

Collard, David: Altruism and Economy: a Study in Non-Selfish Economics. Oxford University Press 1978.

Commoner, Barry: The Closing Circle. Alfred Knopf, New York 1971.

Coser, Lewis: The Functions of Social Conflict. Free Press New York, 1956.

Daly, Herman: Toward a Steady-State Economy. W.H. Freeman, 1973.

Dieren, van W. und Hummelinck, M.G.: Nature's Price: The Economics of Mother Earth. Marion Boyars 1979.

Eichner, Alfred, (ed.): A Guide to Post-Keynesian Economics. M.E. Sharpe, 1979

Elgin, Duane: Limits to the Management of Large Complex Systems. Stanford Research Institute. Menlo Park, CA 1977

Ellis, William N.: The New Ruralism. The Futurist, August 1975, S. 202.
Elluls, Jacques: The Technological Society. 1964.
Energy and Employment: A Review and Commentary. February 1980.
Environmentalists for Full Employment, 1536, 16th St.N.W. Washington D.C. 20036
Energy Strategies: Toward a Solar Future. Kendall and Nadis (Eds.). Ballinger 1980
Etzioni, Amitai: Reindustrialization: View from the Source. New York Times, Juni 29, 1980
Forrester, Jay: World Dynamics; Goldsmith, Edward: »The Blueprint for Survival«. The Ecologist, Januar 1972
Forrester, Jay W.: World Dynamics. Cambridge, Massachusetts, Wright Allen Press, 1971
Forrester, Jay: Urban Dynamics 1969, Report to the Trilateral Commission on the Governability of Democracies, 1975
Friedman, Irving, S.: Inflation: A World Wide Disaster. Boston Houghton Mifflin 1973
Fuller, Buckminster: Operating Manual for Spaceship Earth. Simon & Schuster 1969
Furniss, Norman and Tilton, Timothy: The Case for the Welfare State. University of Indiana Press 1977.
Galbraith, John Kenneth: The Affluent Society. Boston, Houghton Mifflin 1958
Galtung, Johan: »Non-territorial Actors and the Problem of Peace« in Mendlovitz and Baldwin (Eds.): On the Creation of a Just World Order. New York N.Y. The Free Press 1975
Georgescu-Roegen, Nicholas: The Entropy Law and the Economic Process. Harvard Univ. Press, Cambridge, Mass. 1971.
Giarini, Orio: »Economics Vulnerability and the Diminishing Returns of Technology«. The Geneva Papers on Risk and Insurance, Nr. 6, Oct. 1977.
Giarini, Orio and Louberge, Henri: The Diminishing Returns to Technology. Pergamon, 1979
Gilder, George: Wealth and Poverty. Basic Books, 1981

Global 2000. Presidents Council on Environmental Quality. Juli 1980
Goodman, Robert: The Last Entrepreneurs: America's Regional Wars for Jobs and Dollars. 1980
Graham, -Hugh Davis and Gurr, Ted Robert: The History of Violence in America, a Report to the National Commission on the Causes and Prevention of Violence. Bantam 1969, S. 664
Green, Mark und Buchsbaum, Andy: The Corporate Lobbies, Profiles of the Business Roundtable and the U.S. Chamber of Commerce. 1980
Hamrin, Robert: Managing Growth in the 80's: Toward a New Economics. Praeger 1980
Hardin, Garrett: »The Tragedy of the Commons«. Science Dezember 13, 1968, S. 1243, Vol. 162
Harrington, Michael: Decade of Decision: the Crisis of the American System. Simon & Schuster 1980
Harrington, Michael: The twilight of Capitalism. Simon & Schuster 1976
Hayes, Denis: Rays of Hope. Norton 1977
Hayes, Denis: Worldwatch Institute Energy: The Case for Conservation. Januar 1976 S. 14
Heisenberg, Werner: Physics and Beyond. Harper Torchbook 1971 S. 96
Henderson, Carter: The Inevitability of Petroleum Rationing in the United States. (Zu bestellen bei: P.O. Box 448, Gainesville, FL 32602)
Henderson, Hazel: »Re-Directing the Goals of Knowledge«. Publ. Admin. Rev. Januar 1975
Hetman, François: Society and the Assessment of Technology. Paris OECD 1973 S. 85
Hilgartner, C.A., M.D.: »The Method in the Madness of Western Man«. Unveröffentlicht MSS.
Hirsch, Fred: The Social Limits to Growth. Harvard University Press 1976
Hoffman Baruch, Elaine: »Women in Utopia«, Alternative Futures. Volume 2, Nr. 1, Winter 1979

Howard, Ted and Rifkin, Jeremy: Who Should Play God?. Dell Publishing 1977

Huber, Joseph: Anders Arbeiten – Anders Wirtschaften. (»Social Ecology and the Dual Economy«). Fischer-Verlag, Frankfurt 1979

Hueting, Roefie: New Scarcity and Economic Growth: More Welfare Through Less Production. North-Holland 1980

Inglehart, Ronald: The Silent Revolution. Changing Values and Political Styles Among Western Publics. Princeton University Press 1977

Jantsch, Erich und Waddington, Conrad (Eds.): Evolution and Consciousness: Human Systems in Transition. Addison-Wesley 1976

Joshi, Nandini: The Challenge of Poverty. Arnold Heinmann, New Delhi 1978

Kahn, Herman: The Emerging Japanese Superstate. Prentice Hall 1970

Kamrany, M. und Day, Richard H: Economic Issues for the Eighties. Johns Hopkins University Press, 1979

Kapp, William K.: Social Costs, Neo classical Economics, Environmental Planning: A Reply. Paris 1971

Kapp, William K.: Social Costs of Private Enterprise. Revised edition, New York Schocken Books 1971

Kelso, Louis O.: Two Factor Theory: The Economics of Reality. New York, Vintage Books 1967

Kohr, Leopold: The Breakdown of Nations. Dutton 1978

Kopke, Gunter (Hrsg.): The Impact of Micro-electronics on Employment in Western Europe in the 1980s. Herausgegeben: Boulevard de L'Impératrice, 66, 1000 Brussels, Belgium

Kuhn, Thomas: The Structure of Scientific Revolutions. University of Chicago Press 1962

Lamberton, Donald M.: The Economics of Information and Knowledge. Middlesex, England, Penguin Books 1971

Lampman, Robert J.: The Share of Top Wealthholders in National Wealth. 1925–1956. Princeton, Princeton University Press 1962

Laszlo, E.: Goals for Mankind. E.P. Dutton 1976

Levison, Andrew: The Full Employment Alternative. Coward, McCann & Geoghegan 1980

Lewis, C.S.: The Abolition of Man. Macmillan 1947

Lutz, Mark A. und Lutz, Kenneth: The Challenge of Humanistic Economics. Benjamin Cummings Publishing Company, 1979
Loomis, Mildred: Decentralism: Where It Came From. Where Is It Going? School of Living Press 1980, York, PA 17402
Madden, Carl H.: Clash of Culture: Management in an Age of Changing Values. Washington, D.C. National Planning Association, Report Nr. 3, 1972
Maruyama, Magoroh: »Paradigmatology and Its Application«, Cybernetica Nr. 2, 1974
Meadows, Donella H. et al.: The Limits to Growth. New York, Universe Books 1972
Mill, John Stuart: Principles of Political Economy. London 1848
Mishan, E.J.: The Economic Growth Debate. Allen & Unwin 1977
Mishan, E.J.: Costs of Economic Growth. 1976
Mische, Gerald und Patricia: Toward a Human World Order. Paulist Press, New York 1977
Moore Lappé, Frances: Diet for a Small Planet. Ballantine Books 1971
Moore Lappé, Frances: Food First. Houghton-Mifflin 1977
Morgenstern, Oskar: On the Accuracy of Economic Observations. 2. Ausgabe, Princeton University Press 1965
Mostert, Noël: Supership. Warner Books 1975 S. 168
Mumford, Lewis: The Myth of the Machine Part One. Technics and Human Development. Harcourt Brace Jovanovich 1966 S. 23
Myrdal, Gunnar: Distinguished Lecturer, United Nations Conference on the Human Environment. Stockholm Schweden 1972
Odum, Howard T.: Environment, Power and Society. Wiley Interscience, New York, 1971
Ornstein, Robert: The Psychology of Consciousness. Viking Press, 1972
Passell Peter and Ross, Leonard: Retreat From Riches: Affluence and Its Enemies. Viking Press, New York, 1973
Phelps, Edmund (ed.): Altruism, Morality, and Economic Theory. Russell Sage Foundation, 1975
Polanyi, Karl: The Great Transformation. Beacon Paperback, New York, 1944

LaPorte, Todd: Organized Social Complexity. Princeton University Press, 1975
Prioram, Karl and Bohm, David: Brain Mind Bull. July 1977
Rada, Juan F.: Social Science Information. Sage, London and Beverly Hills, 19,2 (1980)
Rawls, John: A Theory of Justice. Harvard University Press, 1971
Riegel, E.C.: Private Enterprise Money. Harbinger, 1944
Rifkin, Jeremy: Entropy: a New Worldview. Viking Press, 1980
Rifkin, Jeremy: Own Your Own Job. Bantam Books, 1977
Rifkin, Jeremy: The North Will Rise Again. Beacon Press, 1978
Ringer, Robert: Looking Out for Number 1
Robertson, James: Profit or People? Calder & Boyars, London, 1974
Robertson, James: The Sane Alternative. U.S. edition: River Basin Press
Robinson, Joan: An Introduction to Modern Economics. Cambridge University Press, 1973
Ross, Leonard: siehe Passell, Peter
Roszak, Theodore: Where the Wasteland Ends. Doubleday, 1972
Rybczynski, Witold: Paper Heroes. 1979
Sale, Kirkpatrick: Human Scale. Coward, McCann & Geoghegan, 1980
Sardar, Ziauddin: Science, Technology and Developement in the Muslim World. Croom Helm, London, 1977
Sardar, Ziauddin: The Future of Muslim Civilisation. Croom Helm, London, 1979.
Schumacher, E.F.: A Guide for the Perplexed. Harper & Row, 1978
Schumacher, E.F.: Good Work. Harper & Row, 1979
Schuhmacher, E.F.: Small ist Beautiful. Harper & Row, 1973
Scitovsky, Tibor: The Joyless Economy. Oxford University Press, 1977
Singer, June: Androgyny: Toward a New Theory of Sexuality. Anchor Press/Doubleday, 1976
Skinner, B.F.: Beyond Freedom and Dignity. Bantam paperback edition, 1971
Sorokin, Pitirim: Social and Cultural Dynamics. rev. ed., Porter Sargent, 1957
Stavrianos, L.S.: The Promise of the Coming Dark Age. W.H. Freeman, San Francisco, 1976

Streeten, Paul: Cost-Benefit and Other Problems of Method. Paris, Mouton, 1971

Thompson, William Irwin: At the Edge of History. Harper & Row, 1971

Thurow, Lester: The Zero-Sum Society: Distribution and the Possibilities of Economic Change. Basic Books, 1980

Titmuss, Richard: The Gift Relationship. Allen & Unwin, 1971

Tinbergen, Jan: Reshaping the International Order: a Report to the Club of Rome. E.P. Dutton, 1976

Valaskakis, K.: The Conserver Society: A Blueprint for the Future? GAMMA, University of Montreal, 1976

Vanek, Jaroslav: The General Theory of Labor-managed Market Economics. Cornell University Press, 1970

Vasconcellos, John: A Liberating Vision: Politics for Growing Humans. Impact Publishers

Weisskopf, Walter: Alienation and Economics. E.P. Dutton, 1971

Wenk, Edward, Jr.: The Politics of the Ocean. University of Washington Press, 1972

Zeeman, E.C.: Catastrophe Theory 1972–1977. Addison-Wesley Publishing Co., 1978

Zukav, Gary: The Dancing Wu Li Masters. Wm. Morrow, 1979

Zwerdling, Daniel: Democracy at Work. Association for Self-Management, 1414 Spring Rd. N.W., Washington, D.C. 20010

BÜCHER FÜR DEN WEG

12001

12005

12006

12007

GOLDMANN